한국 구전신화의 세계

권 태 효

지식산업사

한국 구전신화의 세계

초판 1쇄 인쇄 2005. 3. 5.
초판 1쇄 발행 2005. 3. 10.
지은이 권태효
펴낸이 김경희
펴낸곳 (주)지식산업사
　　　　서울시 종로구 통의동 35-18
　　　　전화 (02)734-1978(대) 팩스 (02)720-7900
　　　　한글문패　　지식산업사
　　　　영문문패　　www.jisik.co.kr
　　　　전자우편　　jsp@jisik.co.kr
　　　　　　　　　　jisikco@chollian.net
　　　　등록번호　　1-363
　　　　등록날짜　　1969. 5. 8.

책값 20,000원

ⓒ 권태효, 2005
ISBN 89-423-4824-6 93380

이 책을 읽고 저자에게 문의하고자 하는 이는
지식산업사 전자우편으로 연락 바랍니다.

저자 서문

　우리나라는 다양하고 풍부한 신화가 전승되는 신화의 나라이다. 비록 문헌에 정착되어 전해지는 신화의 수는 많지 않지만, 입에서 입으로 전해지는 신화 자료들은 아주 다양하고 풍부하다. 굿이라는 제의 현장에서 무당들이 구비전승시켜 온 무속신화가 있는가 하면, 그 본래의 신화적 성격을 잃어버린 채 일반 사람들의 입에서 입으로 전해지는 이야기로 지금까지 전승되는 구전신화도 있다.

　하지만 말로 전승되는 신화는 아무래도 불안정할 수밖에 없다. 시간의 흐름에 따라, 그리고 사회의 변화에 따라 유동적이며 크게 변화하거나 소멸될 소지를 지니고 있다. 그래서 실제로 우리 구전신화의 상당수는 그 참모습을 많이 잃어버리고 파편화하거나 잔존양상을 보이고 있다. 굿이라는 제의적 바탕을 가진 무속신화는 그래도 덜한 편이지만, 그 본질을 잃어버리고 일반 사람들의 입에서 입으로 전해지는 신화의 경우는 소멸의 양상이 더욱 뚜렷해 본래의 모습이나 성격이 무엇인지 가늠하기 어려운 것들이 적지 않다. 그래서 우리 구전신화를 대할 때면 책장이 여기저기 찢겨져 나가 제대로 볼 수 없는 책임에도 너무나 소중한 내용을 담고 있어 이리저리 꿰맞춰서 읽는 듯한 느낌이 든다.

입으로 전해지는 구전신화는 변한다. 이미 많은 부분이 변모했거나 탈락되어 버렸다. 그렇기에 우리 구전신화를 살피는 작업은 단순히 그 자료를 있는 그대로 놓고 해석하고 그 의미를 찾기보다는, 단편적인 여러 조각들을 펼쳐놓고 하나씩 그 자리를 잡아주며 그것을 바탕으로 비어있는 자리의 모습을 하나씩 채워나가는 작업이 되어야 할 것이다.

이 책의 기본 관점은 현존하는 신화 자료를 있는 그대로 보기보다는 변이라는 측면에서 통시적으로 접근하여 다루고자 하는 것이다. 현재 채록되거나 전승되는 공시적인 자료를 가지고 통시적으로 접근하는 것이 무리라고 할 수 있겠으나, 채록된 여러 자료들을 함께 놓고서 대비하고 관련시키면서 그 관계를 따지다 보면 그 자료 자체가 변이된 모습을 스스로 드러낼 것으로 생각한다.

이 책의 관심사는 이런 기본적인 시각에서 크게 두 가지라고 할 수 있다.

첫째는 우리나라 구전신화의 생성과 변이 과정을 더듬어보는 것이다. 우리 신화가 언제 어떤 모습으로 처음 생겨났는지에 대해서는 알 길이 없지만 신화가 시대에 따라, 그리고 그 제의나 생활환경의 변화에 따라 많은 변이를 겪어 왔음은 분명하다. 인간의 염원에 따라 새로운 제의 절차나 신화가 생겨나는가 하면, 인간의 현실세계와 거리가 멀어진 신격에 대한 신화는 소멸의 경로를 겪어 겨우 그 잔존양상만이 확인되기도 한다. 이 책에서는 제주도와 함경도 사례를 들어 기존의 무가나 설화를 받아들여 무속신화가 생성되는 양상을 살피고자 하였다. 제주도의 일반신본풀이는 제주도의 토착적인 것이라기보다는 육지의 무가를 그 나름의 신화적 바탕 위에서 수용하여 새로이 생성시킨 형태라고 할 수 있다. 그리고 함경도 무속신화의 경우는 일반 사람들의 입을 통해서 전승되던 설화나 소설 등을 수용하여 무속신화를 형성해 온 양상이 두드러진다. 때문에 이처럼 후대에 기존의 자료를 받아들여 새로이 무속신화가 형성되는 양상을 밝힐 필요가 있으며, 이것은 특히 무속신화의 전승과정에서 중요한 역사적 단면을 소급해보는 것이라고 할 수 있다.

둘째는 구전신화 갈래의 변이를 검토하는 것이다. 오늘날 전승되는 많은 신화들은 그 참모습을 잃어버린 것들이다. 물론 무속신화의 경우 제주도나 함경도와 같이 보고(寶庫)로 남아 있는 지역도 있지만, 구전 신화의 경우는 대체로 전승의 마멸을 견디지 못하고 신화의 성격을 잃어버리거나 단편적인 모습으로 변하여 민담화한 것이 다수 있다. 소중한 신화자료였음에도 세월의 흐름 속에 어렴풋이 그 밑그림의 흔적만 간신히 더듬어 볼 수 있게 되어버린 것들이다. 여산신이나 성모(聖母)에 대한 설화라든가 인류의 새로운 시작을 이야기하는 홍수설화가 그 대표적인 것으로, 이런 자료들은 그 신화의 본질을 찾아서 온전하게 자리매김해 줄 필요가 있다고 생각한다.

이런 점들에 관심을 가지고 그동안 우리 구전신화에 대한 글을 하나씩 써 왔고, 그 결과물들을 한데 엮어낸 것이 바로 이 책이다. 우리나라 구전신화의 전체 판을 짜고 그 안에서 부분과 전체가 유기적인 짜임새를 가질 수 있도록 글을 쓰고 싶은데 아직은 역부족인 것 같다. 그래서 우리 구전신화 전반을 체계적이고 조리 있게 아우르는 글을 쓰는 것은 다음 과제로 넘긴다.

구전신화를 주제로 책을 내게 되기까지 선생님 한 분과 선배님 한 분의 영향이 아주 컸다. 우리 신화에 대해 눈을 뜨게 해주신 장주근 선생님과 신화의 세계를 더듬어 길을 찾도록 나침판 노릇을 해준 김헌선 선배님이다. 이분들께는 항상 고마운 마음을 갖고 있다. 아울러 미흡한 글임에도 흔쾌히 맡아 책으로 출간해준 지식산업사의 김경희 사장님과 좋은 책이 나올 수 있도록 힘써준 편집부에도 감사의 뜻을 전한다.

2005년 2월 경복궁에서
권 태 효

차 례

제2부   구전신화에 나타난 신격 인식 양상과 그 변이

제3부 신의 세계, 인간의 세계

〔표 차례〕

〔그림 차례〕

제 1 부

무속신화의 생성과 변이

- 제주도 무속신화의 생성원천에 대한 새로운 고찰
- 제주도 〈맹감본풀이〉의 형성에 미친 당신본풀이의 영
  향과 의미
- 함경도 서사무가에 나타난 〈아기장수전설〉의 수용 양상

제주도 무속신화의 생성원천에 대한 새로운 고찰
—〈세경본풀이〉에 미친 송당계본풀이의 영향을 중심으로—

1. 머 리 말

　제주도의 무속신화는 일반신본풀이와 당신본풀이, 조상신본풀이 등 크게 세 가지로 구분하는 것이 일반적이다. 이 가운데 조상신본풀이는 가정의 의례나 굿에서 섬겨지는 신에 대한 내력담으로 지금까지 수집된 자료도 미미할 뿐 아니라 그 내용에서도 서사적 전개를 찾아보기 어려워 거의 거론되지 않고 있는 실정이고, 주로 논의의 대상이 되는 것은 일반신본풀이와 당신본풀이이다. 여기에서 당신본풀이는 제주도의 향토성과 지역성을 잘 반영하고 있어 제주도 토착신화로 인정되고 있는 반면, 일반신본풀이는 본토에서도 동일한 내용의 서사무가가 아울러 전승되고 있어 그 뿌리가 본토의 것과 같다고 여겨지고 있다.[1]

---

1) 장주근은 제주도의 무속신화를 일반신본풀이, 당신본풀이, 조상신본풀이로 구분하여 설명하고 있는데, 특히 제주도의 일반신본풀이는 제주도라는 지명도 전혀 나타나지 않고 토착성도 없으며 내용도 본토의 것과 동일하고 종교적 기반도 상통한다고 하면서, 본토에서 형성된 것이 제주도에 수용된 것이라 한다(장주근, 《제주

　실제로 제주도 큰굿에서 불리는 일반신본풀이 가운데 〈천지왕본풀
이〉, 〈초공본풀이〉, 〈이공본풀이〉, 〈맹감본풀이〉, 〈세경본풀이〉 등은 본
토에서 전승되는 무가나 소설, 불경 등과 내용이 상통하는 것이며, 제차
를 잃어버린 〈세민황제본풀이〉, 〈군웅본풀이〉 또한 본토에서 동일한 내
용의 자료가 발견된다.[2] 제주도에서 다양한 무가들이 먼저 존재하고 있
다가 폭넓게 본토로 이입되면서 이처럼 비슷한 내용을 지닌 여러 형태
의 자료들을 형성시켰을 가능성은 희박하기 때문에, 이런 일반신본풀이
들이 제주도에서 완전히 독자적으로 형성되었다고 보기는 어렵다. 따라
서 제주도의 일반신본풀이는 그 소재적인 면에서 본토의 것이 제주도
로 이입되어 형성되었다고 보는 것이 타당하다고 하겠다. 그런데 문제
는 이처럼 본토와 같은 내용을 보이는 제주도의 일반신본풀이들이 단
순히 본토의 것을 그대로 수용한 것에 지나지 않았겠는가 하는 점이다.
즉 소재는 비록 본토의 것에 두고 있다고 하더라도 제주도에서 일반신
본풀이로 형성되는 과정에서 제주도의 고유한 신화적 성격을 바탕으로
삼아 나름의 새로운 모습으로 탈바꿈하지 않았나 여겨진다는 것이다.
여기에서 제주도의 일반신본풀이가 본토 자료와는 다른 독자적 면모를
지니는 요인으로 제주도의 토착적인 신화 형태인 당신본풀이와의 관련
성을 상정해 볼 수 있을 것이다.[3]

　도 무속과 서사무가》, 역락, 2001 ; 장주근, 〈서사무가와 강창문학〉, 《한국민속논
　고》, 계몽사, 1986). 현용준 또한 제주도 무속신화를 세 가지로 나누어 동일하게
　설명하고 있다(현용준, 〈무속신화 본풀이연구 서설〉, 《무속신화와 문헌신화》, 집
　문당, 1992, 19~20면).
2) 본토의 서사무가와 제주도의 일반신본풀이가 같은 내용을 지닌 자료라는 것을
　구체적으로 검토한 글로 서대석의 글 〈서사무가연구〉(《국문학연구》 제8집, 서울
　대 국문학연구회, 1968)와 장주근의 글(장주근 외, 《한국민속학개설》, 학연사,
　1985, 378~379면)이 있다. 이외에 강정식은 〈제주무가 이공본의 구비서사시적 성
　격〉(《문학연구》 7집, 우리문학연구회, 1988)에서 〈이공본풀이〉의 형성과정을 본토
　의 자료들과 전체적으로 비교하면서 〈안락국전〉의 영향을 받았을 가능성이 크다
　고 보고 있다.

이 글에서 구체적으로 다루고자 하는 대상은 제주도 일반신본풀이의 하나인 〈세경본풀이〉이다. 〈세경본풀이〉는 지금까지 여러모로 주목을 받아오던 자료이다. 우리나라에서는 유일하게 발견되는 농경신과 목축신의 좌정유래담이라는 점과 서사무가로는 특이하게 남녀의 애정담이 중심이 된 장편의 서사시라는 점⁴⁾ 등이 주목을 받았고, 여주인공인 자청비가 지닌 여성영웅의 면모가 여성신화적 측면에서 관심을 끌기도 했다.⁵⁾ 하지만 더욱 중요하게 논의되었던 바는 〈세경본풀이〉와 비슷한 내용의 무가가 본토에도 있으며, 고소설로도 전해진다는 점이다. 함경도의 〈문굿〉과 고소설 〈양산백전〉이 바로 그것으로, 〈세경본풀이〉와 대비할 때 남녀주인공의 행위나 성격, 사건의 전개 등이 크게 다르지 않아 〈세경본풀이〉와 동일한 근원에서 비롯되었을 것이라는 주장이 나온 바 있다. 여기에서 다루고자 하는 바도 이와 무관하지 않다. 하지만 기존 연구와는 전혀 다른 시각에서 출발하고자 한다. 서대석⁶⁾, 장주근⁷⁾,

---

3) 현용준은 일반신본풀이를 당신본풀이가 성장한 완성형과도 같다고 하면서, 성성적(聖性的) 신화에서 속성적(俗性的) 신화로 넘어가는 단계의 '설화형본풀이'라고 한다(현용준, 앞의 글, 27~28면). 이 점은 일단 인정하지만, 당신본풀이의 신화적 소재가 제주도 토착적인 것과 달리 일반신본풀이는 다수가 본토의 것과 동일하게 나타나고 있어, 소재적 원천에는 분명 차이가 있음을 지적할 필요가 있다.

4) 진성기는 〈세경본풀이〉한 편만으로 《남국의 무속서사시》(정음사, 1980)라는 책을 간행한 바 있다.

5) 이수자, 〈농경기원신화에 나타난 여성인식과 의의〉, 《이화어문논집》 11집, 이화여대 한국어문학연구소, 1990.
　　좌혜경, 〈자청비, 문화적 여성영웅에 대한 이미지〉, 《한국민속학》 30집, 민속학회, 1998.
　　이외에 〈세경본풀이〉에 대한 선행연구로는 구조주의적 분석방법으로 그 신화적 의미를 사회문화적 차원에서 고찰한 김화경의 〈세경본풀이의 신화적 접근〉(《한국학보》 28집, 일지사, 1982년 가을)이 있다.

6) 서대석, 〈서사무가연구〉, 《국문학연구》 제8집, 서울대 국문학연구회, 1968.

7) 장주근, 〈서사무가와 강창문학〉, 《한국민속논고》, 계몽사, 1986 ; 〈농신, 세경본풀이〉, 《풀어쓴 한국의 신화》, 집문당, 1998 ; 《한국민속학개설》, 학연사, 1983.

조현희[8] 등의 선행 연구에서는 〈세경본풀이〉와 본토의 자료가 같은 계통의 서사무가임을 밝히고 공통점에 바탕을 두면서 이들이 서로 별개의 것이 아님을 논의하고 있다. 이 점에 대해서는 필자 또한 같은 생각이다. 하지만 논의의 방향은 다르다. 곧 공통점보다는 차이점에 초점을 두어 〈세경본풀이〉만이 갖는 독자적인 제주도신화의 특징과 면모를 찾아보고, 이런 독자성의 근원을 당신본풀이와 관련지어 검토해보고자 하는 것이다.

〈세경본풀이〉의 후반부, 곧 자청비가 문도령과 하룻밤을 자신의 방에서 함께 지낸 뒤 이별하는 데서부터는 동계(同系)의 여타 작품에서 찾아볼 수 없는 특이함과 독자적 면모가 드러난다.[9] 바로 이 부분에 대한 구체적인 검토가 필요하다. 아울러 〈세경본풀이〉에서 이처럼 본토 자료와 달리 나타나는 부분은 분명 제주도 신화로서 갖는 그 나름의 독자적 면모라 할 수 있을 텐데,[10] 그렇다면 〈세경본풀이〉의 이런 독자성은 어떤 근원에서 말미암은 것인지 찾아야 할 것이다. 필자는 그 근원을 바로 제주의 토착신화로 여겨지는 당신본풀이의 영향에서 찾아볼 수 있지 않을까 생각한다. 특히 〈세경본풀이〉 후반부의 특징적인 면인 정수남의 설정 및 자청비와의 관계, 자청비의 천상무용담 등은 '송당계 본풀이'와 뚜렷하게 대응되는 양상을 보여주고 있어, 이들의 관련성을 검토하는 작업이 필요하리라고 본다.

그런데 〈세경본풀이〉에 대한 선행 연구 가운데는 이미 〈세경본풀이〉에서 제주도 신화의 특징을 찾고자 하는 시도가 있었다. 박경신의 〈제

---

8) 조현희, 〈세경본풀이의 연구〉, 경기대 석사논문, 1989.
9) 서대석, 앞의 글, 106면.
10) 제주민담 〈자청비이야기〉는 자청비가 문도령의 무덤에 들어가고 남은 옷자락이 파리, 모기가 되는 것으로 종결된다는 점에서 〈세경본풀이〉와 달리 본토의 것을 그대로 받아들여 설화화한 것으로 보인다. 이러한 자료로는 〈자청비〉(진성기, 《남국의 전설》, 일지사, 1959)와 〈자청비와 문국성문도령〉(김영돈 외, 《제주설화집성 (1)》, 제주대 탐라문화연구소, 1985) 등이 있다.

주도 무속신화에 대한 몇 가지 특징〉[11]이라는 글이 바로 그것으로, 〈세경본풀이〉에 대한 이본 검토를 바탕으로 하여 본토의 〈제석본풀이〉나 〈바리공주〉, 〈동명왕신화〉 등을 비교해서 공통점과 차이점을 명확히 제시한 바 있다. 이 글은 충실한 이본 비교를 거쳐 제주도의 〈세경본풀이〉가 본토의 신화와 상통하면서도 그 나름의 독자적인 면모를 보인다는 점 등을 밝혔다는 데 큰 의의가 있다. 하지만 아쉬움도 없지 않다. 비교된 대상이 본토에서 널리 전승되는 자료들이기는 하지만, 〈세경본풀이〉가 지닌 제주도 신화의 특징을 밝히고자 한다면 오히려 이들 자료보다는, 〈세경본풀이〉와 동일한 근원을 지녔다고 여겨지는 본토의 무가 및 고소설과 견주어 그 차이점을 중심으로 논의할 때 그 의도했던 바에 도달할 수 있지 않을까 생각한다.

이런 관점에서 필자는 동계의 여타 자료에서는 찾아볼 수 없는 〈세경본풀이〉만의 변별성을 추출하고, 〈세경본풀이〉가 그렇게 독자적인 면모를 보이게 된 근원을 제주도의 당신본풀이, 특히 〈송당계본풀이〉와 관련하여 찾아봄으로써, 제주도 일반신본풀이가 독자적 면모를 확보하면서 제주도의 신화로 변용되는 과정의 한 단상을 제시하고자 한다.

2. 동계(同系) 자료와 대비하여 본 〈세경본풀이〉의 독자적인 면모와 양상

〈세경본풀이〉와 같은 계통의 작품으로 여겨지는 자료에는 중국의 양축설화(梁祝說話) 또는 원명대(元明代)의 강창문학인 〈축영대잡극(祝英臺雜劇)〉, 〈양산백보권(梁山伯寶卷)〉 등 중국 자료[12]와 고소설 〈양산백

---

11) 박경신, 〈제주도 무속신화의 몇 가지 특징— '세경본풀이'를 중심으로〉, 《국어국문학》 96, 국어국문학회, 1986.
12) 중국의 〈양축고사(梁祝故事)〉를 바탕으로 만들어진 다양한 작품 양상은 《梁祝

전), 함경도의 〈문굿〉, 제주민담인 〈자청비이야기〉 등이 있다. 이들 작
품은 남장한 여인과 동문수학하는 남성의 연애담을 핵심 내용으로 하는
공통점을 지니고 있는데, 기존 연구에 따르면 중국의 설화가 우리나라에
들어와 다양한 형태의 여러 서사무가나 고소설을 형성했다고 한다. 이런
중국설화가 들어옴에 따라 작품군이 형성되었다는 견해는 타당하다고
본다. 해당 작품들이 우리나라에서 독자적으로 생성되었다고 보기에는
인물의 성격이나 행위, 서사적 전개양상 등이 중국의 것과 너무도 일치
하고 있어 무리이고, 중국의 양축설화는 동진(東晉, 317~420) 이래로 시
대의 변화에 따라 수십 종의 판본으로 거듭 생산되면서 수많은 중국 소
수민족들에게까지도 폭넓게 전승되어 온 인기설화이며,[13] 태국에서도
〈따오 싸른 렁〉이라는 비슷한 내용의 작품이 중국의 영향을 받아 형성
되었다는 것[14]으로 보아, 중국의 설화는 중국 안에서뿐만 아니라 다른
나라에까지도 전해져 크게 영향을 미쳤음을 알 수 있기 때문이다.

　따라서 이들 계열 작품들의 근간이 중국의 양축설화 또는 〈양산백보
권〉에 있다는 데는 별다른 이의가 없으나,[15] 중국의 설화들이 우리나

故事說唱集》(台北 : 明文書局, 1981)에 소개되어 있다.
13) 關德棟은 〈중국 漢語 속문학과 주변 민족문학〉을 발표하면서 김헌선의 질의에
　　대해 양산백축영대 이야기가 장강을 중심으로 하여 소수민족들에게까지 널리 퍼
　　져 있다고 답변하고 있다(《한국학연구》 8집, 고려대 한국학연구소, 1996, 397면).
14) M. L. Manich Jumsai, *History of Tai Literature*(Bangkok : Chalermnit Press, 1973),
　　p. 79. 이 책은 중국에서 전해진 이야기라 하면서, 남장한 소녀가 수도원으로 공부
　　하러 가던 소년을 만나 사랑하게 되지만 신분 차이 때문에 여자의 부모가 반대하
　　여 사랑을 이루지 못하고 결국 죽어서 만나게 되었으며 그들의 무덤에는 나비가
　　날았다는 내용을 간략히 소개하고 있다.
15) 이수자는 〈세경본풀이〉가 양축설화를 수용한 것이라는 서대석과 장주근의 주장
　　에 대해 의문을 제기하면서, 남장을 하는 문도령과 함께 기거하며 글공부를 하
　　던 자청비가 공부를 마치고 함께 돌아오던 가운데 자신이 여자임을 밝히는 대목은
　　양축설화가 수용된 부분이 아닌 원래부터 있었던 내용일 가능성이 있으며, 이것이
　　오히려 후대의 민담에 수용되어 같은 류의 설화나 고소설의 모태가 되었을 것이라
　　고 단편적으로나마 주장하고 있다. 하지만 이렇게 주장하는 근거는 구체적으로 언

라에 언제 들어왔는지, 그리고 어떤 과정을 거쳐 우리나라에서 무가와 고소설로 형성되었는지는 명확하지 않다. 때문에 중국의 양축설화가 들어오면서 그 영향으로 각기 무가와 고소설이 별도로 생성되었는지, 또는 고소설 〈양산백전〉의 영향을 받아 무가들이 형성되었는지도 알 수 없다.

그러면 먼저 선행 연구자들이 중국설화의 이입에 따라 우리의 서사무가와 고소설이 형성되는 과정을 언급하는 부분부터 요약해보기로 한다.

* 서대석 : 중국의 축영대설화가 들어오면서 고소설 〈양산백전〉과 함경도의 〈문굿〉을 형성시켰는데, 중국의 양축설화가 각기 〈양산백전〉과 〈문굿〉을 형성시켰는지 또는 〈양산백전〉을 바탕으로 하여 〈문굿〉이 형성되었는지는 확실하지 않다. 제주도의 〈세경본풀이〉는 뒷부분이 상이한 양상을 보이기는 하지만 제주설화 〈자청비이야기〉가 축영대설화와 같아서, 이를 매개로 연결시킨다면 〈세경본풀이〉 또한 양축설화가 수용된 것으로 볼 수 있다.[16]

* 장주근 : 중국의 동진시대 이래로 있어 왔던 양축설화가 원대의 〈축영대잡극〉, 명대의 〈양산백보권〉 등의 강창문학으로 전개되면서 우리나라에 유입되어 고소설 〈양산백전〉과 함경도무가 〈문굿〉을 형성시켰다. 〈양산백전〉과 〈문굿〉은 형성연대가 막연하여 선후 영향관계를 논할 수 없다. 한편 제주도에는 민담 〈자청비이야기〉, 〈세경본풀이〉가 있는데, 그 근원을 달리

급하고 있지 않다(이수자, 앞의 글, 152~153면). 그런데 이런 주장이 성립되려면 근원을 이루는 제주도의 자료가 원래 어떤 모습이었는지, 그리고 육지로는 어떻게 전해져 폭넓게 무가나 고소설, 설화 등을 이루게 하였는지가 설득력 있게 설명되어야 할 것이다. 나아가, 이른 시기부터 문헌을 비롯해 소수민족들에게까지도 다양한 형태로 폭넓게 전승되던 중국 자료에는 어떻게 영향을 주었는지에 대한 해명도 필요하리라고 본다.

16) 서대석, 앞의 글, 99~108면.

해 전승되었을 가능성은 있지만 중국의 양산백설화에 근원을 두고 있다는 것만은 분명하다.[17]

　* 조현희 : 〈양산백전〉과 〈세경본풀이〉, 〈문굿〉, 〈자청비이야기〉 등이 중국 양축설화의 영향을 받아 형성되었다는 전제 아래, 이들 자료를 구체적으로 비교하여 공통점과 차이점을 제시하고 있다. 이들은 각기 전승 양상에 따라 독자적인 면모를 갖추게 되었을 뿐 별개의 작품은 아니라는 것이다.[18]

　* 정규복 : 〈양산백전〉은 중국의 양축설화를 바탕으로 소설화하는 과정에서 부분적인 개변이 있었고, 함경도무가 〈문굿〉은 중국설화의 영향이기보다는 고소설 〈양산백전〉의 영향으로 형성되었다. 그 근거는 인물명칭이 중국 것보다 고소설과 상통하는 점, 무녀가 하층이었기에 중국 것을 소화할 능력이 없다는 점 등이다.[19]

이들 선행 연구의 주장을 전체적으로 정리한다면 다음과 같다.

첫째, 중국의 양축설화가 들어와 〈양산백전〉과 〈문굿〉, 제주민담 〈자청비이야기〉, 〈세경본풀이〉 등 같은 계열의 작품들을 형성시켰다.

둘째, 〈세경본풀이〉는 같은 계열의 작품들과 견주어 다소 이질적인 면모가 있는데, 그렇다고 별개의 것이거나 독자적으로 생성된 것이라고 볼 수는 없다.

셋째, 중국의 양축설화가 각기 무가와 소설을 형성시켰는지, 또는 소설로 전해지던 것을 무가가 수용하였는지는 아직 명확하지 않다. 비록 정규복이 소설의 영향으로 함경도 무가가 형성되었다고 주장하였으나, 그 근거가 미약하다. 그가 들고 있는 명칭의 차이가 '축영대'와 '추양대'

---

17) 장주근,《풀어쓴 한국의 신화》, 집문당, 1998, 143~145면.

18) 조현희, 앞의 글.

19) 정규복, 〈양산백전고〉,《중국연구》Ⅳ집, 한국외대 중국문제연구소, 1979.

정도에 지나지 않는다는 것도 있지만, 그의 주장대로 무녀가 하층 신분이어서 중국에서 전해진 설화나 소설을 소화할 수 없었다고 보면, 우리의 문자화된 소설 또한 소화하기 쉽지 않았을 것이라는 반론도 가능하기 때문이다.

이상에서 볼 수 있듯이 이들 작품이 중국의 양축설화를 근간으로 하여 형성된 작품군이라는 데는 대체적으로 동의하나, 중국의 설화가 어떤 형태로 어떤 시기에 유입되었는가는 아직 해명되지 못했고, 각기 다른 양상을 보이는 고소설, 무가, 민담 사이의 선후 관계 및 영향수수 관계도 뚜렷하게 밝혀지지 못한 상태이다. 따라서 이를 밝히는 것이 긴요한 문제이겠지만, 이 글의 관심은 이런 문제들을 해결하는 데 있지 않다. 다만 이들 선행 연구의 검토를 통해 대체로 〈세경본풀이〉가 양축설화에 근원을 둔 동계의 작품으로 인정되고 있다는 점만 우선 명확히 해두고자 한다. 같은 근원을 지닌 작품임에도 왜 〈세경본풀이〉는 양축설화와 달리 후반부에서 특히 독자적인 면모를 보이는가 하는 문제가 이 글의 주된 관심사이기 때문이다.

〈세경본풀이〉의 전반부는 〈문굿〉, 〈양산백전〉, 제주민담 〈자청비이야기〉와 인물의 성격, 서사적 내용 및 전개과정 면에서 일치하고 있다. 비록 제주도 자료에서 남녀주인공의 명칭이 문국성문도령과 자청비라는 이름으로 달리 니타나지만 그 이름만 차이를 보일 뿐 그 성격이나 행위는 크게 다르지 않다. 하지만 문도령과 자청비가 자청비의 방에서 함께 유숙한 뒤 정표를 주고는 이별하는 후반부는 중국의 설화나 보권 등에서는 물론 우리의 동계 여타 자료에서도 전혀 찾아볼 수 없는 독자적인 양상으로 전개된다. 〈문굿〉이나 〈자청비이야기〉는 여주인공이 신행길에 상사병으로 죽은 남자의 무덤 곁을 지나다가 갈라진 무덤 사이로 들어가게 되고 다시 합쳐진 무덤 사이에 남겨진 옷자락이 나비나 파리, 모기가 된다는 형태로 종결되지만, 〈양산백전〉은 군담적 성격이 가미된 좀더 발전한 양상으로서 남녀주인공이 환생하여 부귀공명을 누리는 형태로 진행된다. 물론 이런 〈양산백전〉의 후반부는 중국 〈양산백보권〉의 영향을 받은 것이며,[20] 군담적 요소를 첨가한 것은 당대 사람들이 군담류를 좋아했기 때문이라고 할 수 있다.[21] 곧 〈세경본풀이〉를 제외한 동계의 여타 자료들은 중국의 것과 크게 다르지 않아 독자적으로 생성된 양상을 찾아보기 어렵다는 것이다.

반면 〈세경본풀이〉의 후반부는 다르다. 정수남이라는 목축신의 성격을 지닌 인물이 중요하게 설정되어 문도령과 자청비와 더불어 삼각관계의 인물구도를 이루고, 자청비는 남편을 탐색하는 천상여행을 하면서 하늘나라에서는 세변을 막는 여성영웅의 면모를 보이기도 한다. 또한 자청비와 정수남이 각기 농경신과 목축신의 신직을 부여받아 이 세상에서 신격이 되는 것으로 종결된다. 즉 이런 〈세경본풀이〉의 후반부는 동계의 여타 자료에서는 찾아볼 수 없는 독자적인 내용으로, 동계의 소재적 원천이 제주도로 유입되어 일반신본풀이화하면서 제주도 신화적 성격을 바탕으로 자체적으로 형성·결합된 부분이라 할 수 있을 것이다. 따라서 〈세경본풀이〉가 지니는 제주도 신화의 성격을 찾기 위해서는 이런 후반부에 대한 구체적인 검토가 이루어져야 할 것이다. 우선 〈세경본풀이〉의 후반부 내용을 정리하면 다음과 같다.

1. 자청비는 문도령을 기다리다가 정수남의 꾀임에 빠지고, 겁간하려는 정수남을 죽여 집에서 쫓겨남.

2. 청태국 마귀할멈의 양육을 받다가 문도령과 만날 기회를 놓치고는 쫓겨나 중이 됨.

---

20) 장주근, 앞의 글 ; 서대석, 《군담소설의 구조와 배경》, 이화여대출판부, 1985 ; 안동준, 〈적강형 애정소설의 형성과 변모〉, 《문학연구》 7집, 우리문학연구회, 1988, 127면. 이들 글에서 〈양산백전〉의 후반부가 독자적으로 생성된 것이 아니라 중국 〈양산백보권〉의 영향에서 말미암은 것임을 밝히고 있다.

21) 서대석, 앞의 글, 248~249면.

3. 옥황선녀를 만나 승천한 뒤 문도령과 재회하고 시험을 통과하여 며
   느리로 인정받음.
4. 하늘나라의 세변을 막는 데 자원해서 출전하여 공을 세우고 상을 받음.
5. 서천꽃밭에서 남장을 하여 꽃감관의 사위가 되고, 환생꽃으로 죽은
   정수남과 문도령을 살려냄.
6. 하늘나라의 변란을 막은 공으로(첩과의 갈등으로) 중세경의 신직과
   오곡의 종자를 받아 하강하여 세경신이 됨.
7. 정수남은 하세경 목축신이 됨.[22]

이런 후반부의 핵심적인 내용은 다음 몇 가지로 정리될 수 있을 것
이다.

가. 정수남이라는 인물의 설정과 자청비와의 관계
나. 자청비의 남편탐색담
다. 자청비의 천상무용담
라. 정수남을 살리기 위한 자청비의 서천꽃밭 여행
마. 중세경으로 세경신(농경신)이 되는 자청비와 하세경으로 목축신이
   되는 정수남

'가'의 정수남이라는 인물의 설정은 〈세경본풀이〉가 지니는 가장 독
자적이고 특징적인 면모라 할 수 있다. 동계의 작품들에서 핵심적인 인
물은 남녀주인공에 한정된다. 비록 〈양산백전〉에서 추양대의 남편으로
설정되어 있는 심생이 〈세경본풀이〉의 정수남과 같은 존재로 발전될
소지가 없는 것은 아니지만, 그는 부차적인 인물이고 양산백과 추양대

---

22) 〈세경본풀이〉에 대한 이본 비교는 박경신에 의해 충실히 이루어졌기에 그의 이
   본 비교표를 바탕으로 하여 정리한 것이다(박경신, 앞의 글).

의 사랑을 더욱 극적으로 맺어지게 하는 인물에 지나지 않는다. 하지만 〈세경본풀이〉의 정수남의 설정은 이와는 근본적으로 차이가 있다. 정수남은 자청비가 문도령과 헤어진 뒤 갑자기 끼어들어 중요한 구실을 하는 존재이다. 자청비와 함께 신직을 부여받는 존재이고, 자청비의 배우자로서의 면모도 다소 지니고 있기 때문이다. 하지만 지금까지 선행 연구에서는 정수남의 존재에 대해서는 그다지 비중을 두지 않았다. 정수남이 신으로 모셔지게 된 까닭도 악신도 대접해야 한다는 차원에서 이해하거나,[23] 아예 그 가치를 인정하지 않고 비중 있게 언급하지 않는 것이 일반적이었다. 그러나 과연 그러한 평가가 합당한지 의문이다.

〈세경본풀이〉에서 정수남은 특히 자청비에게 각별한 존재이다. 먼저 정수남은 자청비와 문도령 사이에 개입하여 삼각관계를 만드는 인물이다. 문도령이 하강하는 곳을 안다는 것을 빌미로 자청비를 유인해서 겁탈하려 한다. 곧 강제적인 사랑의 실현을 시도하는 것이다. 그런데 이 부분은 세경놀이의 내용과도 상통하는 양상이어서 흥미롭다. 세경놀이는 시집살이가 싫어 도망하던 여인이 들판에 앉아 소피를 보다가 건달 총각에게 겁탈을 당하고 거기에서 낳은 자식이 농작물을 풍성하게 수확한다는 것을 주 내용으로 하는데, 이는 〈세경본풀이〉에서 정수남과 자청비 사이에 겁탈 사건이 발생한다는 점, 그리고 자청비가 농경풍요신이 된다는 점과 상통한다는 것을 알 수 있다.

이외에 자청비는 정수남을 죽이고 살린다고 해서 부모에 의해 추방된다. 곧 자청비가 집에서 추방되어 고난을 겪게 되는 까닭이 바로 정수남에게 있는 것이다. 또한 자청비는 문도령과 결연을 하는 것으로 나타나지만 정수남을 위하는 마음은 각별하다. 죽은 정수남을 살리기 위해 서천꽃밭을 여행해서 환생꽃을 가져오기까지 하는 것이다. 물론 각편(各篇)에 따라 정수남과 죽은 남편을 모두 살려내는 것으로 나타나기

---

23) 박경신, 앞의 글, 297~298면.

도 하지만, 남편을 되살리는 대목은 결락되어 있어도 정수남을 재생시
키는 부분은 각편들에서 모두 공통되게 나타난다. 그리고 〈안사인本〉을
비롯한 몇몇 자료에서는 자청비가 서천꽃밭에서 환생꽃을 가져오기 위
해 부엉이를 잡는데, 이 부엉이의 영혼이 곧 정수남의 환생으로 나타나
는 것도 흥미롭다. 자청비가 지붕에 올라 옷을 벗고는 "정수남아, 정수
남아, 혼정(魂情)이 싯건 부엉이 몸으로 환생허영 원진 나 젯가심 우의
나 올라앉아 보라"고[24] 하며 정수남의 영혼을 부르자 부엉이가 자청비
의 가슴에 와서 앉았다고 한다. 이것은 자청비와 정수남의 성적(性的)
결합을 상징하는 화소로 파악될 수 있을 것이다. 이처럼 〈세경본풀이〉
에서 정수남은 단순한 하층의 종이기보다는 자청비에 대한 남녀관계
속에서 파악되는 배우자의 성격을 강하게 지닌다.

한편 정수남이 〈세경본풀이〉에서 중요한 인물이라는 점은 말미에 자
청비가 중세경으로 농경신의 신직을 부여받듯이 하세경으로 목축신이
라는 신직을 부여받는다는 데서 다시 확인된다. 〈세경본풀이〉에서 정수
남의 존재가 중요하지 않다면 이런 신직이 부여될 리 만무하다. 아울러
자청비의 결연자인 문도령은 상세경이 되었지만, 그 기능이 무엇인지는
불분명하다. 더 나아가 지상에서 자청비와 함께 신직을 수행하는 것은
하세경인 목축신 정수남이다. 문도령은 천상계에 머물러 있을 뿐이다.
여기에서 정수남과 자청비의 관계를 농경신과 목축신의 결합관계로 파
악하는 것은 지나친 비약이 아닐 것이다.

이렇게 볼 때 정수남은 〈세경본풀이〉, 특히 후반부에서는 부차적인
인물이 아닌 주요 인물, 곧 농경신인 자청비의 배우자 성격을 지니는
존재로서 등장하고 있다고 여겨진다.

나)는 자청비가 여러 가지 고난을 거치면서 문도령을 찾아가 아내로
인정을 받는 부분으로, 이런 자청비의 남편탐색담 또한 동계의 여타 작

---

24) 현용준, 《제주도무속자료사전》, 신구문화사, 1980, 347면.

품에서는 찾아볼 수 없는 독자적 면모이다. 〈양산백전〉에서도 양산백과 추양대가 다시 환생하여 사랑의 결실을 맺지만, 이는 천정(天定)에 따른 것이고 초월자인 태을성인이 이들의 부탁을 들어준 데 따른 것이다. 즉 〈양산백전〉의 경우 비현실적 세계의 막연한 힘의 개입으로 이들을 결합시키는 형태이지만, 〈세경본풀이〉에서는 자청비의 의지와 노력으로 결실이 이루어진다는 점에서 전혀 성격이 다르다. 이것은 제주도 여성의 강한 생활력과 적극적인 삶의 모습이 신화에 반영된 양상이라 할 수 있을 것이다.[25]

한편 이런 나)는 남편탐색담의 형식을 그대로 띠는 것으로 〈세경본풀이〉 또는 제주도 신화에서만 찾아볼 수 있는 독특한 화소는 아니다. 잃어버린 남편을 찾아 여행을 떠나고 어려운 문제를 해결하고는 아내로 인정받게 되는 이야기는 톰슨(S. Thompson)이 'Type425 잃어버린 남편을 찾아서'라고 해서 분류하고 있듯이 〈큐피트와 프시케〉로 대표되는 유형의 내용으로서, 이와 유사한 많은 이야기가 세계 곳곳에서 전해진다.[26] 우리의 〈구렁덩덩신선비〉 설화도 이런 형태를 보이는 대표적인 자료로,[27] 구렁이신랑과 결혼한 여인이 금기를 어겨 남편을 잃고 남편을 찾아나서 험난한 여행 끝에 결국 남편을 되찾는다는 내용으로 이루어져 있다. 〈세경본풀이〉에서 자청비가 문도령을 찾아가는 것은 이런 남편탐색담의 형식을 그대로 따르는 것으로, 〈세경본풀이〉에 왜 이런 남편탐색담이 결부되었는지는 불분명하다. 다만 제주도 여성의 적극적이고 강한 생활력이 반영된 한 형태로서 전개된 것일 수도 있겠고, 〈구

---

25) 이 점에 대해서는 이미 박경신이 구체적으로 지적한 바 있다(박경신, 앞의 글, 299~300면).

26) Stith Thompson, 윤승준 외 옮김, 《설화학원론》, 계명문화사, 1992.

27) 우리나라의 〈구렁덩덩신선비〉 설화를 '큐피트 사이키설화'와 대비한 연구로는 임석재의 〈구렁덩덩신선비설화와 큐피트 사이키설화의 대비〉(《한국·일본의 설화 연구》, 인하대출판부, 1987)와 서대석의 〈'구렁덩덩신선비'의 신화적 성격〉(《고전 문학연구》 3집, 한국고전문학연구회, 1986)이 있다.

렁덩덩신선비〉설화에서 구렁이신랑의 성격이 수신적 존재임[28]을 감안
한다면 농경풍요신인 자청비가 농경에 필수적인 물을 관장하는 신격을
찾아가는 모습을 염두에 두고 남편탐색담 형태로 전개시켰을 가능성도
생각해 볼 수 있지만, 확실하지는 않다. 여하튼 나)는 동계 자료들과 비
교해서는 독자적 면모라 할 수 있으나, 반드시 제주도만의 고유한 신화
적 특징이라고는 볼 수 없는 것이다.

　다)의 자청비의 천상무용담은 농경신을 부여받는 결정적 계기가 된다
는 점에서 중요하다. 천자국에 변란이 일어나자 자청비가 자원해서 출정
해 적을 물리치고, 그 공으로 오곡을 얻어 농경신이 되는 것이다. 그런데
이 부분은 고소설 〈양산백전〉에서 다시 환생한 양산백이 과거급제한 뒤
도원수가 되어 오랑캐를 물리치는 부분에 대응된다고 할 수 있다. 하지
만 그것이 작품에서 지니는 의미는 판이하다. 〈양산백전〉에서 양산백이
서달을 물리치는 대목은 내용의 전개에 반드시 필요한 요소라고 보기
어렵다. 이런 변란을 물리침으로써 양산백과 추양대가 부귀영화를 보장
받는 것은 아니기 때문이다. 양산백이 과거에 급제하여 한림학사 겸 표
기장군에 오르게 되기는 하지만, 오랑캐의 변란을 막은 공으로 해서 그
의 처지나 행복한 생활이 달라지는 것은 아니다. 〈양산백전〉에서 양산
백의 출정은 남성으로서 당연히 해야 할 일로 받아들여지고, 그 의미도
양산백이 단순히 탁월한 장수의 역량을 지닌 존재임을 확인시켜 주는
데 있다. 곧 이것은 부귀영화를 누리는 하나의 과정을 보여줄 뿐, 내용의
전개에 필수적인 부분은 아닌 것이다. 오히려 흥밋거리를 제공하고자 당
대 사람들이 즐겼던 군담적 요소를 가미한 것에 지나지 않는다.[29]

　반면 〈세경본풀이〉에서 자청비의 천상무용담은 신직을 획득하는 계

---

28) 서대석, 앞의 글, 199~202면.

29) 서대석은 〈양산백전〉에 작품구조나 주제 면에서 군담이 개입되어야 할 필연적인
　　이유를 찾기 어렵다고 하면서, 군담적 요소는 군담이 독자 계층의 흥미소로 작용하
　　면서 부연된 것에 지나지 않는다고 밝힌 바 있다(서대석, 앞의 책, 248~249면).

기가 된다는 점에서 내용 전개에 반드시 필요한 구성요소이다. 특히 이런 양상은 제주도 송당계본풀이에서 자신(子神)이 강남천자국의 무용담을 겪은 뒤 신직을 부여받는 모습과도 같은 것이어서 그것과 관련이 있지 않나 생각된다. 그리고 〈세경본풀이〉는 〈양산백전〉의 양산백에 대응되는 인물인 문도령이 출정하여 세변을 막는 것이 아니라 자청비가 이를 막음으로써 여성영웅의 면모를 보여준다는 점에서 특징이 있는데, 이 또한 제주 여성의 적극적인 생활상이 반영된 것이라고도 할 수 있을 것이다. 그러나 여기서 무엇보다 중요한 점은 자청비가 천상을 여행하여 배우자를 얻고 탁월한 장수의 역량을 발휘하여 공을 세우고 신직을 부여받아 귀환해서 신격으로 좌정하게 되는 과정이다. 특히 굳이 여성인 자청비가 문도령을 대신해 이런 세변을 막는다고 설정한 점이 의문인데, 이것은 〈송당계본풀이〉에 등장하는 자신(子神)의 해중무용담과 밀접한 관련이 있기 때문일 것이다. 즉 〈송당계본풀이〉에서 보면 자신이 버림을 받고는 용왕국을 여행해서 셋째 딸을 배우자로 얻고, 강남천자국의 세변을 막아주고는 그 공을 바탕으로 제주도로 귀환해 당신이 되는 과정을 겪는데, 자청비의 여행 및 무용담은 이 구조를 그대로 따르고 있는 것이다. 이런 점에서 다)는 〈송당계본풀이〉에서 보이는 자신의 무용담의 변형일 가능성이 크다. 이 점에 대해서는 다음 장에서 다시 설명할 것이다.

한편 라)의 죽은 이를 되살리기 위한 서천꽃밭으로의 여행은 특히 제주도 일반신본풀이에서 흔히 볼 수 있는 양상이다. 서천꽃밭은 여기서 다루는 〈세경본풀이〉를 비롯해 〈이공본풀이〉와 〈문전본풀이〉, 〈삼승할망본풀이〉 등에서 찾아볼 수 있는데, 인간의 생사(生死)를 관장한다고 여겨지는 신화적 공간임을 알 수 있다.[30]

〈세경본풀이〉에서 서천꽃밭의 여행은 자청비가 정수남을 되살리기

---

30) 이수자, 〈제주도 무속과 신화 연구〉, 이화여대 박사논문, 1989, 188~191면.

위해서 이루어진다. 여기서 자청비는 남장을 하고는 거짓사위가 되어 도환생꽃을 가져와 정수남을 되살리게 된다. 이렇게 서천꽃밭에서 환생 꽃을 가져와 죽은 이를 되살리는 화소는 〈이공본풀이〉와 〈문전본풀이〉에서도 같은 모습으로 나타나며, 되살린 인물이 나중에 신격이 되거나 신의 세계에 편입되는 양상도 공통적으로 보인다. 이렇듯 제주도 일반 신본풀이에서 서천꽃밭은 중요한 신화적 공간으로 자리매김하고 있지만, 이러한 공간 관념이 제주도에만 국한되어 나타나는 것으로 보기는 어렵다. 물론 서천꽃밭이라는 동일한 공간이 설정되어 나타나지는 않지만, 험로를 지나고 물을 건너는 도보여행으로 도달할 수 있으며 그곳에서 가져온 약수나 꽃이 죽은 사람을 재생시킨다는 의식이 나타나는 〈바리공주〉의 서천서역국과 같은 공간이 본토에서도 발견되기 때문이다. 따라서 라)의 서천꽃밭으로의 여행은 제주도 신화의 특징으로만 한정짓는 것은 곤란하며, 인간의 삶과 죽음을 관장하는 신화적 공간인 서천꽃밭에 대한 관념이 제주도에 특히 잘 발달되어 있다고 보는 것이 마땅할 것이다. 자청비가 세변을 막는 데 사용하는 수레멜망악심꽃이라든가 〈이공본풀이〉의 웃음꽃, 싸움꽃 등 다양한 꽃이 설정되어 있다는 점, 그리고 이곳의 배경이 구체적으로 그려지고 있다는 점 등은 제주도 일반신본풀이에서 서천꽃밭에 대한 관념이 잘 발달되어 있는 증거라 할 수 있다. 또한 이곳이 인간의 생명과 관련된 문제를 관장하는 곳임은 물론, 더 나아가 악한 인물을 징치(懲治)할 수 있는 근원을 제공하는 곳이라는 의식까지도 찾아볼 수 있다.

이렇듯 라)는 제주도의 일반신본풀이에서 흔히 찾아볼 수 있는 서천꽃밭이라는 신화적 공간관념에 대한 인식을 바탕으로 하고 있다고 볼 수 있다.

한편 서천꽃밭의 환생꽃으로 정수남과 문도령을 죽음으로부터 재생시키는 것은 〈세경본풀이〉가 드러내는 농경의 풍요성과도 무관하지 않은 설정으로 보인다. 서천꽃밭의 의식적 기저에는 식물의 생장과 인간의 생사를 동일시하는 의식이 내재되어 있다고 할 수 있다. 그런데 이 것은 다른 한편으로 인간을 죽음으로부터 재생시키는 모습을 통해 식 물의 풍작을 기원하는 의식과도 상통하는 것이다. 〈세경본풀이〉가 농경 신의 기원을 이야기하는 것이고 그 목적이 농작물의 풍요에 있다고 했 을 때, 이러한 신화에서 죽음으로부터 재생되는 과정은 가을에 지는 식 물들이 봄에 다시금 재생하는 양상에 대응하는 것으로 풍요기원 심리 의 반영과 무관하지 않을 것이라고 생각한다.[31]

마지막으로 마)는 자청비와 정수남이 각기 신격으로 좌정하는 것으 로, 이들이 신격으로 큰굿에서 모셔지게 되는 까닭이기도 하다. 〈세경 본풀이〉가 무속신화이기에 이들이 어떤 직능을 지닌 신격을 획득하는 가 하는 설명이 결말부에 수반되어야 하는 것은 물론이다. 그런데 동일 한 소재를 원천으로 하는 함경도의 〈문굿〉 같은 경우는 무속신화임에 도 그 신격의 성격이 불분명하다. 다만 망묵굿에서 이런 〈문굿〉이 길을 닦는 데 소용된다는 것만 분명할 뿐, 양산백 추양대가 어떤 직능을 수 행하는 신격인가는 막연하다. 그리고 〈문굿〉이 이렇게 망묵굿에서 쓰이 는 것은 결말부에서 양산백과 추양대가 함께 무덤 속으로 들어가자 무 덤이 합쳐지며 종결되는 것과도 무관하지 않을 것이다. 곧 함경도의 〈문굿〉은 망자의 죽음과 밀접한 관련을 지니는 반면, 제주도의 〈세경본 풀이〉는 농경신과 목축신의 좌정유래담이라는 점에서 〈문굿〉과는 큰 차이가 있다. 이런 차이는 분명 〈문굿〉의 내용과 같은 전반부보다는 후 반부, 곧 정수남이 마소를 부리고 말머리고사를 지내게 하는 모습이나 자청비가 변란을 평정하고는 오곡을 청하여 받아서 지상으로 내려오는 화소들에 말미암은 것이다. 〈세경본풀이〉에서 자청비와 정수남이 각각 농경신과 목축신을 차지하는 양상은 분명 본토에서는 전혀 찾아볼 수

---

31) 인간의 삶과 죽음이 농작물의 풍요와 밀접한 관련이 있음은 오시리스(Osiris) 숭 배에서도 확인되며, 오바야시(大林太良)도 《신화학입문》에서 이 점을 지적한 바 있다(大林太良, 권태효 외 옮김, 《신화학입문》, 새문사, 1996, 126~127면).

없는 제주도 나름의 신화적 관념의 소산이라 할 수 있을 것이다.

이상 〈세경본풀이〉의 독자적 면모가 드러나는 후반부의 특징을 살펴보았다. 여기서는 대체로 제주도의 고유한 신화적 관념이 중심이 되고 있고, 나)와 라)처럼 본토와 공통되게 보이는 신화소가 있더라도 대체로 제주도 특유의 속성을 반영하고 있음을 알 수 있다. 특히 나)가 제주 여성의 적극적인 활동성을 바탕으로 한다는 점, 그리고 라)에서 서천꽃밭의 도환생꽃으로 죽은 이를 살리는 과정 등이 삽입된 것은 이런 공간관념이 특히 제주도에서 잘 발달된 데서 비롯되었다는 점을 파악할 수 있었다. 이렇듯 본토와 공통되는 신화소 또한 제주도 나름의 신화적인 성격의 반영으로서 나타나고 있는데, 이보다 더 주목되는 점은 전형적인 제주도만의 의식에서 나온 것으로 보이는 가), 다), 마)의 면모가 제주도의 토착적인 신화 형태인 당신본풀이, 특히 제주도 당신화의 조종(祖宗)으로 여겨지는 〈송당계본풀이〉와 밀접히 관련되는 양상을 보인다는 것이다. 따라서 다음 장에서는 이 점에 대한 구체적인 검토가 이루어질 것이다.

3. 〈세경본풀이〉의 제주도 토착신화적 면모와 〈송당계(松堂系)본풀이〉의 관련 양상

〈세경본풀이〉의 독자적인 면모는 자청비가 문도령과 이별한 데서부터 전개되는 후반부이며, 그 후반부의 중심이 되는 화소들에 대해서는 이미 앞에서 구체적으로 검토한 바 있다. 그런데 이런 후반부의 핵심적인 사건 전개가 단선적이지 않고 복합적인 층위에서 이루어진다는 데 주목할 필요가 있다. 우선 〈세경본풀이〉의 후반부에는 자청비가 떠나버린 문도령을 찾아 온갖 고난을 겪으며 천상여행을 하는 남편탐색담 형태로 전개되는 하나의 축이 있다. 이것은 전반부의 자청비와 문도령의 사랑을 이야기하는 서사의 축을 그대로 따라가는 것이라 할 수 있다. 그런데 후반부에서는 다른 한편으로 정수남이라는 자청비의 종을 설정하여 자청비와 새로운 관계 속에서 사건을 만들어 가도록 하고 있어, 이를 통해 서사의 또 다른 한 축을 마련하고 있음을 볼 수 있다.

그런데 이런 후반부의 양상에서 의문 나는 점은 전반부의 서사적 전개를 이어간다고 했을 때 자청비의 남편탐색담만으로 단선적인 전개를 이루는 것이 훨씬 자연스러웠을 텐데 왜 군이 자청비와 정수남이라는 새로운 축을 마련하고 있는가 하는 것이다. 특히 이런 새로운 축이 마련됨으로써 오히려 내용의 전개가 매끄럽지 않은.양상을 보인다는 점을 생각해 볼 필요가 있다. 정수남은 자청비가 문도령을 찾아가는 데 반드시 필요한 인물이 아니다. 그럼에도 문도령을 만나게 해준다는 핑계로 자청비를 겁간하려 하고 말머리고사를 지내는 등 정수남과 자청비 사이의 일이 장황하게 본풀이 후반부의 첫머리에 개입되어 있다. 뿐만 아니라 자청비는 정수남을 되살리기 위해 서천꽃밭을 여행하여 환생꽃을 가져다가 그를 재생시키는데, 이렇게 어렵사리 되살려 놓은 정수남은 정작 그 이후 부분에서는 아무런 행적도 없이 사라진다. 그러다가 다시 끝부분의 신직을 부여받는 데서 갑자기 등장하여 자청비와 함께 지상에서 신격으로 자리매김을 하게 된다.

이렇듯 자청비와 정수남 사이에서 일어나는 사건들은 자청비의 남편탐색담이 중심이 되는 이야기축에 조화롭게 결합된다기보다는 다소 이질적이기까지 하다. 그럼에도 이렇게 정수남이라는 인물을 설정하여 자청비와 정수남의 관계 속에서 전개되는 또 하나의 이야기축을 만든 까닭은 무엇인가? 이는 〈송당계본풀이〉와의 관련성 속에서 파악해야 어느 정도 해명될 수 있을 것이다. 〈세경본풀이〉의 후반부는 〈송당계본풀이〉와 밀접한 연관성을 보여주기 때문이다. 따라서 그 관련 양상을 구체적으로 살피면서 이 문제에 접근하도록 하겠다.

〈세경본풀이〉에서 남신인 정수남과 여신인 자청비의 관계는 그 인물 성격이나 이들의 결합양상, 위계성 등 다각도에서 〈송당계본풀이〉의 부모신인 소로소천국과 백주또에 밀접하게 대응되는 양상을 보여준다. 그 구체적인 관련 양상은 다음과 같이 파악할 수 있다.

첫째, 남신의 성격이 일치한다. 정수남과 소로소천국의 성격을 대비시켜 보면 다같이 육식성(肉食性)과 대식성(大食性)을 지닌 수렵목축신(狩獵牧畜神)의 성격을 지닌 존재임을 알 수 있다. 정수남은 소와 말 아홉 마리에 길마를 지워 나무하러 갔다가 잠을 자는 사이 마소를 다 죽게 만들고는 그 죽은 마소의 가죽을 벗겨 불에 구워 먹는다. 마소 아홉 마리를 한꺼번에 먹는 대식성과 아울러 육식성을 지닌 존재임을 잘 보여주는 대목이다. 또한 그가 목축신의 성격을 지니는 것은 후에 하세경으로 목축신이 되는 데서도 명확하게 나타나지만, 그보다 앞서 상전인 자청비를 말에 태워 문도령을 만나러 가려고 하는 대목에서 밥 아홉 동이, 국 아홉 동이, 술 아홉 동이, 돼지머리를 차려놓고 고생하는 말을 위해 말머리고사를 지내도록 하는 데서도 잘 확인할 수 있다. 이것은 말을 다루는 능력을 받드는 것으로, 말을 관장하는 목축신에 대한 대접이라 할 수 있다. 또한 이처럼 많은 양의 제물을 마부만 먹어야 한다며 혼자 먹어치우는 데서도 그의 대식성이 다시 한번 확인된다. 한편 〈송당계본풀이〉에서 소로소천국은 원래 사냥으로 생업을 이어가던 존재였다. 이런 성격은 백주또를 만나면서 소를 이용해 농사짓는 형태로 변화한다. 사냥을 주업으로 삼아 육식을 하다가 가축을 기르고 이용하는 능력을 획득하게 되고, 더 나아가 농경으로의 생업의 변화를 도모하게 되는 것이다. 소천국 또한 대식성을 지닌다. 백주또는 일하는 소천국을 위해 밥 아홉 동이, 국 아홉 동이를 마련한다. 그가 대식성을 지녔음을 잘 보여주는 것이다. 그러나 지나가던 중이 이 점심을 다 먹어 치우자 소천국은 불을 피워 밭 갈던 소를 잡아먹고 다시 이웃의 소까지 잡아먹는다. 본질적으로 지니고 있던 육식성으로 회귀하는 모습이라고 할 수 있으며, 이로써 수렵목축신의 성격을 다시금 확인할 수 있는 것이다. 이렇

듯 정수남과 소로소천국은 신의 성격 면에서 일치하고 있음을 파악할 수 있다.[32]

둘째, 여신의 성격 또한 일치한다. 자청비와 백주또는 모두 농경풍요신의 성격이 뚜렷한 존재이다. 〈세경본풀이〉의 자청비는 하늘 옥황에서 세변을 막아 공을 세운 뒤 오곡의 씨앗을 얻어 이 세상에 내려와 중세경인 농신이 된다. 그리고는 마음씨 착한 사람에게는 풍년을 들게 해주고 악한 사람에게는 흉년을 내리는 농경풍요신으로서 기능을 수행한다. 〈송당계본풀이〉의 백주또 또한 오곡을 가져오지는 않지만 농경신의 성격을 뚜렷하게 지닌 존재이다. 수렵목축신의 성격을 지닌 소천국에게 많은 식구들을 먹여 살리기 위해서는 농사를 지어야 한다면서 농사를 짓도록 권한다. 또한 소천국이 농사짓던 소를 잡아먹자 소도둑놈, 말도둑놈이라며 살림분산을 요구한다. 하지만 실상은 소천국의 육식성에 대한 불만이고, 소천국이 미식성(米食性)을 갖지 못한 데 따른 식성의 차이로 인한 갈등과 별거라 할 수 있다. 백주또는 미식성 농경신의 성격을 지닌 존재이다. 농경의 풍요성을 분명히 인지하고 이를 남편에게 권하는 것은 분명 농경풍요신으로서의 면모를 보이는 것이며, 육식성을 기피하면서 제물(祭物)로 미식성의 음식을 받는 점에서도 농경신의 성격이 드러난다.[33] 따라서 자청비와 백주또는 모두 농경신의 성격을 지닌 존재라는 점에서 상통하고 있음을 확인할 수 있는 것이다.

셋째, 이들 육식성과 목축신의 성격을 지닌 남신과 농경풍요신인 여신이 결합하는 양상을 보여준다. 비록 〈세경본풀이〉에서 직접적인 결연

---

32) 장주근은 〈송당계본풀이〉를 비롯한 제주도 당신화에서 육식성을 지니는 남신과 미식성(米食性)을 지니는 여신이 결합했다가 식성 때문에 별거하게 되는 양상에 대해 구체적으로 살핀 바 있다. 그리고 이것들이 당신화의 핵심적인 구성요소가 되고 있음도 아울러 밝히고 있다(장주근, 〈제주도 당신신화의 의미와 구조〉, 《한국신화의 민속학적 연구》, 집문당, 1995).

33) 현용준, 《제주도무속연구》, 집문당, 1986, 201면.

의 모습은 보이지 않지만, 정수남이 자청비를 겁탈하려는 모습, 그리고 천상에서 신직을 부여받아 이 세상에 내려와서 정수남과 함께 신직을 수행하는 모습에서 이들의 관계는 남녀신의 결합이라는 성격을 분명히 지닌다. 또한 자청비가 정수남을 죽였다가 다시 살리기 위해 서천꽃밭을 여행하는 과정은 이들이 단순히 상전과 종의 신분적 상하관계로 파악되기 어려운 아주 각별한 관계임을 보여주는 것이다. 자청비와 정수남의 관계를 이렇게 남녀신의 결합으로 파악했을 때, 이것은 육식성의 소천국과 미식성의 백주또가 결연하는 양상과 같다는 것을 알 수 있다. 한편 정수남과 자청비의 결합이 온전하지 못하고 겁간을 하는 모습으로 부정적인 면모를 보이는 것은 〈송당계본풀이〉에서 이와 같은 성격의 남녀신이 결연했다가 서로 헤어지는 대목과도 상통하는 바가 없지 않다. 소천국이 식성 때문에 일방적으로 헤어질 것을 강요당한다는 점이 자청비가 정수남을 거부하는 양상에 대응된다고 할 수 있다.

넷째, 농경신이 목축신보다 우위에 있다고 하는 사고관념을 바탕으로 하고 있다. 〈세경본풀이〉에서 농경신인 자청비와 목축신인 정수남의 관계는 상전과 하인의 관계로 나타난다. 하지만 단순한 신분적 상하관계의 표현이라기보다는, 목축신보다 농경신이 우위에 있다는 사고의 신화적 반영으로 보인다. 이 점은 뒤에 이들이 신직을 부여받을 때 농경신인 지청비는 중세경이 되고 목축신인 정수남은 하세경이 되도록 하여 농경신이 우위의 신격임을 분명히 하는 데서도 확인된다. 그런데 이처럼 농경신이 목축신보다 우위에 있다고 하는 관념은 〈송당계본풀이〉를 중심으로 한 제주도 당신화에서 찾아볼 수 있는 뚜렷한 특징이다. 〈송당계본풀이〉에서 보면, 백주또는 소천국에게 많은 자식들을 먹여 살리기 위해서는 농사를 지어야 한다고 권한다. 수렵보다는 농경이 먹거리를 마련하는 데 더 마땅한 생활방식이며 우위에 있다는 관념의 소산이다. 뿐만 아니라 소천국이 두 마리의 소를 잡아먹은 것을 계기로 살림 분산을 요구한다. 비록 이웃 소를 도적질한 탓이라고 명분을 세우고 있지만, 그보다는 육식성의 생활 자체를 부정하게 여긴 때문이다. 제주도 당신화에서는 식성의 갈등이 두드러지게 나타난다. 보통은 소천국과 백주또처럼 부모 대에서 미식성의 여신이 육식성의 남신과 갈라설 것을 요구하는 것으로 나타난다. 경우에 따라서는 미식성을 지닌 자신(子神)이 돼지 발자국에 고인 물을 먹다 돼지털이 코를 찔렀다고 한다거나 돼지털을 그을린 것을 냄새 맡고 동경내가 난다고 하여 육식성의 여신을 귀양정배시키는 모습을 보이기도 한다.[34] 이런 식성의 갈등에서 항상 우위에 있는 쪽은 미식성을 지닌 쪽이고 육식성을 지닌 신격은 다소 부정하다는 의식도 발견된다.[35] 여하튼 〈송당계본풀이〉에서 농경신 성격의 백주또가 수렵목축신의 성격의 소천국보다 긍정적이고 더 우위에 있는 양상은 분명하고, 이는 〈세경본풀이〉에서 보이는 정수남에 대한 자청비의 우위라는 관념과 다르지 않다.

이상과 같이 자청비와 정수남의 성격과 관계는 〈송당계본풀이〉에서 백주또와 소로소천국의 관계에 밀접하게 대응하는 양상을 찾아볼 수 있다. 이런 양상은 〈세경본풀이〉의 후반부가 〈송당계본풀이〉를 기반으로 형성되었거나 적어도 그 형성에 크게 영향을 받았기에 가능한 것이겠지만, 일단 여기서는 〈세경본풀이〉에서 동계 여타 자료와 견주어 독자적 면모를 보이는 후반부 첫머리[36]가 〈송당계본풀이〉의 부모신의 결연 및 별거 과정과 밀접하게 대응되고 합치된다는 점만 분명히 지적하기로 한

---

34) 장주근, 앞의 글, 140~141면 ; 권태효, 〈건국신화와 당신신화의 상관성 연구〉, 경기대 석사논문, 1989, 68~72면.

35) 제주도 당신화나 당제에서는 육식성의 신격이 하위신이고 미식성의 신격이 상위신이라는 위계의식이 뚜렷하게 나타나고 있다(현용준, 앞의 책, 203면 ; 진성기, 《남국의 무속》, 형설출판사, 1987).

36) 박경신은 여러 이본을 대조하면서 강일생 본에서는 자청비가 정수남을 죽이고는 서천꽃밭에서 환생꽃을 가져와 되살리는 부분이 뒤로 가 있지만, 원래의 배열 순서는 다른 이본들과 마찬가지로 자청비가 정수남을 죽인 뒤 바로 되살리는 것이라고 밝히고 있다(박경신, 앞의 글, 291면). 곧 정수남은 후반부 첫머리에 자청비와 함께 사건을 전개하고는 사라졌다가 끝에 다시 출현해 신직을 부여받는다.

다. 그 관련 양상이 단지 이것에만 국한되는 것은 아니기 때문이다.

〈송당계본풀이〉와 관련해서 또 하나 〈세경본풀이〉의 후반부에서 주목되는 점은 자청비와 정수남 사이의 사건 이후에 전개되는 자청비의 천상여행과 그 결과가 〈송당계본풀이〉에서 자신(子神)이 추방되어 펼치게 되는 여행담과 흡사한 구조로 전개된다는 것이다. 〈세경본풀이〉의 자청비나 〈송당계본풀이〉에서 자신의 여행담은 공통적으로 부모에게서 버림받음, 이계(異界)여행을 통한 배우자 획득, 변란을 막는 무용담, 귀환 후 신격으로 좌정 등의 구성요소로 이루어져 있다. 따라서 이 점에 대해 좀더 구체적으로 검토할 필요가 있다.

먼저 부모에게서 버림받는 부분이다. 〈세경본풀이〉에서 자청비가 천상여행을 떠나게 되는 계기가 부모의 버림에서 비롯된다는 것은 흥미롭다. 비록 추방되는 이유가 〈세경본풀이〉에서는 정수남을 죽인 때문으로 되어 있어 불효한 죄와 불경한 죄 때문에 쫓겨나는 〈송당계본풀이〉의 자신과는 차이가 있지만, 이계로 여행하는 계기가 부모의 버림에서 비롯되었다는 것은 뚜렷한 공통점이라 할 수 있다. 자청비가 문도령을 찾아가는 대목은 굳이 부모의 버림에서 비롯된 것이라 하지 않고 자신의 의지에 따른 것으로 설정한다고 해도 전혀 무리가 없다. 실제로 〈구렁덩덩신선비〉와 같은 남편탐색담의 경우는 일반적으로 스스로의 의지에 따라 남편을 찾아가게 된다. 그럼에도 이처럼 남편탐색의 여행 계기가 부모의 추방 때문으로 설정된 데는 〈송당계본풀이〉의 자신의 여행담 구조가 의식적으로든 또는 무의식적으로든 작용했기 때문이 아닌가 여겨진다.

다음으로는 이계여행을 통한 배우자 획득의 과정이 이어진다. 〈세경본풀이〉에서 자청비는 천상계로 바로 진입하지 않고 마귀할멈의 양육을 받다가 쫓겨나 중이 되고, 물 뜨러온 옥황의 선녀들을 만나 하늘에 오르게 된다. 이처럼 이계를 여행하는 데 매개자 또는 초월자의 도움을 받는 것은 이계여행담에서 흔히 볼 수 있는 모습이다. 천상계에 올라가서는 문도령의 방에서 숨어 지내다가 시어머니가 부과한 백탄 숯불 위의 칼선다리를 통과하는 난제를 해결하고는 며느리로 인정을 받게 된다. 이런 양상은 분명 〈송당계본풀이〉에서 자신(子神)이 용궁을 여행해 배우자를 얻는 것과는 다소의 차이가 있다. 그러나 배우자가 이계에 있으며 여행을 통해 배우자를 획득한다는 점, 그리고 〈송당계본풀이〉에서 자신이 용왕국 상나무가지에서 풍운조화를 일으켜 그의 존재를 확인시키듯이 뛰어난 능력을 지닌 존재라는 점을 확인시킨 뒤 배우자를 얻게 된다는 점에서 동일함을 볼 수 있다. 즉 부모에게서 버림받은 것이 여행의 동기가 되고, 그 여행목적 또는 성과가 배우자를 얻는 것이며, 자신의 능력을 확인시켜준 뒤 며느리나 사위로 인정받게 된다는 점에서 일맥상통한다는 것이다.

이렇게 배우자를 획득한 뒤에는 자청비와 자신의 영웅무용담이 다같이 펼쳐진다. 〈세경본풀이〉에서 자청비는 천자국에 일어난 세변 또는 문선왕과 다른 나라 왕 사이에 일어나는 전쟁에 자원하여 출정한다. 아카마쓰(赤松智城)와 아키바(秋葉隆)가 채록한 자료[37]에서는 〈송당계본풀이〉와 마찬가지로 인간 대국으로 이동하여 그곳에 일어난 난리를 평정하기도 한다. 이처럼 변란이 생기면 여행자가 영웅다운 능력을 발휘하여 이를 평정하는 양상이 공통적으로 나타나는 것이다. 그런데 여기서 흥미로운 점은 〈세경본풀이〉에서는 부부 가운데 문도령이 아닌 여성인 자청비가 출정하여 영웅무용담을 전개하게 된다는 것이다. 〈양산백전〉에서 양산백이 출정하여 서달의 난을 평정하는 것이라든가, 〈송당계본풀이〉에서 문곡성 또는 괴뇌깃도가 용왕국 따님아기와 결연한 뒤 함께 강남천자국으로 가서 목이 여러 개 달린 장수들을 차례로 물리치는 데서 볼 수 있듯이, 이런 영웅무용담은 부부 가운데 남신의 몫인 것이 더 자연스러울 것이다. 그럼에도 이처럼 자청비에게 영웅무용담을

---

37) 赤松智城·秋葉隆, 심우성 옮김, 《조선무속의 연구(상)》, 동문선, 1991.

배정한 것은 자청비가 여행의 주체이고 신직을 부여받는 존재여야 하기 때문이다. 이런 영웅무용담은 자청비가 신직을 획득하는 직접적인 계기가 된다. 자청비는 그 결과로 오곡을 얻고 지상으로 귀환하여 중세경인 농경신으로 좌정하게 되는 것이다. 바로 이 점이 〈송당계본풀이〉의 자신(子神)이 동일한 무용담을 펼친 뒤 제주도로 돌아와 당신(堂神)이 되는 양상과 일치하는 것이다. 여기서 자청비의 천상무용담은 〈송당계본풀이〉의 자신이 펼치는 무용담의 변형일 가능성이 크다. 자신의 역할을 자청비가 맡으면서 여성임에도 영웅무용담을 펼치게 되고 이 결과로 신직을 부여받게 되는 것이다.

마지막으로, 〈세경본풀이〉나 〈송당계본풀이〉는 모두 여행자가 제주도로 귀환하여 신으로 좌정해 신직을 수행하는 형태로 끝맺음을 하고 있다. 〈세경본풀이〉에서 자청비는 제주도의 한쪽 땅을 떼어달라고 청하거나 땅을 떼어서 주겠다는 천자국의 제의를 거절하고 오곡종자를 청하여 받아 제주도로 귀환한다. 이런 양상은 〈송당계본풀이〉에서 변란을 막은 자신(子神)의 모습에서도 동일하게 나타난다. 천자가 땅 한 조각, 물 한 조각을 떼어주겠다는 것을 거절하고 본국인 제주도로 돌아가겠다고 하는 것이다. 이 둘 모두 자신이 도움을 주었던 나라의 땅을 차지하고 다스리는 것을 거절하고 제주도로 귀환하여 신격이 되고자 하는 의지를 잘 보여준다. 다음으로 이들이 신직을 부여받고 제주도로 돌아와서 신직을 수행하는 모습에서도 일치점이 보여진다. 〈세경본풀이〉에서 자청비는 정수남에게 밭가는 데 가서 점심을 얻어먹으라고 해놓고, 푸대접을 하는 쪽에는 농사를 망치게 하고 정성껏 대접한 쪽에는 풍년을 내려준다. 또한 〈송당계본풀이〉에서는 자신(子神)이 당신(堂神)으로 좌정하여 대접하러 오는 자가 없자 상단골·중단골·하단골에게 풍운조화를 내려 대접을 받게 된다. 이처럼 이 둘 모두 끝부분에 농신으로서 또는 당신으로서 신앙민들에게 그 영험함을 구체적으로 인지시키고 그에 따라 신앙민들이 제를 지내며 숭앙하도록 하는 것이다.

이외에도 〈세경본풀이〉에는 백중(百中)이면 말머리고사를 지내도록 한다고 했는데, 이런 백중일이 중요한 당제일(堂祭日)이라는 점도 주목할 만하다. 제주도에서는 신과세제, 영등굿, 백중제(또는 마불림제), 시만국대제 등 일 년에 네 번의 당제를 정기적으로 지냈는데,[38] 이런 중요한 당제의 제일이 구체적으로 〈세경본풀이〉와 관련된다는 것은 그만큼 〈세경본풀이〉가 당신화 및 당제와 친연성이 있는 일반신본풀이임을 확인시켜 주는 것이라 하겠다.

한편 〈세경본풀이〉의 말미에서 정수남이 다시금 출현해 신직을 부여받는 모습은 〈송당계본풀이〉에서 자신(子神)이 귀환해 당신(堂神)으로 좌정할 때 백주또와 소천국이 다시 등장하여 자신과 함께 당신이 되는 양상에 그대로 부합된다. 후반부 첫머리의 정수남이 등장하는 대목에서 정수남과 자청비의 관계는 〈송당계본풀이〉의 소천국과 백주또의 성격을 그대로 지닌다고 했다. 이런 정수남이 자청비의 천상계 여행 동안에는 사라졌다가 끝부분에 다시 나타나 목축신이 된다. 그런데 〈송당계본풀이〉에서도 마찬가지로 부모신인 소천국과 백주또가 자신의 여행담 동안에는 등장하지 않다가 자신이 제주도로 돌아와 당신이 되는 끝부분에 와서 다시 출현해 당신으로 좌정하는 모습을 보이게 된다.

이상의 관련 양상을 통해 볼 때 앞서 의문으로 제기했던 부분, 곧 〈세경본풀이〉 후반부 첫머리가 전반부에서 이어지는 내용과 조화롭지 못함에도 굳이 정수남을 설정하여 자청비와 정수남의 새로운 이야기축을 마련한 까닭 및 중요하게 등장하던 정수남이 갑자기 사라졌다가 끝부분에 다시 등장해 신직을 부여받는 까닭을 알 수 있다. 곧 〈세경본풀이〉 후반부는 〈송당계본풀이〉의 인물 설정이나 그 성격, 사건의 전개양상, 짜임새 등을 그대로 따르고 있는 것이다. 〈세경본풀이〉가 비록 외래적 소재 원천을 수용하여 전반부를 마련하고는 있지만 그 기반에는

---

38) 현용준, 앞의 책, 240~243면.

토착적 당신본풀이인 〈송당계본풀이〉가 있었던 것이고, 이에 따라 이런 밀접한 관련성 및 대응양상을 보이는 독자적인 면모의 본풀이를 전개할 수 있었던 것이다. 또한 이 때문에 굳이 소천국의 성격을 지닌 정수남을 설정할 필요가 있었고, 정수남이 재생했다가 사라진 뒤 끝에 다시 한번 출현시켜 신직을 부여받도록 장치했던 것이라 여겨진다. 즉 이미 신격을 부여받을 존재나 신직의 성격까지도 이미 정해져 있었던 데서 본풀이 내용들이 가닥을 잡아갔을 가능성도 있다고 하겠다.

양자의 관련 양상을 좀더 명확하게 하기 위해 〈세경본풀이〉와 〈송당계본풀이〉의 전체적인 짜임새를 놓고 비교하면서 정리할 필요가 있겠다.

〔표 1〕〈세경본풀이〉와 〈송당계본풀이〉의 비교

	제 목	A	B	C	D
가)	〈세경본풀이〉	자청비와 문도령의 사랑(동계 여타 자료와 동일 부분)	자청비와 정수남 사이의 사건	자청비의 천상여행담 및 무용담	자청비의 농경신 좌정(정수남이 다시 출현해 목축신으로 좌정)
나)	〈송당계본풀이〉		백주또와 소로소천국의 결연 및 별거	子神의 용왕국 여행 및 강남천자국의 무용담	자신의 당신 좌정(백주또와 소천국이 다시 출현해 당신으로 좌정)

〈세경본풀이〉와 〈송당계본풀이〉의 관련성은 B부터 구체적으로 확인된다. 가)의 A부분은 동계의 여타 자료와 같이 양축설화 내용과 일치하는 부분으로, 제주도만의 독자적인 것은 아니다. 따라서 이 부분이 〈송당계본풀이〉에서 또는 여타 당신화에서 발견되지 않는 것은 당연하다. 문제는 B부터이다. 여기서부터 〈세경본풀이〉가 제주도신화로서 독자적인 면모를 보이게 되는데, 앞서 구체적으로 지적하였듯이 가)의 B와 나)의 B는 남녀신의 성격이나 그 관계 등에서 서로 일치하는 양상이 뚜렷하다. 그런데 가)에서 A-B-C로 전개되는 과정에 굳이 B가 들어갈

필요가 있는가 하는 것이 의문이었다. A에서 C로 바로 전이된다고 하더라도 전체적인 사건 전개가 어색하지 않고 오히려 더 자연스러울 수 있기 때문이다. 그럼에도 가)에 B부분이 삽입된 것은, 그 부분에 나타나는 인물의 성격이나 관계 등이 나)의 B부분에 밀접하게 대응되고 있음을 볼 때, 나)가 바탕이 되었기 때문에 가능한 설정이라고 보아야 한다. 한편 B부분에서 나)와의 밀접한 관련성을 인정하고 가)의 전개양상을 살펴본다면, 가)의 C부분에서 자청비가 천상여행의 주체가 되는 것은 분명 문제가 있다. 나)의 B부분과 관련지어 따져본다면 백주또에 해당하는 신격의 여행담이 펼쳐지는 모습이라 할 수 있기에, 이것을 관련 짓는 것 자체가 모순이라고 할 수도 있을 것이다. 하지만 가)는 A부분이라는 본질적인 굴레를 지니고 있다. 남장한 자청비와 문도령의 사랑이라는 동계 여타 자료와 동일한 소재를 원천으로 가져와 이미 전반부를 채우고 있으므로, 문도령과 자청비의 관계를 인정한 채 C를 전개해 나갈 수밖에 없는 한계가 있다. 여기서 나)의 자신(子神) 대신 모신(母神)에 해당하는 자청비가 남편을 찾아 천상계로 여행하는 변형이 이루어진다. 하지만 자청비가 여행의 주체가 된다고 해서 그 전개양상이나 행위가 변하는 것은 아니다. 이계를 여행하여 배우자를 얻고 영웅무용담도 그대로 전개해 나간다. 그리고 D부분에서 신직을 부여받고 돌아와서 신격으로 좌정하게 되는데, 나)에서는 부모들이 죽어서 자신(子神)과 함께 당신(堂神)으로 좌정하는 반면 가)에서는 모신격인 자청비가 이미 자신의 역할까지도 동시에 수행하기에 정수남만이 끝부분에 다시 등장해 신격으로 좌정하게 되는 것이다. 곧 정수남이 〈송당계본풀이〉의 부신(父神)인 소로소천국에 해당되므로, 이후에 펼쳐지는 자신(子神)의 해중여행담과 무용담의 변형이라 할 수 있는 자청비의 남편탐색담과 천상무용담에서는 사라졌다가 신격으로 좌정하는 대목에서 소로소천국과 마찬가지로 다시금 등장해 목축신으로 좌정하는 모습을 띠게 된다고 볼 수 있다.

이렇게 볼 때 동계 여타 자료와는 다른 독자적 면모를 보이는 〈세경
본풀이〉의 후반부는 〈송당계본풀이〉를 기반으로 하여 형성되었다고 볼
수 있다. 외래적인 소재를 원천으로 받아들인 한계 때문에 그것에 맞게
문도령과 자청비의 사랑을 이루는 중심축을 설정하여 정수남을 끼어들
게 하고 자신(子神)의 여행담 대신에 자청비가 남편을 찾는 천상여행을
넣은 것이지만, 그렇다고 그 본래의 성격이 변한 것은 아니다. 후반부
첫머리에 갑자기 등장하는 정수남과 자청비의 관계는 〈송당계본풀이〉
의 부신(父神)과 모신(母神)의 관계에 그대로 대응되고, 〈송당계본풀
이〉에서 추방된 자신이 펼치는 용궁여행 및 무용담은 자청비가 다시금
딸의 입장으로 돌아가 부모에게 추방되어 남편을 찾는 여행을 하는 형
태로 변형되어 전개되고 있는 것이다. 아울러 이러한 여행 및 무용담
뒤 신격으로 좌정하는 부분에서도 소로소천국과 백주또가 마지막에 다
시금 나타나 당신이 되는 것과 마찬가지로 정수남이 출현하여 신직을
부여받게 된다. 곧 남녀신의 성격이나 전체적인 사건전개 양상, 짜임새
등 여러 면에서 〈세경본풀이〉의 후반부는 〈송당계본풀이〉에 그대로 부
합되고 있는 것이다. 그런데 일반신본풀이인 〈세경본풀이〉가 영향을 주
어 제주도의 가장 중심이 되는 당신본풀이인 〈송당계본풀이〉를 형성시
켰다고 보기에는 무리가 있기에, 〈세경본풀이〉는 〈송당계본풀이〉를 바
탕으로 외래적인 소재를 받아들여 독자적이고 흥미로운 나름의 일반신
본풀이를 창출해낸 것이라 할 수 있겠다.

이상 〈세경본풀이〉와 〈송당계본풀이〉의 관련성을 검토함으로써, 동
계 여타 자료와는 다른 독자적인 면모를 보이는 〈세경본풀이〉의 후반
부가 〈송당계본풀이〉를 직접적인 토대로 하여 형성되었을 것임을 밝혔
다. 그렇다면 이처럼 〈세경본풀이〉의 형성에 〈송당계본풀이〉가 직접적
으로 영향을 끼쳤다는 것은 어떤 의미가 있는가? 이것은 다음 두 가지
로 정리할 수 있을 것이다.

첫째, 지금까지는 직접적인 관련이 없다고 여겨졌던 제주도의 일반신

본풀이와 당신본풀이가 서로 밀접한 상관성 속에 있었다는 것을 알게 되었다는 점이다. 나아가, 일반신본풀이의 형성에 당신본풀이가 직접적인 바탕이 되었다는 것도 확인할 수 있었다. 선행 연구에서는 일반신본풀이가 당신본풀이와는 그 성격이나 기능, 용도 등에서 선명히 구분되고, 동시에 그 시원이나 발생 면에서도 근본이 다른 별개이며, 다만 당신본풀이만이 지명이라든가 주변환경을 잘 반영한 제주도 토착의 신화 형태인 것으로 여겼었다.[39] 설령 관련이 있다고 언급하더라도 당신화 가운데 크게 성장한 설화형이 외형상 일반신본풀이에 비견된다고 하는 정도였다.[40] 그러나 비록 아직까지는 이 글을 통해 밝혀진 〈세경본풀이〉에 국한되는 것이겠지만, 일반신본풀이의 형성에 당신본풀이가 직접적인 영향을 미치고 있으며 그 바탕이 된다는 것이 밝혀졌다고 하겠다. 곧 제주도 무속신화의 근간은 토착신화 형태인 당신신화이고, 〈세경본풀이〉는 이것을 바탕으로 외래적 소재 원천을 적절히 소화하면서 나름의 일반신본풀이를 형성하고 있는 것이다.

아울러 제주도의 당신본풀이가 기원형—기본형—성장형—완성형,[41] 또는 태동형—기원형—기본형—성장형—완성형—설화형[42]으로 발전하는 양상을 보인다는 연구가 이미 있었는데, 당신본풀이인 〈송당계본풀이〉가 직접적인 바탕이 되어 〈세경본풀이〉가 형성되었음을 볼 때, 당신화의 성장이 단지 당신화 자체로만 한정되지 않고 더 나아가 일반신본풀이를 형성시키는 데까지 이어지는 양상도 확인한 셈이다.

둘째, 〈세경본풀이〉가 〈송당계본풀이〉를 바탕으로 하여 형성되었음을 확인하는 것은 다른 한편으로 〈송당계본풀이〉의 본래의 면모를 역추정할 수 있는 근거를 마련하는 것일 수 있다는 점이다. 송당과 그 본

---

39) 장주근, 앞의 글, 346~347면.
40) 현용준, 앞의 글, 37~38면.
41) 장주근, 앞의 글, 131~134면.
42) 현용준, 앞의 글, 28~39면.

풀이는 제주도의 당과 당본풀이의 조종(祖宗)으로 여겨진다. 송당의 본
풀이에 따르면, 부신(父神)인 소천국과 모신(母神)인 백주또 사이에 태
어난 아들이 18명, 딸이 28명, 손자가 378명이며, 이들이 도내 각 마을
에 퍼져 본향신이 되었다고 한다.[43] 이렇듯 송당이 제주도의 당과 당신
화의 조종이 되고 있는데, 그렇다면 왜 송당이 이처럼 제주도 신당의
한 본산으로 계보화하고 유명하게 되었는가 하는 의문이 생긴다.[44] 송
당리는 중산간촌의 다소 큰 마을이기는 했지만 아주 큰 마을은 아니었
으며, 인구도 그다지 많은 곳이 아니었다.[45] 그럼에도 제주도 당의 조종
이 되고 당신의 계보가 전도에 넓게 분포하게 된 데는 그만한 까닭이
있었을 것이다. 그런데 〈송당계본풀이〉가 〈세경본풀이〉의 형성에 밑그
림이 되었고 농경신과 목축신이라는 신직 부여 자체가 여타의 것에서
는 찾아볼 수 없는 제주도의 독자적인 것임을 감안한다면, 〈송당계본풀
이〉의 소천국과 백주또는 단순한 당신이 아니라 본디 제주도 고유의
농경신과 목축신의 존재로 믿어지고 그 기능을 수행하던 신격이었을
가능성이 있다고 본다. 〈송당계본풀이〉에서 모신인 백주또가 농경신의
성격이 뚜렷하고 부신인 소천국이 수렵목축신의 성격이 뚜렷하다는 것
은 이미 널리 밝혀진 바이다. 이런 점으로 미루어 추정하건대, 송당의
부모신인 소천국과 백주또는 원래 수렵목축신과 농경신으로 기능을 하
면서 아울러 마을을 차지하여 당신으로 자리하고 있었는데, 큰굿 제차
가 체계적으로 마련되고 그에 적합한 일반신본풀이가 형성되면서부터
는 목축신과 농경신에 대한 기능을 〈세경본풀이〉에 나타나는 정수남과
자청비에게 넘겨주고 당신으로서의 직능만 수행하였던 것이 아닌가 생
각된다. 곧 〈송당계본풀이〉가 제주도의 당과 당신의 조종으로 자리매김

---

43) 현용준, 앞의 글, 87면.
44) 이에 대한 구체적인 의문은 장주근이 제기한 바 있다(장주근, 〈마을수호신의 신
　　화〉, 앞의 책, 46면).
45) 장주근, 위의 글.

하게 된 것은 한 마을을 관장하는 당신으로서의 권능 때문이 아니라, 그 이전부터 그들 신격이 지니고 있다가 일반신본풀이에 넘겨준 농경신과 목축신의 직능 때문이 아닌가 조심스럽게 추정해본다.

4. 마 무 리

이 글은 제주도의 일반신본풀이인 〈세경본풀이〉와 당신본풀이인 〈송당계본풀이〉의 관련성을 구체적으로 검토하여, 〈세경본풀이〉가 〈송당계본풀이〉를 바탕으로 하여 형성되었다는 것을 밝히고자 하는 글이다. 이것은 지금까지는 별개의 것으로만 여겨졌던 일반신본풀이와 당신본풀이가 밀접한 관련이 있었음을 밝히는 작업이며, 동시에 일반신본풀이가 어떻게 생성되었는가 하는 본원적인 문제에 접근하고자 하는 시도이기도 하다.

그러면 이 글에서 밝힐 수 있었던 바를 요약하면서 마무리하도록 하겠다.

먼저 〈세경본풀이〉의 전반부는 중국의 양축설화를 소재적 원천으로 하는 것으로, 함경도무가 〈문굿〉, 고소설 〈양산백전〉, 제주민담 〈자청비이야기〉 등과 인물의 성격, 서사적 내용 및 전개양상이 일치하고 있어 동일한 계통의 자료임을 알 수 있다. 하지만 후반부는 정수남이라는 인물의 등장과 자청비와의 관계, 자청비의 남편탐색담, 자청비의 천상무용담, 정수남을 살리기 위한 자청비의 서천꽃밭 여행, 중세경으로 농경신이 되는 자청비와 하세경으로 목축신이 되는 정수남의 좌정담 등의 내용이 전개되고 있어, 동계의 여타 자료에서는 전혀 찾아볼 수 없는 독자적인 면모를 보이게 된다. 이렇게 독자적인 면모를 보이는 후반부는 분명 제주도 나름의 고유한 신화적 기반을 지닌 채 형성되었을 것이므로, 여기서 제주도 토착신화 형태인 당신본풀이와의 관련성을 검토해 볼 필요가 있다.

그런데 〈세경본풀이〉의 후반부는 실제로 〈송당계본풀이〉와 많은 부분에서 흡사한 모습을 보여준다. 무엇보다 후반부의 첫머리에서는 정수남이 갑자기 등장하여 자청비를 겁간하려 하는 등 그에게 자청비의 배우자적 성격이 부여되면서 새로운 사건의 축이 마련되는데, 여기서 정수남과 자청비의 성격 및 관계는 〈송당계본풀이〉의 소천국과 백주또의 그것에 그대로 대응되고 있음을 볼 수 있다. 그 일치되는 양상은 다음 네 가지이다. 첫째, 남신은 대식성과 육식성을 지닌 수렵목축신적 존재이다. 둘째, 여신은 모두 농경풍요신의 성격이 뚜렷한 존재이다. 셋째, 육식성과 목축신의 성격을 지닌 남신과 농경풍요신의 성격을 지닌 여신이 결합하는 양상을 보여준다. 아울러 〈세경본풀이〉에서는 정수남이 자청비를 겁간하려는 형태로 비정상적인 결합이 나타나고 있고, 〈송당계본풀이〉에서는 식성의 갈등 때문에 소천국이 백주또에게 일방적으로 헤어질 것을 강요당하고 있는데, 이처럼 여신이 남신을 거부하여 정상적인 결합을 이루지 못한다는 점에서도 이 둘은 일치한다. 넷째, 농경신이 목축신보다 상위에 있다고 하는 신격의 위계관념이 동일하게 나타난다.

한편 이 같은 정수남과 자청비의 사건 이후에는 자청비가 남편을 찾아 떠나는 천상여행이 이어지게 되는데, 이 과정이 "부모에게서 버림받음—이계여행을 통한 배우자 획득—변란을 막는 무용담—귀환하여 신격으로 좌정"이라는 형태로 펼쳐지고 있어, 〈송당계본풀이〉에서 자신(子神)이 추방되어 펼치게 되는 여행담과 동일한 구조로 전개된다는 것을 알 수 있다. 그런데 이처럼 자신이 아닌 자청비의 여행담이 나타나는 것은 전반부가 이미 문도령과 자청비의 사랑이라는 외래의 원천으로 채워져 있기에 어쩔 수 없는 것이었고, 이런 한계로 말미암아 후반부는 자청비가 잃어버린 남편을 찾아 여행을 떠나는 형태로 변형된 것이다.

　신직을 부여받는 마지막 부분에서도 〈세경본풀이〉와 〈송당계본풀이〉
는 유사한 양상을 보인다. 〈송당계본풀이〉에서 자신(子神)이 귀환해 당
신(堂神)으로 좌정하는 데에서 그 부모가 등장하여 신격이 되듯이, 〈세
경본풀이〉에서도 정수남이 다시금 등장해 신직을 부여받게 되는 것이
다. 이렇게 볼 때 두 신화는 전체적으로 신의 성격이나 전개양상, 내재
된 의식 등 다각도에서 서로 합치되고 있음을 볼 수 있다. 나아가, 〈세
경본풀이〉의 짜임새가 〈송당계본풀이〉를 그대로 따르고 있음도 알 수
있다. 즉 "자청비와 정수남의 관계—소로소천국과 백주또의 관계／자
청비의 천상여행담 및 무용담—자신의 용궁계 여행과 강남천자국 무용
담／정수남과 함께 신격으로 좌정—부모신과 함께 신격으로 좌정"이
라는 형태로 양자가 대응되고 있다는 점에서, 〈세경본풀이〉의 후반부는
〈송당계본풀이〉의 직접적인 영향을 받아 형성된 것으로 보인다. 일반신
본풀이의 영향으로 제주도 당신의 조종이라 여겨지는 당신화가 형성되
지는 않았을 것이기에, 이런 밀접한 관련성은 분명 〈세경본풀이〉가 〈송
당계본풀이〉를 기반으로 했기에 가능하였을 것이다. 곧 〈세경본풀이〉
는 이런 〈송당계본풀이〉를 바탕으로 외래의 소재를 받아들여 독자적인
나름의 일반신본풀이를 창출해낸 것이라 할 수 있다.

　이상에서 〈세경본풀이〉가 지닌 동계 여타 자료와는 다른 독자적 면
모는 제주도의 당신본풀이에서 비롯되었음을 밝혔다. 이것은 당신본풀
이가 제주도 무속서사시의 근간으로서 일반신본풀이를 형성시키고 있
음을 보여준다는 점에서 의의가 있다. 일반신본풀이인 〈세경본풀이〉의
근원이 당신본풀이에 있다는 것은 분명 제주도 무속서사시의 생성 및
전개 과정을 이해할 수 있는 중요한 단서일 수 있기 때문이다. 하지만
이런 양상을 일반신본풀이 전체에 모두 적용할 수 있을 것인지는 의문
이다. 이는 당신본풀이와 일반신본풀이를 폭넓게 검토하고 관련지어 본
뒤 결론을 내릴 문제이다.

제주도 〈맹감본풀이〉의 형성에 미친 당신본풀이의 영향과 의미

1. 머 리 말

어떻게 하면 죽음의 굴레에서 벗어날 수 있을까 하는 문제는 인간이라면 누구나 한번쯤은 생각해보는 관심사이다. 그러나 현실적으로는 죽음으로부터 벗어나는 것은 불가능하므로, 신화적 상상력을 바탕으로 죽음을 관장하는 저승을 상정하고 그 세계와의 교섭을 통해 죽음을 벗어나고자 하는 바람을 신화로 표현하기도 했다. 특히 병들거나 늙어 죽는 것이 아니라 까닭도 모른 채 갑자기 비명횡사하는 것을 두려워했는데, 이런 죽음은 인간을 저승으로 데려가는 저승의 차사신을 잘 대접하여 횡액을 막으면 피할 수 있다고 믿었다. 이처럼 돌연한 죽음으로부터 인간을 지켜준다는 믿음을 잘 반영한 무속신화가 제주도의 〈맹감본풀이〉, 전라도와 충청도 일부 지역에서 전승되는 〈장자풀이〉, 함경도의 〈황천혼시〉 등이다. 이들 세 무속신화는 횡액을 막아주는 기능을 하는 것으로, 그 신화 내용에서도 제주도 것이나 육지의 것이 크게 다르지 않아 서로 별개의 것이라 보기 어렵다.

실제로 제주도 큰굿에서 주로 불려지는 일반신본풀이는 독자적이라
기보다는 육지와의 교섭에 따라 육지의 것을 수용한 측면이 강하다.[1]
대부분의 일반신본풀이가 육지의 것과 그 내용이 상통하고 있는 것을
볼 때, 이런 자료들이 제주도에서 자생되었다고 보기는 어렵기 때문이
다. 따라서 지금까지는 육지의 자료와 제주도 자료가 같다는 데에 초점
을 두고 논의하는 경우가 많았던 것이 사실이다.[2] 하지만 이렇게 비슷
한 내용의 무가가 공존하고 있다 하더라도 제주도의 것은 육지의 자료
와는 다른 제주도 나름의 변별성도 뚜렷이 간직하고 있어서, 제주도 신
화가 육지의 신화적 소재를 일방적으로 수용하지 않고 자체적인 신화
기반을 지닌 채 그것을 나름대로 소화하여 일반신본풀이로 형성시키는
면모를 찾아볼 수 있다.

앞글에서 필자는 이러한 관점에서 〈세경본풀이〉를 대상으로 삼아 육
지에서 전해지는 같은 내용의 무가 자료인 〈문굿〉 및 고소설인 〈양산백
전〉 등과 비교하여, 여타 육지 자료에서는 보이지 않고 제주도의 〈세경
본풀이〉에서만 나타나는 독자적인 신화 구성요소들을 추출하였고, 이것
이 제주도의 토착신화 형태인 당신본풀이, 특히 〈송당계본풀이〉에 맞닿
아 있음을 입증한 바 있다. 곧 제주도 나름의 신화적 성격과 요소들을
바탕으로 육지의 신화 소재를 받아들여 일반신본풀이를 형성시켰다는
것이다. 하지만 이런 현상이 단지 〈세경본풀이〉에 국한되지 않고 제주
도의 일반신본풀이에 두루 나타나는 것인가 하는 점에 대해서는 의문의
여지가 없지 않았다. 그런데 이런 비슷한 양상을 보이는 자료로 주목되
는 것이 바로 여기서 다루고자 하는 제주도의 〈맹감본풀이〉이다.

백골을 잘 모셔 그 은덕으로 단명할 운수를 피할 수 있었다는 것은,

---

1) 장주근, 〈서사무가와 강창문학〉, 《한국민속논고》, 계몽사, 1986.
   이수자, 〈제주도무속과 신화연구〉, 이화여대 박사논문, 1989.
2) 장주근, 위의 글 ; 서대석, 〈서사무가연구〉, 《국문학연구》 제8집, 서울대 국어국
   문학연구회, 1968.

부분적으로는 차이가 있지만 육지의 〈황천혼시〉나 〈장자풀이〉에서도 그대로 나타나는 양상이다. 그럼에도 〈맹감본풀이〉에는 육지 자료에서는 전혀 찾아볼 수 없는 독자적인 신화적 면모가 있다. 바로 사만이가 백골을 잘 모신 덕분에 사냥이 잘 되어 큰 부자가 되었다고 하는 점이다. 이것은 제주도의 〈맹감본풀이〉가 육지에서처럼 단순히 액을 막고 목숨을 연명하는 데에만 초점이 맞추어진 채 발생한 것이 아니라, 수렵신 계통의 부신(富神)을 섬기는 당신본풀이를 기반으로 하여 생겨났을 가능성을 제시해주는 것이다. 이 점은 특히 제주도의 토착적인 당신풀이에서 산신 계통의 수렵수호신을 당신으로 섬기는 모습과 상통하는 양상이어서, 〈맹감본풀이〉가 바로 이런 계통의 당신본풀이를 바탕으로 해서 육지의 자료를 받아들인 것이 아닌가 여겨지기도 한다. 따라서 〈맹감본풀이〉는 일반신본풀이에 미친 당신본풀이의 영향을 살필 수 있는 중요한 자료로 판단된다.

그럼에도 지금까지 〈맹감본풀이〉에 대해서는 구체적인 연구가 진행된바 없다. 큰굿을 다루는 데에서 부분적인 논의[3]가 이루어지기는 했어도, 〈맹감본풀이〉만을 독립시켜 논의한 선행 연구는 찾아볼 수 없다. 자료의 존재양상이나 채록된 각편(各篇)의 비교 등 기본적인 작업조차 제대로 진행되지 못한 실정이기에, 〈맹감본풀이〉의 본격적인 연구를 위해서는 먼저 주요 채록 자료에 대한 각편 비교부터 시작할 필요가 있다고 본다.

아울러 〈맹감본풀이〉와 동일한 성격과 내용을 보이는 자료로 함경도의 〈황천혼시〉, 전라도와 충청도 일부 지역에서 전승되는 〈장자풀이〉 등이 있음이 지적된 바는 있지만,[4] 이에 대한 전체적인 비교 연구는 제대

---

3) 현용준,《제주도무속연구》, 집문당, 1986.
   이수자, 앞의 글.
4) 이들 세 무가가 동일한 성격의 무가임은 현용준(〈맹감본풀이〉 항목,《민족문화대백과사전》7, 한국정신문화연구원, 1989)과 서대석(《민족문화대백과사전》25,

로 이루어지지 못했다. 다만 서대석이 〈맹감본풀이〉를 〈황천혼시〉와 단편적이나마 비교한 연구 성과가 있어 이 글의 중요한 지침이 된다.[5] 하지만 그 연구도 이른 시기의 것이어서 재점검할 필요가 있고 〈장자풀이〉의 경우는 비교의 대상에서 제외되어 있어, 이것을 포함하는 전반적인 검토가 필요할 것으로 본다.[6] 그리고 이들 자료와 대비하여 얻어지는 차이점은 무엇보다도 〈맹감본풀이〉가 지닌, 육지의 자료와 변별되는 제주도신화로서의 독자적인 신화적 면모라고 파악할 수 있을 것이다. 즉 이렇게 발견되는 독자적인 면모가 당신본풀이와는 어떻게 상관이 있는지를 밝힘으로써, 일반신본풀이의 형성 기반에 당신본풀이가 중요하게 작용하고 있었음을 입증하는 데 이 글의 목적을 두고자 한다.

2. 〈맹감본풀이〉 채록본의 비교 검토와 의미 해석

제주도의 〈맹감본풀이〉는 정월의 당제인 신과세제와 큰굿의 시왕맞이 때 액막이를 위해 주로 불리는 무가이다. 액막이는 대부분의 굿에서 빠짐없이 행해진다. 특히 제주도의 큰굿에서는 시왕맞이가 아주 중요하다. 굿날을 잡는 것도 이 시왕맞이에 맞춰지고 있고, 이 제차에 소요되는 시간도 여타의 것과는 비교도 되지 않게 길다는 점에서 시왕맞이가 중

〈황천혼시무가〉 항목, 한국정신문화연구원, 1991 ; 〈장자풀이연구〉, 《한국신화의 연구》, 집문당, 2001)이 지적한 바 있다.

5) 서대석, 〈서사무가연구〉, 《국문학연구》 8집, 서울대 국문학연구회, 1968.

6) 그렇다고 해서 이 글에서 〈맹감본풀이〉, 〈장자풀이〉, 〈황천혼시〉 무가를 본격적으로 비교 논의하고자 하는 것은 아니다. 물론 이런 작업이 반드시 필요하겠지만 이럴 경우 지나치게 논의가 확장되어 번다해질 수가 있기에, 이 글은 〈맹감본풀이〉가 동계의 육지 자료들과 어떻게 다른지 그 차이점을 확인하여 〈맹감본풀이〉가 제주도 신화로서 갖는 독자성을 찾는 정도에서 그치고, 구체적인 비교 연구는 별도의 논고를 기약하기로 한다.

요한 제차임을 알 수 있다. 이런 시왕맞이에서 중요하게 불리는 무가가 바로 〈차사본풀이〉와 〈맹감본풀이〉, 〈지장본풀이〉이다. 이 가운데 〈맹감본풀이〉는 신과세제 때도 불리기에 심방들에게 중요한 무가로 인식되고 있고, 실제 활용되는 빈도가 아주 높다. 때문에 지금까지 채록된 제주도의 주요 무가자료집에는 대체로 이 〈맹감본풀이〉가 빠짐없이 실려 있음을 볼 수 있다. 그럼에도 지금까지 이에 대한 구체적인 각편 비교가 이루어진 바 없기에 어떤 자료가 어떻게 존재하는지, 그리고 그 각편들이 서로 어떻게 같고 다른지를 알 수 없었다. 그래서 먼저 주요 무가자료집을 대상으로 각편 비교를 할 필요가 있다. 그리고 이것을 바탕으로 그 신화적 성격을 찾고 동계의 육지 자료와 비교하도록 한다.

이본(異本) 비교의 대상이 되는 채록 자료본들을 제시하면 다음과 같다.

〔표 2〕〈맹감본풀이〉의 채록 자료본 비교

	자료 제목	구연자	수록책명	채록자	조사일자
가)	맹감본	이춘아 (남제주군 서귀읍 서홍리, 여, 75세)	《제주도무가본풀이사전》	진성기	
나)	맹감본	변신생 (남제주군 중문면 도순리, 여, 56세)	《제주도무가본풀이사전》	진성기	
다)	맹감본	한태주 (남제주군 남원면 위미리, 남, 55세)	《제주도무가본풀이사전》	진성기	
라)	ᄉ만이본풀이	안사인 (제주시 용담동, 남)	《제주도무속자료사전》	현용준	
마)	冥監本解 (맹감본풀이)	고대중 (북제주군 구좌면 세화리, 남, 48세)	《한국의 민간신앙》	장주근	1962. 8.
바)	명감본풀이 (ᄉ만이본풀이)	이중춘 (북제주군 구좌면 행원리, 남, 66세)	《제주도 무속신화》	문무병	

이들 자료 가운데 가장 이질적인 모습을 보이는 자료는 가)이다. 가)
는 특히 뒷부분이 생략된 채 특이한 변형을 보이는 자료이다. 전반부의
백년해골을 모셔서 부를 얻게 되는 부분도 천태산 마고할아방의 권유
에 따라 총을 사고 사냥을 하여 부를 얻는 것으로 변모되어 있고, 후반
부의 저승차사를 대접하여 목숨을 연명하는 부분도 생략되어 있어 전
체적으로 중간에서 끝나버린 듯한 인상을 주는 자료이다. 이춘아 심방
이 보유한 본래의 무가 사설이 그랬는지, 또는 채록 시의 여러 주변적
인 상황 때문에 뒷부분을 축약하고 앞부분을 중심으로 압축하여 구연
하였기에 나타난 현상인지는 알 수 없다. 가) 이외의 자료들은 부분적
으로 차이를 드러내기는 하지만, 전체적으로 서사적인 전개의 큰 줄기
에서 벗어나는 양상을 보이지는 않는다. 따라서 서사단락을 중심으로
이들 채록본들의 구체적인 양상을 비교 정리하도록 하겠다. 먼저 핵심
이 되는 서사단락을 정리하면 다음과 같다.

① 사만이는 조실부모하고 거지생활을 하면서 목숨을 연명한다.
② 같은 처지의 여자아이를 만나 함께 동냥을 다니다가 15세 때 결연
  한다.
③ 총을 구입하여 사냥으로 생업을 삼고자 한다.
④ 사냥을 갔다가 산속에서 밤을 보내는데 백골이 자신을 모시도록 요
  구한다.
⑤ 숲 속에서 백골을 찾아 집으로 가져와 상고팡에 모시고 조상신으로
  위한다.
⑥ 백골의 도움으로 사냥을 하여 큰 부자가 된다.
⑦ 저승에서 사만이의 친조상이 백골만 섬기고 자신들에게는 제사를
  지내주지 않는다고 열시왕에게 탄원을 한다.
⑧ 백골이 사만이가 죽게 되었음을 미리 알려주고 살 방도도 찾아준다.
⑨ 저승차사를 극진하게 대접하자 차사가 다른 사람이나 짐승을 대신

잡아가서 사만이는 목숨을 연명하게 된다.

⑩ 저승차사들이 시왕을 속이고 저승의 명부를 고쳐 사만이를 삼천 년
   을 살게 한다.

⑪ 불사의 생을 살던 사만이지만 숯을 희게 씻는다며 함정을 판 차사의
   꼬임에 빠져 결국 저승으로 잡혀가게 된다.

이상의 서사단락을 중심으로 〈맹감본풀이〉의 전개양상과 채록본들
사이의 차이를 구체적으로 살펴보도록 하겠다.

1) 사만이의 출생과 성장

각편들에서 사만이는 공통적으로 조실부모하고 거지로 생활하며 목
숨을 연명하는 모습을 보여준다. 이 점은 각편들 사이에 차이가 없지만
사만이의 혈통과 집안의 처지는 다소 차이를 보이기도 한다. 가)의 경
우 사만이가 송정승의 아들로 나타나기도 하고, 다)에서는 선조 대에는
천하거부였으나 아버지 대에 가난해지고 그를 보살펴 줄 일가친척마저
모두 죽어 거지가 되었다고 한다. 다)의 경우는 어떻든 가난해진 상태
라는 점에서 다른 각편들과 차이가 없는 것이라 할 수 있지만, 가)의
경우는 송정승의 아들이라 해서 고귀한 혈통임을 보여주는 듯하다. 그
런데 아버지가 이런 '정승'의 칭호를 갖는 양상은 사만이의 아내에게서
도 마찬가지로 보이는 모습이다. 그의 아내 또한 소정승의 딸, 조정승의
딸, 장대감댁 딸 등으로 불리고 있다. 그럼에도 사만이나 그의 아내 혈
통이 고귀한 집안 출신인지는 의문의 여지가 없지 않다. 이렇게 정승의
자식이라고 하면서도 부모가 죽자 바로 거지가 되는 것으로 나타나기
때문이다. 사만이가 송정승의 아들로 나타나는 가)의 자료를 보더라도,
고작 삼 년 흉년에 굶어죽을 지경이 되어 여섯 살 된 사만이가 동냥을
하여 부모를 공양한다. 또한 그의 아내도 조실부모하자 바로 거지 생활

을 하는 것으로 보아 이들이 고귀한 혈통을 지닌 존재라고 보기는 어렵고, '정승'이라는 호칭은 실질적 의미가 있다기보다는 존칭으로서 상투적으로 붙여진 것으로 보인다. 이 점은 뒤에 백골이 자신을 백정승의 아들이라고 한 데서도 알 수 있다. 백정승이란 수렵을 하여 짐승을 잡아먹고 사는 백정을 높여 부른 존칭이라 할 수 있다. 그래서 나)에서는 백골이 백정나라 백정승의 아들이라고 한다. 백정나라라는 것은 수렵, 곧 짐승을 죽여 먹고 산다는 뜻에서 붙여진 것이겠고, 백정승은 백골의 수렵신적 성격을 높여서 일컫는 것으로 볼 수 있다. 이렇게 본다면 사만이와 그의 아내는 가난한 집안에서 태어나 어려서 조실부모하고 어렵게 살아가는 인물이라 할 수 있다.

한편 한태주 구연본에서는 사만이의 출생과 성장 부분이 〈지장본풀이〉와 같은 형태로 나타나고 있어 주목된다. 여기서 사만이는 부모, 조부모, 일가친척들을 차례로 잃어 거지가 되는데, 이처럼 그를 거두어주어야 할 사람들이 차례로 죽는 모습은 〈지장본풀이〉에서 지장아기가 태어나자 차례로 부모, 조부모, 삼촌 등 집안 식구와 친척들이 모두 죽고 시집을 가서도 시부모를 비롯한 일족이 차례로 죽어나가 결국 새[邪]가 되고 마는 것과 같은 것으로, 사만이가 조실부모하여 거지가 될 수밖에 없는 과정을 이처럼 〈지장본풀이〉의 앞부분을 따서 구연하고 있는 것이다. 그런데 다)의 첫머리와 〈지장본풀이〉의 이 같은 동일성은 〈맹감본풀이〉와 〈지장본풀이〉의 친연성에서 비롯된 것이 아닌가 여겨진다. 이 두 무가는 큰굿의 시왕맞이 때에 함께 불려지는 무가들이다. 아울러 정월 당제인 신과세제에 액을 막기 위해 〈맹감본풀이〉가 불리는 대신 〈지장본풀이〉가 불려지기도 한다는 점[7]에서 이들이 밀접한 관계가 있는 무가임을 알 수 있다. 곧 다) 자료의 사만이의 출생과 성장

---

7) 2000년 음력 정월 14일 성산읍 시흥리의 시흥본향당 신과세제 때 오춘옥 심방이 액막이로 〈지장본풀이〉를 구송하는 것을 확인할 수 있었다.

부분은 〈지장본풀이〉의 영향을 받아 변이된 자료라고 볼 수 있겠다.

2) 결연

각편들을 살펴보면 사만이의 결혼 부분은 대체로 두 가지 형태로 나타난다. 하나는 가), 나), 다), 바)에서 찾아볼 수 있는 모습으로, 사만이가 동냥을 다니다가 길에서 우연히 만난 자신과 같은 처지의 거지 여자아이와 함께 동냥을 하며 지내다 15세에 남녀구별법을 알아서 결연했다고 하는 것이다. 곧 생활 능력이 전혀 없이 밥을 빌어먹고 사는 둘의 결합인 것이다. 따라서 사만이가 비록 결연을 했지만, 자신이나 그 아내 모두 생활 능력이 없는 사람들로서 마땅한 생계수단을 찾지 못하고 있음을 알게 한다. 한편 다른 하나는 라)와 마)에서 볼 수 있는 양상으로, 새로 얻은 아내가 바느질 솜씨가 아주 좋아 바느질품을 팔아 겨우 구명도식(求命徒食)한다고 하는 것이다. 하지만 이것도 궁극적인 생계유지의 방편이 될 수는 없다. 그래서 아이들이 생겨나자 당장 먹을 것이 없어 아내가 머리카락을 잘라 팔아서 먹을 양식을 마련하고자 한다. 이렇게 본다면 이 결연 부분은 둘 가운데 어떤 형태이든 뚜렷한 생계유지 수단을 찾지 못해 궁핍한 생활을 하는 모습의 연장이라 할 수 있다.

3) 총을 구입하여 사냥으로 생업을 삼음

마땅한 생계수단이 없어 곤궁한 생활을 하던 데서 벗어나고자 총을 사서 사냥으로 생업을 삼게 되는 부분이다. 먹을 것이 없어서 아이들이 배고파 울자 아내가 자신의 머리카락을 잘라주며 그것을 판 돈으로 양식을 사오게 한다. 하지만 사만이는 그 돈으로 총을 사와서 사냥을 생업으로 삼게 되는데, 이처럼 총을 사서 사냥을 생업으로 삼는 과정은 각편들에서 공통되게 나타나는 모습이다. 다만 사만이 아내가 이렇게 머리카락을 잘라주게 되기까지의 전 단계의 과정이 있는가 하는 점에서는 다소 차이를 보인다. 가)에서는 사만이가 거지생활을 하면서 모은 돈으로 부자가 되었지만 노름으로 전 재산을 탕진한 뒤 먹을 것이 없자 아내가 머리카락을 잘라주며 양식을 사오게 하는 과정이 장황하게 전개되고 있으나, 다)와 마)에서는 아내가 장자집의 돈을 빌려와서 사만이에게 장사를 하도록 권하는 것으로 나타난다. 가)에 화소의 특이한 변이가 보이는 것임은 분명하지만, 결국 궁핍한 생활상으로 환원되고 있다는 점에서 다른 각편들과 본질적인 차이는 없다. 또한 다)와 마)에서는 새로이 마땅한 생업을 찾고자 하는 시도가 나타나며, 그 과정 속에서 사만이가 총을 구입한 것임을 알 수 있다. 그런데 다)와 마)에서는 머리카락을 잘라 판 돈으로는 총을 사지 못한다며 나중에 벌어서 나머지 돈을 갚는다고 하거나 아예 빌린 돈으로 총을 산다고 하는 등 현실적인 사고에 따른 부분적인 변이를 보이기도 한다. 여하튼 이런 ③은 곤궁한 생활에서 벗어나고자 시도하는 부분이라고 할 수 있다.

한편 앞서 자료 가)에 대해서는 여타 이본들과 비교해 특이한 변형을 보이는 이질적인 자료라고 언급한 바 있는데, 그런 변형이 집중되어 있는 부분이 바로 이 ③이다. 자료 가)에서는 ③이 크게 확대되어 있고, 사만이가 거지생활을 하면서 착실히 돈을 모아 부자가 되었다가 노름으로 전 재산을 날리게 되는 과정이 들어있기도 하지만, 무엇보다도 큰 변이를 보이는 부분은 사만이가 청태산 마고할아범에게서 총을 산다고 하는 점이다. 여기서 청태산 마고할아범은 단순히 총을 파는 장사꾼에 불과한 것이 아니며, 여타의 각편에서 이 부분에 뒤이어 등장하는 수렵수호신인 백골이 인신화(人神化)한 존재로 보인다. 그 이유는 첫째, 청태산 마고할아범은 무가나 고소설에서 위기에 빠진 주인공을 구출해주는 신격으로 등장하는 존재[8]이고, 둘째, 사냥으로 생업을 삼게 하여 그 결과로 잃어

---

8) 청태산 마고할아범은 곧 천태산 마고할미의 남신적 형상화일 것으로, 천태산 마

버린 부를 되찾도록 해주는 존재여서 여타 각편의 백골과 동일한 성격
과 기능을 보이기 때문이다. 곧 가)에서 사만이에게 총을 사게 하는 청
태산 마고할아범은 여타의 각편들에서 나타나는 수렵신인 백골의 인신
적(人神的) 형상화인 것이다. 따라서 자료 가)는 특이한 변형을 보이기
는 하지만 〈맹감본풀이〉의 전반부, 곧 백골을 모셔서 사냥으로 부를 획
득하게 되는 과정까지를 그대로 담고 있는 자료라 할 수 있다.

한편 가)처럼 이렇게 수렵신을 모셔 부를 얻는 것으로 전반부가 완
결되는 자료가 있다는 점에서 〈맹감본풀이〉의 주된 기능이 액막이에만
있는 것이 아니라 수렵의 풍요를 바라는 데에도 있을 가능성을 생각해
볼 수 있다.

4) 백골과의 만남

이 부분은 수렵신이면서 부신(富神)인 백골과 신앙민인 사만이의 만
남 부분이라 할 수 있다. 백골이 등장하지 않는 자료 가)를 제외한다면,
사만이가 백골을 만나는 과정은 대체로 a)사만이가 아무리 사냥을 다녀
도 스스로의 능력으로는 아무 것도 잡지 못하고 b)사냥을 왔다가 객사
(客死)한 백년해골이 스스로를 현현하여 부자 되게 해줄 테니 자신을
신으로 모실 것을 사만이에게 요구하며 c)사만이가 숲에서 백년해골을
찾아 집으로 모셔오는 형태로 나타난다. 물론 자료 라)의 경우는 산에
서 내려가는 사만이의 왼발에 백골이 거듭 차이는 것을 두고 왼발에 차
이는 것은 재수가 좋은 것인데 이는 필시 무슨 곡절이 있다고 여겨 모
셔들이는 것으로 나타나 차이가 있기도 하다. 하지만 이런 면모도 신과
신앙민이 만나는 과정에서 나타나는 일반적인 모습이다. 당신본풀이를

고할미는 최정여·서대석이 채록한 경북 지역의 〈바리공주〉 무가(최정여·서대
석, 《동해안무가》, 형설출판사, 1977)와 고소설 《숙향전》 등에서 주인공이 곤경에
빠졌을 때 도움을 주는 원조자로 나타난다.

보면 꿈에 나타나서 신의 존재를 알리는 경우가 많지만, 제주시의 윤동
지영감당이나 조천면 신촌리의 일뢰낭거리당, 함덕의 서물당 등의 본풀
이에서는 신체(神體)가 거듭해서 출현하자 결국 신앙민들이 이를 모셔
들이는 양상을 보이는 것이다. 비록 신과의 만남 양상은 차이를 보이더
라도 신과 신앙민이 만나는 일반적인 형식에서 벗어나는 것은 아니다.
한편 백골과의 만남 부분은 〈맹감본풀이〉가 당신본풀이의 직접적인 영
향 속에서 생성된 것임을 알게 하는 중요한 단초가 된다. 사만이가 백
골을 모셔들이는 과정이 당신본풀이에서 신앙민이 당신을 모셔들이는
모습과 일치하고 있기 때문이다. 이 점에 대해서는 뒤에서 구체적으로
검토하기로 한다. 여하튼 사만이가 스스로의 능력으로 사냥을 하여 부
를 획득한 것이 아니라는 점이나 백골이 스스로 부자시켜 주겠다고 모
시도록 요구하는 점 등을 볼 때 백골이 수렵을 관장하는 생업수호신임
을 알 수 있다.

5) 백골을 조상신으로 모심

사만이는 산에서 백골을 모셔 집으로 가져오지만 바로 집 안으로 모
시지 않고, 문 앞의 말팡돌 위나 멀구슬나무에 걸어두었다가 백골이 집
안으로 모셔들이지 않는다고 원망을 하자 그제서야 집 안으로 모신다.
이때 백골을 집 안으로 모셔들이는 일은 대체로 사만이의 아내가 하게
되는데, 이처럼 백골을 맞아들이는 모습은 당신본풀이와 같은 양상을
보여주고 있어 주목된다. 사만이의 아내는 열두 폭 치마를 갖춰 입고
그 치마폭을 벌려 백골에게 "내게 태운 조상이면 이리로 듭서"라고 하
자 백골이 치마로 굴러들어오는 것으로 나타난다. 그런데 이런 모습은
여인들이 뱀신과 같은 당신의 신체를 모셔들이는 모습과 그대로 일치
하는 것이다. 곧 ⑤는 당신본풀이에서 당신을 모셔들이는 전형적인 모
습인 것이다.

이와 더불어 ⑤에서 당신본풀이와 관련해 주목되는 점은 백년해골을 모셔들여 상고팡에 모신다는 점이다. 자신에게 태운 조상의 신체를 모셔들여 상고팡에 두고 모시는 모습은 당신본풀이에서 석상미륵이나 뱀신을 조상으로 여겨 상고팡에 두고 위하는 것과 동일한 모습이다. 따라서 ④와 ⑤ 부분은 〈맹감본풀이〉가 당신본풀이와 아주 밀접한 연관 속에 있는 일반신본풀이임을 확인하게 해주는 부분이다.

한편 이렇게 백골을 모셔들이는 부분에서 또 하나 주목해야 할 점은 백골을 모셔들여 향물이나 감주(甘酒)로 깨끗하게 목욕을 시킨 다음 백골을 물명주나 소지로 잘 싸준다는 점이다. 이런 모습은 〈장자풀이〉에서는 나타나지 않지만, 임석재·장주근이 채록한 《관북지방무가》의 〈혼쉬굿〉에서는 찾아볼 수 있는 부분이다. 〈혼쉬굿〉에서는 삼 형제가 그날 나무한 것을 팔아 그 돈으로 종이를 사서 백골을 잘 싼 뒤 묻어주는 것으로 나타난다. 그런데 이와 같이 백골을 향물로 깨끗하게 씻기고 종이와 베로 싸서 모시는 것은 우리의 고유한 장제(葬制), 곧 이중장(二重葬)인 세골장(洗骨葬)의 반영이 아닌가 여겨진다. 세골장이란 사람이 죽었을 때 바로 매장하지 않고 초분을 써서 피육(皮肉)을 탈육시킨 뒤 그 뼈를 수습해서 깨끗하게 씻기고는 매장하는 풍습으로, 이런 이중장은 조선조 말기까지만 하더라도 거의 전국적으로 퍼져 있었다.[9] 이런 장제와 〈맹감본풀이〉의 백골을 모시는 과정이 어떻게 대응되는지를 살피기 위해 우선 씻골하는 과정을 간략히 제시할 필요가 있다.

  버드나무箸나 대나무箸로 脫肉한 유골을 머리쪽에서부터 순차로 골라내
  어 짚으로 만든 솔로 닦고, 香木을 담갔던 향물과 쑥물, 맑은 물로 각각 세

---

9) 이두현, 〈장제와 관련된 무속연구〉, 《문화인류학》 6집, 한국문화인류학회, 1974, 12면.
  장철수, 〈초분〉 항목, 《민족문화대백과사전》 22, 한국정신문화연구원, 1991, 351~ 352면.

번씩 씻골[洗骨]하고 뼈의 때가 잘 안 씻길 때는 소주나 알콜로 닦는다. 만약 살점이 남았으면 대칼로 세골하기 전에 긁어낸다. 세골한 유골은 백지 위에 누운 순서로 두개골, 목, 팔, 胴體, 다리, 발의 뼈를 맞춰놓고, 시체를 입관할 때처럼 삼베로 묶고, 이 유골을 입관하여 第2次葬 즉 매장할 묘지까지 상여로 옮겨 매장한다. 곳에 따라서는 상여 없이 칠성판 위에 유골을 맞춰놓고, 비단이나 백지로 싸서 운반하여 관 없이 직접 매장하는 수도 있다.[10]

〈맹감본풀이〉에서 백골을 모셔들여 향물로 씻기고 종이나 물명주로 싸는 것은 바로 이런 세골장의 반영으로 보인다. 위에서 볼 수 있듯이 씻골에서 중요한 과정이 뼈를 모아 향물에 씻기는 것과 종이나 베로 그 뼈들을 싸주는 것이다. 〈맹감본풀이〉에서 사만이와 그 아내가 백골을 향물로 씻기고 종이와 물명주로 싸주는 까닭은 사만이에게 태운 조상의 신체가 백골이기에 죽은 조상의 시신을 깨끗이 씻골하듯이 하여 모셔들이고자 하는 것이 아닌가 생각된다. 씻골의 장례 풍습은 현재는 주로 전라도 도서지역에만 남아 있지만, 제주도에서도 유사한 장제가 있었던 것으로 보인다. 비록 토장할 때까지의 임시방편이기는 하지만, 초분의 형태로 가매장했다가 다시 이중장을 하는 '생빈(生殯)눌이'라는 장법(葬法)이 예전에는 있었다고 한다. 이것은 땅 위에 자갈을 깔고 그 위에 관을 놓은 다음 날솔잎(生松葉)으로 둘레를 쌓아 야생동물의 침입을 막고 비가 들이치지 않도록 주저리를 씌워 덮어두는 형태이다. 곧 초분(草墳)과 같은 형태임을 알 수 있다.[11] 한편 이런 씻골의 장례풍습은 씻김굿의 의식과도 무관하지 않은 것으로 보인다. 여기에는 특히 영받이라고 하여 망자의 넋으로 믿어지는 신체를 만들고 그것을 향물, 쑥물로

---

10) 이두현, 앞의 글, 12면.
11) 김인호, 《한국 제주 역사, 문화 뿌리학(상)》, 우용출판사, 1998, 665면.

씻기는 씻김의 과정이 있기 때문이다. 그런데 바로 이 의식의 앞부분에 액막이를 하고 〈장자풀이〉를 부른 뒤 고를 푸는 고풀이가 있게 된다.[12] 이때 불리는 〈장자풀이〉가 곧 제주도의 〈맹감본풀이〉와 같은 내용과 기능을 지닌 무가라는 점에서 〈맹감본풀이〉에 이처럼 씻골의 장제가 반영되는 까닭을 알 수 있겠다. 다만 의문이 드는 바는 가장 최근까지 세골장의 풍습을 유지하고 있는 전라도 지역의 〈장자풀이〉에는 왜 이러한 씻골 부분이 무가에 반영되지 않고 장자징치담 형태로 나타나는가 하는 점이다. 원래 그런 것인지, 그렇지 않으면 〈장자풀이〉라는 제목에서 볼 수 있듯이 〈장자못전설〉과의 결합 때문에 변이된 것인지는 더 생각해 볼 여지가 있다.[13]

6) 사냥을 하여 부자가 됨

사만이와 그의 아내는 어릴 때부터 걸식을 하며 어려운 생활을 한다. 이런 궁핍한 생활은 사만이가 총을 사서 사냥을 첫 생업으로 삼았을 때도 마찬가지였다. 그래서 라)를 예로 들어본다면, "그날부터 굴미굴산 노주봉산 올라가고 매앉인동산 높은동산 ᄂ자운 굴헝 곳곳마다 마련허여도 대노리 소노리 노라 사슴 엇어지고 허허 빈손으로 돌아오난……" 이라 해서 매일 허탕만 치고 돌아오는 모습을 보인다. 이처럼 자신의 능력으로는 사냥을 다녀도 아무런 소득을 얻지 못하지만, 백골을 모신 뒤부터는 사냥을 나가기만 하면 사슴, 노루, 돼지 등을 잔뜩 잡아 금방 부자가 된다. 이 부분은 각편들마다 큰 차이를 보이지 않는다. 다만 라)

---

12) 이경엽, 〈전남지역 망자굿 무가의 전개유형과 의미〉,《구비문학연구》3집, 한국 구비문학회, 1996, 416~419면.

13) 임석재는 사마장자의 악행 및 그 징치가 장자못이 생성되는 것과 흡사하다고 하면서 〈장자풀이〉를 〈장자못전설〉의 수용으로 파악하고 있다(임석재, 〈장자풀이〉 항목,《민족문화대백과사전》19, 한국정신문화연구원, 1991, 286면).

에서는 이처럼 부자가 되는 과정이 구체적으로 제시되고 있지 않은데, 그렇다고 하더라도 앞부분에서 사냥을 다녀도 전혀 짐승을 잡지 못했던 모습이 백골을 모신 뒤의 모습과 대비적으로 제시되어 있고, 그 다음 부분에서는 황소를 잡아 큰굿을 할 형편이 되었다는 것으로 나타나고 있음을 볼 때, 부자가 되는 과정이 생략된 것으로 보인다.[14] 이렇게 볼 때 ⑥은 백골신의 기능과 성격을 구체적으로 보여주는 부분이라 할 수 있다. 곧 백골신을 조상신으로 모셔서 사만이가 크게 달라지는 점은 이전과는 달리 사냥을 하여 부를 획득하는 것이기에, 백골은 부신(富神)으로서 수렵의 생업수호신임을 알 수 있는 것이다. 자료 바)에서는 사만이가 백골이 사냥을 가라는 날만 사냥을 나가고 그렇게 간 날은 많은 짐승을 사냥할 수 있어 부자가 되었다고 하여 백골이 지닌 수렵수호신의 면모를 더 구체적으로 제시하고 있다.

한편 이렇게 사만이가 백골을 모신 뒤 부를 얻게 되는 결과 또한 당신앙 및 당신본풀이와 관련해 주목되는 부분이다. 당신본풀이나 조상신본풀이의 경우 신앙민이 밖에서 어떤 신체를 모셔들이고는 자손이 번창하고 특히 부를 얻게 되는 모습을 잘 찾아볼 수 있기 때문이다. 따라서 〈맹감본풀이〉의 백골신은 당신본풀이의 당신의 성격을 그대로 간직한 존재인 것으로 판단된다.

7) 저승에서 사만이 친조상이 탄원함

이 부분이 각편들 사이에 큰 차이를 보이는 대목이다. 이 대목이 있는가 없는가에 따라 사만이의 죽음이 조상을 잘못 모신 데 따른 징벌인지, 아니면 하늘의 정명(定命)이 다 된 데 따른 것인지가 차이가 난다.

---

14) 현용준은 라)의 안사인본(本)을 쉽게 풀어 《제주도신화》(서문당, 1970)에 수록하고 있는데, 여기에는 사만이가 수렵으로 부를 획득하는 과정이 제시되고 있다.

그렇다고 이 단락의 유무에 따라 뒷부분의 이야기 전개 방향이 달라지는 것은 아니다. 먼저 나), 다), 라)에서는 사만이의 죽음이 하늘이 정한 나이가 다 되었기 때문인 것으로 나타난다. 반면 북제주군 구좌면의 심방들에게서 채록된 마)와 바)에서는 사만이가 백골만을 섬기고 친부모 조상인 자신들에게는 기제사는 물론이고 물 한 모금 주지 않는다며 탄원한 데 따른 열시왕의 징치로서 삼 사자가 내려 보내지는 것으로 되어 있다. 곧 마)와 바)는 부모조상을 공경하지 않은 데서 비롯된 징벌임을 알 수 있다.

그런데 마)와 바)는 사만이의 친조상신과 밖에서 모셔들인 조상신 사이의 갈등으로 볼 수 있어 흥미로운 부분이다. 제주도에서는 당신이나 조상신을 모심에 혈연조상과는 별개의 것으로 구별하면서 '조상(祖上)'이라고 부르고 있는데, 이때 조상은 유교적 관념의 조상과는 다른 조령적(祖靈的) 성격을 지닌 수호신 성격의 존재[15]로서, 이들이 친조상과 갈등을 맺는다는 의식은 거의 찾아보기 어렵다. 또한 이런 조령적 성격과 관련하여 혈연조상이 수호신으로 모셔지는 사례도 적지 않은데,[16] 혈연조상으로 모실 만한 존재가 있으면 모시는 것이고 그렇지 않으면 밖에서 모셔들이는 것이기에, 이런 갈등 양상이 제주도 본래의 성격인지 의문의 여지가 없지 않다. 아울러 이렇게 사만이 친조상의 탄원에 따른 징치로서 차사를 내리는 경우도 바)에서는 삼십이 정명(定命)인 장적(帳籍)을 고쳐서 삼 차사가 죽음을 모면하는 것으로 나타나고 있어, 결국 사만이는 수명이 다 되어 잡혀가는 것임을 알 수 있다.

때문에 마)와 바)의 이런 단락이 전라도 지역의 〈장자풀이〉 영향이 아닌가 의문이 들기도 한다. 함경도의 〈황천혼시〉에는 정명이 되어 삼형제가 차사에게 잡혀가게 되어 있는 반면, 〈장자풀이〉의 경우 장자의

---

15) 현용준, 앞의 책, 107면.
16) 이에 대한 구체적인 사례는 현용준이 신들의 형성과 성격을 밝히면서 구체적으로 제시하고 있다(현용준, 앞의 책, 167~187면).

악행도 제시되지만 이보다는 돈만 놓고 제사를 지내고 조상을 섬기지 않는다며 조상들이 저승에서 탄원하는 것이 직접적인 원인이 되고 있음[17]을 볼 때, 〈장자풀이〉의 영향도 생각해 볼 수 있다는 것이다. 따라서 자료 마)와 바)가 구좌면의 심방에게서 채록된 점을 중시한다면, 특별히 이 지역에서 일정한 계기로 〈장자풀이〉의 영향을 받아 변모되었을 가능성도 상정해 볼 수 있다. 하지만 제주도 〈천지왕본풀이〉의 경우 수명장자의 징치가 있는데, 그 징치의 이유가 이와 유사하다. 수명장자는 부자임에도 자기 아버지에게 밥을 주지 않다가, 밥을 달라는 아버지에게 저승에 가면 제삿날 오지 않겠다는 약속을 받은 뒤에서야 비로소 밥을 주게 된다. 그리고 실제로 아버지가 죽은 뒤에는 제사를 지내지 않아서 이것이 계기가 되어 천지왕이 징치하고자 내려오게 되었다는 것이다. 이러한 부분이 창세신화의 중요한 신화소로 작용하고 있음을 볼 때, 마)와 바)가 반드시 외래적 영향을 받은 것이라고 단정할 수는 없다.[18] 여하튼 이 부분은 차사가 내리는 이유를 설명하는 부분으로, 사만이는 정명이 되어 죽게 되는 것이 본래적이고 ⑦이 들어 있는 것이 오히려 변형된 것으로 생각된다.

---

17) 사마장자의 조상 선영이 열시왕에게 탄원하여 사마장자를 처벌하게 하는 것은 채록된 대부분의 〈장자풀이〉 자료에서 찾아볼 수 있는 모습이다. 이에 대해서는 이영금이 〈장자풀이〉 자료를 모아 구체적으로 각편 비교를 진행한 바 있다(이영금, 〈전북지역 무당굿 연구〉, 전북대 석사논문, 2000).

18) 이런 모습을 잘 보여주는 자료는 이무생 구연의 〈천지왕본〉(진성기, 《제주도무가본풀이사전》, 민속원, 1991)과 김두원이 필사한 자료 〈천지왕본〉(김두원, 《제주무가집》, 1963), 문창헌의 필사 자료인 〈천지왕본〉(문창헌, 《풍속무음》, 1929~1945) 등이다. 또한 김헌선은 이처럼 부모조상의 제사를 모시지 않아 징치당하게 되는 것이 수명장자를 징치하는 데 중요한 계기가 됨을 밝히고 있다(김헌선, 〈제주도 지역의 창세신화〉, 《한국의 창세신화》, 길벗, 1994).

8) 사만이의 죽음을 미리 알려주는 백골

이 단락 또한 전반부에서 끝나는 가)를 제외한 자료에서 공통적으로 나타나는 부분이며, 그 내용 또한 큰 편차가 없다. 여기서는 사만이가 사냥을 간 사이 백골이 사만이가 죽게 되었다고 울음을 터뜨리고, 이것을 흉사라 여긴 그의 아내가 백골을 때려서 뒷밭에다 내다버리며, 사냥에서 돌아온 사만이가 백골을 다시 모셔들여 살 방도를 구하는 것으로 나타난다. 다만 라)의 경우는 백골이 직접 울면서 알려주는 것이 아니라 할아버지의 모습으로 인신화하여 꿈을 통해 현시하는 것으로 나타난다. 따라서 사만이의 아내가 백골을 부지깽이로 때리고는 내다버리는 것과 같은 불경한 모습은 보이지 않고 조상신에 대한 공경이 한층 강하게 나타나는 양상을 찾아볼 수 있다. 이외에 마)에서는 백골이 흉허물을 하는 것이 사만이의 아내가 아닌 사만이인 것으로 나타나 차이가 있는데, 이 점은 여타 각편에서 공통되게 사만이의 아내가 하는 것임을 볼 때 개인적인 혼동으로 보인다. 또한 이렇게 백골에게서 사만이의 죽음을 알게 되는 주체가 사만이이든 그 아내이든 모두 다같이 저승차사를 맞아 죽을 액을 모면하도록 준비를 하게 하는 것이어서 그 주체가 누구인지는 문제가 되지 않는다.

9) 저승차사에 대한 대접

〈맹감본풀이〉의 중요한 기능이 액막이임을 감안한다면, 바로 이 저승차사에 대한 대접 부분이 〈맹감본풀이〉의 제의적 기능과 의미를 제시하는 핵심 부분이 된다고 할 수 있다. 여기서는 백골이 알려준 대로 제물을 마련하여 삼 차사를 위하게 되는데, 삼 차사에게 바치는 제물에는 부분적인 차이가 있지만 전체적으로 큰 차이를 보이지는 않는다. 사만이는 차사들이 내려오는 다리목에 제물을 차려 놓은 채 삼 차사를 기다리고, 그의 아내는 집에서 심방을 불러 대액막이굿을 하는 것으로 나타난다. 차사들을 대접하는 데 필수적인 것은 백메 세 그릇과 신발 세 켤레, 옷 세 벌 등으로 먼 길 온 삼 차사가 먹고 갈아입는 데 필요한 것들인데, 이것은 사자상을 차리는 상례의 습속과 다르지 않다.[19] 그런데 이외에 차사에게 바치는 것으로 백마가 있어 주목된다. 비록 자료 나)와 라)에서는 나타나지 않지만, 차사에게 백마를 바치는 것은 액막이 의례와 관련해 특히 중요한 의미를 지니는 것으로 보인다. 백마를 바치는 것은 대명(代命)을 하고자 하는 것이며, 실제로 액막이굿에서는 백마에게 액을 실어 보내거나 닭을 희생시키는 모습을 찾아볼 수 있다.

먼저 '대액막이'라는 무속의례를 보면, 말이나 소에 환자에게 씐 액운을 전가시켜 막아내는 모습을 볼 수 있다. 아주 위중한 환자가 있을 때 그 환자의 궂은 액을 그 말이나 소위에 실어 밖으로 내보내는 뜻에서 7일 동안 큰굿을 하며, 이때에 환자 모습의 허재비를 만들어 말에 태우고 천하 도액년을 막게 해달라고 기원을 한다. 그리고 말을 집 밖으로 내보낸 뒤 그 말이 다시 돌아오지 않아야 액이 물러갔다고 여기는 것이다.[20] 말을 희생시켜 대명을 하고자 하는 더 구체적인 모습은 큰굿의 액막이 제차에서 확인된다. 곧 액막이 때는 〈사만이본풀이〉를 노래하고 이 〈사만이본풀이〉에 근거하여 액막이를 하는 것이라고 하면서 차사가 잡아가려는 인간의 목숨 대신 붉은색 수탉을 희생하는 것이다. 수탉의 목을 비틀어 바깥쪽으로 던져 죽이고, 이 던져진 수탉이 바깥쪽을 향해 떨어지면 차사가 인간 대신 수탉을 잡아간 것으로 여겨 길하게 해석한다.[21] 현재는 수탉을 죽여 액막이를 하는 것이 일반적이지만, 본래는 말이나 소를 희생시켰다는 것을 액막음 사설 부분에서 확인할 수 있다. 곧 "물이 엇어 물대령(馬待令) 못하고 쉐(牛)가 엇어 쉐대령 못허여 목

19) 서대석, 앞의 글, 59면.
20) 진성기, 《제주도무가본풀이사전》, 민속원, 1991, 736면.
21) 현용준, 앞의 책, 373면.

숨데령 기동철리적승베우기(좋은 닭)로 목숨 데명(代命)해야……"[22]라
고 해서 희생 대상이 원래는 마소였으나 경제적인 사정 때문에 닭으로
바뀐 것임을 알 수 있다.

여타 각편에서는 저승차사가 타고 갈 말이라고 하지만, 자료 마)에서
는 그 말이 사만이의 죽음을 대신하는 대명동물임을 명확히 보여준다.
사만이 대신 말 세 필을 잡아가고 장적에도 사마 세 필이라고 고쳐 사
만이를 수명장수하게 하는 것이다.

한편 이렇게 죽을 액을 모면하기 위해 말이나 소를 대신 바치는 양상
은 비단 제주도에서만 국한되어 나타나는 것은 아니다. 〈장자풀이〉의
경우는 씻김굿의 유래를 이렇게 대신 잡혀간 말의 원혼을 달래주기 위
한 것이라고 설명한다. 사마장자 대신 잡혀간 말이 자신의 죄도 아닌데
삼천지옥으로 떨어져 형벌을 받게 되자 저항하고, 이에 저승사자가 사
마장자에게 현몽을 하여 말이 사마장자 대신 삼천지옥으로 갔으니 그
말이 인도환생하도록 씻김굿을 할 것을 시킨다는 것이다.[23] 함경도 자
료의 경우,《관북지방무가》의 〈혼쉬굿〉에서는 삼 형제 대신 차사들이
경상도에 있는 이름과 나이, 태어난 시(時)가 같은 아이들을 대신 데려
가지만 차사에게 바치는 제물로 송아지가 있음을 볼 수 있고,[24] 손진태
가 채록한 〈황천혼시〉에서는 삼 형제 대신 누런 황소와 유삼(油衫), 놋
동이를 대신 잡아가고 있어 역시 황소로 대명하는 모습을 찾아볼 수 있
는 것이다.[25]

이렇듯 제주도나 육지 모두 액막이의 중심에 죽을 액을 전가시킬 동
물을 두는 양상이 나타난다.

---

22) 현용준,《제주도 무속자료사전》, 신구문화사, 1980, 285면.
23) 박현국, 〈장자풀이 무가고찰〉,《비교민속학》 11집, 비교민속학회, 1994, 182~183면.
24) 임석재·장주근,《관북지방무가》, 문화재관리국, 1965.
25) 손진태,《조선신가유편》, 향토연구사, 1930.

10) 목숨의 연명

사만이가 죽지 않게 된 것은 차사를 극진히 대접하며 액막이를 한 데 따른 것이지만, 이것으로 죽을 목숨이 죽지 않게 되는 것은 아니다. 인간의 수명을 관장하는 명부에서 사만이가 죽었다는 것이 확인되거나 사만이의 수명이 고쳐져야 비로소 목숨이 연명될 수 있는 것이다. 때문에 삼 차사는 명부로 가서 사만이의 목숨을 연장시킬 방도를 구한다. 이것은 대체로 저승의 명부를 고치는 것으로 나타난다. 이때 바로 장적을 고쳐 목숨을 연명시키기도 하지만, 사만이 대신 사람이나 동물을 데려간 경우는 그것을 확인하는 과정을 보여주기도 한다. 다)에서는 소사만이 대신 오사만이를 데려가고, 마)에서는 말 세 필을 대신 데려가며, 바)에서는 '스필이'를 대신 데려가는 것으로 나타나는데, 이처럼 사만이를 대신할 사람이나 동물을 잡아갔을 때 열시왕에게 용납되는 경우는 결국 말로 대명을 한 마)뿐이다. 다)와 바)에서는 확인하는 과정에서 차사들이 오히려 사만이를 잘못 잡아온 죄로 옥에 갇히게 되고, 차사들에 의해 대신 잡혀간 인물은 도로 풀려나게 된다. 이런 과정이 있든 없든 간에 결국은 차사들이 문서직이를 매수해서 장적에 서른으로 적혀 있는 사만이의 수명에 한 획을 비껴 그어 삼천 살을 살도록 고친다. 곧 사만이의 목숨 연명은 장적을 고친 데 따른 것으로 나타난다.

11) 불사의 생을 살다가 차사의 꼬임에 빠져 저승으로 잡혀가는 사만이

이 단락이 나타나는 자료는 나)와 라)뿐이다. 따라서 이 ⑪은 〈맹감본풀이〉에서 반드시 있어야 하는 필수적인 구성요소라고 볼 수는 없다. 저승차사를 대접하여 죽을 액을 모면하는 데에 〈맹감본풀이〉 후반부의 중요한 기능이 있다고 했을 때, 사만이가 죽게 되는 과정을 밝히

는 ⑪은 오히려 그런 기능에 배치되는 성격을 지니기도 하기 때문이
다. 그럼에도 이 부분이 들어 있는 것은 널리 알려진 설화의 무가적 이
입에서 비롯된 것이라 볼 수 있다. 사만이가 장적을 고쳐 정명이 삼천
살이 되었다는 데서 삼천갑자를 살았다는 동방삭의 이야기가 끼어든
것이라 할 수 있다. 〈수명 늘이다 잡혀간 동방삭〉의 이야기는 전국적
으로 널리 전해지고 있는 광포설화로,[26] 여기서는 비슷한 상황의 대목
에서 익히 잘 아는 이야기를 끌어와 무가 내용을 확장시키는 양상이라
할 수 있다.

　한편 이런 동방삭의 이야기는 〈맹감본풀이〉에만 결합되어 나타나는
양상은 아니다. 안사인이 구연한 〈차사본풀이〉에서는 이 부분이 강임차
사의 위업으로 나타난다. 강임차사가 아무도 잡지 못하는 동방삭을 숯
을 희게 되도록 씻는다는 꾀를 내어 잡아들여 그 능력을 인정받게 되는
형태로, 〈맹감본풀이〉에 있는 내용과 동일한 모습으로 결부되어 있다.
하지만 〈맹감본풀이〉와는 그 주체와 객체가 바뀌어 있다. 〈맹감본풀이〉
에서는 사만이가 잡혀가게 된 까닭을 이 삽화로 설명하는 반면, 〈차사
본풀이〉에서는 반대로 차사의 능력을 확인하는 과정으로 동방삭 이야
기가 차용되고 있음을 볼 수 있다. 여하튼 ⑪은 본질적인 구성요소는
아니고 무가의 내용을 풍부하게 하고자 끌어와 부연하는 부분이라 할
수 있다. 그렇기에 이 부분이 있든 없든 그것은 〈맹감본풀이〉의 전개에
아무런 문제가 되지 않는다.

　이상 서사단락을 중심으로 각편들을 비교하고 각편마다 다르게 나타
나는 양상을 살펴보면서 그 의미를 파악하고자 하였다. 여기서 볼 때
이미 앞에서 밝혔듯이 특이한 형태로 변형된 자료 가)를 제외한다면 각
편들 사이의 편차가 그다지 크지 않다는 것을 알 수 있다. 자료 라)에

---

26) 조동일 외, 《한국구비문학대계 별책부록(1)–한국설화유형분류집》, 한국정신문
　　화연구원, 1989. 이러한 이야기에 관해 이 책에서는 유형 223–6 '수명 늘이다 잡혀
　　간 동방삭'으로 분류하고는 17편의 자료가 채록되어 있음을 정리하고 있다.

서는 사만이의 죽음을 미리 알려주는 존재가 백골 그 자체가 아닌 현몽하는 노인의 모습으로 인신화(人神化)하여 나타나고, 저승차사가 내리게 되는 까닭이 사만이가 친조상을 잘 모시지 못한 데 대한 조상의 탄원에 따른 징치를 위해서이며, 끝부분에 사만이가 불사의 생을 살다가 결국은 잡혀가게 되는 부분 등 화소의 유무에 따른 차이가 어느 정도 발견되지만, 이런 차이마저도 전체적인 흐름에 영향을 미친다거나 그 신화적 의미가 달라지는 것은 아니므로 무시해도 그다지 문제가 되지는 않는다. 이렇게 〈맹감본풀이〉가 채록된 자료들 사이에 큰 차이가 없는 것은 아마도 이 무가가 굿에서뿐만 아니라 신과세제와 같은 당제(堂祭) 등에서도 빈번하게 불릴 만큼 그 사용빈도가 높기 때문이 아닌가 하고 추정된다. 아무래도 자주 불리는 것은 반드시 기억할 수밖에 없고, 다른 심방과 굿을 함께 하면서 자주 들을 수 있어 그 편차마저도 줄일 수 있을 것이기 때문이다.

한편 이상의 서사단락 검토를 통해 볼 때 〈맹감본풀이〉는 크게 두 부분으로 구성되어 있음을 알 수 있다. 곧 거지생활을 하던 사만이가 수렵수호신인 백골을 모시면서 부를 획득하는 과정이 나타나 있는 ①에서 ⑥까지의 전반부와, 저승차사를 대접하여 죽을 액을 막게 되는 ⑦에서 ⑪까지의 후반부이다. 그런데 〈맹감본풀이〉를 논의하는 경우 지금까지는 주로 액막이에 초점을 맞춰 그 기능을 지적해 왔는데,[27] 이는 후반부의 내용에 중심을 둔 따름일 뿐이다. 이와 더불어 아주 중요한 〈맹감본풀이〉의 기능으로 풍요와 부를 가져다주는 성격을 들 수 있다. 이 점은 지금까지는 간과된 경향이 없지 않았다. 그런데 〈맹감본풀이〉는 액막이를 위해 주로 불리는 경향이 뚜렷하지만, 무가 전반부에서 볼 수 있는 생업수호신으로서 부를 가져다주는 기능으로도 제의에서 불려진다. 이

---

27) 이수자, 앞의 글. 이 글에서는 큰굿의 〈맹감본풀이〉를 다루면서 그 기능이 액막이에 있다는 것만 구체적으로 밝히고 있다.

점은 바)를 구송한 이중춘 심방이 〈맹감본풀이〉를 부르는 첫 대목에서 하는 언급으로 확인할 수 있다.

> 지금으로부터 맹감본을 풀겠습니다. 맹감본이라 한 것은 농사짓는 분들이 밤에 산으로 가서 조용하게 제를 지내서 농사를 잘 되게 해주십사 하고, 또 소·말 하는 사람들도 소 말을 잘 되게 해주십사 해서 정성을 드리고 또 한편으로는 삼명감(三命監) 삼차사(三差使)라 해서 차사님이 인간에 주년 국땅 소사만이라는 사람을 잡으러 올 때에 소사만이가 그것을 미리 알아가지고 차사님에 인정을 걸어서 대신에 딴 사람을 저승에 데리고 갔다. 이렇게 해서 집안에 궂인 액을 당할 때에 또 '맹감본'을 풀어서 그와 같은 본을 받아서 이 액을 막습니다. 이렇게 해서 이 본(本)을 푸는 겁니다.[28]

여기에서 보듯 〈맹감본풀이〉는 첫째, 농경의 풍요와 우마의 번성을 바라는 뜻에서 불리고, 둘째, 죽을 횡액을 비롯한 궂은 액을 물리치고자 하는 뜻에서도 불리던 본풀이였던 것이다. 곧 그 기능이 액막이에만 있는 것이 아님을 알 수 있는 것이다. 그런데 실제로 이런 이중춘의 언급이 아니더라도 〈맹감본풀이〉가 풍요를 기원하는 뜻에서 불리는 모습은 '맹감코스'와 같은 정기적 무의(巫儀)에서도 찾아볼 수 있다. '맹감코스'는 생업의 풍요를 비는 신년제(新年祭)로, 농신인 세경이나 수렵신인 산신을 청하여 농사나 수렵이 잘 되도록 기원하는 데 중점을 두는 것이다. 이런 '맹감코스'에서 〈세경본풀이〉가 불려짐과 아울러, '상단숙임'에서 삼맹감 차례 때 〈맹감본풀이〉가 간단히 불리고 있는 것이다. 이때의 〈맹감본풀이〉도 액막이의 성격을 지니기는 하지만, 본원적인 의문은 이런 생업의 풍요를 비는 의례를 왜 굳이 '맹감코스'라고 이름 붙였는가 하는 점이다. '맹감코스'가 액막이를 위한 무의와는 별도의 풍요를 기원

---

28) 문무병,《제주도 무속신화―열두본풀이 자료집》, 칠머리당굿보존회, 1998, 289면.

하는 의례임에도 이처럼 '맹감'이라 명명하는 데는 나름의 어떤 까닭이 있었을 것이기 때문이다. 여기에서 '맹감'이 단순히 인간 수명과 관련된 '명감(命監)' 또는 '명관(冥官)'의 존재만이 아니었을 것임을 알 수 있다.[29] 특히 산신을 청하여 수렵의 풍요를 빌고자 밤에 산에서 행하는 의례를 '산신(山神)맹감코스'라고 하는데,[30] 이때의 맹감은 곧 수렵의 풍요신인 것이다. '맹감'은 곧 생업수호신적 성격의 부신(富神)이며, 이런 성격은 〈맹감본풀이〉에서 볼 수 있는 부신으로서 백골의 수렵을 돕는 신적 면모와도 상통하는 것이다. 〈맹감본풀이〉가 지금은 비록 액막이를 위해 불리는 성격이 강하지만, 본디는 풍요를 기원하는 성격이 아주 두드러졌던 것으로 보인다. 제주도에서 수렵을 생업의 중요한 수단으로 삼았었던 시기에는 특히 이런 〈맹감본풀이〉의 대상신격이 생업을 보살펴주던 부신으로서 중요하게 여겨졌을 것이나, 점차 수렵이 사라지면서 그 본래의 부신으로서의 면모가 약해지고 액막이의 기원 대상이라는 점만 부각된 것이 아닌가 여겨진다.

이렇듯 〈맹감본풀이〉의 중요한 기능으로 액막이만이 아닌 생업의 풍요를 가져다주는 기능이 있었음을 분명히 지적할 필요가 있다. 바로 이점이 동계의 육지 자료에서는 찾아보기 어려운 점이고, 〈맹감본풀이〉가 갖는 제주도 신화의 독자성으로 보이기 때문이다.

---

29) 현용준은 '맹감'을 '冥官'으로 파악하고 있고(현용준, 앞의 책, 156면), 문무병은 이것의 한자 표기를 '命監'으로 하고 있다(문무병, 앞의 책, 289면). 한편 이 점은, 〈맹감본풀이〉의 내용으로 보아 제향을 받는 대상은 저승의 열시왕이기보다는 삼차사라고 할 수 있는데 〈차사본풀이〉라고 해서 차사를 위한 본풀이가 따로 있음에도 굳이 다시 이들 차사를 섬기는 〈맹감본풀이〉가 필요했을까 하는 의문과도 무관하지 않다.

30) 현용준, 앞의 책, 233면.

3. 〈맹감본풀이〉에 나타난 제주도 신화의 독자성과 당신본풀이의 관련 양상

제주도의 〈맹감본풀이〉와 같은 성격과 내용을 지닌 무가는 육지에서도 다양하게 발견된다. 우선 무가 자료로는 앞서 언급한 바 있듯이 함경도의 〈황천혼시〉와 전라도·충청도의 〈장자풀이〉가 있다. 이들 무가는 액막이를 위해 불린다는 그 기능상의 공통점이 뚜렷할 뿐 아니라, 저승차사를 대접하여 죽을 액을 모면하고 수명장수하게 된다는 내용을 핵심으로 한다는 점 또한 같다. 아울러 육지에서는 저승차사를 대접하여 죽을 목숨을 연명하는 설화도 다수 채록되고 있는데, 그 내용 또한 〈맹감본풀이〉의 후반부와 거의 동일한 모습임을 알 수 있다.

따라서 동일한 성격과 내용을 지닌 이들 육지 자료들을 〈맹감본풀이〉와 비교해서 〈맹감본풀이〉가 제주도 신화로서 지니는 변별성을 추출해 볼 필요가 있다. 〈맹감본풀이〉와 이들 육지 자료의 공통점을 확인하는 것이 이들이 서로 같은 계통 또는 같은 성격의 무가라는 것을 입증하는 작업이라면, 차이점을 찾는 것은 육지에서는 찾아보기 어렵고 제주도 자료에서만 나타나는 점들을 확인함으로써 제주도 나름의 독자적인 신화 면모를 보이는 부분을 밝히는 작업이라 할 수 있을 것이다. 우선 동계의 육지 자료들을 들어 〈맹감본풀이〉와 관련지어 생각하고 그 차이점을 확인하도록 하겠다.

    A. 〈장자풀이〉

    B. 〈황천혼시〉

    C. 저승차사 대접하여 수명을 연장하는 설화

먼저 A의 〈장자풀이〉는 씻김굿에서 액막이 다음의 고풀이에서 불리고 정초의 횡수막이 때에도 불린다는 점[31]에서 액막이를 위한 것이라는

그 기능상 〈맹감본풀이〉와 같은 성격의 무가라 할 수 있다. 〈장자풀이〉
에는 비록 백골이 설정되어 있지 않지만, 그 외 전체적인 내용이나 구성
은 〈맹감본풀이〉의 후반부에 그대로 부합되는 양상을 찾아볼 수 있다.

〔표 3〕〈맹감본풀이〉 후반부와 〈장자풀이〉의 비교

	〈맹감본풀이〉 후반부	〈장자풀이〉
가)	저승에서 사만이 친조상이 탄원함	사마장자의 죄상에 대해 성주선영이 탄원하고, 대사로 화한 열시왕의 사자가 장자의 악행을 확인함
나)	백골이 사만이의 죽음을 미리 알려줌	현몽을 통해 사마장자가 죽게 되었음을 알게 되고, 며느리의 꿈 해석과 문복아치의 처방이 이어짐
다)	저승차사를 대접하고 목숨을 연명함	저승차사를 대접하자 저승차사가 우마장자를 대신 잡아가려다 실패하고 대신 말을 대명으로 끌어감
라)	차사가 시왕을 속여 수명장수하게 됨	시왕이 말을 사마장자로 여기고 큰칼을 씌워 지옥에 가둠. 저승사자가 데려간 말을 위해 씻김굿을 하게 됨
마)	사만이는 불사의 생을 살다가 차사의 속임수에 의해 저승으로 잡혀감	(없음)

〈장자풀이〉에는 백골이 등장하지 않고, 삼 차사가 내려 장자가 죽게
되었다는 것을 알리는 일을 며느리와 점복쟁이가 나눠 맡고 있으며, 대
명(代命)을 한 말을 위해 씻김굿을 하게 되었다는 결말이 덧붙어 있는
등 그 내용이 〈맹감본풀이〉와는 다소 차이가 있다. 하지만 저승차사를
대접하여 목숨을 연명한다는 점, 관복, 신, 메로 상을 차려 저승차사를
대접하는 점, 죽을 사람을 대신해서 대명할 사람이나 동물을 데려간다
는 점 등 핵심적인 부분에 서는 양자가 서로 일치하고 있고, 그 전체적
인 구성이나 내용의 흐름도 밀접하게 대응되는 양상을 찾아볼 수 있다.
따라서 〈맹감본풀이〉와 〈장자풀이〉의 가장 큰 차이는 결국 〈맹감본풀

---

31) 임석재, 앞의 글, 285면.

이〉의 전반부인 백골을 모셔 수렵으로 부를 획득하는 과정이 〈장자풀이〉에는 없다는 점이라 할 수 있다.

다음으로 B의 함경도 〈황천혼시〉는 〈장자풀이〉보다 훨씬 더 〈맹감본풀이〉와 비슷하다. B에서는 특히 백골이 설정되어 있고, 이 백골이 죽음을 모면하게 해준다는 점에서 무엇보다 제주도의 〈맹감본풀이〉와 흡사한 자료임을 알 수 있다. B의 채록본으로는 손진태의 《조선신가유편》에 실린 〈황천혼시〉가 있고, 임석재·장주근이 채록하여 《관북지방무가》에 실린 〈혼쉬굿〉이 있다. 이들 두 각편은 차사를 대접하여 횡액을 막아내는 뒷부분에서는 별 차이가 없다. 이 부분은 〈맹감본풀이〉의 후반부와 비교해서도 그다지 큰 차이점은 발견되지 않는다. 주인공으로 송남둥이·이둥이·사마둥이라는 삼 형제가 설정되었다는 점에서 차이가 있지만, 백골을 발견하고는 묻어주거나 모시게 되자 백골이 그 고마움의 대가로 저승차사를 대접하여 죽을 액을 모면하는 방법을 알려주어 수명장수하게 된다는 점에서 같은 양상이다.

그런데 이런 〈황천혼시〉의 두 채록본 사이에는 백골을 모시는 데에서 중요한 차이점이 발견된다. 먼저 임석재·장주근 채록본에서는 삼 형제가 산에 나무하러 갔다가 백골을 발견하고는 그것을 종이로 잘 싸서 땅에 묻어주지만, 집에서 모시지는 않는 깃으로 나타난다. 또한 백골은 죽음을 미리 알려주는 구실을 할 뿐이고, 부신적(富神的) 면모는 전혀 찾아볼 수 없다. 그래서 차사를 대접하는 상을 차리는 데서도 백골이 병풍, 쌀, 소지 등을 마련해주는 모습을 볼 수 있다. 곧 백골을 잘 장사 지내주었다고 해서 그들의 생활 형편이 나아지는 것은 아닌 것이다. 반면 손진태 채록본의 경우는 간략하게나마 백골을 잘 위성하자 기물(器物)이 불꽃처럼 일어났다고 해서[32] 부신적 면모를 보이고 있어, 제

---

32) 김태곤은 손진태의 《조선신가유편》에 있는 이 〈황천혼시〉를 현대어로 풀어서 《한국의 무속신화》에 싣고 있는데, 이 부분을 백골을 모시느라 재물을 다 탕진했다고 잘못 해석하고 있다.

주도의 〈맹감본풀이〉와 한층 흡사함을 알 수 있다.

그러나 이런 함경도의 자료에서 백골의 부신적 면모가 일반적으로 나타나는 양상인지는 의문의 여지가 없지 않다. 〈황천혼시〉내용의 전체적인 흐름을 볼 때 기물이 붉게 되었다는 것은 아주 부수적인 설명에 불과하며, 무가의 중심은 역시 차사를 잘 대접하여 죽을 횡액을 막는 데 놓여 있다. 이런 점은 〈혼쉬굿〉무가가 불려지는 까닭과 관련지어 볼 때 더욱 분명해진다. 함경도 〈혼쉬굿〉무가의 중요한 특징은 그 굿의 대상이 되는 사람이 아이인가 어른인가에 따라서 불리는 내용이 달라진다고 하는 점이다. 황천도액을 막을 때는 삼 형제가 차사를 대접하여 수명장수하는 〈황천혼시〉를 부르는 반면, 아이들의 득병이나 구열 등에는 거북이와 남생이라는 장님과 앉은뱅이가 병을 고치는 내용의 무가를 따로 부르는 것이다.[33] 이처럼 〈혼쉬굿〉무가가 세분되고 있는 것은 그만큼 죽음이나 질병과 같은 액운에서 벗어나고자 하는 관념이 발달된 데 따른 것이다. 때문에 백골이 부신적 면모를 보이는 것은 부차적인 설명에 지나지 않는다.

한편 백골의 부신적 면모가 〈황천혼시〉에서 중요한 신화적 화소라면 두 채록본에서 이 부분을 이처럼 상이하게 인식하면서 무가 사설을 전승시키지는 않았을 것이다. 구비문학에서 각편은 유형과 화자의 창작 부분이 결합되어 성립된다. 유형은 전해지는 내용 가운데 그 작품의 핵심을 이루는 부분으로서 이것을 구성하는 요소들은 고정되는 반면, 유형을 이루지 않는 부분은 언제나 탈락하거나 변화할 수 있는 것이다.[34] 〈황천혼시〉에서 백골의 부신적 면모가 중요한 신화의 성격을 지닌 구성요소로 인식되었다면 이 부분이 두 채록본 사이에 위와 같이 상이한

---

33) 《조선신가유편》에는 이 무가가 〈淑英郞·鶯蓮娘神歌〉라고 되어 있다(손진태, 앞의 책).

34) 조동일, 〈영웅의 일생, 그 문학사적 전개〉, 《민중영웅이야기》, 문예출판사, 1992, 26면.

편차를 보이지는 않았을 것이다. 따라서 함경도의 〈황천혼시〉 자료의 경우는 각편에 따라서 부분적으로 부신적 면모를 보이기는 하지만, 그 것이 본질적인 것은 아닌 것으로 판단된다.

이렇게 볼 때 함경도의 〈황천혼시〉는 〈맹감본풀이〉와 여러모로 합치 되는 양상을 보이기는 하지만, 그럼에도 역시 차이를 보이는 부분은 전 반부이다. 〈맹감본풀이〉의 전반부는 백골이 수렵의 부를 가져다주는 생 업수호신의 성격이 뚜렷한 존재로 등장하고, 이런 백골을 모셔들여 부 를 획득하는 과정이 아주 구체적이고 크게 확장되어 있다. 그러나 〈황 천혼시〉의 경우는 백골의 부신적 면모가 없는 것은 물론이고 백골의 부신적 면모가 보이는 자료마저도 이런 성격이 부수적으로 덧붙여진 것에 지나지 않는다. 결국 함경도의 〈황천혼시〉도 저승차사를 대접하여 횡액을 막는 과정 부분에서는 큰 차이가 없으나, 〈맹감본풀이〉의 전반 부에 해당하는 데에서는 차이를 확인할 수 있는 것이다. 이처럼 동계의 육지 자료에서 중점을 두는 것이 차사를 대접하여 목숨을 연명하는 것 이라는 점은 C의 설화 자료에서도 확인되는 바이다.

C는 동방삭으로 대표되는 인물이 차사를 대접하여 죽을 액을 모면하 고 수명장수하게 된다는 내용의 설화 자료이다. 백골을 잘 모셔 그 덕 분에 부를 얻게 되는 이야기는 좀처럼 찾아보기 어려운 반면, 저승차사 를 대접하여 수명을 연장하는 설화는 전국적으로 다수의 자료가 채록 되어 있다. 먼저 이러한 성격을 잘 보여주는 자료 하나를 택해 요약 제 시하도록 하겠다.

동방삭이 젊었을 때 욕심이 많아 이웃의 장님 논물까지 제 논에다 끌어다 댔다. 점 잘 치는 장님이 이것을 괘씸하게 여겨 동방삭을 혼내주려고 점을 쳤으나 수명이 얼마 남지 않아 그냥 두기로 했다. 그 점괘를 옆에서 듣고 자신의 명이 짧다는 사실을 안 동방삭은 장님에게 잘못을 빌며 살 방도를 알려달라고 애원했다. 그러자 장님이 점을 치더니, 사흘 뒤 야삼경이 되면

다리 밑에 밥 세 그릇과 짚신 세 켤레, 무명 석자 세치 등을 준비해 지나가는 행인 셋에게 대접하라고 했다. 그들이 바로 저승차사였다. 차사들은 동방삭을 데리고 저승으로 가서 명부를 관리하는 최판관이 조는 틈을 타 삼십(三十)인 동방삭의 명을 삼천(三千)으로 고쳐 이승으로 되돌아가게 되었다. 차사가 준 개를 따라서 오다가 큰 강물에 빠지게 되고 놀라 깨보니 꿈이었다. 그 뒤 동방삭은 마음씨를 바로 잡고 삼천 년을 살았다. 이런 동방삭을 저승으로 잡아가지 못하자 지부왕이 사자를 내보내서 강물에 나가 돌에다 숯을 갈게 하였다. 동방삭이 지나다 이것을 보고 삼천 년을 살아도 숯을 희게 하려고 씻는 것은 처음 본다고 했다가 결국 차사에게 잡혀가게 되었다.[35)]

이와 같은 설화는 《한국구비문학대계》의 유형 가운데 645-11의 ‘저승차사를 대접하여 수명 연장하기’로 분류되어 있는 것으로, 채록편수가 많은 것은 아니지만 전국적인 분포를 보이는 것이다.[36)] 위의 설화에서 볼 수 있듯이 이들 자료의 핵심 내용은 죽을 운수에 있는 사람이 저승차사를 잘 대접하고 그 덕분에 명부를 고쳐 수명장수하게 되었다는 것이다. 이런 내용은 앞서 검토한 무가 자료와도 같은 것임을 알 수 있다. 첫째, 죽을 운수에 있는 사람이 미리 죽음을 알게 된다는 점, 둘째, 살 방도가 밥과 옷, 짚신 등으로 젯상을 차려 차사를 대접해야 하는 것이라는 점, 셋째, 차사가 명부의 수명을 고쳐 장수할 수 있게 해주었다는 점 등 무가 자료와 그 내용이나 구성, 인물 면에서 대체로 일치하고 있는 것이다. 특히 죽음을 모면하는 인물이 자기에게 이롭도록 논물을 막거나 트고 자신보다 약한 맹인을 괴롭히는 악행을 저지르는 존재로 나타난다는 점에서, 그리고 장님과 같은 점쟁이가 죽음을 알리고 살 방도도 마련해준다는 점에서 〈장자풀이〉에 가까운 자료라고 할 수 있다.

---

35) 임석재 전집 5, 《한국구전설화》, 평민사, 1989, 295~296면 요약.

36) 이 자료에 대한 존재양상 분석과 검토는 손지봉, 《한국설화의 중국인물 연구》 (박이정, 1999)에서 이루어진 바 있다.

다만 무가들은 그것이 구연되는 굿거리에서 닭을 희생시키는 것과 같이 대명(代命)할 동물이나 사람을 신화 속에서 설정하고 있는 반면, 이 설화는 그렇지 않다는 점에서 차이가 있기는 하다. 하지만 무가가 아닌 설화임을 감안한다면 이런 의례적 요소는 제외될 수 있다고 본다. 여하튼 C의 설화 자료도 결국 〈맹감본풀이〉와 공통되는 부분은 그것의 후반부인 것이다.

이렇게 〈맹감본풀이〉와 같은 성격과 내용을 지닌 육지의 무가 및 설화 자료를 검토하였는데, 〈맹감본풀이〉가 육지 자료와 다른 점은 바로 백골을 섬겨서 수렵으로 부를 획득하는 전반부의 내용을 육지 자료에서는 찾아보기 어렵다는 것이다. 그런데 〈맹감본풀이〉에서는 전반부에 이러한 내용이 확장되어 있고, 또한 모든 각편에서 전반부가 저승차사를 대접하는 후반부 못지않게 중요한 의미와 기능을 지닌 것으로 작용하며, 이에 따라 그 의례적 면모도 잔존하고 있다. 그러나 육지의 자료는 그렇지 못하고 이런 내용이 없는 것이 일반적이다. 비록 부분적으로 비슷한 양상을 보이는 〈황천혼시〉의 각편이 하나 있기는 하지만, 삼 형제가 부를 얻게 되는 부분이 무가를 구성하는 핵심 요소는 아님을 알 수 있다. 이렇게 볼 때 〈맹감본풀이〉가 갖는 제주도 신화의 독자성은 아무래도 이런 전반부에서 찾는 것이 마땅할 것이다. 그런데 실제로 사만이가 백골을 조상신으로 모셔들여 위하자 백골이 수렵이 잘 되게 해서 부를 얻게 해주는 모습은 제주도의 토착적인 신화 형태인 당신본풀이에서 그대로 나타나는 양상이기도 하다. 따라서 〈맹감본풀이〉의 전반부를 따로 떼어 당신본풀이와 관련지어 검토하는 작업이 필요하리라고 본다. 〈맹감본풀이〉의 전반부가 당신본풀이와 밀접한 관련 양상을 보인다는 것은 다음 몇 가지 사실을 통해 알 수 있다.

첫째, 백골신의 성격이다. 〈맹감본풀이〉에서 제향의 대상신격은 차사라 할 수 있지만, 한편으로 전반부에서 사만이가 백골신을 섬기는 과정이 구체적으로 제시된다는 점에서 백골을 제향의 대상신격으로 여겼을

개연성이 충분하다. 그래서 앞서 인용한 바 있듯이 이중춘 심방이 〈맹
감본풀이〉를 푸는 까닭이 액을 막는 것과 함께 생업의 풍요를 기원하
는 것이라고 했던 것이다. 여기서 이렇게 생업의 풍요를 부여하는 신격
이 차사는 물론 아닐 것이기에 이러한 기능은 백골의 몫이라 할 수 있
고, 따라서 〈맹감본풀이〉는 백골과 차사를 아울러 섬기는 성격을 지니
는 본풀이임을 알 수 있다. 그런데 〈맹감본풀이〉에서 백골은 단순한 부
신적 존재만은 아니다. 〈맹감본풀이〉에서 백골은 두 가지 성격을 뚜렷
하게 보여준다. 첫째는 조령적(祖靈的) 성격이고, 둘째는 생업수호신의
성격이다. 이런 신적 기능과 면모는 바로 당신 또는 조상신의 주된 성
격임에 주목할 필요가 있다.[37]

먼저 사만이는 백골을 조상이라 하며 모셔들인다. 이때의 조상은 물
론 혈연조상과는 별개로서 조령적 성격을 지닌 신격이다. 특히 〈맹감본
풀이〉에서 백골을 모시는 것은 비명에 죽은 원혼을 조상으로 위하는
모습이라 할 수 있다. 백년해골은 사냥을 나왔다가 죽어 제사도 얻어먹
지 못한다며 사만이에게 자신을 섬길 것을 요구한다. 이처럼 객사한 원
혼을 모셔들여 조상신 또는 당신으로 삼는 모습은 당신본풀이나 조상
신본풀이에서 쉽게 찾아볼 수 있는 모습인 것이다.[38]

---

37) 〈맹감본풀이〉와 관련해서 비교되는 자료는 조상신본풀이 또는 당신본풀이 가운
데 조상신본풀이의 성격이 강한 것이라 할 수 있다. 이렇게 조상신본풀이와 당신
본풀이가 갈래상 구분되고 있음에도 이 글에서 함께 거론하고 있는 까닭은 제주도
본풀이의 경우 조상신과 당신이 거의 유사한 성격을 지니며, 아울러 둘의 관계가
서로 별개의 것이 아니라 그 신이 일가(一家)의 차원에서 모셔지느냐와 부락의 차
원에서 모셔지느냐의 차이에 지나지 않기 때문이다. '구실할망본풀이'나 '문씨아기
본풀이', '현씨일월본풀이' 등을 비롯해 실제로 많은 당신본풀이들이 조상신본풀이
와 구분되지 않고 있음을 알 수 있다. 이 때문에 현용준은 일가수호신에서 부락수
호신으로 변해나가는 형태로 신이 형성되었을 것이라고 밝히고 있다(현용준, 앞의
책, 182~185면). 진성기 또한 일개 씨족의 신이 본향당신으로 좌정하게 되는 형태
로 발전하는 양상을 찾은 바 있다(진성기, 〈단골과 씨족의 본향당〉, 《남국의 무
속》, 형설출판사, 1987).

다음으로 사만이는 이런 백골을 모셔들인 뒤 사냥을 나가기만 하면 사슴이나 돼지 등이 잔뜩 잡혀 금방 부를 획득한다. 여기에서 백골이 수렵을 수호하는 생업수호신임을 알 수 있다. 이런 생업수호신의 성격 또한 조상신과 당신의 중요한 기능인 것이다.[39] 그 예로 조천면 와흘리의 〈고평본향본풀이〉를 살펴보기로 한다.

> 손당 열쳇 아들롭서
> 삼천 백매 일만초깃발
> 불리고
> 늬눈이반둥개 거느려
> 질이 바른 마세총
> 귀약통납눌개 거느려
> 하로하로산으로 하여
> 바농오름으로 하여
> 세미오름 소들개
> 앚안 보니
> 사농맛이 좋아 내려오라 좌정하였습네다
> 사농 댕기는 사름마다
> 이 당에 오랑 제를 지내면 스망일고(재수좋고)
> 사농을 잘 홉네다[40]

여기의 당신인 궷드르산산또는 사냥하기를 좋아해 여기저기 사냥을 다니다가 좌정하여 당신이 되었고, 이 때문에 사람들이 이 신을 위하면

---

38) 조상신본풀이와 당신본풀이에서 찾을 수 있는 이런 양상은 현용준이 구체적으로 검토한 바 있다(현용준, 앞의 책, 167~177면).

39) 현용준, 앞의 책, 171~172, 177~178면.

40) 진성기, 앞의 책, 366~367면.

재수가 좋고 사냥이 잘된다는 것이다. 〈맹감본풀이〉에서 백골은 산에 사냥을 다니다가 객사한 존재이다. 원혼의 성격을 지니지만, 이처럼 산에 사냥을 다니던 조상이 산에서 죽어 시체를 찾지 못하는 경우 산신으로 간주된다.[41] 이런 백골이 사만이에게 태워 조상신으로 섬겨지는 것은 신으로서 좌정하는 모습이다. 백골의 성격 또한 수렵의 풍요를 보장하는 부신의 성격이 뚜렷하다. 백골은 사만이에게 "(너는) 내게 태운 즈손이여 느가 이 대음 날만 잘 모사주민 대녹강도 제일척 소녹강도 제일척 민 부제 모실 부제로 맨들아주마"[42]라고 하여 섬길 것을 요구하고, 사만이가 실제로 잘 위하니 사냥으로 부자가 되도록 도와준다. 곧 수렵의 생업수호신으로서 그 면모를 잘 보여주는 것이다. 이와 같이 백골은 사냥을 다니다가 죽어 좌정한 산신적 성격의 신격이면서 수렵의 풍요를 가져다주는 생업수호신으로 기능하고 있어, 위의 〈고평본향본풀이〉의 당신적 기능과 성격에 그대로 합치하고 있다.

둘째, 사만이가 백골을 모셔 조상신으로 위하는 것은 신앙민이 당신 또는 조상신을 모셔 위하는 것과 다름이 없다는 점이다. 이 점을 좀더 분명히 파악하고자 〈맹감본풀이〉에서 사만이가 백골을 맞아들여 조상신으로 섬기는 모습을 세분하여 정리하면서 당신본풀이에 관련시킬 필요가 있다.

가) 백골이 밤중에 사만이를 불러 자신의 존재를 알림 // 백골이 왼발에 거듭 채임
나) 사만이가 백골을 집으로 가져와 멀구슬나무에 걸어두고 들어감
다) 사만이 아내가 열두폭 치마를 갖춰 입고 치마를 벌려 백골을 맞아들임
라) 백골을 상고팡에 모심
마) 사만이가 큰 부자가 됨

41) 문무병, 〈제주도 당신앙 연구〉, 제주대 박사논문, 1993, 89면.
42) 진성기, 앞의 책, 171면.

가)는 당신이 신앙민을 선택하는 모습이다. 당신이 신앙민에게 자신의 존재를 알리는 방식은 대체로 세 가지 정도로 나타난다. 하나는 꿈을 통한 현몽이고, 다른 하나는 거듭해서 그 신앙민에게 출현하여 신의 뜻임을 인지하도록 하는 것이며, 마지막으로 마을에 풍운조화나 재앙을 내려 신의 존재를 알리는 것이다. 현몽은 신의 존재를 현시하는 가장 일반적인 형태 가운데 하나로, 예를 들어 제주시의 각시당의 경우 자신은 옥황상제의 '말줏뚤아기'인데 천상에서 득죄를 하여 좌정했으니 당신으로 잘 위하라고 꿈을 통해 요구한다. 백골이 사만이에게 출현하여 자신의 존재를 알리는 모습은 이와 같이 현몽을 통해 신의 좌정을 알리는 형태라고 할 수 있다. 〈변신생 구연본〉에서는 꿈을 통해 백골이 자신의 존재를 알리고 있고, 그 외의 자료도 한밤중에 사만이를 불러 자신이 어떤 존재인지를 알리고 있는 형식으로 나타나는데, 이는 꿈의 변형이라고 볼 수 있다. 한편 〈안사인 구연본〉에서는 특이하게 백골이 거듭해서 사만이의 왼발에 채이는 것으로 나타난다. 곧 거듭해서 신앙민에게 출현하여 조상신으로 모셔들일 것을 요구하는 것으로, 서물당이나 윤동지영감당 등 석상미력을 건져 올리는 데서 흔히 볼 수 있는 모습이다. 거듭해서 낚시줄에 석상미력이 걸리자 자신에게 태운 조상인 것을 알고 신앙민이 모셔들이게 되는 것이다. 이렇게 볼 때 백골이 자신의 존재를 사만이에게 알리는 모습은 당신이 신앙민에게 그 존재를 현시하는 것과 동일하다는 것을 알 수 있다.

나)는 백골신의 좌정처로서 먼저 멀구슬나무가 정해진 것이 아닌가 여겨지는 부분이다. 사만이는 백골을 모셔와서 먼저 집 앞 멀구슬나무에 걸어두고 집으로 들어갔다가 백골이 자신을 모셔들이지 않는다고 원망을 하자 그제서야 집으로 모셔들이게 된다. 여기서 백골을 나무에 걸어두는 것은 첫 좌정처로 이런 나무를 잡았기 때문인 것으로 보인다. 산신 계통의 당신이 산에서 내려와 좌정처를 정하면 그 산신당이 구릉이나 밭에서 내려와 만년 팽나무 아래와 같은 곳을 택하는 것으로 나타나는데,[43] 바로 이런 좌정처를 잡는 것과 다르지 않다는 것이다. 팽나무를 비롯해 이레나무 등 나무들이 당신들의 중요 좌정처인 점을 볼 때, 이 부분은 백골이 멀구슬나무를 첫 좌정처로 잡았다가 마음에 들지 않아 좌정처를 옮기는 모습이라 할 수 있겠다.

다)는 특히 신앙민이 당신을 맞아들이는 데서 볼 수 있는 전형적인 모습들 가운데 하나이다. 사만이 아내가 정성들여 열두폭치마를 갈아입고 나와 "절 태운 조상님이건 열두폭 금새호리 대공단 홀단치매로 들어옵서"라고 하자 백골이 저절로 치맛자락으로 들어온다.[44] 이와 같이 인연한 신을 모셔들이는 모습은 특히 뱀신을 당신으로 맞아들이는 데서 쉽게 찾아볼 수 있는 양상이다. 〈칠성본풀이〉와 같은 일반신본풀이는 물론이고, 제주시 외도동의 두레빌렛본풀이에서도 다음과 같은 내용을 찾아볼 수 있다. 구멍이 나서 침몰하는 배를 뱀이 내려와 구멍을 막아 무사히 돌아오게 하였는데, 김동지 부인이 나서서 "내게 태운 조상이건 나의 치매로 기여듭서"라고 하며 치맛자락을 벌리자 뱀이 치마로 들어와 집에서 모셔지다 나중에 바닷가 '두레빌레'의 당신이 되었다는 것이다.[45] 비록 뱀신과 백골이라는 신체(神體)의 차이는 있지만, 당신이 일정한 형체를 갖추어 출현하는 경우는 대체로 이와 같은 모습으로 맞아들이는 것을 볼 수 있다.

한편 라)에서와 같이 당신을 집 안에 모실 때 그 장소는 대체로 상고팡이 된다. 특히 그 집이 부자가 되도록 도와주는 신격이 모셔지는 곳은 상고팡으로 나타나는 경우가 많다. 비록 일반신본풀이기는 하지만, 제주도에서만 존재하는 〈칠성본풀이〉의 뱀신 또한 상고팡에 모셔지는 부신(富神)이다. 당신본풀이에도 이런 사례는 찾기 어렵지 않다. 애월면 금성리 알당의 당신본풀이를 보면, 이곳의 당신은 김훈장이 전라도 지

---

43) 문무병, 앞의 글, 233면.
44) 진성기, 앞의 책, 183면.
45) 진성기, 앞의 책, 349~351면.

리산에 갔을 때 만난 애기씨로서, 김훈장이 제주도로 돌아와서 자기 집의 상고팡에 모시고 위하니 집안이 부자가 되었다고 한다.[46) 곧 부를 가져다주는 조상신이나 당신을 집 안에 모셔두는 장소가 상고팡이며, 라)는 결국 이런 모습이 반영된 것이다.

마)는 신격을 모신 결과이다. 조상신본풀이나 당신본풀이에서 보면, 신앙민에게 태운 조상을 모셔들인 결과는 대체로 자손이 번창하게 되는 것과 집안이 부자가 되는 것으로 나타난다. 당신이나 조상신이 생업의 수호신으로서 풍요를 가져다주는 존재라는 것은 이미 언급한 바 있고, 백골이 수렵의 풍요를 가져다준다는 점에서 생업수호신의 성격을 그대로 지닌다는 것 역시 앞서 지적한 바와 같다.

셋째, 사만이가 백골을 맞아들여 부를 획득하기까지의 내용이 당신본풀이 가운데 제향경위담 위주의 구조를 그대로 지닌다는 점이다.[47) 제향경위담은 '제의결손—제의를 요구하는 당신과 인간 사이의 의사소통—제의의 실현'의 구조로 되어 있는데,[48) 〈맹감본풀이〉에서 사만이가 백골을 모셔 부를 얻는 과정은 바로 이런 구조로 짜여져 있음을 확인할 수 있다. ① 산에서 사냥을 하다가 객사하여 제를 받지 못하는 산신적 성격의 백골이 제시되고 ② 백골이 사만이를 택해 부자가 되게 해줄 테니 자기를 섬기라고 하자 사만이가 '내게 태운 조상'이라 하면서 맞아들이는 의사소통의 과정이 이어지며 ③ 사만이가 상고팡에 모시고 정성껏 위하자 백골이 부를 가져다주고 죽을 액도 모면하도록 도움을 주는 등의 형태로 구성되어 있는 것이다. 곧 〈맹감본풀이〉의 전반부에서 사만

---

46) 진성기, 앞의 책, 591면.

47) 정진희는 당신본풀이의 서사적 구성요소 가운데 어느 부분이 확대되는가를 기준 삼아 제향경위담 확대형, 당신내력담 확대형, 영험담 확대형으로 각 유형을 분류한 바 있다(정진희, 〈제주도 당본풀이의 유형과 변천양상 연구〉, 서울대 석사논문, 1999).

48) 위의 글, 21~31면.

이가 백골을 만나 부를 얻게 되는 과정을 독립시켜 본다면, 이는 제향경위담이 확장된 형태의 당신본풀이에 해당한다는 것을 알 수 있다.

이상과 같이 〈맹감본풀이〉의 전반부를 제주도의 토착적인 신화 형태인 당신본풀이 및 조상신본풀이와 관련시켜 보았다. 그 결과 사만이가 백골을 모셔 부를 얻는 과정은 당신본풀이와 다각도에서 상통하고 있음을 확인할 수 있었다. 비록 비교 대상인 당신본풀이가 몇몇 특정한 자료로 한정될 수밖에 없는 것이어서 구체적이지 못하고 포괄적인 대비가 될 수밖에 없었지만, 그렇다고 해서 이로써 확인된 관련성이 무의미한 것은 아니다. 〈맹감본풀이〉와 대비한 당신본풀이의 면모가 예외적이거나 한정된 자료에서 추출된 성격이 아니라 당신본풀이에서 일반적으로 발견되는 성격이기 때문이다.

그렇다면 이렇게 〈맹감본풀이〉의 전반부가 당신본풀이에 닿아 있다는 것은 어떤 의미가 있는가? 이것은 곧 제주도의 일반신본풀이가 단순히 육지의 신화적 소재를 차용하여 형성된 것에 지나지 않는 것이 아니라, 나름의 당신본풀이라는 자체의 신화적 바탕을 가지고 육지의 것을 받아들여 새로이 창출된 것임을 의미한다. 〈맹감본풀이〉는 당신본풀이를 바탕으로 하는 전반부와 육지 소재를 받아들인 후반부로 구성되어 있다. 차사를 대접하여 죽을 액을 모면하는 후반부는 육지에서도 이와 동일한 내용 및 성격의 무가들이 전해질 뿐만 아니라 설화 형태로도 다양하게 전승되고 있음을 볼 때, 분명 육지의 것을 수용한 것이라고 보아야 한다. 제주도에서 생겨난 것이 육지에 영향을 주어 함경도나 전라도의 무가를 형성시키고 더 나아가 이런 내용의 많은 설화 자료들을 전국적으로 전승되도록 했을 가능성은 거의 희박하기 때문이다. 따라서 후반부는 육지의 소재가 이입되어 형성되었다고 보는 것이 타당하다. 문제는 전반부 부분이다. 사만이가 백골을 모셔다 잘 위해서 부를 획득하게 되었다는 부분은 분명 당신본풀이의 면모라 할 수 있다. 백골신은 수렵신적 존재로서, 수렵민들에 의해 섬겨지던 당신적 면모와 본풀이가

〈맹감본풀이〉에 결합된 것으로 볼 수 있는데, 문제는 왜 이런 산신 계통의 수렵수호신에 대한 당신본풀이가 저승차사를 대접하여 죽을 액을 모면하는 신화 소재에 결부되었는가 하는 점이다.

이 점에 대해서는 명확히 밝히기는 어렵지만 한 가지 추정은 가능하다. 곧 죽을 액을 막는 데에는 죽을 목숨을 대명(代命)할 동물의 희생이 필요한데, 이런 동물을 희생하는 성격이 곧 수렵신의 기능과 맥이 닿는다는 것이다. 앞에서 언급했듯이 제주도에서는 차사가 잡아가려는 인간 목숨 대신 수탉을 희생하는데, 이것이 원래는 말이나 소였을 것임이 무가 사설에서 확인된다. 이런 양상은 육지에서도 마찬가지여서 전라도의 경우 씻김굿의 사자상에는 사자멕이를 한다고 해서 산 닭을 놓는다. 제주도에서는 또한 수탉을 죽여 밖으로 던져 길흉을 점치는 과정이 있는데, 이처럼 동물을 희생하고 희생한 동물로 점을 치는 행위는 물론 농경문화에서도 쉽게 찾아볼 수 있는 현상이기는 하지만,[49] 그것이 수렵문화의 소산임은 부인하기 어렵다. 동물을 죽여 제물로 바치는 행위 자체가 그렇기도 하거니와, 농경문화에서 이런 희생제의가 비롯되었을 가능성은 희박하기 때문이다.[50] 아울러 제주도에서는 신의 성격에 따라 식성의 구분이 뚜렷하여 수렵신적 성격의 당신들은 육물(肉物)을 제물로 요구하는 반면, 농경신적 성격의 당신은 돼지고기와 같은 육물을 지극히 꺼리는 미식성(米食性)이어서 이 같은 제물이 금기시되는 양상을 찾아볼 수 있다.[51] 비록 대명을 위해 희생동물을 바치는 것이라 해도

---

49) James George Frazer, 장병길 옮김, 《황금가지》, 삼성출판사, 1998. 이 책에서는 농경문화에서 치러지는 희생제의에 대한 사례들을 다양하게 제시하고 있다.

50) 프레이저(J. Frazer)는 희생제의가 수렵과 목축의 사회단계에서 출발했고 그 단계에서 행해졌던 것이 농경문화로 이어지고 있다는 전제를 바탕으로 희생제의를 파악하고 있다(위의 책). 한편 오바야시(大林太良)도 농경문화의 두개골 보존습속이나 희생제의가 수렵문화에서 비롯되어 농경민의 삶과 죽음이라는 세계관 안에 자리하게 되었다고 본다(大林太良, 권태효 외 옮김, 《신화학입문》, 새문사, 1996, 122~127면).

동물을 제물로 바쳐 죽이는 의식이 미식성의 농경신적 성격의 당신 및 당신화에 결부되기보다는 수렵신적 존재를 모시는 당신화에 결부되는 양상이 더 자연스럽다고 하겠다. 따라서 이처럼 동물을 희생하여 대명의 액막이를 하는 의례와 신화 소재가 제주도에 들어오면서 수렵신적 성격의 당신을 모시는 당신본풀이 형태와 결합되었던 것으로 보인다.

4. 마 무 리

이 글은 제주도 일반신본풀이의 생성에 미친 당신본풀이의 영향을 밝히는 작업의 일환으로 마련된 것이다. 지금까지는 제주도의 무속본풀이 가운데 일반신본풀이가 육지의 신화를 받아들여 형성되었다고 하는 것이 일반적인 견해였으나, 이러한 일련의 작업을 통해 제주도 일반신본풀이가 제주도 나름의 토착적인 신화 형태인 당신본풀이를 바탕으로 육지 신화의 소재를 받아들여 제주도의 독자적인 신화 형태를 창출해 내고 있음을 밝힐 수 있었다. 그러면 이상의 내용을 요약하면서 글을 마무리 짓기로 하겠다.

제주도의 〈맹감본풀이〉는 큰굿의 시왕맞이 때와 신과세제에서 액막이를 위해 불려지는 무가이다. 그 전체적인 내용은 거지생활을 하던 사만이가 수렵수호신인 백골을 모시면서 부를 획득하게 되는 과정을 담은 전반부와 백골의 도움으로 저승차사를 대접하여 죽을 액을 모면하고 수명장수하게 되는 과정을 담은 후반부로 구성되어 있다. 따라서 후반부의 내용이 특히 실제 기능과 상통하고 있음을 알 수 있다. 그런데 이처럼 저승차사를 대접하여 목숨을 연명하는 내용의 무가가 액막이를

---

51) 제주도 당신의 육식성과 미식성의 대립에 대해서는 현용준(앞의 책, 200~205면)과 진성기(앞의 책, 11~15면)가 자세히 논의한 바 있다.

위해 불리는 양상은 비단 제주도에만 국한되어 나타나는 현상은 아니다. 육지에서도 저승차사를 대접하여 죽을 액운을 모면한다는 내용의 무가가 액막이를 위해 불리고 있는 것이다. 〈장자풀이〉나 〈황천혼시〉 등이 바로 이런 성격을 보이는 무가이다. 그런데 제주도의 〈맹감본풀이〉는 이들 육지의 무가 자료와는 차별되는 독자적인 면모를 지니고 있다. 백골을 모셔 부를 획득하는 내용이 전개되는 전반부가 그것인데, 모든 각편들에서 이 부분이 후반부 못지않게 중요하게 나타나고 있다. 실제로 의례에서 풍요를 바라는 뜻으로 〈맹감본풀이〉가 불려지기도 하는 것이다.

한편 이렇게 동계의 육지 자료와 비교해서 차이를 보이는 전반부 내용의 신화적 기반은 제주도의 토착적인 신화 형태인 당신본풀이에서 찾을 수 있다. 〈맹감본풀이〉의 전반부는 여러모로 당신본풀이에 닿아 있는 모습을 보이기 때문이다. 그 양상을 정리하면 첫째, 백골신이 조령신적 성격과 수렵의 생업수호신적 성격을 지녔다는 점에서 당신의 주된 성격과 일치하고 있고, 둘째, 사만이가 백골을 모셔 조상신으로 위하는 과정은 신앙민이 당신을 맞아들여 위하는 것과 일치하며, 셋째, 사만이가 백골을 맞아들여 부를 획득하기까지의 과정은 당신본풀이 가운데 제향경위담의 확장형 구조를 그대로 지닌다는 점이다.

이렇게 볼 때 〈맹감본풀이〉는 당신본풀이라는 제주도 고유의 신화를 바탕으로 형성된 전반부와 육지의 신화 소재를 받아들인 후반부로 짜여진 무속신화라 할 수 있다. 이 점은 지금까지의 통념처럼 제주도 일반신본풀이가 단순히 육지의 신화적 소재를 차용해 형성된 무속신화가 아니라는 것을 의미한다. 곧 제주도의 일반신본풀이는 당신본풀이라는 제주도 나름의 신화를 밑바탕으로 삼고, 여기에 육지의 신화 소재를 받아들임으로써 새롭게 형성시킨 무속신화임을 알 수 있는 것이다.

[표 4]〈맹감본풀이〉채록본의 비교표

구연본 서사단락	이춘아구연본	변신생구연본	한태주구연본
사만이의 출생 과 성장	사만이는 송정승의 아들로 태어났으나 삼 년 흉년이 들어 아버지가 굶어죽을 지경에 처하게 되고, 여섯 살 된 그는 동냥을 하여 아버지를 공양함	송사만이는 어릴 때 부모가 모두 돌아가셔서 동냥을 하며 목숨을 연명함	주년국 소사만의 선조는 천부였으나 아버지 대에 가난고, 어릴 때 부모, 조부모, 일척들을 차례로 잃어 오갈 데거지로 생활하게 됨
결연	동냥을 다니다가 자신과 같은 처지의 소정승의 딸과 우연히 만나 오누이를 삼았다가 열일곱에 부부 결연	동냥을 다니다가 자신처럼 조실부모하고 동냥을 다니는 계집을 만나 같이 지내다가 15세에 계집이 잉태하여 결연	동냥을 다니다가 길에서 역ㅅ실부모하고 동냥을 다니는승 딸을 만나 함께 얻어먹고다가 15세 때 서로 부부가 ↓
총을 구입하여 사냥으로 생업 을 삼음	1. 한푼 두푼 모은 돈으로 좋은 집과 논밭을 사서 부자로 살게 됨 2. 사만이가 어떤 청년의 꼬임에 빠져 노름을 하다가 사흘 만에 전재산을 날림 3. 아내가 머리카락 자른 것을 팔아 쌀을 사오게 함 4. 청태산 마귀할아범이 사냥꾼 노릇이나 하라며 총을 사게 함	1. 가난하여 먹고살 것이 없어 아내가 머리카락을 잘라주며 그것으로 곡식을 사오게 함 2. 머리카락을 판 돈으로 총을 사옴	1. 아내가 사만이에게 장사ㄴ라며 천년장자에게서 돈 백꾸어다 줌 2. 밥 못 먹고 옷 못 입은 아소경노인들에게 그 돈을 다림 3. 아내가 머리카락을 잘라장에 내다 팔아 쌀을 사오게 4. 모자라는 돈은 나중에 갚하고 머리카락을 판 돈으로전주에게 총을 사옴
백골과의 만 남		1. 산속을 헤매고 다녀도 짐승을 잡지 못하고 산속에서 잠을 자는데 숲에서 부르는 소리가 들림 2. 백골이 자신은 백정나라 백정승의 자식으로 사냥하러 왔다가 죽었음을 밝힘 3. 자신을 모시면 사냥으로 부자가 되게 해준다고 함 4. 숲에서 백년해골을 찾아서 자기에게 태운 조상님이라 하며 집으로 잘 모시고 감	1. 이곳저곳을 다녀도 짐승을찾아 사냥을 하지 못하다가저물어 산에서 묵게 됨 2. 백년해골이 굴러와 자신ㅇ래 백정승의 아들이었으나 ㄷ에 사냥 왔다가 도둑에게 죽당했다고 하면서 사만이 가ㅈ이 자신의 총이었다고 함 3. 백골이 자신을 모시면 부ㄹ게 해주겠다고 함 4. 숲에서 백골을 찾아 甘酒,로 깨끗하게 씻기고 물명주ㅇ서 모셔옴

안사인구연본	고대중구연본	이중춘구연본
국 땅 소사만이는 어릴 적 부 모두 여의고 문전걸식을 하 라남	소광남에 사는 소사만이는 조실 부모하고 배운 것도 없어 살아갈 능력이 없음	주년국 땅 소사만은 어릴 때 부모 를 차례로 잃고 의지할 곳 없는 몸이 되어 걸식을 하며 구명도식함
사람들이 사만이의 착한 행 좋게 여겨 돈을 조금씩 모아 질 솜씨가 좋은 여자를 구해 를 보내줌	천하일등의 바느질 솜씨를 지닌 아내를 맞이해 구명도식을 하며 겨우 살아감	삼거리에서 자신과 같은 처지의 장대감 따님아기를 만나 함께 얻 어먹으러 다니다가 15세에 남녀 구별법을 알아 결혼함
내가 바느질품을 팔아 생계 려나감 식이 생겨나자 먹고살기가 러 아내가 머리카락을 잘라 팔아서 양식을 사오게 함 리카락 판 돈 열냥으로 조총 옴	1. 아내가 사만이에게 장사라도 하라며 장자대감에게서 돈 열냥 을 빌려다 줌 2. 장에서 살 물건을 찾지 못하다 가 해질녘 주막에서 은마상총(銃) 과 龜藥筒 등을 사서 돌아옴	1. 아기들이 배가 고파 우니 사만 이 각시가 머리카락을 잘라주며 양식을 사오게 함 2. 장구경을 하다가 사냥을 해서 먹고 살 수 있다는 말을 듣고 머리 카락 판 돈으로 총을 사옴
일 산중을 헤매고 다녀도 노 사슴이 잡히지 않음 아오는 길에 백년해골이 왼 세 번 거듭 채이자 해골이 집 지켜줄 조상신일지도 모른 생각하고 집으로 잘 모셔옴	1. 산속을 다니며 사냥을 하지만 아무 것도 잡지 못하다가 비가 와 서 半大木 속 구멍에서 비를 피하 는데 한밤중이 되자 백년해골이 사만이를 부름 2. 백년해골이 자신은 백정승의 자식으로 사냥을 왔다가 산속에 서 죽어 제사도 얻어먹지 못한다 며, 상고팡에 모셔 위해주면 부귀 영화를 누리게 해주겠다고 함 3. 백년해골이 약돌래로 굴러들어 와 집으로 모셔옴	1. 산속을 다니며 사냥을 하지만 아무 것도 잡지 못하고 날이 저물 어 산속에서 잠을 자게 되었는데 한밤중에 백년해골이 사만이를 부름 2. 백년해골이 자신은 백정승 아 들로 사냥을 나왔다가 죽었다고 하면서 사만이에게 태운 조상이 라며 부자시켜 줄 테니 잘 섬기라 고 함 3. 백년해골을 집으로 잘 모셔감

서사단락＼구연본	이춘아구연본	변신생구연본	한태주구연본
백골을 조상신으로 모심		사만이가 백골을 문 앞 말팡돌에 두고 집으로 들어가자 백골이 원망을 하고, 그 소리를 들은 아내가 치마폭을 벌려 집으로 모셔들임	1. 백년해골을 문앞 말팡돌에 고 들어가니 모셔들이지 않고 원망하자 아내가 치마폭 려 집으로 모셔들임 2. 선반 제상에 모셔두고 찬 떠놓고 향을 피워둠
사냥을 하여 부자가 됨	사냥을 하여 고기와 가죽을 팔아서 잃었던 재산을 다시 찾음	사냥을 나가기만 하면 크고 작은 사슴을 잡아 삼 년 만에 큰 부자가 됨	사냥을 나가면 사슴과 돼지 수없이 잡혀, 그것을 장자집에 아서 거부가 됨
저승에서 사만이 친조상이 탄원			
사만이의 죽음을 미리 알려주는 백골		1. 사만이가 사냥을 간 사이 서른 숙명이 되어 사만이가 죽게 되었다며 백골이 울음을 움 2. 아내가 흉사를 한다며 백골을 부지깽이로 때려서 뒷밭에 내다 버림 3. 사만이 아무리 사냥을 다녀도 허탕이어서 조상이 노했다고 생각하고 집에 일찍 들어옴 4. 사만이가 다시 백골을 모셔들이고 아내가 잘못을 빌며 명을 이을 방도를 물어보자 알려줌	1. 삼 차사가 내려 사만이가 되었다고 백골이 탄식 2. 아내가 불을 때다가 흉사라며 부지깽이로 백골을 때보리밭에 버림 3. 사냥 갔다가 허탕만 치자 해서 일찍 돌아온 사만이에게 골이 정명이 되어 차사가 내다는 것을 알려줌 4. 사만이가 살 방도를 물어 알려줌

안사인구연본	고대중구연본	이중춘구연본
광에 모셔 조상님으로 위함 나나 삼명일 때 음식을 바치 를 올림	1. 대문 앞 나무에 백골을 두고 들어가나 백골이 모셔들이지 않는다고 원망하는 소리를 듣고 각시가 열두폭 치마를 벌려 모셔들임 2. 청감주로 목욕시키고 자소지로 싸서 상고팡에 모시고 초하루 보름마다 위함	1. 대문 앞 멀구슬나무에 백골을 걸어두고 들어갔다가 아내에게 사정을 말하고 집으로 모셔들임 2. 향물로 목욕시켜 상고팡에 모시고 메와 술을 바쳐 섬기며 위함
	백영감이 사냥 가라 한 날에 사냥을 나가서 크고 작은 짐승들을 수없이 잡은 뒤 그것을 팔아 거부가 됨	사냥을 나가기만 하면 많은 짐승들이 잡혀, 그것을 팔아 큰 부자가 됨
	사만이의 부모조상들이 자신들에게는 물도 안 주고 삼명절 기제사도 차려주지 않는다며 옥황상제에게 상소를 올리자 옥황상제가 사만이를 잡아오라며 삼 차사를 내려보냄	명절에 옥황상제가 순례차 다니다가 울고 있는 사만이 부모조상을 만나게 되고, 사만이가 물도 안 주고 삼명절 기제사도 차려주지 않는다고 하소연하자 괘씸하게 여겨 삼 차사를 내려보냄
가이 꿈에 한 노인이 상고팡 나오더니 사만이 부부를 불 사만이 나이가 서른 정명이 저승에서 삼 차사가 내릴 것 알림 을 정갈하게 하고 삼거리로 상을 차려 정성을 드리게 함	1. 백영감이 어느 날 밤 사만이가 죽는다며 울음을 움 2. 사만이가 흉허물을 한다며 백골을 상고팡에서 들어 내동댕이침 3. 사만 각시가 백영감에게 연유를 물으니 옥황상제의 삼 차사가 내려 사만이가 죽게 되었음을 알려줌 4. 살 방도를 물어보니 알려줌	1. 백골이 삼 차사가 내려 사만이가 죽게 되었다고 탄식하며 사만이를 부름 2. 아내가 흉사를 한다며 백골을 뒷밭에다 갖다버림 3. 사냥 갔다가 허탕만 치자 이상해서 일찍 돌아온 사만이에게 백골이 정명이 되어 차사가 내려온다는 것을 알려줌 4. 살 방도를 물어보니 알려줌

서사단락＼구연본	이춘아구연본	변신생구연본	한태주구연본
저승차사에 대한 대접		1. 관대, 띠, 大白紙, 물명주, 인정 걸 돈 등을 셋씩 준비하고 무당을 불러 굿을 하게 함 2. 사만이에게는 다니기 좋은 동산에 제상을 차려놓고 백보 밖에 엎드려 있게 함 3. 차사들이 음식과 옷, 인정 등을 받음	1. 쌀과 甘酒, 官服, 백마 세 ? 紙貨, 물명주를 준비 2. 사만이에게는 메밥을 지 물을 차리고 인정을 건 뒤 백에 물러나 있게 함 3. 삼 차사가 차려진 음식을 신발을 갈아신고 옷을 갈아 뒤 백마를 얻어 타고 사만이 아 사만이의 집으로 감 4. 집에서는 삼시왕맞이 ? 하고 있음
목숨의 연명		1. 사만이의 정성을 받고 저승문서를 고치기로 하고 살려줌 2. 삼십이 정명인 송사만이는 '十'에 한 획을 위로 비껴그어 삼천 살을 만들고, 삼천이 정명인 유사만이는 한 획을 지워 명이 삼십이 되도록 고침 3. 유사만이를 대신 잡아가자 관장이 잘못 잡아왔다고 하나 판관에게 문서를 확인하게 하여 유사만이를 저승으로 데려감	1. 사만이의 정성에 감복한 사가 오만골의 오사만이를 다 아가기로 하고 인정을 많이 2. 사만이를 잘못 잡아왔다 차사가 옥에 갇힘 3. 삼 차사에 대한 사형이 ? 기 전날, 재판관의 심부름꾼 수해서 장적을 고치게 함 4. 오사만의 수명과 바꿔놓 만이가 사만 육천 오백 년을 록 고침 5. 판관이 문서를 확인하고 를 살려줌
不死의 생을 살다가 차사의 꼬임에 빠져 저승으로 잡혀가는 사만이		1. 저승 차사를 따돌리며 삼천 년을 사는 사만이를 잡아오라고 시왕이 명을 내림 2. 강임차사가 냇가에서 숯을 씻는 꾀로 사만이임을 밝히게 해서 사만이가 결국 잡혀감	

안사인구연본	고대중구연본	이중춘구연본
만이는 삼거리 길에 병풍을 겹상에 음식을 차려 향을 피 이름을 써 붙이고는 백보 밖 기다림 만이 아내는 관대 세 벌, 심방 -러 시왕맞이 큰굿을 함.	1. 사만이에게 백돌래떡에 청감 주, 자소지, 백목 석 자를 준비하여 말리송산에 상을 차리고 향을 피운 뒤 백보 물러나 있게 함 2. 사만이 각시에게는 심방을 불러 큰굿을 하게 함 3. 삼 차사가 차린 상을 받아먹고는 음식 임자인 사만이를 찾음 4. 삼 차사가 사만이를 잡아가려 하자 사만이는 집의 가속에게 인사나 하고 가겠다고 부탁하여 집으로 오는데, 사만이 각시가 쌀과 금은, 지전, 말 세 필을 바치니 말에 역가를 잔뜩 싣고 옥황으로 올라감	1. 사만이에게 몸을 정갈하게 하고 깊은 산에 병풍을 펴고 제상을 잘 차리고 백보 밖에서 기다리고 있게 함 2. 사만이 각시에게는 집에서 삼 차사 전에 관대 세 벌과 띠 세 개, 삼베신 세 켤레를 준비하고 주석 동이에 좋은 쌀을 담아 인정을 걸고 큰굿을 하여 액막이를 하게 함 3. 삼 차사가 차려진 상을 받아먹고는 사만이가 차린 상인 것을 알고 사만이를 찾음 4. 삼 차사에게 잡혀가게 되자 사만이는 집의 가속들에게 인사나 하고 가게 해달라고 부탁하여 집으로 오고, 삼 차사가 탈 말을 준비해 대 액막이굿을 하는 것을 보게 됨
라대왕과 동자판관이 굿을 ㅓ 간 사이 장적의 정명을 고 로 함 십의 십(十)자 위에 한 획을 그어 정명이 삼천 살이 되 만이를 잡아오지 못했다는 ㅔ 정명이 안 되었다며 장적 인하게 함	1. 문서차지 최판관을 찾아 받은 역가를 나눠주며 장적을 고침 2. 호적문서에 소사만이 대신 사마 세필로 말마(馬)자 셋을 써놓음 3. 옥황상제가 사만이를 잡아오지 못했다고 추궁하자 사만이는 없고 말 세 마리뿐이라고 함 4. 최판관에게 문서를 확인하게 하니 사마 세 필임을 확인해 줌	1. 사만이의 인정이 대단하고 천수 방액을 하니 잡아갈 수 없다고 하여 삼 차사가 'ᄉ필이'를 대신 잡아감 2. 염라왕의 좌우판관이 문서를 보고는 정명이 안 된 'ᄉ필이'를 되돌려보내고, 뇌물을 받아 저승법도를 어겼다며 삼 차사를 옥에 가둠 3. 순례라 나온 좌우판관의 문서직이에게 뇌물을 나눠주기로 하고 사만이의 命인 '三十'자 위에 한 획을 비껴 그어 삼천 살이 되게 고치도록 함 4. 삼 차사에게 형이 집행될 때 문서 확인을 요청하여 사만이의 수명이 삼천 살임을 확인하고 풀려남
	1. 삼 차사가 옥황상제의 명을 받아 소사만이를 잡으려 하지만 잡히지 않음 2. 차사가 냇가에서 숯을 씻는 꾀로 사만이임을 밝히게 해서 사만이가 결국 잡혀감	

함경도 서사무가에 나타난
〈아기장수전설〉의 수용 양상

1. 머 리 말

우리나라에는 전국적으로 다양한 서사무가가 전승되고 있다. 〈제석본풀이〉나 〈오구풀이〉처럼 전국적인 분포를 보이며 전승되는 서사무가가 있는가 하면, 특정 지역에만 국한되어 나타나는 서사무가도 있다. 이런 우리나라의 서사무가 전승과 관련하여 특히 주목되는 현상이 있는데, 그것은 바로 함경도와 제주도, 곧 우리나라 남북단의 끝 지점에 아주 풍부한 서사무가가 전승되고 있다는 사실이다. 이들 지역에서는 다양한 내용의 서사무가가 굿거리마다 다양하게 전승되고 있으며, 그 가운데서도 〈창세가〉·〈천지왕본풀이〉를 비롯해 〈문굿〉과 〈세경본풀이〉, 〈짐가제굿〉과 〈차사본풀이〉, 〈혼쉬굿〉과 〈맹감본풀이〉, 〈살풀이〉와 〈문전본풀이〉 등 이들 두 지역을 중심으로 공통된 서사무가가 다수 전승되고 있다는 점은 특히 주목할 만하다.

이런 까닭에 대해 김헌선은 이들 지역이 문화의 중심부에서 멀리 떨어진 주변부로서 다채로운 원천이 퇴적되어 남아 있는 곳이기 때문이

라고 지적한 바 있지만, 이는 중요한 가설일 뿐 확실한 것은 아니다.[1]
이처럼 함경도와 제주도 두 지역에서 풍부한 서사무가가 전승되고 아
울러 이들 지역을 중심으로 공통된 무가가 함께 전승되는 양상에 대한
자세한 규명은 중요한 과제임이 분명하지만, 쉽게 판명될 수 있는 부분
은 아니다. 따라서 이 글에서는 이러한 부분보다는 함경도 서사무가의
다양한 설화적 원천에 대해 관심을 두고자 한다.

함경도는 제주도와 더불어 풍부한 서사무가가 전승되는 지역으로, 임
석재·장주근,[2] 김태곤[3]이 구체적인 자료작업을 수행한 이래 임석재,[4]
서대석,[5] 김헌선[6] 등이 주목해 일정한 작업을 해 왔으나, 자료 수집이
나 연구 면에서는 여러모로 부족한 점이 많은 지역이다. 여기에는 물론
분단 뒤 북한의 무속이나 무가자료를 직접 조사할 수 없었던 것이 가장
큰 요인일 것이다. 이런 까닭에 지금까지의 자료 수집은 주로 함경도에
서 월남한 무녀들을 통해 부분적으로 이루어졌으며, 이제는 그나마 이
들 무녀마저도 대부분 사망하여 현지에서 굿을 직접 체험했던 현지인
을 대상으로 간접조사가 이루어지고 있는 실정이다.[7] 따라서 함경도 무
가는 풍부한 서사무가의 원천을 지녔음에도 무가 채록, 굿에 대한 현장
보고 등 관련 연구가 전반적으로 미흡하게 진행될 수밖에 없는 상황이
라고 할 수 있다. 그나마 근래에 함경도의 서사무가 〈도랑축원〉에 주목

---

1) 김헌선, 〈무속서사시 연구-'도랑선배·청정각시노래'를 중심으로〉, 《구비문학연
    구》 8집, 한국구비문학회, 1999. 6.
2) 임석재·장주근, 《관북지방무가》, 문화재관리국, 1965~1966.
3) 김태곤, 《한국무가집》 Ⅲ, 집문당, 1978.
4) 임석재, 〈이승과 저승을 잇는 신화의 세계-함경도 무속의 세계〉, 《함경도망묵
    굿》, 열화당, 1985.
5) 서대석, 〈서사무가연구〉, 《국문학연구》 8집, 서울대 국문학연구회, 1968.
6) 김헌선, 위의 글.
7) 이런 양상은 최근에 함경도 무속의 면모를 파악하고자 시도했던 전경욱의 사례
    에서 쉽게 확인된다(전경욱, 《함경도의 민속》, 고려대출판부, 1999).

하면서 이 지역 무가의 중요성을 부각시키는 논고가 전경욱,[8] 김헌선[9] 등에 의해 발표되고 있음은 바람직한 일이다.

이 글에서는 함경도 무가 가운데 특히 구비전승되는 설화가 무가에 수용되어 서사무가로 만들어진 자료들에 주목하고자 한다. 함경도에서 전승되는 서사무가의 가장 큰 특징은 역시 다양한 설화가 무가에 차용되어 나타난다는 사실이다. 〈장자못전설〉, 〈형제투금설화〉, 〈에밀레종 기원설화〉 등을 비롯해 전국적으로 널리 전승되는 다양한 설화들이 직·간접적인 형태로 무가에 수용되어 굿에서 불리고 있음을 볼 수 있다. 따라서 함경도 무가에 왜 이처럼 설화를 수용하는 양상이 두드러지는지, 그리고 설화를 수용했을 때 어떤 변이 양상을 보이며 형상화되는지를 밝히는 것이 함경도 무가를 이해하는 데 중요한 문제라 할 수 있을 것이다. 하지만 이렇게 설화를 수용하여 무가로 형상화한 수가 워낙 많고 다양하여, 이 글에서 이들 모두를 규명하는 것은 현실적으로 어렵다. 따라서 이 글에서는 먼저 전국적으로 광범위하게 전승되는 〈아기장수전설〉이 무가화하여 나타나는 모습을 보이는 〈대감굿무가〉와 〈충열굿무가〉를 대상으로 삼아 함경도 무가의 설화 수용 및 변이 양상을 구체적으로 살펴보도록 하겠다.

2. 함경도 서사무가의 존재 양상

함경도 무가 자료에 대해 지금까지 보고된 것으로는 대체로 다음 세 가지를 들 수 있다.

가) 손진태, 《조선신가유편》, 향토문화사(東京), 1930.

---

8) 전경욱, 앞의 책.
9) 김헌선, 앞의 글.

나) 임석재·장주근, 《관북지방무가》, 문화재관리국, 1965~1966.

다) 김태곤, 《한국무가집》 III, 집문당, 1978.

가)는 무가의 전승이 비교적 온전한 시기였던 일제시대에 손진태가 채록한 자료이다. 여기에는 함흥의 무녀 김쌍돌이에게서 채록한 〈창세가〉, 〈황천혼시〉, 〈숙영랑·앵연랑신가〉 등 세 편과 함남 홍원의 박수[巫覡] 김근성에게서 채록한 〈도랑선배·청정각씨노래〉 등 총 네 편의 함경도 서사무가가 수록되어 있는데,[10] 이 지역 무가 전반이 아닌 일부가 채록되었다는 점과 직접 굿판에서 채록한 것이 아니라는 점, 그리고 무가 또는 굿에 관련된 여러 사항들이 거의 언급되어 있지 않다는 점에서 아쉬움이 많은 자료이다.

나)는 임석재와 장주근이 함경도에서 거주하다가 남하하여 계속 무업을 수행하던 지금섬(池金纖, 1921년생, 홍원 출생)과 강춘옥(1892년생, 함흥 출생), 김복순(1925년생, 함흥 출생)을 대상으로 1965년 7월과 9월 두 차례에 걸쳐 조사하여, 1965년과 1966년에 역시 두 차례에 걸쳐 조사보고서를 낸 것이다. 비록 현지에서 직접 채록한 자료는 아니지만 함경도 무가 전반이 고스란히 담겨 있다는 점에서 아주 중요한 의미가 있는 자료이다. 아울러 모든 자료를 굿판에서 채록한 것은 아니지만 굿판을 조성하여 굿하는 현장에서 채록하고자 했다는 점에서도 의의가 있는 자료이다. 이 자료집에는 아주 풍부하고 다양한 서사무가들이 소개되어 있는데, 그 구체적인 양상에 대해서는 뒤에서 다시 언급하기로 하겠다.

다)는 김태곤이 함경도 출신의 무녀 이고분(李高粉)을 대상으로 1966년 5월에 조사한 자료이다. 여기서는 함경도의 재수굿과 망묵굿에 대한 제

---

10) 손진태가 《청구학총》과 《문장》지에 소개하고 있는 평북 강계의 박수 전명수 구송의 자료는 이 지역이 함경도와 밀접하고 그 자료 또한 비슷한 것이 많다는 점에서 함경도 지역의 부족한 자료를 보충하는 데 도움이 될 것이다.

차를 소개하고, 더불어 망묵굿에서 불리는 무가 9편을 수록하고 있는데, 이 가운데 〈동갑접기〉와 〈타승〉을 제외한 7편이 서사무가이다.[11] 조사자의 언급에 따르면 제보자가 다수의 서사무가를 보유하고 있었으나 그것이 온전히 채록되지 못했고, 아울러 조사자가 굿의 현장에서 직접 조사하여 채록한 것이 아니라고 밝히고 있다. 때문에 다)는 나)와 함께 함경도 무가를 이해할 수 있는 소중한 자료임에는 분명하지만, 여러모로 아쉬움도 적지 않은 자료이다.

이상의 세 가지 함경도 무가 자료 가운데 가)는 굿의 성격이나 제차가 소개되어 있지 않고 일부 자료만 수록된 상태이기에, 함경도 무가 전반을 논하는 데는 나)와 다)가 주요 대상으로 검토될 수밖에 없는 상황이다. 한편 자료 나)와 다)는 다같이 함흥의 무녀를 중심으로 하거나 또는 주요 제보자로 삼은 것이 분명한데, 양자가 굿의 규모나 굿의 제차 등에서 적지 않은 차이를 보이고 있어 검토가 필요하다.

먼저 임석재는 함경도의 굿을 소규모의 굿과 대규모로 벌이는 망묵굿으로 구분하고 있다.[12] [표 5]에서 볼 수 있듯이, 소규모 굿은 아홉 가지 제차로 구성된 데 반해, 망묵굿은 스물두 거리의 대규모 의례로 짜여져 사흘 밤낮으로 진행된다고 보고하고 있다.

한편 김태곤은 규모가 아닌 굿의 성격에 따라 [표 6]과 같이 재수굿과 망묵굿으로 구분하고 있는데, 양자의 굿거리가 각기 13거리와 15거리로 나타나서 임석재의 자료와는 많은 차이를 보이고 있다.[13]

---

11) 김태곤, 《한국무가집》 III, 집문당, 1978.
12) 임석재, 앞의 글.
13) 김태곤, 《한국무가집》 III, 집문당, 1978, 70~71면.
 그런데 이런 구분은 임석재가 망묵굿에 대해 스물두거리나 되는 대규모 의례이기에 3일 밤낮으로 진행되며 무당도 여러 명이 동원된다고 하여 굿의 규모에 대한 차이를 밝힌 것과는 배치되는 양상이다.

〔표 5〕 규모에 따른 함경도 굿의 구분

〈소규모 굿〉	〈대규모 굿—망묵굿〉
성주굿	부정풀이
성인굿(센굿)	토세굿
혼수굿(횡수막이)	성주굿
간지풀이	문열이천수
요사굿	청배굿
산령굿	앉인굿
산제	타성풀이
마상(馬上)살풀이	왕당천수
살풀이	신선굿
	대감굿
	화청
	동갑접기
	도랑축원
	짐가제굿
	오기풀이
	산천굿
	문굿
	돈전풀이
	상시관놀이
	동이부침
	천디굿
	하직천수

〔표 6〕 성격에 따른 함경도 굿의 구분

〈재수굿〉	〈망묵굿〉
터주굿	지적굿
성주굿	성주굿
칠성굿	문열이천수
부군굿	타승
장군굿	치원대양산복
호구별상굿	충열굿
창부굿	동갑적계
대감굿	궁상이굿
서낭굿	칠공주굿
산천굿	도랑선비
조상굿	진가장굿
신선굿	왕당천수
뒷굿	상시과
	중니가름
	마당도리

위에서 보면 대감굿, 산천굿, 신선굿 등 나)의 자료에서는 망묵굿에 해당하는 굿거리가 다)에서는 재수굿으로 분류되어 있으며, 망묵굿에는 포함되지 않는 것으로 달리 나타난다. 또한 다)에서는 나)에서 찾아볼 수 없는 고소설 《유충열전》이 무가화된 〈충열굿무가〉가 망묵굿으로 분류되고 있다는 점도 특이하다.

두 자료가 동일한 지역에서 남하한 무당을 대상으로 조사한 것임에도 이처럼 차이를 보이는 까닭은 현재로서는 명확히 파악할 수는 없다. 어떤 것이 온전한 함경도 굿의 실상인지도 확인하기 어렵다. 다만 자료 다)의 재수굿 굿거리 짜임새가 일반적인 서울굿의 짜임새와 비슷하게 구성되어 있음은 주목할 만하다. 나)에서는 셍굿에서 창세신화, 성주무가, 〈제

석본풀이〉 등 5개 무가가 결합되어 하나를 이루고 있는데, 이것은 함경도
무가의 본래적인 전승 모습일 수도 있고, 혹은 이렇게 결합된 무가 부분
을 이고분 무녀가 남하하여 서울에서 굿을 하면서 그 환경에 맞도록 또
는 그 영향으로 서울굿에 맞게 개변시킨 것일 가능성도 없지 않다.

　여하튼 자료 나)와 다) 가운데 함경도 무가의 실상을 파악하는 데 특
히 유용한 자료는 역시 나)라고 할 수 있다. 나)의 경우, 전부는 아니지만
굿판이 조성된 현장에서 직접 채록한 자료들을 다수 수록하였고, 또한
무가의 일부만을 채록한 것이 아니라 굿의 제차에 따라 전체 무가를 온
전히 담고 있기 때문이다. 아울러 자료 나)는 무가의 성격이나 구연상황
등에 대한 전체적인 이해 속에서 이들을 소개하고 있으므로, 여기서는
나)를 바탕으로 하여 함경도에서 서사무가가 소재하고 있는 양상과 그
설화적 원천을 정리해 보도록 하겠다.

〔표 7〕 함경도 서사무가의 양상과 설화적 원천

굿거리		해당 서사무가	내용	관련 설화	타지방 무가
소규모굿	성인굿 (셍굿)	창세신화	미륵과 석가의 대결, 일월 조정을 위한 석가의 서천 서역국 여행		〈천지왕본풀이〉(제주), 〈시루말〉(경기)
		강박덱이와 모시 각시 대결담	집짓기와 베짜기 대결	〈오누이힘내 기설화〉	
		월맥이설화	범종의 주조를 위해 월맥 이를 바쳐 종을 완성시킴	〈에밀레종기 원설화〉	
		장자징치담	악행을 일삼는 천년두레 천년장자에 대한 도승의 징치	〈장자못전설〉	
		제석본풀이	재색을 겸비한 세주애기가 도승과 영교하여 삼 형제를 출생하고, 이들이 아버지를 찾아 삼불제석으로 좌정함		〈제석본풀이〉(내륙지 방), 〈초공본풀이〉(제주)
	혼수굿	장님과 앉은뱅 이의 치병담	장님과 앉은뱅이가 금을 얻어 그것으로 불상을 도 금하여 병을 고치게 됨	〈형제투금설 화〉	

굿거리		해당 서사무가	내용	관련 설화	타지방 무가
소규모굿	혼수굿	저승차사를 대접하여 죽음을 모면하는 이야기	죽을 운명의 형제가 백골의 보은으로 저승차사를 대접해 목숨을 연명하는 내용	연명설화	〈장자풀이〉(전라) 〈사만이본풀이〉(제주)
	살풀이	계모담	계모가 전처의 자식 셋을 죽이려다가 징치당하는 내용	계모설화	〈칠성풀이〉(전라) 〈문전본풀이〉(제주)
대규모굿―망묵굿	앉인굿	감천이이야기	시아버지의 중병을 고치고자 산삼이 변한 감천을 약으로 먹여 병을 고침	동삼설화	
	대감굿	짐달언장수이야기	유복자 짐달언이 저나라에서 패장으로 죽은 아버지의 원수를 갚고 장군받기 법을 내게 됨	아기장수설화	
	도랑축원	도랑선비청정각시담	결혼 첫날 죽은 신랑을 만나고자 온갖 고행을 거쳐 결국 남편과 해후하게 되는 내용	〈욱면비설화〉 (《삼국유사》)	
	짐가제굿	짐가제이야기	재물을 탐해 삼 형제를 죽인 짐가제에게 이들 삼 형제가 아들로 환생하여 원한을 갚는 내용		〈차사본풀이〉(제주)
	오기풀이	칠공주담	버려졌던 일곱째 공주가 서천서역국을 여행하여 약수를 구해다가 아버지를 소생시키는 내용		오귀풀이
	산천굿	붉은선비영산각시담	붉은 선비가 집으로 오는 도중 대맹이를 만나 죽게 된 것을 영산각시가 지략으로 대맹이를 죽이고 남편을 구하는 내용	〈화수분설화〉 〈평과 이시미〉	
	〈문굿〉	양산백추양대담	남장한 추양대를 양산백이 사랑하지만 결국 사랑이 이루어지지 못하고 양산백이 먼저 죽자, 신행길에 양산백의 묘를 지나던 추양대가 갈라진 그 묘로 들어간다는 내용	양산백설화	〈세경본풀이〉(제주)
	돈전풀이	궁상선비명월각시담	궁상선비가 배선비의 계략에 빠져 모든 재산과 함께 명월각시를 잃지만, 명월각시가 지략을 발휘하여 두 사람이 결합하고 전신(錢神)이 된다는 내용		
	충열굿	유충열담	날개 달린 유충열이 죽을 고비를 넘기고 외적을 물리친 뒤 부모를 다시 만나 함께 살게 된다는 내용	아기장수설화	

이상에서 정리한 함경도 서사무가를 세분하여 소재원천별로 구분하면 다음과 같이 유형화할 수 있을 것이다.[14)]

    A. 여타 지방과 공통되는 서사무가
      a. 전국적으로 동일한 유형
      b. 제주도와 동일한 유형
    B. 고소설을 수용한 무가
    C. 설화자료를 수용한 무가
      a. 직접적인 수용
      b. 변이 수용

A는 지금까지 꾸준히 연구가 진행된 부분이다. 서대석이 우리나라 서사무가 전반을 비교 검토한 것[15)]을 시작으로, 전국적인 전승양상을 보이는 〈바리공주〉[16)]와 〈제석본풀이〉[17)]에 대한 구체적인 연구가 진척되었다. 또한 함경도와 제주도를 중심으로 공통되게 나타나는 서사무가, 곧 〈셍굿―시루말―천지왕본풀이〉,[18)] 〈살풀이―칠성풀이―문전본풀이〉,[19)] 〈문굿―세경본풀이〉,[20)] 〈혼쉬굿―장자풀이―맹감본풀이〉,[21)] 〈짐

---

14) 충열굿은 임석재·장주근의 자료에는 없고, 김태곤의 자료에서만 유일하게 볼 수 있다. 임석재는 1965~1966년의 《관북지방무가》를 조사 보고하였고, 1981년 12월 봉천동에서도 굿학회 회원들과 함께 망묵굿을 본 것으로 언급하고 있음에도, 〈충열굿무가〉에 대해서는 아무런 언급이 없다.

15) 서대석, 앞의 글.

16) 서대석, 〈바리공주 연구〉, 《한국무가의 연구》, 문학사상사, 1980.
   홍태한, 《서사무가 바리공주 연구》, 민속원, 1997.

17) 서대석, 《한국무가의 연구》, 문학사상사, 1980.

18) 서대석, 〈창세시조신화의 의미와 변이〉, 《구비문학》 3집, 한국정신문화연구원, 1980.
   김헌선, 《한국의 창세신화》, 길벗, 1994.
   박종성, 《한국 창세서사시의 연구》, 태학사, 1998.

가제굿―차사본풀이〉[22] 등에 대해서도 전승양상과 성격 등이 구체적으로 비교 검토된 바 있어, A에 대해서는 어느 정도 연구가 진행되었다고 할 수 있다.

B는 구비문학과 기록문학의 관계라는 측면에서 꾸준히 관심의 대상이 되었던 부분이다. 하지만 구체적인 연구성과가 두드러지는 것은 아니다. 다만 〈문굿〉과 소설 〈양산백전〉의 관계에 대해 다양한 측면에서 검토가 이루어진 바 있다.[23] 특히 서대석은 소설 〈양산백전〉의 경우 분량이나 내용에서 차이가 크기에 이 소설의 줄거리만 설화화했거나 소설 이전에 유입된 양산백설화가 무가에 수용되었을 것으로 보고 있다.[24] 이와 달리 충열굿의 경우는 유충열이 실존 인물이 아니기에 유충열에 대한 설화가 소설 이전에 이미 형성되었다고 보기에는 무리가 있다. 따라서 소설의 줄거리가 설화화하여 전승되다가 〈충열굿무가〉를 생성했다고 보는 것이 마땅할 것이다. 특히 〈충열굿무가〉는 소설과는 달리 유충열이 민중영웅의 전형인 날개 달린 아기장수로 형상화하여 나타난다는 점에서 주목된다. 소설이 설화화하여 무가에 수용되면서 새로

---

19) 서대석, 〈칠성풀이의 연구〉, 《진단학보》 65, 진단학회, 1988.
   홍나래, 〈무속신화 '칠성풀이' 연구〉, 이화여대 석사논문, 1997.
20) 장주근, 《풀어쓴 한국의 신화》, 집문당, 1998.
   권태효, 〈제주도 무속서사시 생성원천에 대한 새로운 고찰〉, 《한국민속학》 31, 1999. (이 책에 재수록)
21) 서대석, 〈장자풀이 연구〉, 《한국신화의 연구》, 집문당, 2001.
   홍태한, 〈장자무가 연구〉, 《한국문화연구》 4, 경희대학교 민속학연구소. 2001.
   권태효, 〈제주도 '맹감본풀이'의 형성에 미친 당신본풀이의 영향과 의미〉, 《한국민속학》 32, 2000. (이 책에 재수록)
22) 최원오, 〈차사본풀이 유형 무가의 구조와 의미〉, 《한국민속학》 29, 민속학회, 1997.
23) 장주근, 위의 책.
   정규복, 〈양산백전고〉, 《중국연구》 Ⅳ집, 한국외대 중국문제연구소, 1979.
   조현희, 〈세경본풀이의 연구〉, 경기대 석사논문, 1989.
   권태효, 위의 글.
24) 서대석, 위의 글, 99~108면.

운 설화의식이 가미되는 양상을 볼 수 있기 때문이다.

C는 아주 중요한 자료들이다. 함경도처럼 설화가 다양하게 서사무가를 형성시키는 사례는 찾아보기 드물기 때문이다. 함경도 무가와 설화의 관련 양상에 대해서도 서대석이 〈서사무가연구〉에서 전반적으로 검토한 바 있는데, C.a의 설화자료 수용과 관련하여 인물성격이나 사건전개 등이 큰 변이 없이 직접적으로 수용되는 사례에 대해서만 구체적인 논급이 있었을 뿐, 변이 수용되는 자료에 대해서는 충분한 검토가 이루어지지 못했다고 볼 수 있다.

이 글에서 관심을 두는 바는 바로 C의 b부분, 곧 설화자료가 변이 수용되는 형태이다. 이는 어떤 자료가 어떻게 변이되면서 무가로 형상화하고 있는가의 문제와도 관련되어 있지만, 또한 설화와 무가가 나타내는 세계관의 차이와도 무관하지 않을 것이기 때문이다. 이런 양상을 보이는 대표적인 자료로는 〈오누이힘내기설화〉가 변이되어 형성된 〈강박덱이와 모시각시 대결담〉[25]과 〈아기장수전설〉이 변이되어 형성된 〈대감굿무가〉와 〈충열굿무가〉를 들 수 있을 것이다. 그 가운데 여기에서는 〈대감굿무가〉와 〈충열굿무가〉를 통해 〈아기장수전설〉과의 관련성 및 변이양상 등을 구체적으로 검토하기로 하겠다.

3. 함경도 무가에 나타난 〈아기장수전설〉의 면모와 변이 양상

〈아기장수전설〉이 무가가 되어 불리는 사례는 함경도를 제외하고는 거의 찾아보기 어렵다. 특히 일정한 제차에 따라 공통적으로 진행되는 하나의 굿거리에서 〈아기장수전설〉이 불려지는 경우는 없다. 다만 김통

---

25) 〈오누이힘내기설화〉와 〈강박덱이와 모시각시 대결담〉의 비교는 제3부에 수록된 〈북유럽신화집 '에다'와의 대비를 통해 본 '오누이힘내기설화'의 신화적 성격과 본질〉을 참조할 것.

정이 대몽항쟁을 벌였던 고내리를 비롯한 제주 몇몇 지역에서 김통정이 날개 달린 장수로 비극적인 죽음을 맞아 마을신으로 숭앙되는 사례를 찾아볼 수 있지만,[26] 이 또한 큰굿의 일반 제차에서 불려지는 것은 아니고 특정 마을에서만 전승되는 당신화일 뿐이다. 〈아기장수전설〉이 무가가 되어 굿의 일정 제차에서 꾸준히 불리는 양상은 오직 함경도에서만 찾아볼 수 있는 특수한 경우라고 할 수 있다.

함경도의 서사무가 가운데에서는 〈대감굿무가〉와 〈충열굿무가〉 두 편에서 〈아기장수전설〉의 면모가 뚜렷이 확인된다. 그 구체적인 양상을 자료부터 제시하면서 자세히 검토하도록 하겠다.

1) 〈대감굿무가〉

〈대감굿무가〉는 인물의 성격이나 행위, 사건의 전개, 화소의 설정 등에서 〈아기장수전설〉과 밀접한 관련이 있는 자료이다. 비록 무가로 변용되면서 그 상황에 맞도록 많은 부분의 개변이 있었지만, 그 핵심적인 요소들은 그대로 유지되고 있음을 파악할 수 있다. 그러면 〈대감굿무가〉의 서사적 내용부터 정리하면서 논의를 전개하도록 하겠다.

1. 짐달언의 아버지 짐미련은 전장에 나가 패장군이 되어 죽는다.
2. 짐달언은 유복자로 태어나 세 살 때 말을 하게 되자 아버지의 원수를 갚겠다고 한다.
3. 4살 때부터 짐달언은 어머니 몰래 강가에서 활쏘기·총쏘기·결뛰기 등 무술을 연마한다.
4. 15세가 되자 어머니의 만류에도 불구하고 천리용마를 타고 아버지의 원수를 갚기 위해 저나라로 길을 떠난다.

---

26) 이에 대해서는 제2부에 수록된 〈제주도 김통정이야기의 당신화 및 전설로의 변용양상〉을 참조할 것.

5. 동으로 입쌀을 한 줌 뿌려 마병(馬兵)을 만들고, 서로 좁쌀을 뿌려 포
병(砲兵)을 만들고, 북으로 콩을 뿌려 육군(陸軍)이 생겨나게 한다.

6. 두만강을 건너 저나라로 들어가자 마귀할멈이 나타나 새파란 각시
가 나와서 살려달라고 하면 목을 베라고 알려주어 시킨 대로 그 각시
를 죽이는데, 알고 보니 각시는 구미호(九尾狐)였다.

7. 짐달언은 자신의 왜소함을 비웃는 적장을 용천검으로 물리치고 승리
를 거둔다.

8. 가시덩쿨로 둘러쳐진 아버지의 묘를 찾아 안장하고 본국으로 돌아온다.

9. 짐달언은 패장이었던 아버지의 원수를 갚았으니 이제 더 이상 살
의미가 없다며 스스로 자결한다.

10. 천리마가 짐달언의 목을 들고 집으로 돌아오니 어머니는 그것을 보
고 옷고름에 목을 매어 죽는다.

11. 짐달언의 아버지는 장군으로 받기 법을 내고, 어머니는 서낭받기로
법을 낸다.

대감굿은 서울의 한강 이북 등 중부지방에서 크게 성행하는 굿이다.
집터를 관장하고 수호하는 터주신 또는 재수를 불어넣어 주는 재물의
신을 모시는 거리라고 할 수 있는데, 여기서는 이런 성격은 거의 찾아보
기 어렵고, 대신 대감신의 무장(武將)으로서의 성격과 권능이 드러나고
있다. 특히 이 무가의 끝부분에 패장이었던 짐(김)달언의 아버지가 장군
받기 법을 내어 섬겨진다고 한 데서도 알 수 있듯이, 〈대감굿〉은 전장에
나가 싸우다가 죽은 장수를 섬기는 성격이 강한 제차로 보인다.

그런데 흥미로운 점은 이렇게 섬겨지게 되는 무장의 아들 짐달언이
아기장수의 모습을 그대로 보여주고 있다는 점이다. 이 무가에서 〈아기
장수전설〉의 면모가 표면적으로 뚜렷이 부각되어 나타나는 것은 아니
다. 하지만 인물의 성격이나 행위, 사건 등에서 〈아기장수전설〉을 그대
로 원용하여 무가화된 자료임은 분명하다. 이 무가에서 주인공인 짐달

언의 아기장수적 면모는 다음 몇 가지로 파악할 수 있다.

첫째, 짐달언이 조숙한 성장을 보인다는 점이다. 이는 3세 때 이미 아버지의 원수를 갚겠다는 말을 하고, 네 살 때부터는 어머니 몰래 강가에서 활쏘기 등의 무예연습을 하는 것으로 나타난다. 아기장수는 태어난 지 얼마 되지 않아 걸어 다니며 괴력을 보여준다. 또한 새로운 변혁의 세계를 지향하여 남몰래 군사훈련을 하는 것이 특징이다. 비록 어머니의 발설로 말미암아 관군에 알려져 무참히 죽임을 당하고 패퇴하는 양상을 보이지만, 체제변혁을 꿈꾸는 장수로서 그 기능과 성격을 온전히 수행하는 존재이다. 〈대감굿무가〉에서는 기존 질서와의 대결이나 대립이 아니라 부모의 죽음에 대한 외적과의 대결을 준비한다는 점에서 차이가 있지만, 기본적으로 아기장수의 성격 및 목표를 달성하고자 준비하는 장수로서의 성격과 행위는 동일함을 볼 수 있다.

둘째, 천리용마(千里龍馬)가 설정되어 있다는 점이다. 아기장수와 용마는 불가분의 관계에 있다. 용마는 아기장수가 실현하고자 하는 바를 달성할 수 있도록 돕는 데 절대적인 요건이다. 〈아기장수전설〉에서는 대체로 이런 용마가 아기장수의 죽음과 함께 출현하는 양상을 보여 아기장수의 좌절과 밀접한 관련이 있는 것으로 나타나지만, 〈대감굿무가〉에서는 짐달언이 목표를 성취하는 모습을 보인다는 점에서 천리용마는 장수를 돕는 제 기능을 온전히 수행하는 양상으로 변이되어 나타난다고 볼 수 있다.

셋째, 짐달언이 곡식을 부려 군사로 만든다는 점이다. 짐달언은 입쌀로 마병을 만들고, 좁쌀로는 포병을, 콩으로는 육군을 만들어 적병을 물리치는 데 이용한다. 이처럼 곡물로 군사를 만드는 양상은 곡물형 〈아기장수전설〉의 핵심적인 면모이다.[27] 〈아기장수전설〉에서는 아기장수

---

27) 김영희, 〈아기장수이야기의 전승력 연구〉, 연세대 석사논문, 1999. 이 논문에서는 〈아기장수전설〉의 자료들을 검토하면서 '곡물형'과 '날개형'으로 구분하고 있다.

가 곡물로 군사를 만들어 세상을 변혁시키고자 꾀하지만, 군사들이 만들어지기 직전에 관군에 의해 무참히 사라지게 된다. 하지만 〈대감굿무가〉에서는 비록 그 군사들의 구체적인 활약상까지 묘사되는 것은 아니지만, 이들 곡물이 군사로 변해 아기장수를 돕는 역할을 수행하고 있음을 볼 수 있다. 좌절하는 아기장수와 성공하는 아기장수의 차이라고 할 수 있을 것이다.

넷째, 〈아기장수전설〉과 마찬가지로 짐달언의 죽음이 비극적이라는 점이다. 짐달언은 적병을 물리치고 아버지의 원수를 갚음으로써 성취하고자 하는 바를 온전히 달성하기는 하지만, 그럼에도 결과는 비극적 죽음으로 종결된다. 아버지의 원수를 갚았기에 더 이상 사는 의미가 없어 자결한다고 했는데, 이것이 굳이 자결할 이유가 되는 것인지는 의문이다. 무가로 수용되면서 좌절이 아닌 성취로 사건이 전개되지만, 아기장수의 비극적인 죽음은 그대로 받아들여지는 양상이라고 할 수 있다. 이것은 비극적 죽음 또는 억울한 죽음으로 말미암아 신으로 섬겨지는 무속적 현상과도 상통되는 부분이기도 하다.

이상과 같이 볼 때 〈대감굿무가〉는 〈아기장수전설〉의 핵심적인 요소를 고루 갖춘 무가임이 분명해졌다. 〈아기장수전설〉에서 핵심이 되는 요소들이 무가의 상황에 맞게 변이되어 수용되었을 뿐이다. 짐달언이라는 인물의 영웅적 행적을 〈아기장수전설〉의 모티프나 인물 성격 등을 취해 구체적으로 형상화하고 있으며, 그 영웅적 행적 또한 비극적인 좌절이 아닌 성취의 모습으로 개변시킴으로써 신격의 위업 달성을 보여주고자 하고 있는 것이다.

2) 〈충열굿무가〉

〈충열굿무가〉는 그 정체를 파악하기 어려운 무가이다. 함경도 무가 전반을 충실히 담고 있는 임석재·장주근의 《관북지방무가》 1차 보고

분과 추가분의 자료 어디에도 충열굿은 보이지 않고, 〈충열굿무가〉를 싣고 있는 《한국무가집 3》도 이 무가가 함경도 망묵굿에서 불린다는 사실만 밝히고 있을 뿐이어서, 이것이 구체적으로 어떤 제차적 성격을 지닌 굿거리에서 불린 무가인지, 그리고 그 기능이 어떠했을지는 거의 파악하기 어렵다.

《유충열전》이라는 고전소설을 받아들여 무가로 생성시켰다는 점에서도 특이하지만, 충열이 부모를 찾고 부귀공명을 얻게 되는 내용의 전개가 망묵굿과는 어떤 관계가 있는지도 쉽사리 파악하기 어려운 부분이다. 그렇다고 〈충열굿무가〉를 이고분 무녀가 개인적으로 체득한 특수한 형태의 무가로만 처리하기도 어렵다. 김태곤이 〈충열굿〉 다음에 망인(亡人)의 제상을 올린다고 밝히고 있어[28] 망묵굿의 진행상 〈충열굿〉은 반드시 필요한 부분인 것으로 보이고, 일정한 의미가 있었을 것으로 판단되기 때문이다. 하지만 현재로서는 그 실상을 파악하기가 쉽지 않다.

이 무가가 어떤 성격의 굿거리에서 어떤 의미를 지닌 채 불려졌는지와 함경도 망묵굿에서 불려졌다면 왜 임석재 · 장주근이 채록한 자료에는 전혀 등장하지 않는지를 파악하는 것이 〈충열굿무가〉의 실상을 파악하는 데 핵심적인 부분이 되겠으나, 현재까지 채록된 자료 상태로는 이것을 밝히기에 다소 무리가 있다. 따라서 여기서는 무가의 주인공인 충열이 아기장수의 모습으로 형상화하여 나타나는 양상을 중심으로 살펴보기로 하겠다.

〈충열굿무가〉의 개략적인 내용은 다음과 같다.

1. 유심이라는 장수가 전장에 나가 싸우던 중 간신들의 모함을 받아 옥에 갇히게 된다.

---

28) 김태곤, 앞의 책, 71면.

2. 유심의 부인은 홑몸으로 유충열을 낳았는데, 충열의 겨드랑이에는 날개가 달려 있었다.

3. 부인은 아이가 병신인 줄 알고 걱정하며 이웃의 노인에게 물으니, 노인은 장수의 몸이라서 그런 것이라고 하면서 그 사실이 절대 밖에 알려지지 않도록 하라고 당부한다.

4. 간신들이 천기를 보니 유심의 집 있는 곳에 유난히 밝은 별이 있어 알아보니 날개가 달린 아기가 태어났다고 했다.

5. 아기를 죽이고 부인을 잡아오도록 지시를 받은 군사들이 강에 이르러 아기를 죽이려 하자 부인이 충열을 뱃조각에 묶어 강에 띄워 보낸다.

6. 거북이가 나타나 충열을 구해 갈대밭에 내려놓는데, 왕이 그곳을 지나다가 아기의 울음소리를 듣고 데려와 기르도록 한다.

7. 충열의 어머니는 절간으로 들어가 절밥을 해주며 목숨을 연명한다.

8. 충열이 15세가 되었을 때 전쟁이 일어났으나 그것을 막을 장수가 나라에 없었다.

9. 충열이 자원을 하지만 어리다고 왕이 허락하지 않자 공중을 날아가는 제비의 목을 치는 재주를 보여 출전을 허락받는다.

10. 충열은 천리마를 타고 나가 적장의 목을 베고 잡혀간 공주를 구출해 돌아온다.

11. 그런 뒤 충열은 공부를 계속하겠다며 절간으로 들어가게 되는데, 그곳이 바로 어머니가 있는 절이었다.

12. 절간에서 충열이 아버지를 만나 이야기 나누는 것을 그 어머니가 듣고, 밥상에 자신이 어머니임을 밝히는 편지를 넣는다.

13. 아버지가 충열이 처음 입었던 옷을 증표로 가져오라고 하여 상봉을 하게 되고, 부귀영화를 누리며 잘 살게 되었다.[29]

---

29) 김태곤, 앞의 책, 101~106면.

여기서 볼 수 있듯이 〈충열굿무가〉에서 〈아기장수전설〉의 면모는 충열의 출생 부분에서 잘 확인된다. 충열은 어깨에 날개를 단 채 출생하였다고 했는데, 이것은 아기장수의 전형적인 모습이다. 〈아기장수전설〉에서 아기장수의 인물적 특성을 잘 보여주는 것은 무엇보다도 날개이다. 아기장수의 부모는 아이의 기이한 행동에 놀라 아이에게 날개가 달렸는지를 살피고는 장수임을 확인하게 된다. 날개가 아기장수임을 확인하는 결정적인 요소임을 알 수 있다. 아기장수는 흔히 이 날개가 빌미가 되어 죽음에 이르게 되는데, 유충열이 날개가 있다는 소문 때문에 간신 무리에 의해 죽임을 당할 뻔하였다는 것을 볼 때, 이 또한 〈아기장수전설〉의 전승공식과 무관하지 않은 모습이라고 할 수 있다. 날개 달린 유충열은 아기장수의 전형적인 모습이고 아기장수를 해치는 관군의 역할은 간신배들이 동일하게 수행하고 있는 것이다. 곧 〈충열굿무가〉에서 유충열의 출생 부분은 〈아기장수전설〉을 그대로 받아들인 것이라고 보아도 무리가 없다.

그렇다고 〈충열굿무가〉가 〈아기장수전설〉을 본바탕에 두고 형성된 무가라고 보기는 어렵다. 그 출생 부분에 있어서만 〈아기장수전설〉과 같은 모습을 보일 뿐이고, 어려서 죽을 고비를 넘기고 적을 물리침으로써 행복한 결말에 도달하는 전체적인 내용의 전개는 오히려 영웅소설인 《유충열전》의 전범을 충실히 따르고 있기 때문이다. 이것은 곧 《유충열전》이라는 소설이 민간에 널리 유포되어 전승되면서 무가로 형상화하였고, 그런 과정에서 그들에게 익숙한 민중영웅의 이야기인 〈아기장수전설〉을 유충열의 출생 부분에 결부시킨 때문이라고 할 수 있다. 어쨌든 여기에서 가장 주목되는 점은 소설을 받아들여 무가로 형상화하는 과정에서 대표적인 귀족영웅의 성격을 지닌 유충열이 민중영웅인 아기장수로 비쳐지고 있다는 사실이다. 〈아기장수전설〉이 민중들에게 아주 일반화하여 전승되고 있었던 까닭에 장수로 설정된 유충열을 민중영웅인 아기장수의 모습으로 변모시켜 무가화시키고 있는 것이다. 이것은 시사하는 바가 크다. 귀족적 영웅의 이야기일지라도 민간에서 구전으로 유포되는 과정에서 그 주인공이 되는 인물을 그들이 일반적으로 생각하는 민중영웅의 모습으로 변모시키는 양상을 확인할 수 있기 때문이다.

〈충열굿무가〉는 민중영웅이야기와 귀족영웅이야기의 매개적 자료 성격을 지닌다는 점에서 의미가 있다. 아울러 이런 〈충열굿무가〉는 상층의 것을 받아들이면서도 굿판에서 이를 자연스럽게 민중들이 생각하고 있는 장수이야기 형태로 변형시키고 있다는 점에서 무가가 지닌 융화성 및 상층과 하층의 것을 서로 조화시키는 양상을 확인할 수 있는 것이다.

4. 무가에 수용된 〈아기장수전설〉의 성격과 의미

함경도 무가에서 〈아기장수전설〉의 면모를 잘 보여주는 것은 〈대감굿무가〉와 〈충열굿무가〉이다. 이들 무가는 〈아기장수전설〉을 그대로 수용한 것이 아니라 특정 부분 또는 기본적인 골격만을 가져와 변이 수용하는 양상을 보여주는 자료들이다.

그런데 이렇게 〈아기장수전설〉이 함경도의 서사무가로 수용되는 과정은 전설과 비교할 때 일정한 차이를 보이고 있다. 따라서 이를 통해 전설과 다른 무가가 지니는 특징적인 면모를 확인할 필요가 있다.

첫째, 갈등의 구조에서 차이를 보인다는 점이다. 전설에서는 상층과 하층 사이의 대립이 중심이 되며, 고통받는 민중의 변혁사상이 이 전설을 지탱하는 중요한 줄기라고 할 수 있다.[30] 그에 반해 무가에서는 상하층 사이의 갈등은 전혀 찾아볼 수 없고, 대신 외적과의 갈등 양상이

---

30) 이혜화, 〈아기장수전설의 신고찰〉, 《설화》, 교문사, 1989.

뚜렷이 드러난다는 점이다. 물론 〈충열굿무가〉에서는 충열을 죽이려는 간신배들의 시도가 있기에 내적 사이의 대결 요소가 전혀 없다고는 할 수 없겠지만, 그렇다고 하더라도 구체적인 대결은 외적과의 사이에서 이루어짐을 볼 수 있다. 곧 함경도 무가에 수용된 〈아기장수전설〉은 상하층 사이의 갈등은 보이지 않고 외적과의 대결 양상이 두드러지는데, 이 점은 함경도의 지리적 위치상 피할 수 없는 많은 외침과 그에 따른 잦은 군사적인 대결이 무가에 반영되었다는 사실과도 무관하지 않을 것으로 보인다. 물론 그렇다고 해서 이 지역에 상하층 사이의 갈등이 핵심이 되는 〈아기장수전설〉이 전승되지 않았던 것은 아니다. 하지만 굿이라는 성격상 이런 상하층 사이의 갈등을 담은 내용을 그대로 담기보다는 망자의 원혼을 달래주어야 하기에, 특히 그런 기능을 하는 망묵굿에서 무가가 자주 불렸기에, 이런 갈등보다는 외적을 물리치는 모습을 통해 변방에서 전쟁으로 말미암아 죽은 혼령을 위로해 줄 필요가 있었을 것으로 생각된다.

둘째, 〈아기장수전설〉이 좌절하는 비극적 영웅, 민중적 영웅의 모습을 보여준다면, 무가에서는 승리하는 영웅, 성취하는 영웅으로서의 면모를 보여주어 양자가 뚜렷한 차이를 보인다는 점이다. 장수로 태어나 뛰어난 능력을 지녔음에도 하층민이라는 신분적 한계 때문에 그 뜻을 펼치지 못하고 결국 좌절하고 마는 민중영웅이 무가에서는 외적과의 대결 양상 속에서 나타나기에 더 이상 상하층 사이의 갈등은 드러나지 않는다. 따라서 영웅으로서 지닌 뛰어난 능력은 있는 그대로 발휘되며, 이것은 곧 승리로 이어진다. 즉 자신의 능력을 펼쳐 뜻하는 바를 성취하는 것이다. 이것은 특히 그 지역이 함경도라는 점에서, 전장(戰場)에 나가 외적과 대결하다가 죽은 군사들의 넋을 달래주고, 더 나아가 이런 무가가 불리는 굿판을 통해 전쟁에 나가 승리를 얻는 형태로 대리만족을 시켜주는 기능도 아울러 했을 것으로 보인다.

〈아기장수전설〉은 전국적으로 전승되는 광포설화이다. 그런데 특이하게도 함경도 지역에서만 이 전설이 무가로 형상화하여 나타나고 있다. 그렇다면 이처럼 함경도 지역에서 〈아기장수전설〉이 무가로서 수용되는 까닭은 무엇인가? 이는 대체로 두 가지 정도를 추정할 수 있다.

첫째는 북방의 접경인 함경도라는 특수한 지리적 요인이 작용했을 수 있다는 점이다. 군사적 충돌이 잦은 지역이기에 장수와 관련된 신격 또는 전장터에서 죽은 원혼을 위로하는 굿거리가 발달했던 것이고, 따라서 장수 관련 설화가 자연스럽게 무가로 수용되었을 가능성이 있다. 비록 전설에서는 민중의 염원을 담은 좌절하는 비극적 영웅으로 형상화되었던 아기장수이지만, 함경도 무가에 수용되면서는 외적과의 대결을 통해 장수로서의 능력과 기능을 그대로 발휘하게 되는 것이다.

둘째는 함경도 지역에서는 다양한 소재 원천을 수용하여 무가로 형상화하는 경향이 강하게 나타난다는 점이다. 앞서 정리하였듯이 다수의 무가가 설화나 소설 등을 수용하여 무가로 형상화하여 나타나는 양상을 보여준다. 함경도는 여타 지역과 달리 이런 양상이 아주 강한 지역이기에 〈아기장수전설〉 또한 무가 형태로 거듭날 수 있었던 것이다.

5. 마 무 리

함경도의 무가는 여타 지역에 견주어 서사적 성격이 아주 풍부하다. 이런 서사성은 물론 민간에 전승되던 설화나 소설이 무가로 형상화된 자료들에 바탕을 두고 있다. 이 글에서는 이런 양상을 보여주는 〈대감굿무가〉와 〈충열굿무가〉를 대상으로 삼아 전설이 무가로 형상화하는 양상을 검토하였다.

그러면 이 글에서 검토한 것들을 전반적으로 요약하면서 글을 마무리하도록 하겠다.

함경도에는 다양한 형태의 서사무가가 존재하고 있다. 전국적으로 공통되게 나타나는 서사무가는 물론 제주도 지역과 공통되게 나타나는 자료도 상당수 있다. 더 나아가 이 지역에서만 찾아볼 수 있는 독자적인 형태의 무가들도 다수 있는데, 〈아기장수전설〉을 수용하여 무가화한 〈대감굿무가〉와 〈충열굿무가〉도 이에 해당하는 무가라고 할 수 있다.

〈대감굿무가〉와 〈충열굿무가〉는 〈아기장수전설〉을 변이 수용한 형태라고 할 수 있다. 〈대감굿무가〉는 주인공인 짐달언이 조숙한 성장을 보인다는 점, 용마가 출현하는 점, 곡식을 부려 군사로 만든다는 점, 비극적인 죽음을 보인다는 점 등 여러모로 〈아기장수전설〉과 아주 밀접한 관련 양상을 보인다. 곧 〈아기장수전설〉을 받아들여 독특한 형태로 재창출한 모습이다. 한편 〈충열굿무가〉는 소설 《유충열전》이 구비전승되다가 무가로 형상화된 자료로 보이는데, 여기에는 충열의 출생 부분에 〈아기장수전설〉의 면모가 그대로 나타나고 있다. 날개가 달린 채 출생하고 그 날개 때문에 죽음의 위험을 겪게 되는 양상이 전개되는 등, 《유충열전》이 전승되는 과정에서 〈아기장수전설〉과 결합된 양상을 보이는 것이다.

그런데 〈아기장수전설〉을 수용해 무가로 형상화한 이들 두 자료는 전설과 비교해 나름의 독자적인 면모를 보이면서 변이되어 나타난다. 첫째는 상하층 사이의 갈등이 아닌 외적과의 대결에 초점을 맞추었다는 점에서 갈등구조상 큰 차이를 보이고, 둘째는 주인공이 좌절하는 영웅, 실패하는 영웅이 아닌 승리하는 영웅, 성취하는 영웅으로 거듭나고 있다는 점에서 차이를 보인다. 이것은 무가가 지닌 화합성과도 무관하지 않을 것이며, 함경도가 외적과의 접경지역이라는 점도 이런 양상을 보이는 데 일정하게 영향을 준 것으로 여겨진다.

상층의 영웅이야기와 하층의 영웅이야기는 지금까지 서로 무관한 것이고 대립적인 것이라고만 일반적으로 여겨져 왔는데, 이들 무가 자료를 통해 둘 사이의 접합점 또는 매개체로서 무가가 중요한 기능을 하고 있음을 알 수 있다.

제 2 부

구전신화에 나타난
신격 인식 양상과 그 변이

- 표모형(漂母型) 인물의 신화적 성격과 의미
- 호국여산신설화에 나타난 상반된 신격 인식 양상
- 제주도 김통정이야기의 당신화 및 전설로의 변용 양상

표모형(漂母型) 인물의 신화적 성격과 의미

1. 머 리 말

표모(漂母)란 빨래하는 여인을 지칭하는 단어[1]로, 문헌설화를 비롯한 많은 설화에서 빨래하는 여인이 중요한 인물로 설정되고 있고 그 행위 또한 표면적으로 드러나는 비속함과는 달리 비범함을 보여준다는 점에서 주목된다. 또한 표모형 인물군이 후대의 자료에까지 지속적으로 등장하고 있어 이들 표모형 인물 및 표모형 설화의 의미를 중요하게 검토할 필요가 있다고 본다.

이런 표모형 인물에 대해서는 일찍이 조동일과 강진옥이 단편적으로나마 주목한 바 있었다. 먼저 조동일은 동학 이야기를 다루면서 석탈해 신화에 나타난 갯가의 할미나 최옥설화의 빨래하는 할미의 구실에 주목할 필요가 있다고 하여, 이런 인물형의 성격에 관심을 표명한 바 있다.[2] 아울러 강진옥도 단편적 접근이지만 신화의 표모형 인물, 곧 석탈

---

1) 이희승, 《국어대사전》, 민중서관, 1977, 3062면.
2) 조동일, 〈최제우의 득도와 민중의 이야기〉, 《민중영웅이야기》, 문예출판사, 1992, 139면.

해신화나 바리공주 무가에 나타나는 표모형 인물에 대해 주체세력의
조력자 기능을 하는 존재라고 파악한 바 있다.[3] 이와 같은 언급들은 비
속하지만 비범한 행동을 보이는 표모형 인물에 주목하고 이들 인물의
성격이 단순하지 않다는 사실을 지적한 데에 큰 의의가 있다고 하겠다.
하지만 어떤 설화에서 어떤 양상을 보이면서 표모가 등장하고 있는지,
그리고 그 성격이 어떤지는 제대로 검토하지 못하고 단편적으로 언급
하는 데 그쳤다. 곧 표모형 인물에 대한 관심만이 표명되었을 뿐, 연구
가 구체적으로 이루어지지는 못했다는 것이다.

  그런데 실제로 표모형 설화는 여러모로 중요한 의미가 있는 자료로
판단된다. 그 까닭은 첫째, 표모형 설화 자료가 신화적 성격을 지닌 문
헌자료와 구전자료에서 두루 발견될 뿐만 아니라 후대의 자료에서도
지속적으로 발견된다는 점, 둘째, 표모의 인물 성격이 전래의 성모신적
성격을 지닌다는 점, 셋째, 표모형 설화가 지닌 신화적 성격이 여타 설
화에 계승되거나 신성성이 부여되는 설화에 차용된다는 점 등이다. 따
라서 이런 표모형 인물과 그 설화에 대한 검토는 신화적 인물이 우리
설화에서 다양하게, 그리고 지속적으로 전개되는 한 단면을 파악하게
해줄 것으로 생각한다.

2. 표모형 인물의 자료존재 양상과 성격

  겉으로는 비속한 모습을 하고 있지만 실질적인 행동에서는 비범함을
보여주는 표모형 인물은 문헌 자료와 구전 자료에서 두루 찾아볼 수 있
다. 문헌 소재의 기록 자료로는 국조신화(國祖神話)인 석탈해(昔脫解)신

---

  3) 강진옥, 〈'마고할미' 설화에 나타난 여성신 관념〉, 《한국민속학》 25, 민속학회,
    1993, 39면.

화를 비롯해서 성씨시조(姓氏始祖)신화, 불교설화 등에서 다양하게 그 모습을 확인할 수 있고, 구전 자료로는 무속신화와 구전설화 등에서 이런 인물을 찾아볼 수 있어, 폭넓은 설화에서 다양하게 표모형 인물이 설정되어 나타남을 알 수 있다. 그러면 이런 모습을 잘 보여주는 자료들을 구체적으로 제시하면서 검토하도록 하겠다.

가) 석탈해신화(《삼국유사》 권1, 기이편)

나) 낙산이대성(洛山二大聖) 관음정취조신(觀音正趣調信)(《삼국유사》
　　권3, 탑상편)

다) 충주어씨(忠州魚氏)시조신화

라) 바리공주

마) 산이동설화(山移動說話)

바) 최옥설화(崔鋈說話)

가)에서는 신라의 시조왕 가운데 하나인 석탈해가 용성국(龍城國)으로부터 버려져 아진포(阿珍浦)에 다다랐을 때 탈해를 발견하고는 그를 데려다 기르는 존재로 설정되어 나타나는 아진의선(阿珍義善)이 표모형 인물이라고 할 수 있다. 비록 빨래하는 노파의 모습으로 나타나는 것은 아니지만, 바닷가에 거주하면서 고기잡이와 관련된 일을 하는 노파라는 점에서 비속한 모습을 한 여인임을 알 수 있다. 하지만 이 노파의 성격과 행위는 단순하지 않다. 바다 가운데 바위가 없음에도 까치가 모여 있는 것을 보고 탈해를 발견하는데, 신성한 인물인 탈해를 발견하는 그 자체가 지니는 의의도 크지만, 무엇보다 그 상황의 이치를 따져서 그의 존재를 확인하는 행위는 분명 통찰력이 있어야 할 수 있는 행위라 할 수 있다.

또한 이 노파에 대해 '혁거왕지해척지모(赫居王之海尺之母)'라고 한 점도 주목할 만하다. 이 부분에 대한 해석은 역자에 따라 다소 차이가 있다. 이병도[4]와 이재호[5]는 혁거세왕의 고기잡이 할미라고 했고, 이동환은 혁거세왕에게 해물을 잡아 진상하던 노파라 했으며,[6] 북한에서 번역한 리상호는 혁거세왕의 배꾼의 어미[7] 등으로 각기 해석하고 있어 그 의미가 명확하지는 않다. 특히 혁거세왕의 고기잡이 어미라고 해석할 때 이동환의 해석처럼 해물을 잡아 진상하던 노파라고 볼 수도 있겠지만, 이 기록이 신화이고 혁거세가 시조신임을 염두에 둔다면 해물의 풍요를 관장하는 해신적(海神的) 존재였을 가능성도 상정할 수 있겠다. 하지만 이 점을 명확하게 밝힐 수는 없다. 다만 아진의선이 어떻든 혁거세왕과 직접적인 관련이 있는 인물이기에 이렇게 서술되었을 것이라는 점, 그리고 이렇게 개국시조와 관련된 인물이기에 시조신의 도래를 맞이할 수 있었으리라는 점 등은 분명해 보인다.

한편 아진의선은 《삼국유사》에서는 탈해 일행에게 이레 동안 거처를 제공한 것으로 나타나지만, 《삼국사기》의 기록에 따르면 해변의 노파가 탈해를 발견하여 데려다 길렀고, 탈해가 처음에는 고기잡이를 업으로 하여 노모를 공양했다고 하고 있어, 탈해의 양모(養母) 노릇을 하는 존재가 아진의선으로 나타나고 있음을 알 수 있다.[8] 따라서 아진의선은 단순히 바닷가에 거주하는 노파가 아닌 국조의 출생과 관련된 성모신(聖母神)의 성격을 지닌 존재가 아닌지 생각해 볼 수 있다. 우리의 건국시조에 관하여는 지배집단에 의해 숭앙되고 전승되는 건국신화와는 다른 계통의 성모(聖母)를 통한 출생담이 아울러 전개되는데,[9] 바로 이에 대응된다는 것이다. 곧 신라의 건국시조인 혁거세와 비(妃)인 알영과

---

4) 이병도 역주, 《삼국유사》, 명문당, 1987, 199면.
5) 이재호 역주, 《삼국유사》, 광신출판사, 1993, 115면.
6) 이동환 옮김, 《삼국유사》, 장락, 1994, 51면.
7) 리상호 옮김, 《신편 삼국유사》, 신서원, 1994, 78면.
8) "時海邊老母 以繩引繫海岸 開槽見之 有一小兒在焉 其母取養之及長…脫解始以漁釣 爲業 供養其母未嘗有懈色"(《三國史記》 권1, 新羅本紀 제1 脫解尼師今)
9) 김상기, 〈국사상에 나타난 건국설화의 검토〉, 《동방사논총》, 서울대출판부, 1974.

관련하여 《삼국유사》 권5 감통편(感通遍)의 '선도성모수희불사(仙桃聖母隨喜佛事)'조에는 선도산성모(仙桃山聖母)가 이들 이성(二聖)을 낳았다고 되어 있고, 《신증동국여지승람(新增東國與地勝覽)》 고령현(高靈縣) 기록에는 김수로왕이 가야산신(伽倻山神)인 정견모주(正見母主)에게서 탄생했다는 이야기가 전해진다. 이런 양상은 고려조에도 다르지 않아 고려 태조의 모(母)인 위숙왕후(威肅王后)가 지리산신으로 사람들에게 믿어지고 있음을 언급하는 기록들이 적지 않다.[10] 이런 사실로 미루어 본다면 석탈해신화의 아진의선은 단순히 바닷가에 거주하는 노파가 아닌 석탈해의 출생과 관련이 있는 성모신과 같은 존재가 아닌가 여겨진다. 실제로 혁거세의 어머니로 믿어지던 선도산성모는 불교의 사찰연기설화 성격을 띠면서 중국 제실(帝室)의 왕녀라는 고귀한 존재로 나타나지만, 여타의 성모신은 설화에서 신성한 모습을 한 것으로 묘사되기보다는 베를 짠다든가 숲 속에 거주하는 범속한 여인으로 이야기된다.[11] 따라서 석탈해신화에 나오는 아진의선의 비천한 모습은 성모신들의 일반적인 모습일 수 있고, 그녀가 지닌 그 비범한 행위가 결국 이들 신의 성격을 보여주는 것일 수 있다. 곧 아진의선이 신성한 인물인 탈해를 발견하고 탈해의 양모(養母)가 되는 점은 국조신화와는 다른 계통의 시조출생담인 성모신화에 대응되는 것이며, 따라서 아진의선은 단순한 여인이 아닌 성모신의 성격을 지닌 여인으로 파악할 수 있겠다.

　나)는 《삼국유사》 소재 불교설화이다. 원효가 의상이 세운 낙산사로 관음의 진신을 보기 위해 길을 가던 도중, 벼 베는 여인과 월경서답을 빠는 여인을 만난다. 이런 여인은 표모와 같은 비속한 모습을 하고 있지만, 실제로는 관음이 현신한 존재이다. 원효는 이들 여인과 장난말을 주고받는다. 벼 베는 여인에게 벼를 달라고 하니 흉년이라 쭉정이뿐이

---

10) 성모신에 대한 자세한 검토는 김상기에 의해 이루어진 바 있다(김상기, 앞의 글).
11) 한상수, 《한국인의 신화》, 문음사, 1986.

라 했고, 마실 물을 떠달라고 하니 월경서답을 빤 더러운 물을 떠주었
다. 원효는 개짐 빨던 여인이 떠준 더러운 물을 버리고 새로운 물을 떠
서 마셨다. 더럽고 비속하다는 생각을 떠나야 비로소 깨달음을 얻고 보
살의 경지에 이르렀을 텐데 그렇지 못했다.[12] 때문에 낙산사에 도착하
여 그 여인들이 관음의 현신이었음을 관음상 아래 놓인 짚신을 통해 깨
닫고는 다시금 관음을 만나고자 관음이 머무른다는 신성한 굴에 들어
가 보려 했지만, 풍랑이 크게 일어 결국 보지 못하게 된다.

　그런데 이 설화에서 무엇보다 흥미로운 점은 관음의 현신한 모습이
표모형 인물로 나타나고 있고, 이런 비속한 여인의 모습을 내세워 깨달
음을 주고자 했다는 것이다. 실제로 《삼국유사》 소재의 불교설화에서
는 부처나 보살이 비속한 모습을 하고서 출현하는 경우가 적지 않다.
《삼국유사》 감통(感通) 제7 광덕(廣德) 엄장(嚴莊)에서는 광덕의 아내
가 분황사 종이라 했으면서도 그녀가 실제로는 관음보살의 십구응신이
라 하고 있다.[13] 이들의 출현이 이렇게 비속한 모습을 지니는 것은 깨
달음이 숭고하고 고귀한 데 있는 것이 아니라 있는 그대로를 인정하는
데 있다는 것을 보여주기 위함이라 할 수 있다.[14] 그렇다고 하더라도
불교의 신적 존재가 굳이 이처럼 비속한 모습으로 출현하여 깨달음을
주어야 하는가에 대해서는 의문의 여지가 있다. 이것은 아마도 전래적
인 신 관념과도 무관하지 않을 것으로 보인다. 설문대할망이나 마고할
미 등의 여성거인 신격이나 성모신들은 신적 숭배의 대상임에도 존귀
하고 숭고한 모습을 보이기보다는 비속하고 평범한 여인의 모습을 보

---

12) 조동일, 〈삼국유사 불교설화와 숭고하고 비속한 삶〉, 《한국설화와 민중의식》, 정
　　음사, 1985, 55면.
13) 이외에도 부처나 보살이 비속한 모습으로 나타나는 것으로는 《삼국유사》 감통
　　(感通) 제7 경흥과성조(憬興過聖條)와 진신수공조(眞身受供條), 피은(避隱) 제8 녹
　　회도명(綠會逃名) 문수점조(文殊岾條) 등이 있으며, 이에 대해서는 조동일이 자세
　　하게 검토한 바 있다(위의 글).
14) 위의 글, 54~55면 참조.

이는데, 이런 토착적인 신 관념을 불교에서 받아들여 관음 또한 비속한 모습의 여인으로 형상화시키고 깨달음을 주는 능력을 발휘하도록 한 것이 아닌가 생각된다.[15]

특히 원효가 관음을 만나는 나)대목에서의 관음은 〈동명왕신화〉에서 신모(神母)로 나타나는 유화의 성격과 여러모로 상통하는 면이 적지 않다. 우선 관음이 머무른다는 바다 속 동굴의 설정은 유화의 소상(塑像)이 수혈(隧穴) 속에 모셔져 숭앙되고 있는 점[16]과 닮아 있고, 물가에서 빨래하는 것은 물과의 친연성이라 볼 수 있기에 하백(河伯)의 딸인 유화의 성격과 다르지 않으며, 벼 베는 여인의 모습도 유화가 남하하는 동명에게 오곡의 종자를 비둘기로 보내는 것과 같이 곡신(穀神)의 면모를 지닌다고 볼 때, 양자는 많은 유사성을 지니고 있음을 알 수 있다. 물론 유화의 신적 면모가 변모되어, 또는 영향을 미쳐 관음의 모습이 이렇게 나타났다고 볼 수는 없겠지만, 이런 유사성은 불교의 신격 형상화가 의식적이든 그렇지 않든 전래적인 신모관념을 바탕에 두고 있었기에 가능했으리라고 본다. 여하튼 불교의 신이 나)처럼 비속한 모습의 표모형 인물로 형상화하고 있음은 유념할 만하며, 이 점은 전래적인 신 관념과 맞닿아 있다는 점도 기억할 만하다.

다)는 성씨(姓氏)시조신화이다. 이런 성씨시조신화에도 표모형 인물이 등장하여 시조의 어머니로서 시조를 출생하거나 시조가 될 아이를 발견하는 존재로 나타나고 있다. 성씨시조신화 가운데 이런 양상을 잘 보여주는 것으로는 충주어씨(忠州魚氏)시조신화를 들 수 있다. 그 신화

---

15) 불교에서 전래적인 신 관념을 끌어와 민중에게 친근하게 접근하려 했는지, 그렇지 않고 전래적인 신 관념이 불교에 침투하여 이런 모습을 갖게 했는지는 확실하지 않지만, 어느 관점에서 보든 전래적인 신 관념과 불교 신격의 형상화가 밀접하게 맥이 닿아 있음을 알 수 있다.

16) "其國東有大穴 名隧穴 十月國中大會 迎隧神還于國東上祭之 置木隧于神坐"(《三國志》魏書東夷傳 高句麗)

의 내용은 다음과 같다. 충주에 사는 여인이 시집온 지 10년이 되어도
아이가 없었는데, 하루는 강가에서 빨래를 하던 중 갑자기 물속에서 큰
잉어가 튀어 올라 여인의 배를 치고 달아났다. 그 뒤 여인은 아이를 갖
게 되었고, 낳은 아이의 체모(體貌)가 기이하고 겨드랑이 밑에 비늘 셋
이 있어 고려 태조가 어씨 성을 하사했다고 한다.[17] 이처럼 성씨시조의
어머니가 표모로 나타나고 있다. 그런데 이런 양상은 충주어씨시조신화
에만 국한된 것은 아니다. 파평윤씨(坡平尹氏)시조신화도 《한국성씨대
관》 같은 자료에서는 용연(龍淵)에 윤온(尹媼)이란 할미가 금궤(金櫃)
속에서 아이를 거두어 길렀다고 하지만,[18] 후손들이 전하는 다른 자료
에서는 못가에서 빨래를 하고 있던 윤씨부인이 상자를 건져 기르게 되
었다고 하여 표모를 설정하고 있다.[19] 그리고 하음봉씨(河陰奉氏)의 시
조신화도 표모를 설정하고 있지는 않지만 물가의 노파가 옥함(玉函)에
담겨 있는 아이를 발견하여 왕에게 바치는 것으로 나타나고 있어, 성씨
시조신화에서 표모형 인물이 시조의 탄생과 밀접하게 관련되어 있음을
알 수 있다.

　그런데 성씨시조신화는 시조에 대한 숭엄과 존경, 신성성, 초인간상
을 구축하여 시조를 중심으로 씨족의 융합을 꾀하려는 의도가 강하
다.[20] 따라서 가계(家系)의 혈통이 뛰어나다는 것을 내세우기 위해 시
조의 신이한 출생을 중심으로 이야기를 구성하는 형태가 일반적인데,
이처럼 시조의 모계를 표모형 인물로 설정하고 있음은 주목할 만하다.
성씨시조신화는 족보에 기록된 것이기에 대체로 그 형성시기를 파악할

---

17) 박영준, 《한국의 전설》 제9권, 한국문화도서출판사, 1972, 301~302면 ; 《한국인
　　의 족보》, 일신각, 1977, 708면 참조.
18) 최덕교・이승우 편저, 《한국성씨대관》, 창조사, 1971, 453면.
19) 박영준, 《한국의 전설》 제8권, 249~250면.
20) 김광순, 〈시조신화의 양상에 관한 연구〉, 《한국구비전승의 문학》, 형설출판사,
　　1983, 27면.

수 있는데, 많은 것이 고려조에 이루어졌음을 알 수 있다.[21] 이처럼 후
대에 생겨난 신화 형태이기 때문에 시조에게 의도적으로 신성함을 부
여하고자 하는 성격이 강했음에도, 이와 같이 표모가 시조의 어머니로
설정되고 있는 까닭이 무엇인지는 생각해 볼 필요가 있다. 이는 아마도
표모가 겉으로 드러나는 비속한 모습의 여인으로 인식되었다기보다는
성모신의 성격을 지닌 존재로 인식되었기 때문에 가능했을 것으로 보
인다. 시조의 신성성을 부각시키고자 신화를 창조하는 과정에서 비속한
여인을 시조의 모계로 설정하여 스스로의 가문을 비하시키고자 하지는
않았을 것이기 때문이다. 건국신화와는 다른 계통으로 사람들에게 아울
러 숭앙되고 있는 건국시조의 성모출생담이 있었기에, 이것을 표본으로
삼아 성모신의 성격을 간직하고 있다고 인식되던 표모를 가져와 성씨
시조신화에 신성성을 부여하고자 활용했던 것이 아닌가 생각된다. 어쨌
든 다)는 고려조라는 비교적 후대의 문헌 자료임에도 표모를 시조에 결
부시켜 신성성을 획득하고자 하는 모습이 나타난다는 점에서, 후대 신
화 형태의 창조에 표모형 인물이 중요하게 작용하고 있음을 보여주는
자료라고 할 수 있다.

  라)부터는 구전자료이다. 무가(巫歌)인 〈바리공주〉에서도 빨래하는
여인의 모습을 찾아볼 수 있다. 바리공주 무가에서 빨래하는 여인은 각
편(各篇)에 따라 다소 차이는 있지만 대부분의 자료에 등장하고 있고,
그 기능은 서천서역국으로 구약(救藥)여행을 떠나는 바리공주에게 길
을 알려주는 것으로 되어 있다. 여기에서 바리공주는 표모의 빨래를 대
신 빨아주고 길을 알게 되는데, 이런 내용만으로는 바리공주 무가의 표
모가 정말 신적 존재인지 파악하기 어렵다. 이런 까닭에 강진옥은 〈바
리공주〉에 등장하는 표모를 주체세력, 곧 바리공주의 조력자로 파악하

---

21) 김광순은 성이 일반적으로 널리 쓰인 것이 고려 중엽부터라고 보는데, 고려 문
  종 때는 성씨가 없는 사람은 과거에 응시하지 못하게 하였으므로 이때부터 많은
  성씨가 생겨났을 것으로 파악하고 있다(김광순, 앞의 글, 29면).

고 있다.[22] 이 점은 타당하지만 그렇다고 해서 〈바리공주〉에서 표모의
성격이 분명히 드러난 것은 아니다. 때문에 바리공주 무가의 서답하는
여인이 어떤 성격의 존재인가를 명확히 할 필요가 있다고 본다.

서천서역국의 길은 인간은 알 수 없고 신적 존재라야 알 수 있는 것
이라는 점에서 바리공주 무가에 등장하는 표모의 성격은 단순하지 않
다. 이 점은 제주도의 〈차사본풀이〉를 가져와 이해할 때 좀더 분명해진
다. 〈차사본풀이〉는 본토의 바리공주 무가와 같은 기능과 성격을 지니
고 있는데, 여기서는 염라대왕을 데려오기 위해 저승으로 여행을 떠나
는 강임에게 저승길을 알려주는 존재가 다름 아닌 첫째 부인 집의 조왕
신과 조상신임을 알 수 있다. 서천서역국이나 저승의 길을 알려주는 것
은 단순한 듯하지만 신적 존재라야 가능한 것이다. 〈바리공주〉에 나오
는 표모는 〈차사본풀이〉처럼 조왕신·조상신이라는 구체적인 신격이
분명히 드러나지는 않지만, 신적 존재라는 사실만은 알 수 있다. 때문에
동해안무가와 같은 자료에서는 길을 알려주는 표모를 천태산 마고할미
라고 밝히고 있기도 하다.[23] 천태산 마고할미는 원래는 도교의 신격이
지만 우리의 설화에서는 이런 모습을 거의 찾아보기 어렵고, 전래적인
성모신의 성격을 지닌 존재로 믿어졌던 것으로 보인다. 구전설화에서
마고할미의 뚜렷한 면모는 지형을 창조하는 여성거인신격으로 나타난
다. 마고할미가 산을 치마에 싸서 가다가 치마끈이 풀려 산을 버렸는데
그것이 ○○산이 되었다고 하는 형태[24]의 거인설화는 흔히 볼 수 있는
양상으로, 민간에서는 마고할미가 창조적 여신으로 믿어졌음을 알 수
있다. 또한 지리산성모를 마야고, 마고 등으로 불렀다고 하는 데서 알
수 있듯이,[25] 마고할미는 토착적인 성모신으로 여겨지기도 했던 것으로

---

22) 강진옥, 앞의 글, 39면.

23) 최정여·서대석, 《동해안무가》, 형설출판사, 1974.

24) 〈마을 인근산의 유래〉(《한국구비문학대계》 8-8, 한국정신문화연구원, 1983, 565~
566면)와 같은 자료를 비롯해서 이런 모습을 보이는 자료가 상당수 채록되어 있다.

생각된다. 무가에서도 이런 마고할미가 표모의 모습으로 등장하여 무신
(巫神)이 되는 과정에 있는 바리공주의 길을 안내하는 것으로 나타나고
있다. 서사무가는 각기 그 거리에 맞게 섬겨지는 신의 신격획득 과정을
이야기하는 것이기에 '표모'는 이처럼 단순히 길을 알려주는 조력자의
모습으로 나타날 수밖에 없지만, 무신의 신격획득 과정을 돕는 초월적
존재자라는 점에서 전래적인 성모신이 표모의 모습으로 무속신화에 반
영되어 나타난 것으로 판단된다.

 구전설화인 마)의 산이동설화에서도 중요하게 등장하는 인물이 표모
이다. 산이동설화에서 표모는 대체로 걸어가는 산이나 물에 떠오는 산
또는 섬을 멈추게 하는 존재로 나타난다. 여인은 빨래를 하다가 "산이
걸어온다"라는 말을 하여 산을 멈추게 하는 것이 대다수이며, 경우에
따라서는 빨래방망이나 부지깽이를 이용하는 모습을 보여주고 있다.[26]
여인의 이런 행위는 일반적으로 부정적으로 인식되었는데, 이 행위 때
문에 산이나 섬이 제대로 자리를 잡지 못했다고 설화에서는 이야기되
고 있다. 때문에 설화에 따라서는 이렇게 산을 고정시키는 여인이 벼락
을 맞아 죽는 모습을 보이기도 한다.[27] 하지만 이런 모습은 그 성격을
검토해 볼 때 일상적이고 비속한 여인의 부정한 행위 때문이 아니라,
산이나 섬을 옮겨서 지형을 형성시키는 거인이 후대에 와서 그 신화적
성격을 잃어버려 나타난 현상임을 알 수 있다. 이러한 근거로는 첫째,
산이나 섬을 기구를 이용해서 멈추게 하여 지형을 고정시키는 작업은
분명 거인의 면모를 지녀야만 가능하고 실제로 기구를 이용해 바위를

---

25) 한상수, 앞의 책, 228면.
26) 이런 양상을 잘 보여주는 설화로는 〈용두산의 유래〉(《한국구비문학대계》 8-7,
 한국정신문화연구원, 1983, 187면)와 〈걸어오다가 멈춘 산〉(《한국구비문학대계》
 8-3, 한국정신문화연구원, 1981, 453면), 〈안태봉이 떠내려 온 내력〉(《한국구비문학
 대계》 8-10, 한국정신문화연구원, 1984, 524면) 등 상당수 자료를 찾아볼 수 있다.
27) 〈대구의 산〉(임석재 전집 12, 《한국구전설화》, 평민사, 1993, 21면)과 같은 자료
 가 이런 모습을 잘 보여준다.

이동시키는 여성거인설화가 다수 있어 이에 대응된다는 점, 둘째, 산 이동을 멈추게 하는 표모는 원래 산을 옮기는 여성거인이었고 목적지의 작업이 완성되어 더 이상 작업을 수행하지 않아도 된다는 소식을 들었던 존재였으나, 이것이 후대로 전승되면서 거인이 산을 옮기는 것이 비현실적이라는 인식 때문에 산은 스스로 이동하는 모습으로, 여성거인은 이를 고정시키는 말을 하는 부정적 존재로 각기 변모되었다는 점 등을 들 수 있다.[28]

산이동설화에서 표모는 지형창조신의 기능을 하던 여성거인신격이 후대에 변이된 형태이다. 거인신이 지닌 본래의 성격을 잃고 점차 인간화되는 과정에서 표모형 인물이 부각되고 있음을 알 수 있다. 그렇다고 이런 표모의 모습이 원래부터 지니고 있었던 여성거인신의 면모와 전혀 동떨어진 것은 아닌 듯하다. 설문대할망은 빨래를 하면서 한라산 꼭대기를 잘라 산방산이라는 새로운 지형을 창조하는 모습을 보여주기도 한다.[29] 표모에 대해 여성거인으로서 거대한 존재라는 인식만 사라졌을 뿐, 거인신의 면모와 행위는 여전히 잔존하고 있는 것이다.

바)는 동학의 창시자인 최제우의 부(父)인 최옥(1762~1840)을 주인공으로 하여 전승되는 구비설화로서, 최옥이 18, 9세기의 역사적인 인물이라는 점에서 조선 후기에는 사람들에게 표모가 어떻게 인식되고 있는지를 알 수 있는 중요한 자료가 된다. 또한 표모형 인물이 이전 자료에서는 성모신의 성격을 지닌 존재로 나타나는 경향이 강했는데, 이런 면모가 어떻게 변모되어 나타나는지도 관심사이다.

최옥에 관한 구전설화는 경주 현곡면에서만 3편이 조사되어 《한국구비문학대계》 7-1에 수록되어 있다.[30] 이들 자료에 대한 구체적인 논의

---

28) 이에 대한 자세한 논의는 필자가 구체적으로 진행한 바 있다(권태효, 〈거인설화의 전승양상과 변이유형 연구〉, 경기대 박사논문, 1997).

29) 〈山房山〉, 임석재 전집 9, 《한국구전설화》, 평민사, 1992, 202면.

30) 〈근암공일화〉, 《한국구비문학대계》 7-1, 한국정신문화연구원, 1980, 86면 ; 〈초

는 이미 조동일에 의해 이루어진 바 있기에,[31] 그 논지를 받아들이면서 최옥설화에 나타난 표모를 살펴보도록 하겠다. 설화의 내용은 대체로 다음과 같다. 최옥이 과거를 보러 아홉 차례 서울에 갔으나 급제하지 못하여 낙담해서 한강 강둑에 나와 울고 있으니, 빨래하는 늙은 할미가 영남의 최옥은 과거에 아홉 번 낙방해도 아무 말 하지 않았는데 사내대장부가 과거에 낙방했다고 이렇게 우느냐 하며 꾸짖었다. 그 말을 듣고 최옥은 자신의 이름을 이런 할미도 알 정도이니 과거에 급제한 것보다 못하지 않다고 여기며 돌아왔다고 한다. 여기서 표모는 최옥과 대비적인 인물로 설정되어 있는데, 학식이 뛰어난 선비로 자처하던 최옥이 어찌할 바를 몰라 강둑에서 울고 있는 데 반해, 비속한 모습의 빨래하는 할미는 최옥의 낙방소식을 들어 알고 있을 뿐 아니라 실의에 빠진 최옥을 달래는 법도 알고 있다. 기어코 이름을 내겠다는 욕심을 경계하게끔 하고 산림처사로서 고결한 삶을 살도록 깨달음을 주는 모습을 보인다고도 하겠다.[32]

이렇게 볼 때 바)에서의 표모 또한 비속한 모습으로 나타나지만 최옥이라는 뛰어난 인재에게 깨달음을 주는 존재로 나타난다는 점에서, 바) 역시 이 글에서 다루는 여타의 표모형 설화 자료와 상통한다. 그럼에도 근본적인 차이점이 있다. 바로 표모의 성격에서 신적인 면모를 찾기 어렵다는 점이다. 이미 검토하였듯이 표모는 성모신의 성격을 지니거나 성모신의 변모된 존재로서 나타나는 양상이 뚜렷한데, 여기서는 지혜로운 여인의 의미만 강조된다. 그런데 이때 의문이 하나 제기된다. 왜 하필 지혜로운 여인을 설정하면서 표모를 택하고 있는가 하는 점이다. 이 점은 동학이라는 신흥종교의 발흥과도 무관하지 않다고 본다.

시 열두 번에 과거 못한 근암공〉, 같은 책, 111면 ; 〈과거에 실패한 근암공〉, 같은 책, 481면.

31) 조동일, 〈최제우의 득도와 민중이야기〉, 《민중영웅이야기》, 문예출판사, 1992.

32) 위의 글, 138~139면.

다)의 성씨시조신화를 살피면서 후대에 창조된 신화 형태이기에 의도적으로 신성성을 시조에게 부여하고자 표모를 모계에 설정했다고 언급한 바 있는데, 이와 유사한 방식으로 신흥종교의 창시자인 최제우의 아버지를 신성하게 묘사하고자 하는 의도에서 전통적인 신화적 존재자를 설화에 등장시킨 것이 아닌가 생각된다. 최옥은 서답하는 여인을 통해 깨달음을 얻고 있지만, 최옥의 설화가 궁극적으로 전달하고자 하는 바는 최옥의 재능이 부족한 것이 아니라 세상이 잘못된 탓에 그 재능이 쓰이지 못했다는 것이다. 최옥이라는 인재가 세상과 어긋나서 산림처사로 있게 된 과정을 부각시키고 있다고 하겠다.

실제로 《용담유사》나 《동경대전》에서 최제우는 아버지인 최옥을 한껏 높여 말하고 있다. "아버님께서는 세상에 나시자 이름이 한 도를 얻었으며, 사림에서 두루 아는 분이 되었으며, 덕이 여섯 대에 걸쳐 이어졌으니, 어찌 자손에게 끼친 경사가 아니리오"[33]라고 하여 뛰어난 인재였음을 부각시키고, 그럼에도 입신양명하지 못하고 산림처사로 머무를 수밖에 없었음을 안타까워한다. 그런데 이처럼 최옥을 높여 말하려면 최옥이 산림처사로 머무르게 된 까닭을 필연성 있게 그리고 신비롭게 설명할 필요가 있는데, 구전설화에서 표모를 설정함으로써 이 점을 잘 합리화시켜주고 있다. 곧 산림처사로 고결한 삶을 사는 계기를 전래적인 신화적 인물인 표모를 등장시켜 보여주고 있는 것이다. 물론 표모가 18, 9세기까지도 신화적 존재로 민간에서 인식되었는지는 의문이지만, 동학이라는 신흥종교의 발흥과 함께 창시자의 아버지를 뛰어난 인재로 숭앙시하는 작업이 있었던 것과 관련하여 최옥설화를 본다면,[34] 표모는

---

33) "……家君出世 名盖一道 无不士林之共知 德承六世 豈非子孫之餘慶"(《東京大全》修德文), 《동학가사》(Ⅱ) 부록 영인본, 한국정신문화연구원, 1979.

34) 설화에서 최옥이 명예욕에 사로잡혀 기어코 이름을 내겠다는 것에 대해 조동일은 민중적 위치를 대변하는 '빨래하는 할미'를 통해 비판하는 것이라고 했지만(조동일, 앞의 글, 139면), 표모를 표면적으로 드러나는 모습 그대로 보지 않고 전래

최옥을 높이고 신성시하는 한 형태로서 설정되었던 신화적 인물로 볼 수 있다. 다만 현실적인 사고에 맞춰, 표모는 신화적 성격을 지닌 존재 자로 나타나기보다는 지혜로운 사람으로 깨달음을 주는 본질만 이어받는 형태로 형상화하여 나타나고 있음을 알 수 있다.

여하튼 최옥설화는 신흥종교에서 창시자의 아버지를 신성시하는 데 표모를 등장시켜서 표모형 설화를 계승하고 있다는 점에서 중요하다. 그리고 조선조 후기까지도 신성시되는, 또는 신성함을 드러내야 하는 이야기에서 표모가 지속적으로 나타나고 있음을 보여준다는 점에서도 의의가 있다.

이상 표모형 인물의 면모가 잘 드러나는 자료들을 대상으로 하여 그 양상을 검토하였다. 그러면 이를 바탕으로 설화에 나타난 표모형 인물 이 어떤 성격과 의미를 지니는지를 살펴보도록 하겠다.

첫째, 표모는 시조(始祖)를 탄생시키거나 버려진 시조를 구출하고 양육하는 존재로, 시조의 출생과 관련된 성모신의 성격을 지닌다는 점이다. 이런 양상은 가)의 석탈해신화와 다)의 성씨시조신화에서 두드러진다. 건국신화를 통해 건국시조를 신성하게 숭앙하는 형태와는 다른 계통의 성모에 의한 출생담이 민간에 전승되는데, 시조의 출생과 관련된 표모는 바로 이런 점에서 성모신적 존재라 할 수 있는 것이다. 곧 표모는 시조의 모계(母系)로서, 또는 출생을 돕는 존재로서 설정된 성모신이 형상화된 모습이라 하겠다.

둘째, 표모는 신의 현신이거나 신이 변모되어 인간화한 존재로 나타

적인 관념에 따라 최옥에게 깨달음을 주기 위해 설정된 존재라고 보았을 때는 최 옥을 낮추는 것이 아니라 오히려 한껏 높이는 것이 된다. 물론 동학교도들이 아닌 일반 민중들도 설화를 통해 최옥을 높이 받들려고 했는지는 분명하지 않지만, "정 운구가 최옥을 연행하기 위해 경주로 가는 도중 조령에서 경주에 이르기까지 동학 을 받들지 않는 곳이 없었다"는 것으로 보아(같은 글, 176면) 이 지역 민중들에게 최제우가 신성시되었음을 알 수 있다. 따라서 최제우의 아버지인 최옥 또한 설화 에서 미화되고 신성하게 단장되었을 것은 당연하다고 하겠다.

나고 있어, 본디부터 여성신의 성격을 지닌 존재로 믿어졌다는 점이다. 나)의 불교설화에서는 불교의 신격인 관음이 표모로 현신하고 있고, 라)의 무가에서는 마고할미와 같은 여성신이 표모의 모습으로 등장하고 있다. 또한 마)에서는 지형을 창조하던 여성거인신이 후대로 구전되면서 신적 성격을 잃고 표모의 모습을 보이게 된다. 이는 곧 표모가 본래 신적 존재로 인식되었음을 보여주는 것으로, 설화가 지닌 그 본디의 신화적 성격을 상실하고 겉으로 드러나는 표모라는 외면적 속성만이 강조되면서 신적 존재라기보다는 평범한 인간, 비속한 인간으로 인식되어 가는 경향을 나타낸다.

셋째, 후대에 의도적으로 창조되는 신화 형태나 신흥종교의 발흥과 관련하여, 신성시하고자 하는 대상인물에게 신성성을 부여하려는 의도에서 표모가 설정되어 있다는 점이다. 다)의 성씨시조신화는 후대에 시조를 높이고자 하는 의도에서 신화가 만들어진 경향이 있는데, 시조의 모계로서 또는 버려진 시조를 구해 양육하는 존재로서 표모가 등장하고 있다. 그리고 바)의 최옥도 동학의 창시자인 최제우의 아버지이기에 그를 자연스럽게 미화시키고 숭앙화할 필요가 있었는데, 신화적 성격을 지닌 표모를 설정함으로써 그가 뛰어난 인재임에도 산림처사로 지낼 수밖에 없었던 사정을 표모의 깨달음을 받는 모습을 통해 나타내고 있다. 곧 표모를 결부시킴으로써 최옥의 처신에 대한 당위성을 획득하고 있는 것이다. 더욱이 표모가 비속한 행적을 하고 있지만 뛰어난 인물에게 깨달음을 주는 양상이 많은 설화에 지속적으로 나타나고 있다는 점을 감안할 때, 최옥을 높이고자 하는 의도에서 표모를 설정하였다고 할 수 있다. 이렇게 본다면 신성성을 부여해야 하는 상황에서 표모를 의도적으로 차용하고 있다고 하겠다. 물론 이것은 표모가 신화적 인물이기에 가능한 것이다.

넷째, 표모형 인물이 나타나는 설화의 시대적 흐름에서 표모가 점차 신적 존재의 면모에서 인간적 존재로 변모되는 양상이 뚜렷하게 드러

난다는 점이다. 마)에서 여성거인적 존재가 거인의 창조신화적 성격을
잃는 과정에서 인간의 행위나 면모만이 부각되어 나타나고, 바)에서는
표모의 인간적 행위나 모습만 보일 뿐 신적인 면모는 전혀 찾아볼 수
없다. 다) 또한 시조의 탄생과 관련된다는 점에서 성모신의 성격은 확
인되지만, 후대에 의도적으로 신성성을 부여하고자 하는 신화인 까닭에
표모는 인간적 면모만 두드러질 뿐이다. 표모형 인물이 후대 자료로 전
이되면서는 신적 존재의 면모가 약해지면서 점차 인간적 존재로 변모
되는 양상이 나타나는 것이다. 가)의 아진의선이 시조신인 혁거세와 관
련이 있는 인물이라는 것과 같은 언급도 없고, 나)와 라)처럼 신이 현
신한 또 다른 모습이 표모라는 점도 전혀 찾아볼 수 없다. 그저 평범한
인간일 뿐이고, 다만 그 성격상 신적인 면모가 이어져 내려오는 것이라
할 수 있다. 이렇게 볼 때 신적 존재였던 표모가 후대로 내려오면서
신화적 성격을 잃고 점차 인간화하여 나타나는 경향을 알 수 있다.

3. 표모의 신적 성격 검토

앞서 표모에 대한 자료 검토를 통해 표모는 겉으로 드러난 것과 같은
비속한 여인이 아니며, 신화적 인물로서 성모신의 성격을 지닌다고 했
다. 이는 표모가 신의 현신으로 나타나고 있다는 점, 국조(國祖)나 성씨
시조의 모계로 설정된다는 점, 뛰어난 능력을 지닌 신적 존재나 인간에
게 깨달음을 주고 가야 할 방향을 제시하는 구실을 한다는 점 등에서
분명히 드러난다고 본다.

그런데 여기서 의문되는 바는 이런 성모신의 성격을 지닌 존재가 왜
표모와 같은 비속한 모습의 여인으로 형상화하여 나타나는가 하는 점이
다. 이 점은 성모신의 근원을 찾는 작업과 무관하지 않으리라고 본다.

성모신에 대해 지금까지의 선행연구에서는 산신적 성격을 지닌 존재

로 파악하는 것이 일반적이었고,[35] 지상에서 하늘과 가장 가까운 곳이
산이라는 점에서 천신신앙의 일단으로 파악하기도 했다.[36] 실제로 성모
신에 대한 자료를 본다면 이런 산신의 성격이 뚜렷이 부각된다. 선도산
성모나 운제산성모, 가야산신 정견모주, 치술령신모, 지리산성모, 성거
산성모 등 성모신이 산을 관장하는 여산신으로서 신성시되는 양상이
뚜렷하다.

그런데 이런 여산신적 성격의 성모신은 본래부터 지형창조신격이었
던 여성거인신격과 아주 밀접한 관련이 있었던 것으로 생각된다. 이렇
게 볼 수 있는 근거로 몇 가지를 들 수 있다.

첫째, 강원도 북평지역에 한정하여 살핀 것이기는 하지만, 마고할미
가 지형을 창조하는 여성거인으로 나타나기도 하고 아울러 심마니들이
섬기는 여산신으로 믿어지기도 하여 여성거인신격과 여산신이 동일한
명칭을 공유하고 있다는 점이다. 강진옥은 이런 양상과 제주도 설문대
할망에 대한 신앙 가능성을 들어 여산신에 대한 신앙의 근원이 여성거
인신에 대한 신앙에 있었을 것으로 추정하고 있다.[37] 이 점은 천혜숙도
같아서, 거인여성들의 창조행위와 관련된 배경이 산이라는 사실을 들어
마고할미가 성모신과 밀접한 관련이 있다고 지적한 바 있다.[38] 이런 주
장들을 수용하여 볼 때, 산과 같은 지형을 창조하던 여성거인신격이 창
조신의 성격을 잃고 산을 관장하는 성모 또는 여산신으로 인식되면서
그러한 관념이 이어졌을 가능성이 있다.

---

35) 김영수, 〈智異山 聖母祠에 就하야〉, 《민속의 연구(1)》, 정음사, 1985.
    최길성, '성모'편, 《한국민족문화대백과사전》, 한국정신문화연구원, 1991.
    이외의 단편적인 연구들에서도 성모신이 산신의 성격을 지닌다는 것은 공통적
    으로 지적된 점이다.
36) 이은봉, 《한국고대종교사상》, 집문당, 1984 ; 김영수, 위의 글.
37) 강진옥, 앞의 글, 11~15면 참조.
38) 천혜숙, 〈여성신화연구(1)—대모신 상징과 그 변용〉, 《민속연구》 1집, 안동대
    민속학연구소, 1991, 11면.

둘째, 성모신이 실제 구전설화에서는 여성거인으로 형상화하고 있는 모습을 찾아볼 수 있다는 점이다. 이런 면모가 뚜렷이 드러나는 자료로 지리산성모설화를 들 수 있다. 한상수가 1968년에 채록한 자료에 따르면, 지리산성모는 장신(長身)이고 대력(大力)을 가진 여성거인으로 형상화되고 있는 것이다.[39] 또한 이능화의 《조선여속고》에는 이 지리산성모가 법우화상(法祐和尙)과 결연하여 팔도 무녀의 조상이 되었다는 기록이 있는데, 여기서도 성모는 계곡물이 넘쳐흐를 정도의 선류(旋流)를 하는 것으로 나타나 많은 양의 배설을 하는 거인의 면모가 드러나고 있다.[40] 이처럼 성모는 여산신이면서 한편으로는 거인신의 성격을 지닌 존재로 믿어졌던 것으로 보인다.

셋째, 성모신은 앞에서 밝힌 바 있듯이 건국시조의 탄생과 밀접한 관련이 있는 존재로 믿어졌는데, 건국시조는 한편으로 구전설화에서 거인의 모습으로 형상화되어 나타나는 경향이 강하므로,[41] 시조의 탄생과 거인성이 매개가 되어 거인신격과 성모가 연결될 수 있다는 점이다. 건국시조의 출생이기에 비록 거인성이 남성에 국한되는 양상을 보이기는 하지만, 성모가 여성거인신격이라야 건국시조가 거인적 존재로 형상화되는 까닭이 해명될 수 있다고 본다.

이상과 같이 볼 때 성모신은 여성거인신격과 밀접한 관련이 있으며, 그 까닭은 성모신의 근원이 바로 여성거인신격에 있기 때문으로 여겨진다. 이때 여성거인신격의 행위나 모습은 표모와 흡사한 면모를 보여준다.

---

39) "지리산신은 여성으로 거인이었다. 키가 36척에 다리가 15척이나 되었다. 그는 성모 또는 마야고, 마고 등으로 불리었다"고 묘사되어 있다(한상수, 앞의 책, 228면).

40) 권태효, 앞의 글, 194~195면 참조.

41) 이런 양상은 단군과 김수로왕의 경우가 대표적으로, 구전설화에서는 이들이 거근(巨根)을 지닌 거인으로 이야기되고 있다. 건국시조가 거인적 면모를 보인다는 점에 대해서는 권태효(앞의 글, 61~62면)와 오바야시(大林太良, 〈巨根の論理〉, 《東アジアの王權神話》, 東京 : 弘文堂, 1984)가 살펴본 바 있다.

여성거인신은 산이나 강과 같은 지형을 창조하고 산을 이동시키는
등 거대한 체구에 걸맞게 창조여신의 성격을 뚜렷이 보여준다. 하지만
겉으로 드러나는 모습이나 행위는 비속하기 짝이 없다. 제주도의 여성
거인 설문대할망은 여러 산이나 섬을 창조하는 존재이지만, 그녀의 모
습은 항상 체구가 거대하여 몸에 맞는 옷을 입지 못하는 초라한 행색으
로 그려진다. 그래서 사람들에게 옷을 만들어주면 육지까지 다리를 놓
아주겠다고 약속을 한다. 뿐만 아니라 지형을 만드는 과정에서도 똥이
나 오줌을 누어 산이나 내를 만들기도 하고 솥을 걸어 밥을 하는 등 평
범하고 일상적인 인간의 모습과 행위를 그대로 보여준다.[42] 이런 양상
은 육지의 마고할미의 경우도 다르지 않다. 자신의 크기를 확인하기 위
해서 온 바다를 다 돌아다니거나 배설물로 지형물을 형성하고 치마로
산을 옮기는 등 비속한 모습과 행위를 보이면서 창조를 하는 신격임을
알 수 있다.

그런데 여성거인설화 자료들 가운데에는 이러한 양상이 더욱 확대되
어 여성거인신이 구체적으로 표모의 모습으로 등장하여 지형을 창조하
는 것도 있다. 설문대할망의 다른 자료가 그것이다.

　　옛날에 제주에 설문대할망이라는 할망이 잇엇는디 이 할망은 꽹쟁이 큰
　　할망인디 할로산에 앚어서 빨래를 할라고 하는디 할로산이 너머 높어서
　　빨래하기가 불편해서 할로산 고고리(꼭대기)를 잡어댕게서 내던졌는디 그
　　고고리가 내던진 곳에 떨어졌는디 이 고고리가 지금 山房山이라고 하는 산
　　이 되엇수다. 그리서 할로산 고고리는 잘러낸 것같이 펭펭합니다.
　　사름들은 산방산을 숫산이라고 할루산은 암산이라고 하고 잇수다.[43]

42) 이런 양상이 잘 나타나는 대표적인 자료는 다음과 같다.
　　장주근, 〈천지창조와 거신설화〉, 《풀어쓴 한국의 신화》, 집문당, 1998, 13~15면.
　　현용준, 《제주도전설》, 서문당, 1976, 27~32면.
　　진성기, 《제주도전설》, 백록, 1992, 26~27면.

이처럼 여성거인신격이 빨래하는 여인의 모습을 하고는 산을 만들어내고 있다. 이런 양상은 앞에서 살펴본 바 있는 산이동설화에서 산이동을 멈추게 하는 여인이 표모로 설정되어 있다는 점, 그리고 이 여인은 본래는 산을 이동시키던 여성거인이 변모되어 나타난 존재라는 점과도 상통하는 것이다. 곧 여성거인의 중요한 면모가 바로 표모로 형상화하는 양상임을 알 수 있는 것이다.

이렇듯 여성거인신격은 그 자체로서 표모의 모습을 띠고 더 근본적으로는 비속한 모습으로 비속한 행위를 하고 있지만, 그 본질이 신적 행위라는 점을 볼 때 표모가 이런 여성거인신의 성격을 계승하고 있는 것으로 생각된다.

한편 이렇게 표모의 성격이 성모신적 존재이고 그 근원이 여성거인신격에 닿아있음을 살폈지만, 여기에는 근본적으로 제기되는 의문점이 하나 있다. 곧 표모의 경우 물과의 친연성이 강조되는 양상이 뚜렷한데 반해, 성모신은 여산신의 성격이 강하게 나타난다는 점이다. 때문에 이런 상이한 성격에 대한 해명이 필요하리라고 본다.

성모신에게서 여산신의 성격이 뚜렷하게 나타난다는 점은 성모신에 대한 여러 자료들을 통해 분명히 확인되는 바이다. 이처럼 성모신이 갖는 산신적 성격은 중요하게 거론되어 왔으나, 성모신 또는 여산신이 물과 친연성을 지닌 존재라는 사실은 거의 언급되지 못했다. 그런데 성모신에 대한 자료들을 면밀히 검토해 보면 성모신이 비를 내리게 하는 등 물을 관장하는 능력을 지닌 신격임을 알 수 있다.

---

43) 〈산방산〉, 임석재 전집 9, 《한국구전설화》, 평민사, 1992, 202면.
　　이처럼 설문대할망은 빨래를 하면서 지형을 창조하였지만, 한편으로는 "(설문대할망은) 한 발은 제주도 서남쪽에 있는 가파도에, 또 한 발은 동북쪽에 있는 성산일출봉을 디디고 바닷물에 빨래를 했다. 또는 한 발은 한라산에 또 한 발은 제주시 북쪽 먼 바다 가운데에 있는 관탈섬을 디디고 바닷물에 빨래를 했다"는 말에서도 알 수 있듯이 여성거인신으로서 표모의 흔적을 섬 곳곳에 남기기도 했다(장주근, 앞의 책, 14면 ; 현용준, 앞의 책, 27~29면).

먼저 운제산성모에 대한 기록에서는 가뭄에 빌면 효험이 있다고 믿어진다고 하고 있어,[44] 운제산성모가 물을 관장하는 능력이 있는 신격임을 알 수 있다. 또한 치술령신모는 박제상의 아내가 왜국(倭國)에서 죽은 남편을 사모하다가 왜국이 바라보이는 곳에서 죽어 신모(神母)가 된 형태로,[45] 치술령이라는 고개의 신, 곧 산신이지만 한편으로는 바다를 보고 서 있다는 점에서 물과 친밀성이 있음을 인정할 수 있다. 그리고 가야산신 정견모주도 태양신인 이비가(夷毗訶)의 감응을 받아 뇌질주일(腦窒朱日)과 뇌질청예(腦窒靑裔)를 잉태하게 되는 것이 물에서 목욕을 하고 있을 때라고 한 점으로 미루어,[46] 산신적 존재이지만 물과의 친연성이 있는 수신적 성격을 지닌 존재이기도 한 것으로 보인다.

그런데 무엇보다도 성모신으로서 물을 관장하는 모습을 특히 확연하게 보여주는 존재가 있는데, 곧 지리산성모신이다. 지리산성모가 비를 내리게 하거나 수술(水術)을 부리는 존재로 믿어졌음을 입증하는 자료는 곳곳에서 찾을 수 있다.

가) 賊(倭寇)已至南海之觀音浦 使覘之 以爲我軍惻儒 適有雨 地有人 禮智異山神祠曰 國之存亡 在此一擧 冀相予 無作神羞 雨果止 ……(《高麗史》 卷113 鄭地傳)

나) …… 屋下有石婦人像 所謂天王 紙錢亂掛屋樣 …… 必有巨靈高神 興雲雨 儲精英 以福于民 無窮已矣(《濯纓集》 卷5 頭流紀行錄)

다) 世傳 智異山古嚴川寺 有法祐和尙者 頗有道行 一日閑居 忽見山澗不雨而

---

44) "雲帝夫人 一作雲梯 今迎日縣西 有雲梯山聖母 祈旱有應"(《三國遺事》 권1, 南解王)
45) 《三國遺事》 권1 기이2, 奈勿王 金堤上
46) 한상수, 앞의 책, 241~243면 ; 황패강, 《한국의 신화》, 단국대출판부, 1988, 118~122면.

尋其來源 至天王峰頂見一長身大力之女 自言聖母天王 謫降人間 與君有緣 適用
水術以自媒耳 送爲夫婦構室居之 生下八女 子孫蕃衍 教爲巫業(《朝鮮女俗考》)

가)는 정지(鄭地)가 임진왜란 때 남해에서 왜구들과 중요한 일전을
벌이는 도중 비 때문에 전세가 불리해지자 성모신에게 빌어 비를 멎게
하고는 왜구를 물리쳤다는 기록이다. 호국신의 성격을 지닌 지리산성모
가 비를 자유자재로 내리고 멎게 하는 능력을 지닌 신으로도 믿어졌음
을 알 수 있는 것이다. 나)는 지리산성모가 사람들에게 신성하게 섬겨
지던 모습을 기록한 것으로, 지리산성모가 구름과 비를 일으키는 영험
한 존재이며 사람들에게 복을 주는 존재라고 믿어졌음을 알 수 있다.
여기서도 지리산성모는 비를 관장하는 존재로 여겨지고 있다. 다)는 지
리산성모가 법우화상과 결연하여 팔도무녀의 조상이 되는 이야기로, 성
모가 법우화상과 맺어질 때 수술(水術)을 보이고 있다. 비가 오지 않았
는데도 많은 양의 물이 넘쳐흘렀다는 것은 배설을 통해 거인성을 보여
주는 것이라 하겠지만,[47] 무엇보다 수술을 부릴 수 있다는 것은 물을
관장하는 능력을 지닌 신격이었음을 보여주는 것이 된다.[48]

한편 이런 산모신(山母神)신앙이 물할미신앙과 결합되는 양상은 전
국적으로 널리 퍼져 있으며, 이때 약수의 위치가 산중에 있는 것으로
해서 '물할미'는 흔히 '산할미'를 겸하기도 한다.[49]

이렇듯 성모신은 여산신이면서도 더불어 물을 관장하는 존재로도 믿
어졌던 것이다. 표모형 인물이 성모신적 존재이면서도 물과의 친연성이

---

47) 권태효, 앞의 글, 194~195면 참조.
48) 산신신앙과 물신앙의 친연성은 김열규가 앞서 검토한 바 있다. 김열규는 노적봉
　전설을 들어 이 전설의 미륵할미가 산모신적 존재이면서 횟물로 적을 물리치려고
　하는 행위를 보이는 것은 물을 관장하는 수신의 성격을 아울러 지닌 신격이기 때
　문이라고 파악하고 있다(김열규, 〈민담과 민속신앙〉, 《한국민속과 문학연구》, 일
　조각, 1985).
49) 위의 글, 127면 주30 참조.

두드러진 것은 이런 바탕에 말미암는 탓이라 하겠다.

이상과 같이 볼 때 표모는 산신의 성격보다는 물과의 친연성이 강조된 형태의 성모신이라 할 수 있으며, 그 바탕은 비속한 모습으로 비속한 행위를 하면서도 창조신의 모습을 보이는 여성거인신격에 닿아 있음을 알 수 있다.

4. 표모형 설화의 변모와 '버들잎' 화소 설화

표모형 인물은 국조신화와 무속신화 등 신화자료에서부터 조선 후기 신생종교인 동학의 발흥과 관련 있는 최옥설화에까지 끊임없이 등장하고 있다. 표모형 인물이 이처럼 지속적으로 등장하는 까닭은 표모가 신적 존재라는 성격 때문이기도 하지만, 후대에 의도적으로 신성성을 부여하는 이야기를 만드는 데에 전대의 신화적 성격을 지닌 인물이나 화소를 끌어와 재창조하는 경향이 있기 때문일 것이다. 성씨시조신화나 최옥설화도 비교적 후대의 것으로서, 이처럼 신성성을 부여하고자 전대에 중요한 신화적 성격 및 역할을 지녔던 표모를 끌어 온 것이라 할 수 있다. 이렇게 후대에 의도적으로 표모를 끌어와 신성성을 얻고자 하는 경우는 표모의 성격이나 설화에서의 그 기능이 비교적 잘 계승된다고 할 수 있다. 뛰어난 능력을 지닌 존재에게 비속한 모습으로 나타나 깨달음을 주거나 앞길을 제시해주는 표모의 면모가 그대로 유지되는 것이다.

그런데 표모의 성격이 이렇게 계승될 경우 표모는 이야기에서 주인공이 되기보다는 주인공의 조력자로서 남을 수밖에 없다. 주인공으로 설정된 뛰어난 인물보다 더 우위에 서서 깨달음을 주거나 가야 할 방향을 제시해주는 존재이기는 하지만, 조력자로서의 구실은 그것으로 끝나고 만다. 더 이상 설화에서 주체적인 인물로는 그려지지 못하는 것이다.

이런 양상은 고전소설에서 천태산 마고할미나 도승(道僧)이 나타나 위기에 빠진 주인공을 구출해주고 뛰어난 능력을 가질 수 있도록 가르침을 주는 것에 대응되는 것으로, 주인공이 위업을 달성하는 데 조력자로 기능을 다하고는 잊혀져 버린다. 곧 표모는 신적 능력을 발휘할 수 있는 신화적 존재, 예컨대 창조작업을 하는 여성거인과 같은 모습일 때는 설화의 주인공이 되어 주체적인 활동을 할 수 있겠지만, 현실적인 사고가 인간에게 팽배해지면서 신화적 존재보다 인간이면서도 뛰어난 능력을 지닌 영웅을 더 찾게 되는 후대에 이르러서는 이런 영웅의 훌륭한 조력자 노릇에 그치고 만다는 한계가 있다.

이런 까닭에 표모형 설화는 한편으로 표모의 성격을 발전시켜 좀더 주체적인 입장에서 설화를 이끌어나가는 새로운 형태의 인물성격을 창출할 필요가 있었던 것으로 보인다. 이런 면모를 잘 보여주는 자료로 '버들잎' 화소 설화를 들 수 있다. 이 설화는 표모형 설화를 계승하면서도 한편으로는 남녀 사이의 애정담 형태로 발전시킴으로써 표모가 여주인공의 모습으로 거듭나며 설화를 주체적으로 이끌어나가도록 한 것이라 하겠다.

'버들잎' 화소 설화란 목이 마른 남자가 물가에서 빨래를 하거나 물을 긷는 여인에게 물을 청하자 여인이 물을 뜬 바가지에 버들잎을 띄워서 주고, 이를 받은 남자가 그 연유를 물으니 급히 먹으면 체할까봐 그렇게 했다고 여인이 대답하자, 남자는 여인의 현명함에 이끌려 결연을 하게 된다는 내용의 이야기이다. 이런 '버들잎' 화소 설화는 제주도 무속신화인 〈세경본풀이〉를 비롯해서 왕건·이성계·이장곤 등의 인물전설담에도 나타나고, 〈저녁에 심어 아침에 따먹는 오이〉라는 민담 등 여러 설화에서 그 면모를 찾아볼 수 있다.[50]

---

50) '버들잎' 화소 설화에 대한 자료 정리 및 검토는 이미 선행연구에서 이루어진 바 있다(이수자, 〈설화에 나타난 '버들잎 화소'의 서사적 기능과 의의〉,《구비문학연구》 2집, 한국구비문학회, 1995).

이 '버들잎' 화소 설화에 대해서는 지금까지 두 편의 선행연구가 있다. 이수자의 〈설화에 나타난 '버들잎 화소'의 서사적 기능과 의의〉라는 논문[51]과 이종주의 〈동북아시아의 성모 유화〉라는 논문[52]이 그것으로, 이들은 이 설화의 바탕을 신화나 제의에서 찾는다는 공통점이 있다. 이수자는 버들잎 화소가 신분 차이가 있는 남녀의 결연소(結緣素)임을 밝힌 뒤 〈세경본풀이〉에 이 화소가 있음을 지적하면서, 본토에서도 농경신에 대한 제의에서 불리던 것이 그 제의가 사라지면서 화소만 살아남아 유명인물담에 수용되고 있는 것으로 파악하고 있다. 반면 이종주는 동북아시아의 유화신(柳花神)이 만족을 비롯한 동북아지역에서 창조신격, 생명신격으로서 신화와 제의에서 섬겨졌고 한반도에서도 이런 성격을 지녔었는데, 유화가 후대로 전승되면서 왕건·이성계·이장곤 등의 설화로 거듭남에 따라 생명 생산력, 왕권 생산력을 발휘하는 형태로 나타난다고 한다.

이들 연구는 '버들잎' 화소의 기원을 신화에서 찾고 있다는 점에서는 의의가 있지만, 신화에서 '버들잎' 화소 설화로 전개되는 과정을 명확히 밝혀내지 못하고 있다. 또한 그것의 바탕이 된다고 하는 제의의 성격도 전자는 농경의례라 한 반면, 후자는 수신적(水神的) 제의를 특히 강조하고 있다. 필자도 기본적으로는 이런 '버들잎' 화소의 연원이 신화에 있다고 생각한다. 하지만 필자의 생각은 이들 선행 연구에서 찾고 있는 것과는 많은 차이가 있다. 선행 연구의 문제점을 검토하면서 그 견해를 밝히도록 하겠다.

먼저 이수자의 글을 살펴보면, '버들잎' 화소 설화가 제주도 무속신화에 나타나는 것은 분명하지만, 이것만으로 '버들잎' 화소 설화가 신화에서 전이되었다고 보기에는 무리가 있다. 본토에서 〈세경본풀이〉와 같은

---

51) 이수자, 앞의 글.
52) 이종주, 〈동북아시아의 성모 유화〉, 《구비문학연구》 4집, 한국구비문학회, 1997.

신화가 불리던 농경신 제차가 있었는지가 분명하지 않고, 혹 있었다고
하더라도 그 신화에 이런 화소가 들어가 있었다고는 확신할 수 없으며,
어떤 과정을 거쳐서 인물전설담과 결부되었는지, 그리고 왜 이 화소만
농경신신화에서 분리되어야 했는지도 쉽게 파악되지 않는다. 아울러 이
화소가 〈세경본풀이〉에 들어 있다는 점을 제외한다면, 농경신과 관련될
소지는 찾아볼 수 없다. 따라서 〈세경본풀이〉는 이 화소를 지닌 신화의
한 형태일 뿐, 〈세경본풀이〉와 같은 농경신신화에서 파생되어 또는 분
리되어 이런 화소의 전설 또는 민담이 형성되었다고까지 해석하는 것
은 무리가 있다고 본다.

한편 이종주의 글에서는 유화신에 대한 신앙이 만족을 중심으로 크
게 성하였다는 사실은 인정되지만, 이런 신앙 또는 제의와 관련되는 것
은 단지 고구려신화의 유화로 한정되는 것이 아닌가 여겨진다. 압록강
가에서 노닐던 유화 자매의 물놀이는 유지천모(柳枝天母) 신화 및 제의
와 유사하지만, 여타의 '버들잎' 화소도 이런 유화신앙과 관련시킬 수
있을 지는 의문이다. 그 까닭은 첫째, 그 글 자체가 '버들잎' 화소 설화
전체를 검토의 대상으로 삼지 못한 채 논지에 부합되는 자료만 취사선
택한 경향을 보이고 있고,[53] 둘째, '버들잎' 화소 설화는 다양한 양상으
로 나타나고 있고 채록범위도 제주도를 비롯해 전승의 폭이 넓은 것에
견주어 버들잎 또는 버드나무 가지에 대한 신앙이 우리나라 전역에서
보편적으로 퍼져 있는 신앙 형태는 아니라는 점에서, 그것을 서로 관련
짓는 것에는 쉽게 동의하기 어렵다.[54]

---

53) 이종주가 검토한 '버들잎' 화소 설화는 이수자가 검토한 자료 가운데 인물전설형
　　에만 국한되어 있고, 〈세경본풀이〉라든가 민담 〈저녁에 심어 아침에 따먹는 오이〉
　　와 같은 자료는 제외되어 있다. 아울러 유화신앙이 후대로 전개되면서 생명 생산
　　력과 왕권 생산력이라는 의미를 지닌 채 신화적 성격을 유지한다고 했는데, 이 점
　　이 이런 신화와 민담에는 어떻게 유효한지도 의문이다.
54) 이수자는 우리 민속 및 문학과 관련하여 버드나무의 실용적인 측면을 구체적으
　　로 살펴 그 중요성을 언급하고 있는데(이수자, 앞의 글, 22~31면 참조), 버드나무

'버들잎' 화소 설화는 신화적 성격을 지닌 설화이다. 〈세경본풀이〉라는 신화에서도 그 면모가 나타날 뿐만 아니라 인물전설에서도 이것을 계기로 왕이 될 인물 또는 뛰어난 인물이 결연하는 것으로 나타난다는 점에서 신성혼적(神聖婚的) 성격을 지니고 있다. 특히 '버들잎'화소가 왕건과 이성계에 결부되어 나타나고 있음을 볼 때, 이는 신화적 신성성 획득과 관련이 있는 화소임이 분명하다. 때문에 '버들잎' 화소 설화에서 버들잎을 중시하여 이 버들잎이 지닌 신화적·제의적 성격을 찾고자 하는 것은 한편으로 타당하다. 하지만 버들잎에만 초점을 맞춤으로써 오히려 설화 자체가 지닌 온전한 면모가 올바르게 파악되지 못하는 것이 아닌가 여겨진다. '버들잎' 화소에서 버들잎보다 더 본질적이고 신화적 의미가 있는 것은 버들잎을 띄워주는 여인의 성격이 아닌가 생각된다. '버들잎' 화소가 다양한 양상으로서, 그리고 신화적 성격을 지닌 화소로서 작용할 수 있는 까닭은 그 여인의 성격이 곧 표모형 인물이기 때문이다. 이렇게 볼 수 있는 근거는 다음 몇 가지 점에서 마련된다.

먼저 표모형 인물은 앞에서 검토한 바 있듯이 성모신적 존재자로 인식되어 왔으며, 국조신화와 무속신화를 비롯해 신화적 성격을 띠는 다양한 설화에서 그 모습을 보여주고 있다. 따라서 그 신화적 바탕이 널리 인식되어 있었기에 표모형 설화의 변모된 한 형태가 신화적 성격을 지닌 '버들잎' 화소 설화로 나타날 수 있었다는 것이다.

다음으로 '버들잎'화소에는 우선 표모형 인물이 등장한다는 점에서 표모형 설화와의 뚜렷한 관련성이 인정된다. 하지만 무엇보다도 그 여인의 성격 면에서 양자가 일치하고 있다는 점에 주목할 필요가 있다. 이수자는 이 화소의 특징에 대해 남성보다 우월한 여성의 지혜, 신분이 높은 남자와 신분이 낮은 여자의 만남 등을 지적하고 있다.[55] 이것이

가 크게 받들어지던 신성수(神聖樹)로서 인식되었던 정도는 아닌 듯하므로 유제(柳祭)나 유모신앙적(柳母信仰的) 성격과 관련시키기는 무리가 있다고 본다.

55) 이수자, 앞의 글, 40면.

‘버들잎’ 화소에서 핵심적인 내용이며, 여인이 지닌 성격을 뚜렷이 보여주는 부분이다. 그런데 이런 양상은 표모형 설화에서 볼 수 있는 중요한 면모이다. 표모가 신적 성격을 감추고서 비속한 모습을 하고는 뛰어난 능력을 지닌 신적·인간적 존재를 만난다는 점에서 ‘버들잎’ 화소는 표모형 설화와 동일하고, 또한 비속한 모습을 한 표모가 깨우침을 주거나 가야 할 방향을 알려주는 등 뛰어난 지혜를 보여준다는 점에서도 양자는 서로 대응하고 있다. 특히 표모가 신적 존재이기보다는 인간적 존재에 가까운 성격을 지닐 때는 표모가 지혜로운 인간으로 형상화하는 경향이 있음을 최옥설화를 살피면서 언급한 바 있다. 이처럼 ‘버들잎’ 화소는 표모형 설화에 여러모로 맞닿아 있다.

한편 ‘버들잎’ 화소를 보여주는 역사인물담의 등장인물 가운데 가장 오래된 인물로는 왕건을 들 수 있는데, 왕건의 경우와 같이 고려시대에 형성된 성씨시조신화들에서 시조의 출생과 관련해 표모가 많이 등장하고 있다는 점도 주목할 필요가 있다. 성씨시조신화에서 시조의 신성성을 얻고자 표모를 시조에 연결시키는 경향이 이 시기에 두드러졌다고 할 수 있는데, 왕건에 대한 구전설화에서도 표모를 설정하고 있다는 점은 단순하게 볼 수 없다. 우연의 일치로 파악하기보다는 신화적 동질의식이 중요하게 작용한 결과라고 보아야 할 것으로 여겨진다.

이처럼 ‘버들잎’ 화소 설화는 기본적으로 표모형 설화와 맥락이 상통하지만, 근본적인 부분에서 차이가 있다. 표모형 설화에서 표모는 깨달음을 주거나 가야 할 방향을 제시하면서 그 구실을 다하고 사라지는 데 반해, ‘버들잎’ 화소 설화에서의 표모는 그런 만남이 계기가 되어 지혜로움을 인정받고 결연을 하게 되는데, 이때 ‘버들잎’ 화소 설화가 연애담 형태로 확장 변모되는 양상이 나타난다는 점이다. 이것은 표모가 신화적 존재자에서 점차 인간화하는 방향으로 나아가는 과정에서 그 신성성을 강조하기보다는 흥미를 위한 서사적인 확장을 꾀하고자, 그 하나의 방법으로서 표모의 신화적인 속성은 유지하면서도 이처럼 남녀결연담의 형태를 띠도록 한 것이 아닌가 생각된다.

이렇게 볼 때 '버들잎' 화소에서의 여인은 표모형 인물을 계승한 존재이며, '버들잎' 화소 설화는 곧 표모형 설화가 변모된 양상으로 파악할 수 있는 것이다. 곧 표모의 기본적인 성격은 유지하되 그것을 홍미 위주의 연애담 형식으로 변모시킴으로써 표모형 설화를 계승하는 성격의 자료라 하겠다.

5. 마 무 리

설화에는 다양한 인물이 설정되어 나타난다. 신적인 존재에서부터 예사 사람보다 못한 바보에 이르기까지 다양한 인물이 설화의 주인공이 되어 사건을 전개시켜 나간다. 그런데 이런 설화의 인물을 검토하는 데 항상 문제가 되었고 주된 검토의 대상이 되었던 것은 주인공의 성격을 지닌 인물형일 뿐이었고, 조력자로 나타나는 인물형은 그다지 주목을 받지 못했었다.

표모형 인물은 설화에서 바로 이런 조력자 성격을 띠는 인물형이다. 그럼에도 그 성격이 단순하지 않아 주인공보다 오히려 우위에 서서 주인공에게 깨우침을 주거나 가야 할 길을 알려준다. 때로는 주인공의 어머니로 설정되거나 구출양육자의 모습을 보이기도 하며, 신이 현신한 존재로서 나타나기도 한다. 뿐만 아니라 표모형 인물은 신성성을 부여하는 신화적 성격의 설화에서 등장하고 있고 그 모습도 후대에까지 지속적으로 보이고 있어, 비록 주인공이 아닌 조력자로서 설화에 나타나기는 하지만 중요한 구실을 하는 인물형임을 알 수 있다.

표모형 설화를 살피면서 밝힐 수 있었던 것들을 요약하여 정리하면 다음과 같다.

먼저 표모형 설화의 자료는 문헌설화와 구전설화에 두루 나타나고 있다. 문헌설화로는 국조신화인 석탈해신화와 불교설화인 〈낙산이대성 관음정취조신〉, 그리고 충주어씨시조신화를 비롯한 성씨시조신화 등에서 그 모습을 찾아볼 수 있다. 또 구전자료로는 무속신화인 바리공주 무가와 거인설화의 후대형이라 할 수 있는 산이동설화, 동학이라는 신흥종교의 발흥과 관련된 최옥설화 등에 나타나고 있다. 이들 설화에 나타난 양상을 바탕으로 표모의 성격을 정리하면, 첫째, 표모는 시조를 탄생시키거나 시조를 구출 양육하는 존재로 시조의 출생과 관련된 성모신의 면모를 보인다는 점, 둘째, 표모가 신의 현신으로, 또는 신이 변모되어 인간화한 존재로 나타나며 본디 여성신적 존재로 믿어졌다는 점, 셋째, 후대에 의도적으로 창조되는 신화 형태에서 대상인물에게 신성성을 부여하고자 표모가 설정된다는 점, 넷째, 표모형 인물의 형상화가 시대적 흐름에 따라 신적 존재에서 인간적 존재로 변모한다는 점 등이라 하겠다.

다음으로 표모의 신적 성격과 관련하여 표모가 성모신의 성격을 지니며 그 근원에는 여성거인신격이 있다고 했다. 이렇게 볼 수 있는 근거로는 여성거인이 비속한 모습으로 비속한 행위를 하면서도 창조행위를 하는 양상이 표모형 설화에 그대로 이어지며, 실질적으로 여성거인이 표모의 모습으로 형상화하는 자료가 다수 있다는 것을 들었다. 이외에도 여산신과 여성거인신격이 동일한 명칭을 쓴다는 점, 지리산성모의 경우 여성거인신격으로 믿어지고 있다는 점, 한편에서는 구전설화에서 거인적 면모를 보이는 건국시조를 성모가 출생시킨다고 믿어졌다는 점 등을 들어 표모의 성모신적 성격이 여성거인신격에 근원을 두고 있음을 뒷받침했다.

마지막으로 표모형 설화가 변모된 양상으로서 '버들잎' 화소 설화를 주목하였다. '버들잎' 화소 설화는 표모가 등장할 뿐만 아니라 그 성격에서도 표모형 인물의 면모를 그대로 보여주고 있어, 표모형 설화가 연애담 형태로 변모 발전해 나간 것이 '버들잎' 화소 설화인 것으로 파악했다.

이상과 같이 표모형 설화를 검토하여 몇 가지 사실을 밝혔지만, 아울러 제기되는 미흡한 점과 과제도 적지 않았다. 무엇보다도 성모신에 대한 체계적이고 본격적인 연구가 필요하고, 표모형 인물이 설화에서 신화적 인물임에도 조력자의 기능을 하는 것이 고전소설에서 조력자가 갖는 구실과도 밀접한 관련이 있으리라 생각되므로 이 점에 대한 검토도 요망된다고 하겠다.

호국여산신설화에 나타난 상반된 신격 인식 양상

1. 논의의 실마리

신은 숭앙집단의 처지에 따라 긍정적으로 섬겨지기도 하고 부정적으로 섬겨지기도 한다. 대부분의 신들은 숭앙되는 집단의 사람들에게는 긍정적으로 인식된다. 그러나 그런 집단 사람들에게 숭배되는 신격이 비동질적인 집단의 사람들에게 사고될 때는 전혀 다른 양상을 보이게 되고, 특히 그 비동질적인 집단이 적대적인 관계에 있다면 그 신격은 숭앙받는 신격의 모습 대신 부정적인 존재로 형상화되어 나타나기도 한다. 이렇게 그 신격을 숭배하는 집단인가 아닌가에 따라 설화에서 신격에 대한 인식이 상반되게 나타나는 양상을 살펴보고자 하는 것이 이 글의 취지이다.

설화는 구비전승되면서 청중을 대상으로 하여 끊임없이 재창조되는 것이기에 많은 사람들이 보편적으로 공유하고 있는 의식이 잘 반영되어 나타날 수밖에 없다. 그런데 흥미로운 점은 이런 전승집단의 공통된 사고를 바탕으로 전승되는 설화들 가운데 동일한 성격의 인물과 사건, 배경 등이 설정되었음에도 그 결과나 인식양상이 전혀 상반된 모습을

보이는 설화들이 있다는 것이다. 그 대표적인 것이 이 글에서 다루고자
하는 호국여산신설화이다.

호국여산신설화는 나라에 전쟁이나 변란이 생기자 여산신이 노파의
모습으로 출현하여 외적을 퇴치할 방도를 마련해주어 결국 승리하게
되는 내용의 설화이다. 하지만 여기에서 문제가 되는 것은 이런 노파가
일군(一群)의 설화에서는 오히려 적에게 정보를 제공하여 아군을 몰살
당하게 하고, 이에 대한 원망이 설화에 심각하게 반영되어 나타난다는
점이다.

우선 이런 상반된 인식양상이 잘 드러나는 자료를 각기 한 편씩 제시
하여 비교하면서 논지를 전개하도록 하겠다.

가) …… 한 분은 왜군이 견내량 앞바대서 이순신 장군캉 사우다가 크게
패해서 도망치는데 어디로 빠져나가야 할지 몰랐임이다. 그때 할무이 하나
가 바대가이서 서답을 씻고 있었임이다. 왜군은 서답을 씻고 있는 할무이
보고 여그서 빠져 나갈라믄 어느 쪽으로 가야 하나꼬 물었임이다. 할무이
는 저쪽으로 가야 한다꼬 갈치주었임이더. 그런디 그 쪽은 맥키서 나갈 디
가 엄는 곳이었임이다. 왜군은 할무이한티 속아각고 몰살했다 캐서 그곳
개를 속은개라고 부르게 됐다캄이다. 그런디 이 개는 소쿠리개라고도 함이
더. 거그는 소쿠리같이 생긴 지형이기 때문임이더.[1]

나) 여기는 일본 사람이 있었고 백마산성이라카는 데는 곽망우당 군인이
있었는데, 왜놈들이 싸우다가 싸우다가 아무리 해도 실패를 한다 이기라.
실패하는 원인이 뭐꼬 카는 걸 알라꼬 왜놈들이 무척 고상을 했어. 그런데
저 건너 급제듬이라고 있어. 시방도 급제듬이야. 여기서 실패를 하다 보잉
깨 저 건너 불이 빤한 데가 있었어. 그래서 왜놈들이 불이 빤한 데로 찾아

---

1) 〈한산도의 속은개〉, 임석재 전집 10, 《한국구전설화》, 평민사, 1993, 34면.

갔어. 가니까 "당신들이 그래 싸울 끼 아니라 시방 저 건너 저 산이 백마
산인데, 말은 앞으로 가믄 안 된다. 뒤로 가서 쳐서 덮치라"고 어떤 할미가
갈쳐 줬어. 급제듬이라 카는 거는 우리가 시방 밉게 생각해. 와 밉기 생각
하는 카마 저놈들한테 우리가 번번이 이길 낀데, 무신 마귀할미가 있었던
지 모리지만도 저놈들한테 가르쳐 조가지고 우리가 실패를 했어.[2]

두 설화는 모두 임진왜란을 배경으로 하여 적과 아군의 대결을 이야
기하고 있지만, 가)는 할미의 거짓정보에 의해 왜적들이 몰살당하고 나)
는 오히려 할미의 정보에 의해 아군이 패망하는 것으로 나타난다. 그렇
다고 이들 두 설화가 전혀 다른 성격의 설화는 아니며, 인물·사건·배
경 등에서 다음과 같은 뚜렷한 공통점이 있음을 파악할 수 있다.

첫째, 두 설화 모두 왜적과 맞서 싸우고 있는 상황을 설정하고 있다
는 점이다. 여타 자료에서는 아군과 왜적의 대결이 아닌 신라군과 백제
군의 대결, 또는 도적과 관군의 대결 등으로 다양하게 변이되어 나타나
기도 하지만, 적과 대결하고 있는 상황만큼은 배경으로 공통되게 설정
되고 있음을 알 수 있다.

둘째, 대체로 지형물을 어떻게 이용하는가 하는 것이 대결의 승패와
밀접한 관련이 있다. 특이한 지형물이 있고 이 지형물을 적절하게 활용
하는 쪽이 승리를 거두게 되는데, 이 때 이것을 활용할 수 있도록 하는
존재로는 공통적으로 할미가 설정된다.

셋째, 아군 또는 적군에게 승리할 수 있는 결정적인 정보를 제공하는
핵심적인 인물로 역시 할미가 설정되고 있다는 점이다. 할미는 그곳 지
리에 대한 통찰력을 바탕으로 지형물을 적절하게 활용할 수 있는 능력
을 지녔을 뿐만 아니라, 그것을 잘 이용할 수 있는 방도를 아군 또는 적

---

2) 〈백마산성에서의 패배〉, 신태수, 〈곽재우전승의 양상과 의미〉, 한국정신문화연구
   원 석사논문, 1986, 121면, 부록자료 75번.

군에게 제시하여 한쪽이 승리하도록 한다. 가)와 나) 두 설화에서 할미의 성격이나 기능은 동일하지만, 할미가 어느 편을 드는가에 따라 전혀판이한 결과가 도출된다. 곧 할미의 행위가 이 설화에서 가장 핵심이되고 있음을 알 수 있다. 그리고 이때 할미의 행위가 적에게 정보를 주는 나)의 모습으로 나타날 때는 할미에 대한 전승자들의 원망이 뚜렷하게 부각된다.

이러한 공통점을 토대로 볼 때 양자는 동일한 성격을 지닌 설화임에도 전혀 상반된 인식의 양상을 보이고 있다. 그렇다면 이들 설화의 관계를 어떻게 파악해야 마땅한가? 동일한 형태의 설화가 전승과정상 어떤 계기로 말미암아 할미의 성격에 변이를 가져오면서 전혀 다른 결과를 낳은 것인가? 그렇지 않으면 각기 다른 계통의 원가닥을 지닌 채 전승되다가 우연히 서로 닮은 모습을 보이게 된 것인가?

이 점에 대해서는 이 글과 같은 관점에서 접근한 것은 아니지만, 강진옥의 선행 연구에서 부분적으로 검토된 바 있다. 강진옥은 〈마고할미설화에 나타난 여성신 관념〉이라는 글에서 삼척 지역의 마고할미설화를 대상으로 하여, 마고할미가 본디 창조형 여성거인신격이며 여산신의 성격을 지녔지만 후대에 점차 부정적인 방향으로 형상화되어서 파소골설화에서는 적에게 정보를 알려주어 우리 의병이 패망하게 하는 존재로 나타나고 서구암 마고할미설화에서는 퇴치대상인 부정적인 마녀 등으로 나타나게 되었다고 밝혔다.[3] 그리고 특히 파소골설화에서 마고할미가 왜적에게 정보를 주는 부정적인 인물로 변모되어 나타나는 까닭에 대해서는 첫째, 오래 전부터 관(官)에서 마고할미에 대한 부정적인 평가를 유포시켰다는 점, 둘째, 파소골설화의 마고할미가 서구암 마고할미에 나타난 부정한 마녀와 동일한 존재라는 전승자들의 인식 때문에 변이가 생겨났다는 점 등으로 추정하고 있다.[4] 곧 강진옥은 긍정적

---

3) 강진옥, 〈마고할미설화에 나타난 여성신 관념〉, 《한국민속학》 25, 민속학회, 1993.

인 신적 존재가 변모되어 부정적인 기능을 하는 존재로 형상화되어 나타난 것으로 보는 것이다.

이렇게 파악하는 근거나 타당성은 일단 인정된다. 하지만 문제의 해결이 그리 단순한 것만은 아니다. 마고할미의 성격변모에 대해 해당 지역의 경우 이와 같이 설명할 수 있겠지만, 여타의 지역에서 찾아볼 수 있는 비슷한 양상의 설화, 곧 적에게 정보를 주어 아군이 패하는 형태의 설화는 어떻게 이해할 수 있겠는가 하는 점이다. 때문에 이런 문제를 특정한 지역의 문제로 해결할 것이 아니라, 자료의 폭을 넓혀 할미가 긍정적 기능을 하는 자료와 부정적 기능을 하는 자료를 모아 이들의 관계를 총체적인 시각에서 면밀하게 검토할 때 비로소 온전히 그 참된 면모를 발견할 수 있을 것으로 생각된다. 이 글에서 주요 검토대상이 되는 자료는 북한산 노적봉설화과 죽령여산신 다자구할미설화, 파소골 마고할미설화 등이며, 이외에도 관련 문헌과 구전자료들을 다양하게 살펴볼 것이다.

한편 이런 대립적 인식양상과 아울러 문제가 되는 것은 정보를 제공하는 할미의 성격이다. 이들 설화에서 할미는 가장 핵심적인 인물이고 사건 또한 이 할미에 의해 전개되고 해결된다. 여러모로 볼 때 할미의 이러한 성격은 결코 단순하지 않다. 특히 이들 설화에서 주로 골짜기가 문제가 되고 있고, 봉우리와 같은 지형물을 적절하게 이용할 수 있는 존재라는 점에서, 그리고 이 할미의 정보를 군사들이 아무런 거부감 없이 쉽사리 받아들인다는 점에서 할미는 호국여산신의 성격을 지닌 존재가 아닌가 여겨진다. 따라서 할미의 성격도 함께 검토가 되어야 할 것으로 보인다.

---

4) 강진옥, 앞의 글, 36~40면.

2. 북한산 노적봉 미륵할미와 호국여산신

노적봉설화는 주로 임진왜란을 배경으로 하여 이순신 장군과 관련된 사건으로 이야기되는 것이 일반적이다.[5] 곧 이순신 장군이 아군의 식량이 넉넉하다는 것을 보이기 위해 산봉우리에 짚으로 노적가리를 쌓도록 하였고, 이것을 왜적이 보고는 우리 군의 식량이 충분하다고 생각하여 물러갔다는 내용이다. 설화 각편에 따라서는 이런 노적가리를 쌓는 것에 횟물을 풀어 왜군들이 배앓이를 하게 하거나 쌀을 말등에 부어 성 안에 식수가 넉넉하다는 것을 적에게 보이도록 하는 등의 에피소드가 결합되기도 한다.

그런데 이런 노적봉설화 가운데 특히 주목되는 자료는 북한산 지역에서 김열규가 채록한 바 있는 미륵할미설화이다. 이 자료는 여타의 것과 달리 신적 존재인 미륵할미가 등장하여 산봉우리에 노적가리를 쌓게 하거나 횟물을 풀고는 왜병에게 뜨물이니 마시라고 거짓정보를 주어 몰살시키는 등, 적을 물리칠 방도를 마련하고 왜병들을 직접 상대하여 물리치는 구실을 하고 있다. 아울러 이런 까닭에 왜병들에게 목이 잘렸음에도 그 모습대로 사람들에게 숭배되는 석상(石像)이 있다는 것으로 보아 호국신의 성격을 지닌 할미라는 것을 알 수 있다. 하지만 이 자료가 완전한 것은 아니다. 설화자료집에 수록된 자료가 아니라 김열규가 〈민담과 민속신앙〉이라는 글에서 직접 채록한 자료 5편에 대해 자세하게 언급하면서 논의를 전개한 것에 지나지 않고, 자료편을 두어 따로 수록한 것도 아니어서 그 자료에 대한 완전한 실상을 파악할 수는 없기 때문이

---

5) 노적봉설화 자료는 《한국구비문학대계》 1-4(한국정신문화연구원, 1981)의 〈변협장군과 노적봉〉, 《한국구비문학대계》 6-5(한국정신문화연구원, 1985)의 〈노적봉과 충신보〉, 《한국민속종합조사보고서(전라남도 편)》(문화공보부 문화재관리국, 1969)의 〈노적봉〉, 최상수의 《조선구비전설지》(조선과학문화사, 1949)에 실린 〈노적봉〉 세 편, 임석재 전집 12권(《한국구전설화》, 평민사, 1993)의 〈召文國의 古蹟〉 등 다양하게 채록되어 있다.

다.[6] 그렇다고 하더라도 그 대체적인 내용과 각편의 차이에 대해서 상세하게 언급하고 있기에 그 양상을 파악하기는 어렵지 않다. 그러면 그 글을 바탕으로 노적봉설화의 대강의 줄거리를 정리하여 보겠다.

> 임란 때 우리 군사가 북한산에 진을 치고 있었는데, 왜병들이 그곳을 포위하자 미륵할미가 나타나 산봉우리에 짚을 둘러 노적가리를 쌓도록 하여 양식이 많은 것처럼 보이게 했다. 그리고는 그 할미는 개울로 내려가 횟물을 풀고는 왜병들에게 그것이 뜨물이니 마시라고 거짓정보를 주어 그 물을 마신 왜병들이 패사(敗死)하게 되었다. 이에 분격한 왜병들에 의해 미륵할미상은 목이 잘리게 되나, 목이 잘린 채 서서 사람들의 숭배를 받는다.[7]

이것이 북한산 노적봉설화의 대체적인 내용이다. 여기서 보듯 이 설화에서는 미륵할미의 존재가 뚜렷하게 부각되고 있음을 알 수 있다. 그렇다면 미륵할미는 어떤 성격을 지닌 존재인가? 우선 북한산을 배경으로 하고 있고 그곳의 지형을 적절하게 활용하는 방법을 안다는 점에서 그 산을 관장하는 여산신적 존재가 아닌가 생각된다. 김열규도 이 할미가 봉우리에 낟가리를 쌓게 했다는 점을 들어 미암(米岩)의 풍요성과 관련이 있는 산모신(山母神)이라고 보면서, 이런 여산신의 성격이 운제산성모, 선도산성모(仙桃山聖母), 정견모주, 성거산신모, 지리산성모 등 문헌에서 찾아볼 수 있는 성모여산신설화에 맥이 닿아 있다고 한다.[8] 아울러 미륵할미의 횟물을 풀어 적을 패사시키는 행위에서 보듯 물을

---

6) 김열규, 〈민담과 민속신앙〉, 《한국민속과 문학연구》, 일조각, 1985. 북한산 노적봉 미륵할미설화에 대해서는 현지조사에 따른 자료 채록작업이 필요하겠으나, 김열규의 자료가 이미 35년여 전에 채록된 것인데다 그 사이 북한산이 국립공원으로 조성되고 고양군이 일산신도시로 개발되는 등 이들 설화가 전승되었던 현장이 크게 변하여 이에 대한 조사가 용이하지 않았다.

7) 위의 글, 122면 주14 참조.

8) 위의 글, 123~126면.

관장하는 능력을 찾아볼 수 있는데, 이 점 또한 성모여산신의 중요한 성격 가운데 하나이다. 곧 성모신은 산신이지만 물과의 친연성이 두드러진다. 가뭄에 비를 내리게 한다거나 물가에서 시조(始祖)를 잉태하기도 하고 수술(水術)을 부리는 등 산신이면서 물을 관장하는 능력을 아울러 지닌 것이다.[9]

한편 이 설화에서 미륵할미는 단순히 여산신적 존재에 지나지 않는 것만은 아니다. 왜적의 칼에 석상의 머리 부분이 잘려나갔다는 것은 이곳 지역민들이 숭앙했던 여산신이 할미의 모습으로 출현하여 왜적을 무찔렀다고 인식되었음을 보여주는 것으로, 할미의 호국신적 면모를 잘 반영하고 있는 것이다. 실제로 우리의 문헌기록이나 구전자료에서 국가의 위기에 산신(山神)이 출현하여 국토를 수호하는 모습은 어렵지 않게 찾아볼 수 있다. 국가의 위기에 여산신이 여인의 모습으로 출현하여 도움을 주는 모습은 무엇보다 고구려의 첩자인 백석(白石)의 꼬임에 빠져 고구려를 가려던 김유신을 나림(奈林)·혈례(穴禮)·골화(骨火) 등 세 곳의 여산신이 출현하여 위기에서 구출해주는 데서 뚜렷하게 볼 수 있다.[10] 비록 적군과 대치한 상태에서 출현하여 위기에 빠진 신라군을 구하는 것으로 되어 있지는 않지만, 김유신이 삼국통일의 주역임을 감안할 때 세 여산신이 여인의 모습으로 화해 김유신을 구해주는 것은 분명 호국여산신으로서의 면모를 잘 보여주는 부분이라 할 수 있다. 그리고 이는 북한산 노적봉설화에서 위기에 빠진 아군을 구해주기 위해 여산신이 출현해 아군으로 하여금 승리를 거두도록 하는 양상과 상통하는 것이다.

이렇듯 여산신이 호국신의 성격을 지니는 모습은 신라의 시조왕인 혁거세와 알영의 모(母)로 믿어지던 선도산성모에게서부터 그 근원을

---

9) 권태효, 〈표모형설화의 신화적 성격 연구〉, 《인문논총》 6호, 경기대학교 인문대학, 1998.

10) 《삼국유사》 권1 기이편 〈김유신〉.

찾아볼 수 있다. 《삼국유사》에서는 선도산성모에 대해 "신모는 오랫동안 이 산(선도산)에 웅거하여 나라를 鎭護하니 신령스럽고 이상한 일이 많았다. 때문에 나라가 세워진 뒤로 항상 三祀의 하나로 삼았고, 그 차례도 여타 산보다 우위에 두었다"[11]고 하였는데, 국가의 위기에 출현하는 양상이 구체적으로 보이지는 않지만 선도산성모를 호국신으로 여기고 제(祭)를 지냈던 모습은 확인된다.[12]

그런데 무엇보다 여산신으로서 호국신의 면모를 가장 잘 보여주는 존재는 지리산성모라 할 수 있다. 지리산성모의 신상(神像)에는 칼의 흔적이 있는데, 이에 대해서는 "왜구가 우리 태조에게 격파당해서 궁하게 되자, 천왕(天王)이 돕지 않은 탓이라 하며 분함을 이기지 못하여 칼로 찍고 갔다"고 전해지고 있어,[13] 북한산 미륵할미가 왜구에 의해 목이 잘린 것과 같은 양상을 보여주고 있다.[14] 북한산 미륵할미의 경우처럼 성모가 할미의 모습으로 출현하여 왜구를 물리쳤다는 이야기가 아울러 전승되지는 않지만, 이들은 다같이 호국여산신적 존재로 숭앙되었으며 사람들은 이 때문에 왜적들이 패한 것으로 믿었다는 것을 알 수 있다. 한편 정지가 남해에서 왜구들과 중요한 일전을 벌이는데 비 때문에 전세가 불리해지자 지리산성모에게 빌어 비를 멎게 하고는 왜구를 물리쳤다고 하는 《고려사》의 정지(鄭地)에 대한 기록[15] 또한 지리산성

---

11) 《삼국유사》 권5, 感通 제7 '仙桃聖母隨喜佛事'. "神母久據玆山 鎭祐邦國 靈異甚多 有國已來 常爲三祀之一 秩在群望之山"
12) 통일 이전 신라의 3악 5산이 주로 호국과 관련되어 신앙시되었음은 문경현의 〈신라인의 산악숭배와 산신〉(《신라문화제학술발표회논문집》, 신라문화선양회, 1991)에서 논의된 바 있다. 그리고 박호원도 호국신앙으로서의 산신신앙이 전개되는 양상을 검토하였다(박호원, 〈한국공동체신앙의 역사적 연구〉, 한국정신문화연구원 박사논문, 1997).
13) 《신증동국여지승람》 권30 晉州牧(민족문화추진회 엮음, 《신증동국여지승람》, 솔, 1996, 200면).
14) 김열규, 앞의 글, 122면.
15) 《高麗史》 卷113 鄭地傳. "賊(倭寇)已至南海之觀音浦 使覘之 以爲我軍㤼懦 適有雨

모의 호국신적 면모를 잘 보여주고 있다.

이외에도 산신이 호국신으로 인식되어 전쟁 또는 변란과 관련해 제향을 받는 모습을 어렵지 않게 찾아볼 수 있다. 고려 현종 때 거란족이 침입하자 감악산신(紺岳山神)이 심한 바람과 폭설을 내리게 해서 거란병이 두려움에 전진하지 못했다는 것, 고려 현종 14년 삼별초의 난을 토벌할 때 무등산신(無等山神)의 도움이 있었다고 치제(致祭)했다는 것, 공민왕 8년 반적(叛賊)이 일어나자 산천신모(山川神母)에게 제를 올려 구조를 원했다는 것 등 외적의 침입이나 변란을 호국산신의 도움으로 물리치고자 했던 다양한 양상들을 찾아볼 수 있는 것이다.[16)]

이렇듯 산신은 호국신으로 믿어졌고, 국가의 위기를 산신의 도움으로 벗어날 수 있었다는 의식이 사람들에게 널리 받아들여졌던 것으로 보인다. 이런 호국신으로서의 산신에 대한 믿음은 곧 설화로도 형상화하여, 국가적인 위기에 여산신이 할미의 모습으로 출현하여 적을 물리치는 형태의 설화로 이어지게 되었던 것으로 보인다. 북한산 노적봉설화도 이런 호국여산신에 대한 믿음과 신앙의 일단이 설화화한 예 가운데 하나였던 것으로 보인다.

3. 다자구할미설화에 나타난 상반된 인식 양상

다자구할미설화는 다자구할미가 죽령의 여산신으로 숭앙받게 되는 유래를 보여주는 이야기로 마을신화의 성격을 지닌 설화라 할 수 있다.

地有人 禮智異山神祠曰 國之存亡 在此一擧 冀相予 無作神羞 雨果止……"

16) 이에 대해서는 유홍렬이 자세하게 검토한 바 있다(유홍렬, 〈조선의 山土神 숭배에 대한 소고〉, 《민속의 연구(1)》, 정음사, 1985, 251~252면 참조). 이외에 〈千房山〉(최상수, 앞의 책, 126~127면)과 같은 구전설화에서도 이렇게 산신께 제를 올려 위태한 상황에서 승리를 거두는 모습을 찾아볼 수 있다.

그런데 이런 다자구할미설화는 비단 죽령 지역에서만 전해지는 것은 아니며, 경기 양평과 경북의 대구 및 경주 등지에서도 자료가 채록된 바 있다. 이들 설화는 채록지역은 다르지만, 공통적으로 할미가 출현하여 다자구와 더자구라는 아들을 찾는다는 명목으로 적진에 들어가 '다자고 있다'는 신호를 보내 결국 도적을 잡거나 상대편에 승리하도록 하는 양상을 보여준다는 점에서 동일한 내용으로 전개되는 설화임을 알 수 있다. 그리고 이런 까닭에 그 할미가 여산신으로 숭배되고 있다는 점도 대체로 같게 나타난다.

그런데 이런 할미에 대한 인식이 그리 단순한 것만은 아니다. 할미가 숭앙받는 긍정적 신격의 모습을 보이는 자료가 있는 반면, 적의 편이 되어 해를 끼치는 부정적 신격으로 인식되는 자료가 공존하고 있기 때문이다. 때문에 이런 다자구할미에 대한 검토가 호국여산신설화의 대립적 인식양상을 밝히는 중요한 단서가 되리라 생각된다. 우선 다자구할미설화의 채록자료를 그 성격에 따라 정리하면 다음 세 가지 형태로 구분할 수 있다.

가) 〈다자구덜자구〉(《한국구비문학대계》 1-3, 282~283면)
　　〈다자구할머니 산신당의 유래〉(《한국구비문학대계》 3-3, 32~34면)
　　〈다자구할머니〉(한상수, 《한국인의 신화》, 237~240면)
　　〈마고할매전설〉(이기태, 《읍치 성황제 주제집단의 변화와 제의전통의 창출》 부록Ⅱ의 6, 197면)
　　〈三千병마골 피흘고개〉(《시흥의 전통문화》, 103~104면)
나) 〈조수만장군과 다자구덜자구 계략〉(《한국구비문학대계》 7-13, 583~587면)
다) 〈富山城〉(《임석재 전집 12—한국구전설화》, 30면)
　　〈앙큼바위〉(최상수, 《조선구비전설지》, 7~9면)

　가)는 우리에게 가장 일반적으로 알려진 다자구할미설화 형태로, 도둑을 잡게 하는 여산신의 모습을 잘 보여주고 있다. 곧 죽령의 도적 때문에 사람들의 고통이 커지게 되어 나라에서 도적들을 소탕하기 위해 군사들을 파견했으나 잡는 데 실패하자, 죽령여산신이 할미의 모습으로 출현하여 도적들이 잠들었을 때 '다자구야'를 외쳐 도적들을 모두 토벌하게 했다는 내용이다. 이런 가)는 여산신이 외적과의 대결에서 승리를 거두도록 하는 것이 아니라 도적을 잡게 하는 기능을 수행한다는 점에서 여타의 일반적인 자료들과 차이가 있다. 그렇지만 군사를 파견해도 해결하지 못하는 나라의 어려움을 여산신이 나타나 처리한다는 점에서 호국여산신의 면모를 유지하고 있는 것이라 할 수 있다. 이 점은 죽령여산신인 마고할매가 동일한 행위로써 임진왜란 때 정회량을 도와 왜군을 무찌르는 것으로 변모되어 나타나는 〈마고할매전설〉이나, 다자구할미가 신립 장군을 도와 왜군을 물리치는 〈삼천병마골 피흘고개〉 등과 같은 자료를 통해서도 잘 확인할 수 있는 바이다. 또한 그런 행위로 말미암아 사람들에게 제향(祭享)을 받고 숭앙된다는 점에서 할미가 긍정적인 기능을 하는 신격으로 인식되는 양상을 파악할 수 있다.

　이렇듯 사람들에게 해악을 끼치는 도적과의 대결일 때는 퇴치의 대상이 분명해지고, 따라서 할미는 사람들이 겪는 고통이나 바람을 들어주는 긍정적 신격으로서 당연히 숭배되는 모습을 보이게 된다. 하지만 이러한 대결의 관계가 나)의 '관군과 반란군'이거나 다)의 '신라군과 백제군'과 같은 양상으로 나타나 전승자 및 전승집단의 인식에 따른 차이가 있을 수 있는 경우, 그리고 전승지역에 따라 적군과 아군에 대한 구분이 상대적으로 변할 수 있는 경우에는 이런 할미에 대해 전승자들의 인식이 긍정적일 수만은 없다. 국가가 볼 때 긍정적인 기능을 하는 신격이 오히려 민중들에게는 반대로 원망의 대상이 되기도 하는가 하면, 상대적으로 적이 되는 편을 돕는 신격이라는 인식 속에 부정적 신격으로 형상화하는 경향을 찾아볼 수 있다.

나)는 다자구할미의 도움으로 반란군이 관군에 의해 토벌된다는 것으로, 할미의 행위나 성격은 가)와 다르지 않다. 하지만 나)의 경우 아기장수설화를 비롯해 다양한 에피소드가 결합된 복합적인 자료인데다, 그 인식양상이 반란군의 입장에 동조하는 것으로 나타나고 있어 가)와 적지 않은 차이가 있다. 따라서 호국여산신설화의 대립적 인식 양상을 파악할 수 있는 중요한 매개자료로 판단되므로 구체적인 검토가 요망된다고 하겠다. 그 내용을 전체적으로 요약하면 다음과 같다.

① 안동에 조수만이라는 대인(大人)이 나서 2~3년을 서울을 향해 칼춤을 추면서 역모를 준비한다.

② 조수만이 기병하려는데 자부(子婦)가 종자를 주면서 반드시 열매가 맺은 뒤에 출병해야 승리할 것이라고 당부한다.

③ 조수만이 종자를 심어 꽃이 필 무렵에 안심하고 출병한다.

④ 충주 탄금대에서 관군과 교전을 벌이는 가운데, 할미 하나가 나타나 손자들이 장군의 진군을 축하하러 나왔는데 그들을 찾는다고 한다.

⑤ 조수만 장군이 할미가 손자들 찾는 것을 허락하자 할미는 '다자구야'와 '더자구야'를 외치며 진중을 헤매고 다닌다.

⑥ 할미의 다 잔다는 신호에 따라 반란군이 진압되고 조수만도 죽음을 당한다.

⑦ 조수만장군의 머리에는 뿔이 돋아 있었다.

⑧ 그 조상의 묘가 있는 자리가 역적이 날 땅이라서 묘를 파보니 장군의 부(父)가 용마를 타고 막 승천하려고 하다가 사그라졌다.

⑨ 그곳 터를 파서 가일못[沼]을 만들었으며, 그곳은 지금도 발복(發福)을 하는 곳으로 알려져 있다.

이 설화는 몇 가지 점에서 뚜렷한 특징이 있다. 첫째, 다자구할미가 설화의 중심에 놓여있기는 하지만 그 기능이 현저히 약화되어 나타난다는 점, 둘째, 관군과 반란군의 대결양상을 보이는 가운데 전승자가 관군보다는 반란군에 동조하고 있다는 점, 셋째, 동학란으로 보이는 배경 속에 민중영웅인 아기장수를 반란군으로 설정하고 있다는 점 등이 그것이다.

이 설화의 주인공이 되는 조수만은 인명사전에도 나타나지 않아 실존인물인지는 확인할 길이 없다. 하지만 특별히 주목되는 점은 이런 조수만 장군이 칼춤을 추면서 역모를 준비했다는 것이다. 때문에 이 역모라는 것이 곧 동학란을 배경으로 하는 것이 아닌가 생각해 볼 수 있다. 동학에 입도한 사람들은 몸을 깨끗이 하고 주문을 외며 약을 먹으면서 수련을 하는데, 매월 초하루에는 깨끗하고 한갓진 곳에서 단을 모으고 하늘에 제를 지내며 칼춤을 추었다고 한다. 하늘에 제를 지내면서 주문을 외워 강신을 청하고 강신이 되어 나무칼을 잡고 뛰면 공중에 한 발씩이나 올라갔다가 내려온다고 했다. 이때 부른 노래가 〈검결(劍訣)〉이다.[17] 이런 칼춤 때문에 최제우가 난을 도모한다는 이유로 잡혀가게 되었는데, 취조당하면서도 집중적으로 추궁되었던 부분이 바로 이 칼춤 추는 의식이었다고 한다.[18]

그런데 이처럼 동학란이 이 설화의 배경으로 설정되었거나, 그렇지

---

17) 조동일, 〈최제우의 득도와 민중이야기〉, 《민중영웅이야기》, 문예출판사, 1992, 176면.

18) 《임성록》의 기록을 보면 최제우가 처형당한 주된 이유가 칼노래와 칼춤에 있음을 알 수 있다. 곧 동학에서 가장 의심스러운 일은 칼춤을 추는 의식이라고 생각하고 집중적으로 추궁하니, 최제우는 천신이 하강해서 양인을 제어하려면 칼춤이라야 한다면서 칼노래도 한 편 지어주었다고 했지만, 결론은 "복술은 본래 보잘 것 없는 무리이면서 감히 황탄한 잡술을 풀어 주문을 지어내고 요망한 말로 선동을 했다. …… 이른바 〈布德文〉이라는 것은 겉으로 거짓으로 꾸미고, 몰래 화를 일으킬 마음을 기르고자 하는 것이다. 주문과 약, 그리고 칼춤은 평화 시에 난을 꾸미려 하고, 은밀하게 당을 모으고자 한 짓이다"라고 내려졌고, 수렴청정하던 대비 조씨가 최제우를 백성이 모인 자리에서 목을 달아매 죽게 하여 사람들에게 경계하도록 명했다고 한다(조동일, 위의 글, 177면).

않다고 하더라도 동학에 대한 인식이 의식적이든 무의식적이든 전승자
들과 결합되었다고 볼 때, 이 설화에서 보이는 다음의 특징적인 면들이
이해된다.

첫째는 나)가 가)처럼 다자구할미나 관군의 관점에서 그려내지 않고
반란군 대장인 조수만을 설화의 주인공으로 삼아 사건을 전개해 가는
까닭이다. 나)의 설화에서 다자구할미는 가)와 같이 호국여산신의 면모
를 그대로 유지하고 있다. 나라의 변란을 앞에 두고 여산신이 할미의
모습으로 화해서 반란의 무리를 퇴치하고 있기 때문이다. 이미 앞에서
도 언급하였듯이 반란군을 토벌할 때 산신께 제를 올려 승리를 기원하
는 모습은 역사적 기록을 통해 확인할 수 있는 바이다. 그렇지만 여기
에는 중요한 차이점이 있다. 관군의 처지에서 다자구할미는 호국신으
로서 긍정적인 기능을 하는 신격이지만, 반란군에 동조하는 민(民)에게
는 호국신으로 인식되기보다는 부정적인 신격이고 원망의 대상으로 비
쳐지고 있다는 점이다. 퇴치의 대상이 상대적인 경우는 전승자의 인식
에 따라서 다자구할미가 전혀 상반된 신격으로 인식될 수 있다. 다자구
할미는 지배자의 관점에서 보면 호국신의 기능을 하는 존재이지만, 새
로운 세상을 꿈꾸는 민중의 변혁사상을 바탕으로 전승된다고 했을 때
할미는 민중의 염원을 좌절하게 하는 부정적 신격으로 그려질 수밖에
없다.

둘째는 조수만 장군이 전승자에 의해 민중영웅인 아기장수의 모습으
로 그려지고 인식되는 까닭이다. 나)의 설화는 여러모로 민중의 좌절감
을 보여주고 있다. 먼저 자부(子婦)가 말한 바, 곧 "씨앗을 심어 열매가
맺으면 출병하라"는 금기의 제시를 어긴 것부터가 그렇다. 조금만 더
기다리면서 때를 보았으면 충분히 민중들의 힘으로 새로운 세상을 만
들어낼 수 있었을 텐데 그렇지 못했다는 아쉬움이 반영된 것이라고 할
수 있다.

또한 조수만 장군을 죽였을 때 그의 머리에 뿔이 돋아 있었다고 한

것은 날개가 달린 아기장수의 모습이 변형된 것이다. 아울러 선친의 묘를 파보니 장수가 용마를 타고 승천하기 직전이었다고 한 점은, 죽으면서 콩과 팥을 함께 묻어 달라고 어머니에게 부탁하여 새로운 세상을 준비하던 아기장수를 관군 장수가 죽이는 것과 동일한 양상이다. 아기장수는 지배층에게는 반역자이지만 피지배층에게는 구원자적 영웅이다. 고통받는 민중, 도탄에 빠진 백성, 지배층으로부터 억압과 착취를 당할 뿐인 피지배층을 대변하고 그들을 구원하는 메시아적 영웅상을 띠고 있는 존재인 것이다.[19] 이런 아기장수가 곧 반역의 주체인 조수만이다. 칼춤을 추면서 난을 도모하는 모습은 민중들에게 큰 호응을 얻었던 동학과 관련된 것이며, 이러한 배경의 난을 꾀하는 조수만 장군을 민중영웅인 아기장수로 형상화시킨 까닭은 좌절된 민중의 염원을 안타까워하는 의식을 반영하는 것이다. 실제로 동학란 당시 전봉준이 이끄는 동학군의 선두에는 그들을 진두지휘했던 신출귀몰한 소년장수가 있었다고 믿어졌다고 한다.[20] 이것은 아기장수설화에 나타나는 민중의 변혁사상이 동학에 결합된 한 형상으로 판단되며, 나) 설화에 보이는 양상 또한 이런 의식과 무관하지 않다고 하겠다.

그런데 여기서 특히 문제가 되는 것은 이런 좌절의 원인이 호국신적 존재로 믿어지던 다자구할미에게 있는 것으로 인식되고 있다는 점이다. 지배자의 처지에서는 반란군을 진압하는 다자구할미가 호국여산신으로서 숭앙의 대상이 되겠지만, 피지배자, 곧 세상의 변혁을 바라던 민중들에게는 오히려 그들의 꿈을 좌절하게 하는 원망의 대상이 될 수도 있다는 것이다.

한편 이런 호국여산신에 대한 부정적 인식은 지배층과 피지배층의 대결에서만으로 한정되는 것은 아니다. 대결의 역사적 배경을 어디에

---

19) 이혜화, 〈아기장수전설의 신고찰〉, 《한국민속학》 16집, 민속학회, 1983, 270면.

20) 김헌선, 〈민중의 변혁사상〉, 《한국전통문화 이해의 길잡이》, 지식산업사, 1998, 346면.

두는가, 그리고 전승의 주체를 누구로 삼는가에 따라서 완전히 상반된
인식이 나타날 수 있는 것이다. 이런 면모를 잘 드러내는 것이 신라군
과 백제군의 대결을 보여주고 있는 다)이다.

다)의 설화 두 편은 서로 다른 각편이지만 같은 증거물에 대해 전해
지는 이야기로서 거의 동일한 내용을 담고 있다. 신라군이 지키는 경주
가까이의 부산성(富山城)을 백제군이 아무리 공격해도 함락시킬 수 없
었는데, 어느 날 신라군 앞에 한 할미가 나타나 군사로 뽑힌 아들 형제
를 찾는다고 하여 허락을 받고는 성 안에서 '더자구야'와 '다자구야'를
부르고 다니다가 신라군이 모두 잠들었을 때 '다자구야'를 외쳐 백제군
이 성을 함락시킬 수 있었다는 내용이다.

이처럼 다)와 같은 자료는 관군과 도적 또는 관군과 반란군의 대결
이 아닌, 삼국시대를 배경으로 하여 신라와 백제라는 나라와 나라 사이
의 대결양상을 보인다는 점에서 특이하다. 이 대결은 시간이 지난 뒤
후대의 전승자나 오늘날 사람들의 시각에서 본다면 아군과 적군이라는
관계가 명확하게 인식되지 않을 수 있는 것이다. 따라서 이것을 어떤
각도에서 전승시키느냐에 따라서 반영되는 의식이 달리 나타날 소지가
있다고 하겠다. 이와 관련해서 흥미로운 점은 이런 할미를 그 지역 신
라 사람들은 '앙큼할미'라 부르고 백제군이 섬기는 바위를 '앙큼바위'라
고 명명한 반면, 정복자인 백제군은 그 바위에 누각을 짓고 옷과 밥을
바치면서 위했다는 점이다. 곧 상반된 인식이 각자 신앙집단의 의식에
반영되어 있음을 알 수 있다.

백제군의 처지에서 본다면 다자구할미는 분명 호국신적 존재이다. 이
겨야 하지만 이길 수 없었던 대결에 홀연히 출현하여 그 싸움을 승리로
이끌게 하는 존재로서 백제군에 의해 제 향(祭享)을 받는다는 것은 당
연한 현상이다. 그러나 이 설화에서처럼 인식의 주체가 백제군이 아닌
신라군이나 그 지역민이라고 했을 때는 이 할미는 부정적 신격일 뿐이
며 원망의 대상일 수밖에 없다. 곧 인식의 주체에 따라서 긍정적 신격

으로 인식되는가 하면, 부정적 신격으로도 인식되는 양상을 찾아볼 수 있는 것이다.

이렇게 신격을 바라보는 인식의 주체에 따라서 다자구할미는 긍정적으로 인식되기도 하고 부정적으로 인식되기도 하지만, 이것은 한편으로 설화에 설정된 역사적 배경이 달라진다면 대결 집단 또한 그 상황에 맞게 적절하게 치환될 소지가 적지 않음을 보여주는 것이기도 하다. 곧 신라군과 백제군의 대결 상황을 역사적으로 가장 익숙한 시대적 배경인 임진왜란으로 바꾸어 놓게 된다면 상황은 아군과 왜군의 대결이 될 것이고, 이는 거짓으로 아들을 찾는 행위를 하여 자신들을 패하게 한 할미에 대해 부정적인 인식을 지닌 신라군 및 그 지역민의 처지를 생각할 때 자연스럽게 신라군의 자리에 아군이 놓이고 백제군의 자리에는 왜군이 놓이는 형태로 개변될 개연성이 크다. 실상 설화에서는 등장인물의 행동이나 기능은 일정하지만 그 모습이나 상황은 자료에 따라서 변화하는 양상이 나타난다.[21] 구비문학은 말로 된 문학이기에 끊임없이 변화하는 유동성을 지닌다. 전승자는 설화를 있는 그대로 유지하려고만 하지 않고 전승 과정에서 끊임없이 변화시키면서 전승집단에게 익숙한 역사적 사실이나 사건을 끌어오려는 경향이 적지 않은데, 이렇게 시대적 배경을 바꾸게 된다면 그 대결집단도 변모하게 될 수밖에 없는 것이다.

이런 구체적인 모습은 앞서 살펴본 노적봉설화의 예에서 찾아볼 수 있다. 노적봉설화는 대부분의 각편에서 임진왜란 당시의 아군과 왜군의 대결을 이야기하고 있지만, 최상수가 채록한 〈노적봉〉 자료 2와 3, 그리고 임석재가 채록한 〈召文國의 古蹟〉에서는 각각 신라군과 백제군, 백제 개로왕군과 고구려 장수왕군의 대결, 소문국군과 신라군의 대결로 나타나고 있어, 대결집단이 넘나들고 치환될 수 있는 양상을 실제로 확

---

21) Vladimir IA. Propp, 유영대 옮김, 《민담형태론》, 새문사, 1987, 24~26면.

인할 수 있는 것이다.

이렇게 설화가 임진왜란을 배경으로 할 때 대결 상대가 아군과 왜군
으로 바뀔 수 있다면, 다)의 할미가 아군과 왜군의 대결에서 오히려 왜
군을 도와주는 존재로 나타날 수도 있게 되는 것이다. 이런 결과로 나
타난 것이 호국여산신의 성격이 전도되어 왜군에게 아군을 물리치는
방도를 알려주는 할미의 이야기 형태들, 곧 할미에 대한 부정적 인식을
보여주는 일련의 설화들인 것으로 판단된다.

4. 파소골 마고할미설화와 호국여산신에 대한 부정적 인식

파소골 마고할미설화는 의병들이 진을 치고 있던 두타산성을 왜군이
계속 공격하면서도 산세가 험하고 장사들이 많이 있는 것 같다고 여겨
쉽사리 공략하지 못하였는데, 빨래를 하던 마고할미가 있다가 성을 빼
앗을 방도를 왜군에게 알려주어 결국 의병이 몰살당하도록 했다는 내
용의 이야기이다.[22]

이 설화에서 마고할미는 왜군에게 두 가지 정보를 주어 의병들을 패
하도록 한다. 곧 산골짜기에 있는 허수아비를 장사들로 잘못 알고 접근
하지 못하는 왜군들에게 허수아비가 그들을 속이기 위해 의병들이 세
워둔 것임을 알려준 것과, 지형을 이용해 뒤에서 공격하면 두타산성을
함락시킬 수 있다고 하는 방도를 구체적으로 알려주는 것이다.

이처럼 파소골 마고할미는 왜병들을 도와 승리하도록 한다는 점에서

---

22) 파소골 마고할미설화에 대한 자료는 《한국구비문학대계》 2-3(한국정신문화연
구원, 1981)의 〈파소골과 진천〉과 김태수가 채록한 〈왜구의 길안내〉 3편(김태수,
〈삼척지역 인물전설 연구〉 자료편, 관동대 석사논문, 1996)을 참조했다. 한편 《삼
척군지》에도 파소골에 대해 지명유래 부분에서 관련된 자료를 싣고 있으나, 왜군
을 돕는 마고할미 부분이 극히 축약되어 있어 검토대상에서 제외했다.

비록 도움을 주는 대상이 전도되어 있기는 하지만, 그 행위나 기능은 분명 호국여산신의 면모를 그대로 보여주는 것이라 할 수 있다. 따라서 마고할미에 대한 이와 같은 부정적 인식은 원래부터 있었던 것이 아니라 강진옥의 주장처럼 전승과정에서 변이되어 나타난 것이라고 보는 것이 타당하다.[23] 하지만 필자가 의견을 달리하는 부분은 강진옥의 경우 앞에서 언급한 바와 같이 이런 양상을 북평이라는 특정 지역에 국한되어 나타나는 특이한 현상으로 파악해서 해명하려 했다는 점이다. 관(官)에서 의도적으로 마고할미를 격하시키고자 한 결과, 파소골 설화에서 마고할미를 오히려 왜적에게 정보를 주어 의병을 패하게 하는 존재로 변모시키게 되었을 것[24]이라는 강진옥의 주장은 일면 타당성이 인정되지만, 이런 양상을 보이는 자료가 이 지역에만 한정되는 것이 아니라는 데에 한계가 있다. 때문에 이렇게 부정적 신격으로 형상화하는 양상을 보이는 다양한 자료들을 모두 포괄하여 설명할 수 있는 근거를 제시하는 것이 마땅할 것이다.

이와 관련해 이전에는 대결집단이 내적(內敵) 사이였던 것이 후대로 갈수록 점차 그 구분이 모호해지면서 널리 알려진 역사적 사실인 임진왜란을 배경으로 설정해서 이야기의 구체성을 획득하고자 했을 것이고, 이에 호국신격을 전승집단과 상대되는 편을 돕는 부정적인 신격으로 인식하던 것이 변이되면서 할미가 왜군을 돕는 존재로 나타났을 가능성이 있다고 앞에서 밝힌 바 있다. 그런데 실제로 파소골 마고할미설화와 동일한 내용의 설화가 시대적 배경과 대결집단을 달리하여 전승되고 있는데, 이 경우는 표모가 상대편을 돕는 호국여산신으로 나타나고 있고, 전승자에 의해 부정적 신격으로 인식되는 양상은 현저하게 약해져 있다. 김광순이 채록한 〈오래산성〉 설화[25]가 이런 면모를 잘 보여주

---

23) 강진옥, 앞의 글.
24) 강진옥, 앞의 글, 36~40면.
25) 김광순, 《한국구비전승의 문학-자료편》, 형설출판사, 1983, 165~167면.

는 자료로, 다음과 같은 내용으로 이루어져 있다. 신라 원성왕 때 동족 끼리 전투가 벌어졌는데 성골 출신의 청갑 장군이 삼천 정병을 이끌며 맹호산성에서 성을 지켰고, 이 성은 9년 동안 전투를 벌여도 함락되지 않았다. 그런데 표모가 적의 정탐군에게 지형에 대한 정보를 주어 뒤에서 기습공격을 하도록 했고, 결국 청갑 장군과 삼천 병사는 하루아침에 전멸하게 된다.

이 설화에서 보면 대결의 양상이나 표모의 성격 및 기능 등 설화 전반이 파소골 마고할미설화와 동일하며, 단지 대결집단과 시대적 배경 정도만이 달리 나타나고 있음을 알 수 있다. 그럼에도 표모에 대한 인식은 양자가 서로 많은 차이를 보이고 있다. 파소골 마고할미설화에서는 할미가 왜적을 돕는 것에 대해 서구암 마고할미전승과 결부시키면서 지역민을 괴롭히는 전형적인 악귀의 행위로 인식하거나[26] 범속한 여인의 짧은 소견이 빚어낸 잘못이라며 마고할미를 인간화시켜 인간의 잘못된 행위로 파악하는 반면,[27] 〈오래산성〉에서는 적에게 정보를 주었던 빨래하던 노파에 대해 "이 산과 원수가 된 산신령이었다"며 그 성격을 언급하고 있다. 말하자면 〈오래산성〉에서의 표모는 호국여산신이기는 하지만 적을 돕는 신격, 곧 상대집단이 섬기던 신격이기에 부정적으로 여겨졌던 것이다.

앞에서 검토한 바 있는 북한산 미륵할미의 석상이나 지리산성모상은 모두 왜적들에 의해 목이 잘렸거나 칼자국이 남았다는 공통점이 있는데, 이렇게 된 까닭은 왜적들이 이들 신격이 상대편을 도와서 자신들이 패했다고 여겼기 때문이라고 했다. 또한 거란의 침입 시 감악산신의 영검에 거란군이 두려워하여 앞으로 전진하지 못했다는 기록[28] 등을 보더라

---

26) 이 점은 강진옥의 글에서 구체적으로 다루어진 바 있다(강진옥, 앞의 글).

27) 박재문과 김일기가 구연한 자료를 보면, 의병이 두타산성에 진을 치면서 그 지역 민들의 곡식이나 재물을 약탈한 것에 대한 앙갚음으로 표모가 국가의식도 없이 왜 병에게 의병을 물리칠 방도를 주었다고 한다(김태수, 〈왜구의 길안내(1)〉, 앞의 글).

도 상대편을 돕는 호국신격이 존재한다는 인식이 있었음을 알 수 있다. 때문에 그 싸움에서 패한 원인을 상대편의 호국신격 탓으로 돌리고 그 신격을 원망하는 경향 역시 찾아볼 수 있는 것이다. 이렇게 상대편의 호국신격 때문에 패했다는 인식이 구체적으로 드러나는 자료가 앞에서 살펴본 〈앙큼바위〉나 위의 〈오래산성〉과 같은 설화라 할 수 있다.

그런데 이와 같이 호국신격이 있어 어느 한 편을 돕는다는 믿음이 있다면, 설화를 전승시키는 집단이 도움을 받는지의 여부에 따라 호국여산신을 긍정적인 신격의 모습으로, 또는 부정적인 신격으로 설화에서 나타낼 수 있을 것이다. 이때 대결하는 대상이 외적이거나, 적과 아군의 구분이 상대적이지 않고 그 성격이 모두에게 분명할 때는 호국신격이 항상 긍정적인 존재로 숭앙되는 모습으로 설화가 전개되어 나간다. 그렇지 못하고 신라군과 백제군, 또는 관군과 반군 등과 같이 내적인 대결일 경우는 전승집단의 인식이 상대적일 수 있어서 호국여산신이 동일한 성격이나 기능을 지니면서도 오히려 적을 돕는 신격의 모습으로 형상화할 수 있는 것이다. 여기서 다루는 파소골 마고할미설화는 바로 이런 호국신격이 상대편을 돕는 양상을 보이는 〈오래산성〉과 같은 설화 형태의 후대 모습인 것으로 보인다.

파소골 마고할미설화에서 마고할미는 왜적에게 정보를 주어 의병들을 몰살하게 하는 부정적인 신격으로서의 면모가 뚜렷하다. 그렇지만 이것이 왜적과의 대결을 배경으로 설정하는 설화에 국한되어 나타나는 양상이 아니기에 꼭 마고할미의 본래의 모습이라고 보기는 어렵다. 호국여산신이 노파의 모습으로 출현하여 적을 물리치도록 도움을 주는 내용의 설화가 임진왜란이 일어났던 당시에 비로소 생겨난 것은 아닐 것이다. 그 이전부터 오랫동안 있어왔던 이야기가 전승되는 과정에서

---

28) 《高麗史》 권63, 志 권제17 禮五. "丹兵至長湍 風雪暴作 紺岳神祠 若有旌旗士馬 丹兵懼 不敢前"

임진왜란이라는 좀더 명확한 시대적 배경이 삽입된 것으로 볼 수 있다. 삼국이 고대국가로 자리를 잡아가면서 여타의 군소 국가들을 정복해가는 과정이라든가 삼국의 대치상황, 후삼국의 대결 및 기타의 변란 등과 관련해서도 이런 호국여산신설화가 전승되었을 것이며, 실제로 시대적 배경을 임진왜란이 아닌 그 이전의 대결 상황으로 설정하고 있는 자료들을 다양하게 찾아볼 수 있다. 이때 이런 이야기를 전승시키던 주체가 호국여산신 때문에 패했다고 인식하던 집단이라면 그 신격에 대한 원망을 설화에 담아 부정적 신격으로 형상화시켜 나갔을 것이다. 그리고 점차 시간이 지나고 시대가 바뀌면서 설화 안의 적과 아군에 대한 관계 설정이 모호해지자, 이를 외적과의 대결이라는 더 명확한 상황 설정으로 개변(改變)시키면서 신격의 호국여산신의 면모보다는 파소골 마고할미처럼 외적(外敵)을 돕는 악신으로서의 면모를 부각시키는 형태로 나타났던 것으로 판단된다.

5. 호국여산신의 부정적 신격 인식의 계승과 신립장군설화

호국여산신이 부정적으로 인식되어 나타나는 자료는 대결집단이 어떻게 설정되는가에 따라 호국신격에 대한 전승자의 인식에서 다소 차이를 보인다. 먼저 대결집단이 내적 사이의 대결일 경우는 부정적인 신격이더라도 상대편의 호국신격이라는 인식을 어느 정도 남겨둔다. 하지만 대결하는 대상이 외적, 특히 왜군일 때는 호국신격이 현신한 여인을 신적인 인식을 배제하고 범속한 여인으로 보는 한편, 그 여인의 행위에 대해서는 속 좁은 아녀자의 잘못된 생각에서 비롯된 것이라고 파악하는 면이 두드러진다. 그런데 이처럼 적을 돕는 호국신격의 행위를 호국신격의 인간화를 통해 단순히 한 여인의 잘못으로 돌려 받아들이려는 경향이 있지만, 이와 더불어서 본디 호국신격이었던 존재가 왜적에게 도움을 준다는 것을 용납하지 못하는 인식이 호국신격을 그 성격만 유지한 채 외적을 돕는 행위에 걸맞은 원귀(寃鬼)의 형태로 변이시킬 가능성도 있다.[29] 이런 양상과 관련하여 주목되는 자료가 신립장군설화이다.

신립장군설화는 대부분의 설화자료집에 두루 채록되어 있고, 그 대체적인 내용도 크게 다르지 않다.[30] 우선 신립장군설화의 개략적인 내용을 제시하도록 하겠다.

① 신립 장군이 길을 가다가 날이 저물어 처녀 혼자 있는 집에 묵게 되었다.

② 그 집은 귀물(鬼物)이 밤마다 나타나 집안사람들을 해치는 집으로, 신립이 귀물을 퇴치하고 여인을 구해준다.

③ 그 여인은 혼자 살 수 없으니 함께 데려가 달라고 부탁하지만 신립이 거절한다.

④ 여인은 자살하고 신립에게 한을 품은 원귀(寃鬼)가 된다.

⑤ 임진왜란이 일어나서 신립이 전투를 벌일 때면 여인이 나타나 승리할 방도를 알려준다.

⑥ 신립이 왜군과 큰 결전을 벌이고, 여인은 신립으로 하여금 요새인 문경새재를 버리고 탄금대에 배수진을 치도록 한다. 그 결과 신립과 그 군사들은 몰살당한다.

신립이 구해준 여인이 원귀가 되어 결국 신립을 패망하게 한다는 이 설화의 내용은 원귀형 설화의 전형적인 모습이라 할 수 있다.[31] 여인의

---

29) 파소골 마고할미의 악귀화(惡鬼化)한 모습도 이런 형태의 일종으로 파악할 수 있다.

30) 신립장군설화에 대한 자료는 《한국구비문학대계》에 19편, 임석재 전집 6권에 3편을 비롯해 상당히 많은 수의 자료가 채록되어 있다.

부탁을 거절하는 신립에게 한을 품고 죽어서 원귀가 되었다는 것은 원귀형 설화에서 흔히 볼 수 있는 양상인 것이다. 그런데 이 설화를 다음과 같이 도식화해서 호국여산신설화와 관련지어 보면, 양자가 여러모로 대응되는 양상을 찾아볼 수 있다.

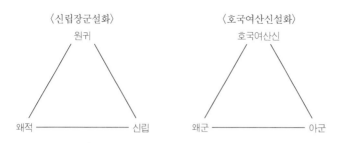

〔그림 1〕 신립장군설화와 호국여산신설화의 대응 양상

신립장군설화는 크게 두 부분으로 구성되었다고 할 수 있다. 즉 신립이 구해준 여인이 원귀가 되는 과정인 ①에서 ④까지의 부분과 신립장군이 패망하게 되는 과정을 이야기하는 ⑤와 ⑥ 부분으로 구성되어 있다. 여기서 여인이 원귀가 되는 전반부는 원귀가 마을신이 되어 인간에게 숭배받는 과정으로 파악할 수 있다. 실제로 억울하게 죽은 인간의 원혼을 달래기 위해 당(堂)을 짓고 마을신으로 모시는 것은 마을신화나 신앙에서 흔히 볼 수 있는 중요한 형태 가운데 하나이기 때문이다.[32] 그리고 이렇게 보아야만 원귀가 신립을 패망하게 하는 ⑤와 ⑥의 행위가 이해된다. 신립이 구해준 여인이 원귀가 되어 신립이 왜적을 물리치

---

31) 강진옥은 신립장군설화를 원귀형설화 가운데 '욕망긍정형'으로 파악하고 있다(강진옥, 〈'원혼'형 전설 연구〉, 《구비문학》 5, 한국정신문화연구원, 1981, 55~61면).

32) 억울하게 죽은 원혼이 마을신으로 섬겨지는 사례는 적지 않게 보고되고 있다.
천혜숙, 〈화장마을 당신화의 요소 및 구조 분석〉, 《민속연구》 6집, 안동대 민속학연구소, 1996.
김정미, 〈여원형 당신화의 형성과 전승에 관한 연구〉, 안동대 석사논문, 1997.
윤여종, 〈경기도 안산 잿머리 마을 신화연구〉, 이화여대 석사논문, 1998.

는 것을 돕기도 하고 왜적에게 패하게도 하는 것은 여타 원귀형설화의
해원(解冤) 과정과는 차별되는 것이다. 일반적으로 원귀형설화에서의
해원 과정은 자신의 억울한 죽음을 알려 정당성을 회복하거나 개인적
인 앙갚음을 하고 자기상황의 부당함을 알려 마을 사람들에게 숭배되
는 형태를 취하는 데 반해,[33] 신립장군설화에서의 해원 과정은 원귀가
개인적인 해원도 물론 이루지만 그보다도 집단을 수호하는 호국신의
면모를 보이는 것으로 나타난다.

　처녀는 원귀가 되었지만, 이것은 한편으로 평범한 인간에서 신적인
능력을 지닌 단계로 나아가기 위한 과정이라 볼 수 있다. 이렇게 원귀
가 된 처녀는 신립에게 붙어 다니면서 왜군과 대결 시 신립을 돕는다.
적을 물리칠 방도를 알려주고 신립이 이를 따라 승리하게 된다는 점에
서 아군을 돕는 호국여산신의 모습과 동일하다. 마을신은 호국신격과
반드시 동일하다고 할 수는 없겠지만, 마을을 관장하는 성황신이 호국
신의 모습을 보이는 기록들이 있고[34] 또한 범위가 한 마을로 축소되는
양상이 있더라도 수호신적 기능을 지닌다고 믿어진다는 점에서 마을신
은 호국여산신적 존재에 대응하고 있는 것이다.

　그런데 이런 원귀가 항상 도움을 주는 것은 아니며, 오히려 마지막의
큰 결전에서 잘못된 정보를 일부러 주어 패하도록 한다는 점에서 적에
게 거짓 정보를 건네 아군을 멸하게 하는 양상을 보이는 호국신격의 부
정적 형상화에 대응된다. 여기에서 원귀의 행위는 분명 부정적인 것이
지만 원귀의 행위이기에 용납된다.

　원귀는 호국여산신설화에서 적에게 정보를 주어 아군을 패망하게 하
는 부정적인 모습의 호국신격이 변형된 것일 수 있다. 원귀는 왜군과의
대결에서 이기게도 할 수 있고 지게도 할 수 있는 존재이다. 이길 수 있

---

33) 강진옥, 앞의 글 참조.
34) 유홍렬, 앞의 글, 252~253면 참조.

는 방도를 알려주어 신립 장군이 승리하도록 하기도 하고 또한 거짓 정보를 주어 도리어 왜군에게 패하게도 만든다는 점에서 신립장군설화에는 호국여산신설화의 상반된 인식이 모두 담겨져 있다고 하겠다.

신립장군설화는 원귀가 적을 돕는 부정적 방향으로 전개되는 호국여산신설화의 변형된 모습이라 했다. 그렇다면 원귀가 이렇게 처음에는 신립 장군을 도와 적을 물리치도록 하는 까닭은 무엇인가? 이것은 비록 상대편을 돕기는 하지만 본디 호국신적 존재였다는 점이 반영된 것으로 보인다. 앞서 내적 사이의 대결 시 상대편을 돕는 호국신격일 경우는 부정되기는 하더라도 그 호국신적 존재로서 인정받는 모습을 보인다고 했는데, 그러한 양상이 신립장군설화에서는 아군을 돕는 존재의 모습으로 나타난 것으로 보인다. 그럼에도 결정적인 부분에서는 아군이 패하도록 함으로써 상대편을 돕는 호국신격의 면모를 보여주면서, 아울러 적을 돕는 행위가 호국신격의 본질적인 면모일 수는 없다는 인식에 따라 호국신격을 그 행위에 걸맞게 원귀의 모습으로 바꾸어 합리성을 얻고자 했던 것으로 보인다.

호국여산신설화에서 호국신격이 부정적으로 인식되어 전개된 데는 전승상에 다소의 변모과정이 있었던 것으로 여겨진다. 처음은 호국신격이라는 인식을 그대로 둔 채 상대편을 돕는 것에 대해 원망하는 대상신격인 단계이고, 다음은 왜적을 돕는 호국신격의 존재를 인정하지 않으면서 단순히 어떤 여인이 잘못된 행위를 한 것뿐이라고 신격을 인간화시켜 파악하는 단계이다. 여기서 후자의 또 다른 계승이 신립장군설화처럼 상대편에게 도움을 주는 호국신격을 원귀로 형상화시키는 것으로, 원귀이기 때문에 왜적을 도울 수 있다는 형태로 합리화한 것으로 보인다. 그럼에도 이 원귀가 호국신격의 변형된 모습이기에 어려운 위기 상황에 출현하여 적을 물리칠 방도를 알려준다는 본질적인 성격만은 그대로 간직한 것이 아닌가 생각된다.

6. 마 무 리

호국여산신은 나라에 전쟁이나 변란이 일어났을 때 출현하여 나라를 지켜주는 신격으로 믿어졌던 존재로, 이런 호국여산신이 노파나 표모의 모습으로 나타나 적을 물리칠 방도를 알려주어 승리를 거두게 하는 설화는 다양하게 찾을 수 있다.

호국여산신설화에 대해서 지금까지는 호국여산신이 일반적으로 나라를 수호하는 긍정적인 신격으로만 형상화되어 나타나는 것이라고 여겼다. 하지만 이런 성격의 자료들 전반을 총체적으로 검토한 결과, 호국신격이 오히려 상대편을 도와 승리하도록 하는 부정적인 신격으로 인식되는 호국여산신설화가 있음을 확인할 수 있었다. 때문에 전승집단이 호국여산신을 두고 승리하는 쪽인 경우 신을 숭배하는 뜻에서 이 설화를 전승시켰고, 패하는 쪽인 경우 상대편을 돕는 호국신격을 원망하는 뜻에서 전승시키기도 했다는 점에서, 호국신격에 대한 동일한 설화가 상반되게 인식되며 전승된다는 것을 알 수 있었다.

한편 호국신격은 임진왜란을 배경으로 하는 설화에서 왜적을 돕는 존재로 변모되어 나타나기도 한다. 임진왜란 전부터 분열된 나라나 집단 사이의 대결에 관한 이야기는 존재해 왔으나, 이와 같은 양상은 호국신격에 대해 전승되던 이야기에서 적과 아군의 구분이 후대로 내려오면서 상당 부분 모호해진 데 따른 것이다. 이때 가장 익숙하고 잘 알려진 임진왜란이라는 배경이 설화 안으로 들어오게 되면서 상대편을 돕던 신격이 왜적을 돕는 형태로 변모되어 나갔을 것임을 파악할 수 있었다.

이런 양상을 밝히기 위해 이 글에서 검토한 자료는 북한산 미륵할미설화, 죽령여산신 다자구할미설화, 파소골 마고할미설화 등이다. 북한산 미륵할미설화는 호국여산신의 모습과 기능을 온전히 보여주는 자료라고 할 수 있다. 어려운 상황에서 출현하여 적을 물리칠 방도를 알려주고 직접 적을 속여 물리칠 수 있도록 돕고 있어 호국신의 기능이 잘 드러나고 있다. 다음으로 다자구할미설화는 동일한 성격의 자료임에도 호국신격에 대해 전혀 상반된 인식이 나타나는 각편들이 공존하고 있는 양상을 보인다. 특히 신라군과 백제군, 관군과 반란군 등과 같이 대결집단의 성격이 상대적일 수 있을 때는 전승집단이 어떤 편에 서서 그 호국신격을 인식하고 전승시키는가에 따라서 전혀 상반된 모습의 신격이 나타나게 됨을 알 수 있었다. 그리고 이와 같은 호국신격에 대한 상대적인 인식이 임진왜란이라는 역사적 사실과 결부되고 구체화하면서 상대편을 돕던 존재가 그대로 왜적을 돕게 되는 것으로 변모되는 양상이 나타났으며, 이러한 이유에서 호국신격을 부정적으로 인식하는 성격이 뚜렷한 자료가 파소골 마고할미설화라고 보았다. 한편 호국신격이 부정적으로 계승되는 또 다른 형태의 자료로 신립장군설화를 들었다. 여기서는 어려운 상황에 출현하여 승리할 수 있도록 도움을 주는 존재라는 성격을 호국여산신에 남겨두면서도, 한편으로는 왜적에게 도움을 주는 신격을 그 행위에 걸맞게 원귀로 변형시키고 신립이 결정적인 싸움에서 지고 패망하도록 잘못된 정보를 알려주게끔 형상화한다. 곧 호국신격에 대해 부정적인 인식을 보이던 설화를 이처럼 변형시켰다는 점에서 나름대로 합리성을 부여하며 계승한 것이라 할 수 있다.

　이상과 같이 호국여산신설화에서 신격을 어떻게 상반되게 인식하고 있는지를 검토하였고, 그것이 역사적으로 전개되어 내려온 양상에 대해서도 살펴보았다. 여기에서 특히 주목하였던 점은 특정한 신격이나 신화가 이를 숭배하는 신앙집단에 의해 전승될 때는 그 온당한 면모를 유지할 수 있는 반면, 그렇지 않은 신앙집단에 의해 전승될 때는 외경의 대상이라는 점은 같아도 사실상 원망의 대상으로 여겨지며 부정적인 인식이 담기게 된다는 것이다. 따라서 신격과 신화를 획일화하여 파악하는 것을 반성할 필요가 있으며, 전승집단과 관련지어 다양한 관점을 인정할 필요가 있다고 생각한다.

제주도 김통정이야기의 당신화 및 전설로의 변용 양상

1. 머 리 말

김통정은 제주도에서 여·몽 연합군에 대항해 끝까지 항전을 벌였던 삼별초의 우두머리로 역사적인 인물이다. 하지만 제주도에서 그는 단순히 역사적 인물로만 머무는 것이 아니라 지역민들의 신앙대상인 당신(堂神)으로 나타나기도 하고, 민중영웅의 모습으로 전설의 주인공이 되어 나타나기도 한다. 따라서 김통정이야기는 역사적 사실로서의 이야기일 수 있고, 당굿에서 신격을 섬기는 당신화로서의 이야기일 수도 있으며, 민중의 의식을 담은 채 전설적 인물로 변용되어 비범한 행위를 하는 인물의 이야기가 될 수도 있다.

이런 자료이기에 제주도의 김통정이야기는 다음 세 가지 각도에서 함께 논의되어야 마땅하다.

　가) 역사적 사실
　나) 당신화로 변용된 이야기

　다) 전설로 변용된 이야기[1]

　가)는 김통정이 역사적 실존인물이라는 점에서 역사적 기록을 살펴
그와 삼별초가 제주도민들에게 어떻게 인식되고 있는지를 검토하는 것
이다. 김통정에 대한 당신화나 전설은 모두 역사적 사실의 설화적 수용
이라는 점에서 이에 대한 검토는 반드시 수반되어야 할 것이다. 하지만
김통정의 제주 행적에 대한 기록은 뚜렷하게 드러나지 않는다. 다만《고
려사》등에 삼별초의 난을 토벌하는 과정에 대한 기록이 잘 나타나고 있
기에, 이들 관련문헌을 방증 삼아 검토한다면 당시의 전반적인 상황 및
삼별초와 제주도민의 관계 등이 어느 정도 드러나리라고 본다.[2]

　나)는 당굿에서 심방에 의해 불려지는 당신화라는 관점에서 검토하

---

1) 김통정이야기는 민요로 수용된 사설이라는 측면에서도 검토할 수 있을 것이다.
　김통정이 직접 민요 가사에 등장하지는 않지만, 삼별초의 대몽항쟁과 관련된 내용
　이 아주 단편적이나마 민요로 잔존하고 있어 민요와 김통정이야기의 관련성이 인
　정되기 때문이다. 하지만 민요로까지 그 범위를 확장시킨다면 지나치게 번다한 논
　의가 될 수 있기에, 이 글에서 민요 자료는 김통정이야기를 살피는 데 보조 자료로
　만 이용하고자 한다.
　　삼별초의 대몽항쟁과 관련된 내용을 담은 민요에 대한 검토는 박상규의 〈항파두
　리토성의 전설적 민요에 대하여〉(《한국민요학》1집, 교문사, 1991)에서 이루어진
　바 있다. 여기서는 애월의 항파두리토성에 얽힌 대몽항쟁의 역사와 관련된 민요를
　어학적인 면과 민속학적인 면에서 검토하고 있다. 하지만 본격적인 연구라기보다
　는 보고서 형식을 띠고 있고, 온전한 사설 채록도 이루어지지 못했다. 그렇다고 여
　타 민요조사 자료집에서 이런 내용의 민요를 찾아볼 수 있는 것도 아니기에, 여기
　에서는 박상규의 글을 참고로 하여 관련 내용을 언급하도록 하겠다.
2) 삼별초의 대몽항쟁에 대한 역사학계의 논의도 적지 않다. 이 글에서는 특히 삼
　별초의 제주항전에 대해 자세하게 다루고 있는 다음 글들을 주로 참고한다.
　김상기, 〈삼별초와 그의 난에 대하여〉, 《동방문화교류사논고》, 을유문화사, 1948.
　이정신, 〈제주민의 항쟁〉, 《고려 무신정권기 농민 천민항쟁 연구》, 고려대 민족
　　　문화연구소, 1991.
　변승규, 《濟州道略史》, 제주문화, 1992.
　윤용혁, 〈고려 삼별초의 제주항전〉, 《제주도연구》11집, 제주도연구회, 1994.

는 것이다. 당신화는 제주도 전체의 구비역사인 동시에 당(堂)이 있는 지역의 지역사이며, 지역민들의 신앙생활사이다.[3] 김통정은 애월, 성산, 안덕 등 세 지역의 당신화에서 당신 또는 당신들에게 징치되는 대상으로 등장하고 있는데, 역사적 사실을 바탕으로 하면서도 각기 지역이나 신화마다 다른 양상을 띠고 있어, 이들 자료를 전체로 묶어 비교해서 그 성격을 규명할 필요가 있겠다. 그리고 이를 통해 이질적인 면모를 보이는 자료의 변이양상과 그 까닭을 자료가 전승되는 지역성과 관련지어 살펴보는 것이 마땅할 것이다. 아울러 이런 당신화 자료는 당신화 자체로만 독자적으로 존재하는 것이 아니라 많은 부분 전설과 그 내용을 서로 공유하고 있다. 따라서 당신화에서 불분명하게 드러나는 부분은 전설과의 관련 아래 이해할 때 더욱 자료의 성격을 선명하게 파악할 수 있을 것이다.

다)는 전설로서 일반인들 사이에서 이야기되는 김통정 자료에 대해 검토하는 것이다. 전설에 수용된 김통정은 일반 사람들의 입을 통해 전승된 것이기에 당맨심방이라는 특수계층에게서 전승되고 있는 당신화보다는 훨씬 자세하고 다양한 모습으로 형상화하고 있고, 그 내용도 당신화에 수용되지 않은 더 많은 부분들을 이야기하고 있다. 그리고 전승범위나 폭도 당신화보다 한층 넓다. 따라서 전설은 당신으로서의 면모, 또는 당신과의 관계를 문제 삼는 당신화와는 또 다른 의식을 내포하고 있다고 할 수 있다. 특히 일반 사람들이 김통정을 어떻게 인식하면서 이야기로 변용시켜 나가고 있는가를 파악할 수 있다는 점에서 중요하다.

김통정이야기의 이들 세 가지 자료 형태는 각기 그 자료로서 나름의 의미를 지니지만 서로 관련 양상이 뚜렷하고 상호 보완적이라는 점을 염두에 두고 다루어야 한다. 그런데 김통정이야기에 대해서는, 구체적이

---

3) 김헌선, 〈제주도 안덕면 당신본풀이의 구비전승적 위상〉, 《샤머니즘의 비교문화론》, 비교문화연구소 제7회 학술심포지엄 발표요지, 1999. 3. 27. 이 글은 제주도 안덕면의 사례를 들어 당신화가 이런 성격을 지니고 있음을 밝히고 있다.

지는 않지만 이처럼 세 가지 각도에서 논의한 선행연구가 있다. 현길언의 《제주도의 장수설화》가 그것으로, 그는 김통정이야기를 다루면서 역사적 기록과 무가, 전설 자료를 개략적으로 검토하고는 그 특징으로 김통정이 신이한 인물로 형상화되고 있다는 점과 제주도민의 갈등양상이 잘 드러난다는 점을 지적하고 있다.[4] 이 점은 분명 당신화와 전설에서 찾아볼 수 있는 면모이다. 그러나 김통정설화를 이렇게 몇몇 자료에서 겉으로 드러나는 양상만으로 이해하고 말 것은 아니다. 그는 역사적 기록으로 《고려사》 원종조(元宗條) 기사 가운데 삼별초의 토벌 대목을 들어, 삼별초군이 제주에 들어와 성을 구축하고 군비를 정비하는 과정에서 제주도민들과 심한 갈등이 있었을 것이라고 역사적 정황을 추정하고 있다. 그리고 이러한 갈등양상이 특히 안덕의 광정당본풀이에서 토착당신 삼 형제에게 징치되는 김통정의 모습으로서 구체적으로 형상화되어 나타나고 있다고 본다. 그러나 과연 그러한지 의문이 적지 않다. 먼저 역사적 기록을 살펴볼 때 제주도민들은 삼별초의 입도(入島)를 도왔고, 그들에게 호의적이었다. 삼별초는 이전의 중앙에서 파견된 수령들과 달리 제주도민들을 수탈의 대상으로 삼지 않았기에, 삼별초와 제주도민 사이에는 갈등이 크지 않았음을 알 수 있다. 다음으로 광정당본풀이에서 김통정이 토착당신들에게 징치되는 모습은 전설이나 애월의 당신화에서 흔히 볼 수 있는 양상으로, 중국에서 보낸 장수나 김방경의 부하장수들에 의해 징치되는 모습이 지역적으로 변형되어 나타난 면모라는 점이다. 현길언의 주장은 이러한 자료들에 대한 포괄적 검토가 이루어지지 않은 상태에서 내려진 결론이라는 점에서 재론을 필요로 한다.

이러한 관점에서 이 글은 좀더 폭넓은 역사적 사실을 검토하고 이를 바탕으로 당신화와 전설의 자료를 모아 전체적으로 비교 검토함으로써, 김통정이야기에 대해 이전까지와는 다른 결론을 도출하고자 한다.

---

4) 현길언, 《제주도의 장수설화》, 홍성사, 1981, 142~148면.

2. 김통정이야기의 역사적 배경

삼별초의 제주항전은 역사적 사실이다. 김통정이야기는 이런 역사적 사실을 바탕으로 형성된 이야기이기 때문에 역사적 기록을 통해 당시 제주도민들이 김통정에 대해 어떻게 인식했고 삼별초의 항전에서 어떤 위치에 섰는지, 그리고 삼별초가 제주를 거점으로 하는 동안 지역민들과의 관계가 어떠했는지를 살피는 것이 우선 선행되어야 한다. 이 점을 특히 검토해야 하는 이유는 안덕면의 광정당본풀이에서 토착당신들에게 김통정이 징치되었다고 하여 김통정을 긍정적이지만은 않은 부정적인 존재로도 형상화하고 있고, 김통정이 도성을 쌓을 때 흉년이어서 인분(人糞)을 먹었다고 하는 전설[5]이나 지렁이나 벌레를 잡아먹었다는[6] 등 제주도민이 고통스러운 생활을 했다는 부분이 나타나는 설화가 있음을 볼 때, 김통정에 대해 보이는 상충된 인식양상의 반영을 역사적 기록을 들어 보충해서 이해할 필요가 있기 때문이다. 곧 삼별초가 제주를 거점으로 활약하던 시기에 제주도민들을 가혹하게 대하고 수탈의 대상으로 삼은 데서 이런 김통정의 부정적 형상화가 비롯된 것인지 검토할 필요가 있다는 것이다.

여기서는 다음 두 가지에 초점을 두어 역사적 정황을 살피고자 한다. 하나는 당시 제주도민들이 삼별초를 어떻게 인식하고 있었는가 하는 점이고, 다른 하나는 삼별초가 제주항전 당시 제주도민들을 수탈했는가, 그리고 그것을 토대로 군대를 유지하였는가 하는 점이다.

먼저 삼별초에 대한 제주도민의 인식부터 살펴보기로 한다. 탐라는 고(高)·양(良)·부(夫)의 세 가지 성(姓)을 중심으로 했던 씨족사회가 4~5세기 경 국가체제로 성립된 것이다.[7] 하지만 국토가 척박하여 농업

---

5) 현용준,《제주도전설》, 서문당, 1976, 114면.
6) 〈희뿌리샘물〉, 임석재 전집 9,《한국구전설화》, 평민사, 1992, 204면.
7) 박용후, 〈탐라 부족국가의 성립〉,《제주도연구》3집, 1986.

생산력이 충분하지 못하고 인구도 적어 강력한 고대국가로 성장하지 못하였고, 삼국시대부터 백제와 신라에 조공을 바치면서 필요한 물자를 교역하여 국가체제를 존립시켰다. 그럼에도 탐라는 독립된 국가체제를 강하게 원하였던 것으로 보인다. 비록 양국의 침입 위협에 굴복하고 말았지만, 이들 국가의 예속상태를 벗어나기 위해 반기를 들고 조공을 바치지 않았다는 기록을 찾아볼 수 있기 때문이다.[8] 이후 고려 때는 탐라를 군현(郡縣)으로 편입하고자 하는 노력이 진행되어 성종 때 민정을 살피는 구당리(勾當使)가 파견되었고,[9] 숙종(肅宗) 10년에는 탐라가 완전히 고려의 군현으로 편입되었다.[10] 그러면서 고려 조정에서 수령을 파견하였으나 성주(星主)와 왕자(王子)를 중심으로 하던 기존의 지배체제를 유지하도록 했고 그 지위의 세습 및 공물을 제외한 조세의 사용을 허용하였다.[11] 그런데 중앙에서 파견된 지방관이 점차 정치·경제·형벌 등 모든 것을 장악하여 전횡하면서, 고려 조정에게서 인정을 받은 성주와 왕자를 제외한 기존 토호세력 및 주민들과 심한 갈등을 빚었던 것으로 보인다. 아울러 중앙에서 파견된 관리들은 탐라가 육지에서 멀리 떨어져 있어 중앙정부의 관리가 소홀한 점을 악용하여 제주도민의 실정은 고려하지 않은 채 함부로 재물을 수탈하였다.[12] 여기에는 육지 사람들의 제주도민에 대한 우월감 등도 작용하였다.

탐라인들이 중앙에서 파견된 관리에 의해 수탈당하는 양상은 《고려사》나 《고려사절요》의 기록에서 어렵지 않게 찾아볼 수 있다.

---

8) 《三國史記》百濟 東城王 2年 8月條, 新羅 文武王 19年 2月條(이정신, 앞의 글, 137면 참조).

9) 《高麗史》9, 文宗 33年 11月 壬申條.

10) 《高麗史》57, 地理 耽羅懸.

11) 이정신, 앞의 글, 138~139면 참조.

12) 이정신, 앞의 글, 139면.

제주도의 옛 풍속에 무릇 남자는 15세 이상이 되면 해마다 콩 일곱(一
斛)을 바치고 아문(衙門)의 아전(衙前) 수백 명은 매 해에 각각 말 한 필
씩을 바쳤다. 이를 부사(副使)와 판관(判官)이 나눠 가지니, 이런 까닭으로
이 고을을 다스리는 자는 비록 가난하더라도 모두 부자가 되었다.[13]

이처럼 제주에 파견된 지방관은 관아의 경비나 그 밖에 소요되는 행
정업무의 비용을 충당시킨다는 명분으로 과중한 조세를 부과하였던 것
이다. 삼별초의 난에 당면했었던 원종(元宗) 때의 기록에서도 지방관의
탐학이 얼마나 심했는지가 잘 나타나고 있다.

판례빈성사(判禮賓省事) 나득황(羅得璜)을 제주부사로 삼았다. 이에 앞
서 송소(宋佋)가 제주의 수령으로 있다가 재물을 탐하여 면직되었는데 사
람들이 말하기를 제주가 지난 날에는 작은 도둑을 만났는데 지금은 큰 도
둑을 만났다고 하였다.[14]

제주도민들은 끊임없는 수탈의 대상이 되어 고통을 받아야 했다. 이
와 같은 학정에 반발해 크고 작은 반란들이 끊이지 않고 이어졌는데,
제주도민들의 요구사항은 대체로 수령들의 수탈과 학정에서 벗어날 수
있도록 해달라는 것이었다.

전라안찰사가 달려와 아뢰기를 탐라사람들이 현령(縣令)과 현위(縣尉)
의 포학에 시달려 반란을 일으켜 말하길 만약 척경(陟卿)을 현령으로 삼는
다면 당장 무기를 버리겠다.[15]

---

13) 《高麗史節要》 17, 高宗 46年 10月條.
14) 《高麗史節要》 18, 元宗 元年 正月條.
15) 《高麗史》 99, 列傳 崔陟卿.

　(제주는) 공부(貢賦)가 번거롭지 않아 백성들이 생업을 즐길 수 있었으
나 요즈음 관리들이 불법(不法)하여, 적의 우두머리.양수(良守) 등이 반란
을 일으켜 수재(守宰)를 축출하였다. 왕이 동희(冬曦)에게 명하여 부절(符
節)을 가지고 가서 선유(宣諭)토록 했더니 적들이 자진해서 항복했다.[16]

　이처럼 지방관의 탐학 때문에 야기된 반란은 무신정권 때도 지속적
으로 일어나고 있었다. 번석(煩石)과 번수(煩守) 등의 난이 있었고 원종
8년에도 초적(草賊) 문재노(文幸奴)의 난이 있었다.[17] 이러한 상황이었
던 만큼 제주도민들은 중앙정부에 대한 거부감이 컸고, 중앙에서 파견
된 지방관에 대해서도 적지 않은 반발심을 가지고 있었다. 이는 삼별초
의 제주 입도(入島) 과정에서도 여실히 드러난다. 곧 삼별초가 진도에
서 패해 제주도로 들어갈 때, 제주도민들은 관군에게서 등을 돌리고 삼
별초가 제주에 거점을 마련할 수 있도록 도운 것이다.

　(김수(金須)는) 초군(抄軍)을 거느리고 탐라에서 고여림(高汝霖)을 만
났는데, 이때 적은 진도를 지키느라고 아직 이르지 아니하였다. 이에 밤낮
으로 보루를 축조하고 병기를 마련하여 삼별초군이 도래하는 것을 막으려
했으나 수토자(守土者 ; 제주도민)가 머뭇거리며 협력하지 않아 그들이 다
른 길로 오는 것을 깨닫지 못했다. 김수는 평소 대의(大義)로서 사람들을
격려하였으므로 사람들이 감격하고 그 용력도 백배하여 싸움에 임해 다투

---

16)《高麗史》18, 世家 毅宗 22年 11月 丁丑條.
17) 이런 거듭된 난의 전개에 대해서는 이정신이 자세하게 살피고 있다(이정신, 앞
　의 글, 139~147면 참조). 이정신은 고려 정부에서 파견된 관리의 학정에 대한 반
　발이 이런 난의 중요한 요인이라고 파악하고 있으며, 여기에는 탐라가 고려로부터
　독립하고자 하는 분리주의적 성향도 있었음을 이 글에서 밝히고 있다. 한편 윤용
　혁은 문행노를 '초적'이라 한 것으로 보아 반란의 성격을 관(官)의 경제적 탐학 등
　으로 말미암아 사회경제적으로 영락해버린 집단의 난으로 파악하고 있다(윤용혁,
　앞의 글, 73면).

어 올라 적의 선봉부대는 거의 섬멸하였으나 탐라인들이 그들을 도왔으므
로 결국 중과부적으로 마침내 고여림과 함께 적진에서 패몰하여 돌아오지
않았다.[18]

이처럼 제주도민들은 고려 조정에 대해서는 반대의 위치에 서 있었
고 삼별초에게는 우호적이었다. 삼별초가 이렇게 제주도민의 도움 속에
제주에 입도했음은 분명하지만, 그 이후 삼별초가 제주를 거점 삼아 활
약을 하던 때에도 제주도민들이 이들의 활동에 적극 가담했는가는 분
명하지 않다. 다만 그들이 제주에 있는 동안에는 지역민의 재물을 수탈
하지 않았다는 것, 그리고 《고려사》 열전 김방경조(金方慶條)에 보이는
다음 기록을 통해 제주도민들이 삼별초에 적극 협력하였다는 것을 어
느 정도 파악할 수 있다.

> 김방경이 여러 장군들을 지휘하여 자성으로 들어가니 선비들과 여인들
> 이 소리 내어 통곡하였다. 김방경이 말하기를 "다만 괴수들만 죽이려 할
> 뿐이니 너희들은 겁내지 마라" 하고 그 우두머리인 김윤서(金允敍) 등 6명
> 을 붙잡아 네거리에서 참형에 처하였다.[19]

김방경의 군이 삼별초의 최후 항전지였던 항파두리성에 입성했을 때
선비와 부녀자들이 겁을 먹고 통곡을 했다는 사실은 의미가 단순하지
않다. 그만큼 제주도민들은 삼별초군에 적극 협력하였고 여몽군(麗蒙軍)

---

18) 崔瀣, 〈金文正公墓誌〉, 《拙藁千百》. "遂行抄軍 亟會汝霖于耽羅 卽賊猶保珍島未至 於
是 晝夜築堡設械 謀斷來道 使無得入 而守土者 首鼠不爲力 賊由他道至不覺 侍中素以大
義勵士卒 有宣其勇 奮呼爭登殺 賊先鋒殆盡 然而土人資敵 衆寡不侔 竟與高將軍歿陳 不
還."(이정신, 앞의 글, 152면 주42 재인용)
19) "方慶麾諸將入子城 士女號哭 方慶曰只誅巨魁耳 汝等勿懼 執其魁金允敍等 六人斬于
通街"

에게는 큰 두려움을 갖고 있었음을 암시하는 것이다. 특히 겁을 먹고 통곡을 했다는 사람들이 여몽군에 대항하여 직접 전투에 참여했던 사람들이 아니라 선비와 부녀자였다는 것은 이곳 사람들 대부분이 삼별초에 가담 또는 적어도 동조하고 있었음을 보여주는 단서이다. 이 점은 애월에서 전승되는 민요에도 잘 나타나고 있다. "진혼을 빌어 …… 생나무 가지나 풀잎을 던지면서 고이고이 잡서 / 저주하는 맘 …… 침략자를 향해서 침 뱉고 돌 던지며 저주"라고 해서 여몽연합군에 의해 무참히 죽어간 영혼을 위로하고 달래는 내용의 민요가 있다.[20] 김방경조의 기록이나 이런 민요 내용은 제주도민들이 삼별초의 강압에 의해서 어쩔 수 없이 그들을 도운 것은 아니었음을 보여주는 한 단면으로 판단된다. 이런 까닭에 삼별초의 우두머리였던 김통정은 성산면에서 지역민들에게 당신(堂神)으로 신앙시될 수 있었고, 당신화나 전설에서는 야래자형(夜來者型) 출생을 보이며 아기장수의 면모를 지닌 영웅, 뛰어난 능력을 가진 장수, 제주도민을 위해 먹을 물을 마련해주는 인물 등 긍정적 구실을 하는 존재로서 형상화할 수 있었던 것이다.

그렇다면 안덕의 광정당본풀이에서 김통정이 과양당·선앙당·광정당의 토착당신들에게 징치되는 것과 전설 자료에서 김통정 시절의 생활상이 궁핍하게 그려지는 것은 어떻게 이해해야 하는가? 뒤에서 당신화를 비교할 때 구체적으로 언급하겠지만, 간단히 말해 광정당본풀이에서 세 토착당신들에게 징치되는 김통정의 모습은 지역적인 변이에 따라 나타난 현상이라고 할 수 있다. 여타의 당신화나 전설에도 동일한 내용의 이야기가 그대로 전승되는데, 이들 자료에서는 김통정을 징치하는 존재가 토착당신이 아니라 중국에서 온 삼장수(三將帥)나 김방경의 부하장수로 나타나고 있다. 그리고 또 한 가지 주목할 사실은 광정당본풀이가 전승되는 안덕은 삼별초의 항전이 크게 영향을 미치지 않았던 한라산 남쪽

---

20) 박상규, 앞의 글, 181면.

지역이고, 따라서 이 지역에서는 김통정에 대한 이야기가 온전하게 전승
되지는 않았을 것이라는 점이다.[21] 곧 광정당본풀이는 당신화의 형성이
나 전승과정에서 어떤 착종이 있었거나 변질되었을 가능성이 크다.

물론 이는 제주도민들이 삼별초에 적극 협력했다는 기록물과는 달리,
삼별초가 제주를 거점으로 삼으면서 제주도민들에게 과중한 세와 부역
을 요구하여 지역민들과 심한 마찰과 갈등을 빚었던 것이 당신화 형태
로 표출된 것이라고 볼 수도 있겠다.[22] 이 점은 앞서 언급했던 전설 자
료에서 김통정 시절 성을 쌓을 당시 사람들이 굶주림으로 고통 받는 대
목들이 전해진다는 점과 연결지어 생각해 본다면, 역사적 기록과는 달리
그 이면에 묻어 있는 당시 민중들의 의식이 반영된 것일 가능성도 없지
않다. 곧 사람들이 배고픔의 고통 속에서 성을 쌓게 된 것은 삼별초가
지역민들에게 과중한 세금과 부역을 부과하고 압제를 가했기 때문이고,
이런 상황은 제주를 거점으로 많은 군사들이 활동하는 데 필요한 군량
미와 군비를 조달해야만 했던 현실에서 초래됐다는 것이다.

하지만 실제로 삼별초가 지역민들에게서 돈이나 곡식을 수탈하여 군
비를 조달한 것은 아니었다. 당신화와 전설에서는 한결같이 김통정 시
절에는 돈이나 세금은 걷지 않고 재 닷 말과 비 한 자루씩만을 걷었다
고 한다. 그런데 재 닷 말과 비 한 자루라는 것은 생활 주변에서 어렵지

---

21) 현용준이 안덕(安德)에서 김통정전설을 채록하면서 "김통정이야기는 북군 등지
    에서 많이 들어오던 이야기나 이곳에서 어떻게 전해지는가 호기심이 나서 들려달
    라고 청했다"고 한 것으로 보아, 이 지역이 김통정이야기가 주로 전승되는 곳과는
    거리가 있는 곳임을 알 수 있다(《한국구비문학대계》 9-3, 한국정신문화연구원,
    1983, 721면). 한편 이 전설 자료는 광정당본풀이와는 거리가 있고 애월 쪽의 전설
    과 비슷한 양상을 보인다.

22) 현길언, 앞의 책, 145면. 현길언은 이런 점들이 삼별초와 제주민들 사이의 갈등
    요소로 작용했음을 지적하고 있으며, 김통정설화를 구체적으로 다루지는 않았지만
    〈제주전설과 제주사람들의 삶의 양식〉(《제주문화의 재조명》, 일념, 1991, 243면)
    에서도 제주역사에 대해 언급하면서 "원종 때에 삼별초군의 입거 후 막대한 노역
    과 물자가 삼별초군에 의해 징발되었다"고 쓰고 있다.

않게 마련할 수 있는 것들이다. 이것은 항전을 하면서 적을 교란하기 위한 연막의 장치였을 뿐, 당시의 어수선한 세상을 나타낸다거나 과세의 과중함을 암시하는 대상은 아니다.[23]

삼별초는 그들의 군비를 고려의 조세운송선을 공격하고 포획하여 조달했던 것으로 보인다. 이 점은 문헌기록을 통해서 확인이 되는데,《고려사절요》원종 13년 6월조를 보면 "석 달(3, 4, 5월) 동안 삼별초가 조세운송선을 공격해서 얻은 곡식이 3천 2백여 석이나 된다"고 했다.[24] 또 같은 해 5월조 기사에도 "제주에서 나온 노효제(盧孝悌)의 보고에 따르면 삼별초가 배 11척에다 군사 390명을 나누어 싣고 경상도와 전라도의 조세운송선을 빼앗으려 한다"는 보고를 기록하고 있고,[25] 원종 13년 8월에도 "삼별초가 전라도 공미(貢米) 8백 석을 빼앗았다"고 기록하고 있다.[26] 이런 기록에서 볼 수 있듯이 그들은 군수물자 조달을 위해 지역민들에게 조세를 부과하지는 않았으며, 그 포획량이 적지 않은 것으로 보아 오히려 그들이 주둔했던 곳의 주민들을 먹여 살릴 정도가 아니었나 생각된다. 따라서 중요한 갈등 요소 하나가 사라지게 된다. 이전의 지방관이 자신들을 수탈의 대상으로 여겨 가혹하게 다룬 것에 큰 반발을 했던 지역민들이었기에, 군수물자를 외부에서 조달했던 삼별초는 지역민들에게 더욱 큰 호응을 받을 수 있었던 것으로 보인다. 이는 앞서

---

23) 현길언은 재를 걷어 뿌리고 말 꼬리에 비를 매달아 달리는 이 같은 상황에 대해 삼별초의 입성 뒤 온 성이 어수선해진 모습을 상징적으로 표현한 것이라고 본다 (현길언, 앞의 글, 145면). 하지만 당신화나 전설의 자료에서 재 닷 말과 비 한 자루는 김통정이 있는 곳을 은폐하기 위한 수단이었음을 분명히 밝히고 있어, 이러한 상황이 어수선한 세상을 은유적으로 표현한 것은 아님을 알 수 있다.

24)《高麗史節要》·《東國通鑑》元宗 13年 6月條. "凡前後所 攘奪船二十叟 穀米三千二百餘碩"

25)《高麗史節要》·《東國通鑑》元宗 13年 6月條. "今有盧孝悌 嘗附于逆賊 是月十四日 逃出來告云 逆賊以船十一叟 分載兵三百九十人 謀取慶尙全羅道漕船"

26)《高麗史節要》·《東國通鑑》元宗 13年 8月條. "壬辰 三別抄掠奪全羅道貢米八百碩"

김방경이 성에 진입했을 때 선비와 부녀자들이 통곡을 하면서 두려워했다는 점 및 전설에서 삼별초가 돈이나 곡식을 걷지 않았다고 한 점[27]과도 상통한다. 따라서 전설에 나타난, 성을 쌓으면서 먹을 것이 없어 인분을 먹거나 벌레를 잡아먹었다고 하는 것과 같은 부정적 인식은 김통정과 삼별초의 지역민에 대한 수탈과 착취에서 비롯된 것이 아니라고 보아야 한다. 그렇다면 이것은 삼별초와 무관하게 제주도민의 생활이 아주 어려웠던 무렵을, 단지 전설을 구술하는 과정에서 당시의 중요한 사건이었던 삼별초의 항전과 연결시켜 막연하게 김통정 시절이라고 표현하고 있는 것이 아닌가 여겨진다. 실제로 《고려사》에는 삼별초 난이 평정된 직후에 제주도민들이 흉년으로 겪었던 참혹한 생활상을 기록한 부분들이 있어 주목된다. 《고려사》 오행지(五行志)에는 "忠烈王三年三月 耽羅大饑 民有闔門而死者"[28]라고 해서 한 집안의 식구가 모두 굶어죽기도 했을 정도로 큰 흉년이 들었다고 하고 있다. 충렬왕 3년이니 삼별초의 난이 평정된 지 겨우 4년 뒤의 일이다. 《고려사》에는 큰 흉년을 비롯해 자연재해를 상세하게 기록하고 있는데, 제주의 경우는 큰 흉년에 대한 기록이 이것뿐이다. 이로 보아 당시의 흉년이 아주 심각했음을 알 수 있으며, 이 당시에 대한 이야기가 후대로 전승되면서 그 시기가 김통정 시절이라고 단순히 지칭된 것일 뿐, 삼별초의 수탈과 학정에서 제주도민들의 지독한 궁핍상이 비롯되었다는 것은 아니다.

이상과 같이 제주와 관련된 김통정 및 삼별초의 역사적 사실을 검토하였다. 이를 통해 확인할 수 있었던 것은 두 가지로, 하나는 삼별초에 대해 제주도민들은 호의적이었고 비록 이에 적극적인 가담을 하지는 않

---

27) 〈김통정(1)〉과 같은 자료에 따르면, 김통정이 백성들을 모아놓고 자신이 책임질 테니 서울에 진상을 올리지 말도록 했고 자신에게도 나락(쌀)을 세금으로 내기 어려울 것이니 재와 빗자루로 내게 했다고 한다(김영돈 외, 《제주설화집성(1)》, 제주대 탐라문화연구소, 1985).

28) 《高麗史》 권제55, 志9, 五行3.

았더라도 적어도 동조하고 있었다는 점이고, 다른 하나는 삼별초는 조
세선을 포획하여 군비를 충당했기 때문에 자신들의 군사력 유지를 위해
제주도민들을 수탈하지 않았고 가혹하게 대하지도 않았다는 점이다. 이
점은 특히 전설에서 김통정을 긍정적 존재로 인식하고 그들을 구원해
줄 민중영웅의 염원을 담은 존재로 형상화시키는 것과도 상통한다. 그
리고 당신화나 전설에서는 김통정이 부분적으로 부정적인 각도에서 이
야기되기도 하지만, 그것은 전승과정상에 혼착이 있었거나 막연하게 그
시절을 김통정에 붙여 지칭한 데 따른 것일 뿐, 당시 김통정군의 압제
가 있었음을 반영하고 입증하는 것은 아니라고 판단된다. 이 같은 양상
은 물론 삼별초의 난이 평정된 뒤 관(官)에서 의도적으로 김통정을 부
정적 존재로 만들고자 한 데서 비롯되었을 가능성도 없지 않다.

3. 당신화에 변용된 김통정이야기의 양상과 성격

제주도에서 김통정이야기가 당신화로 전승되는 지역은 애월과 성산,
안덕 등 세 곳이다. 이들 지역에서 김통정은 당신으로서 신앙의 대상이
되기도 하고, 반대로 뒷날 그곳의 당신으로 좌정하게 되는 중국의 삼
장수에게 뛰어난 능력이 있음에도 불구하고 결국 징치되고 마는 비극
적인 장수로 나타나기도 한다. 그런데 이런 양상은 당신화가 전승되는
지역에 따라 뚜렷한 차이를 보이고 있다. 성산면의 자료에서는 김통정
이 당신으로서 신앙대상이 되고 뚜렷한 대결양상 없이 김통정의 행적
이 중점적으로 이야기된다면, 애월면과 안덕면의 자료에서는 김통정과
삼 형제 장수의 대결이 부각되고 이 과정에서 김통정이 징치되는 양상
에 초점이 맞추어지고 있는 것이다. 하지만 이들 자료 사이에도 다소의
차이가 있다. 김통정이 중국의 삼 장수와 대결하는 것으로 나타나는 애
월의 당신화와 달리, 안덕의 광정당본풀이에서는 김통정이 제주의 토착

당신 삼 형제에게 징치되는 모습을 보인다는 점에서 특이한 변형이 이루어진 형태임을 알 수 있다.

그러면 우선 김통정의 존재가 당신화에서 선명하게 드러나는 자료들을 지역별로 정리하면서 검토하도록 하겠다. 여기서는 가장 풍부한 당신화를 싣고 있는 진성기의 《제주도무가본풀이사전》을 중심으로 살펴보고, 현용준의 《제주도무속자료사전》을 보조 자료로 삼아 참조하고 논의를 보완하도록 하겠다.

먼저 애월은 김통정에 대한 당신화와 전설이 가장 풍부하게 전승되는 지역이다. 김통정의 삼별초가 여몽연합군을 맞아 최후까지 항전을 벌였던 항파두리성이 있는 지역으로, 김통정이야기의 형성이나 전승에서 가장 중심이 되는 곳이자 이야기의 직접적인 배경이 되는 곳이다. 이런 애월에서는 김통정이 당신으로 섬겨지지 않으며, 오히려 그를 징치하는 중국의 삼 장수를 당신으로 받들어 모신다. 그리고 김통정이 제주도에 있게 된 것도 대몽항쟁이나 제주도민을 위하기보다는 제주의 우마와 생산물에 욕심을 냈기 때문이라 하고 있어 부정적 인식이 나타나 있음을 알 수 있다. 그러면 먼저 이곳의 자료를 개괄적으로 살펴보도록 하겠다. 애월 지역의 김통정 관련 당신화는 다음과 같이 5편이다.

가1. 고내본향①

가2. 고내본향② 〈큰당〉

가3. 고내본향⑤ 〈신도본향〉

가4. 고내본향⑥

가5. 금덕리당

가1, 가2, 가3, 가4는 다같이 고내리 지역에 전승되는 당신화로서 자료마다 다소 차이가 있기는 하지만, 대체로 중국에서 파견된 삼 장수가 김통정을 징치하고 그 지역에 좌정하여 당신이 되는 과정을 이야기하

고 있어 같은 유형의 자료로 묶을 수 있다. 이들 자료의 내용을 간략히
정리하면 아래와 같다.

〔표 8〕 고내리 지역에 전승되는 김통정 관련 당신화 비교

고내본향①	고내본향②(큰당)	고내본향⑤(신도본향)	고내본향⑥
1. 나라에서 김통정에게 제주도의 우마를 둘러보게 했으나 김통정이 욕심을 내어 제주를 차지하려 했다. 2. 천자국에서 황서님,을 서님, 병서님을 보내어 김통정을 잡아오게 했다. 3. 김통정이 성을 견고하게 쌓고 재로 연막을 쳐서 자신이 있는 곳을 알지 못하게 했다. 4. 삼 장수가 어떤 여인의 말을 쫓아 무쇠성문을 녹이고 성을 함락시킬 수 있었다. 5. 김통정이 바다에 무쇠방석을 던지고 새우로 변신해 있었는데, 삼 장수가 협력하여 김통정을 힘들게 징치한다. 6. 삼 장수는 용왕국 막내따님아기에게 반해 그곳에서 당신으로 좌정하게 된다.	1. 김통정의 난리 때 초나라의 황서, 국서, 병서 등 삼 장수가 들어와 김통정을 징치했다. 2. 국서는 천자국으로 돌아갔지만 황서와 병서는 그곳에 남아 활쏘기로 좌정할 곳을 찾는다. 3. 고내오름을 차지한 황서가 부모에게 불효한 죄로 쫓겨난 용왕국 따님아기와 혼인한다. 4. 용왕국 따님아기의 돼지고기를 먹은 부정으로 부부간 살림을 가르고 따로 좌정한다.	1. 중국에서 김통정을 잡으러 황서국, 국서님, 병서님의 삼 장수가 제주에 들어온다. 2. 한라산에서 활을 쏘아 고내리를 좌정처로 삼는다.	1. 대국 천자국에서 김통정에게 제주의 축산과 각종 생산물의 상태를 알아오라 했으나, 김통정은 그 생산물이 탐나 제주를 차지하려 했다. 2. 김통정은 만리토성을 쌓고 백성들에게 검은 재로 제주섬을 감추었다. 3. 천자국의 삼 장수가 김통정을 잡으러 성에 들어가려 하나 철문이 견고해서 들어가지 못했는데, 한 계집아이가 그 방도를 알려준다. 4. 김통정이 달아나면서 유태(孕胎)한 아내를 죽인다. 5. 김통정은 바다에 무쇠방석을 띄워 피했으나, 삼 장수가 새와 새우로 변해 김통정을 죽인다. 6. 삼 장수가 귀양 온 용왕국 막내따님아기에게 반해 그곳에 좌정하게 된다. 7. 후에 완력 좋은 새칫영감도 따로 상을 받는 당신으로 함께 섬겨진다.

이런 고내리의 당신화에서 표면적으로는 김통정이 부정적 존재로 형
상화되고 있고, 중국의 삼 장수는 김통정을 징치하는 긍정적 존재로 그

곳에 남아 당신이 되는 것으로 나타난다. 여기서는 김통정이 제주에서
항전을 한 것이 대몽항쟁과는 무관하며 순전히 제주섬에 욕심을 가졌
기 때문이라고 한다. 단순히 자신의 개인적 탐욕을 채우고자 제주에 자
리 잡고 있는 존재에 지나지 않기에 김통정은 징치되어야 마땅한 존재
이다. 그리고 이런 김통정을 물리쳤다는 점에서 삼 장수는 고내리의 당
신이 될 만하다는 것이다. 하지만 이 당신화에 반영되어 있는 내면적
의식도 실제로 그러한지는 의문이다. 앞서 역사적 사실에서 살펴보았듯
이 제주도민은 김통정군의 입도를 도왔고 이들에게 아주 호의적이었다.
또한 김방경의 관군이 성을 점령했을 때 부녀자가 두려워하면서 통곡
을 했다는 점도 당신화에 반영된 의식과는 거리가 있다. 그렇다면 고내
리의 당신화는 겉으로만 이런 양상을 보일 뿐, 그 이면에는 또 다른 의
식을 반영하고 있지 않나 여겨진다. 곧 김통정이 여몽연합군에게 패해
죽음을 당하고 그곳에 몽고와 고려군이 주둔하여 통치하게 되면서 그
러한 현실과 그들을 두려워하는 마음이 왜곡된 양상으로 표현되었을
가능성을 생각해 볼 수 있다. 이런 의식이 반영되어 당신화에서 중국
삼 장수가 당신으로 모셔지고 김통정이 표면적으로는 부정적인 존재로
형상화되는 것으로 나타났다는 것이다.

　아울러 이 점은 고내본향에서 발견되는 김통정의 면모와 관련지어
생각할 때 좀더 분명해진다. 가4에서는 김통정이 입성한 삼 장수를 피
해 달아나면서 유태(乳胎)한 아내를 죽이는 것으로 나타나지만, 이것은
전해지던 이야기가 당신화로 축약되면서 그 내용이 모호하게 나타난
결과이다. 전설에서 이 부분을 보면, 어떤 각편에서는 김방경군에게 성
을 함락시킬 수 있는 방도를 알려주는 아기업개를 김통정이 죽이는 것
으로 나타나는데, 다른 각편에서는 이 아기업개가 김통정의 아이를 유
태하고 있는 것으로 나타나기도 한다.[29] 후자의 경우 아기업개가 김방

---

29) 〈김통정장군〉(현용준, 앞의 책, 107~113면).

경군에 의해 죽게 되는 것으로 나타나는데, 이들 이야기가 혼착되면서 결과적으로 김통정이 유태한 아내를 죽이고 달아나는 존재로 그려지게 된 것으로 보인다.

김통정을 잡으러 온 중국의 삼 장수는 뛰어난 능력을 지녔으나 김통정의 능력에는 미치지 못한다. 김통정은 집집마다 거둔 재로 연막을 쳐서 제주섬을 감추어 그가 있는 곳을 삼 장수가 찾지 못하게 하는 능력을 지녔다. 이것은 서귀본향에서 지산국과 제주로 달아난 바람운이 안개를 피워 고산국에게 자신들이 있는 곳을 감추는 것과 대응한다. 또한 김통정은 삼 장수 스스로의 능력으로는 도저히 들어갈 수 없는 견고한 성을 쌓고 있었다. 비록 애기업개가 무쇠성문을 열 수 있는 방도를 알려주어 결국 성이 함락되기는 하지만, 이 또한 김통정이 삼 장수보다 우위에 있었음을 보여주는 것이라 할 수 있다. 여기서 성에 들어갈 수 있는 방도를 알려주는 애기업개는 호국여산신설화에 등장하는 여산신의 모습을 보여주는 전형적인 인물이다. 호국여산신설화에서 여산신은 평범한 노파나 표모(漂母)로 화하여 적을 물리칠 방법을 알려주거나, 오히려 그 반대로 적에게 난공불락의 성을 공격할 정보를 주어 아군을 몰살시키는 존재로 나타난다.[30] 이와 관련된 기사는 《고려사》에도 확인되는데, 원종14년 탐라에서 모반한 삼별초의 난을 토벌할 때 무등산의 음조지험(陰助之驗)이 있었다 하여 춘추치제(春秋致祭)를 명했다고 한다.[31] 곧 삼 장수가 정상적으로는 승리할 수 없다는 것을 호국신의 도움으로 승리하는 양상을 통해 보여준 것이다. 이에 대한 부분은 전설로도 널리 전해지기에 전설을 살피면서 자세히 언급하도록 하겠다.

한편 김통정은 성이 함락되자 삼 장수를 피해 바다에 무쇠방석을 던져두고 새우로 변신하는데, 이것은 온몸에 갑옷을 두른 모습을 상징하는

---

30) 이에 대해서는 앞선 〈호국여산신설화에 나타난 상반된 신격 인식 양상 연구〉를 참조할 것.

31) "庚辰以光州無等山神陰助討賊命禮司加封爵號春秋致祭"(《高麗史》 世家27 元宗)

것이다. 이것은 전설에서 김통정이 야래자형 출생을 하여 결코 죽지 않는 존재이며 온몸에 비늘을 지니고 있었다고 말하는 것과 같은 양상이다. 이렇기에 삼 장수는 김통정을 쉽게 죽이지 못하고, 셋이 새와 새우로 변신하여 어렵게 비늘 틈새로 칼을 찔러 넣어 죽일 수 있었다. 이것은 아기장수의 죽음을 보여주는 대목이다. 아기장수처럼 뛰어난 능력을 지녔음에도 결국 좌절하고 마는 민중영웅의 면모를 지닌 존재가 김통정인 것이다. 이 점은 전설에서 더욱 확연하여, 김통정이 날개 달린 장수로 나타나고 있다. 곧 김통정의 죽음은 민중의 아쉬움이 담긴 비극적 결과인 것이다.

이렇게 볼 때 고내리 당신화에서는 표면적으로 중국의 삼 장수 위주로 내용이 전개되고 김통정은 징치되어야 할 대상으로 나타나고 있지만, 그 이면에는 실제로 사람들이 위하고 그 능력을 인정했던 대상은 김통정이라는 의식이 담겨 있음을 파악할 수 있다.

한편 고내리의 당신화에서 중국의 삼 장수가 용왕국 따님아기에 반해 제주에 남아 활을 쏘아 각기 좌정할 곳을 정하는 양상은 삼성시조신화와 흡사한 면모를 보이는 대목이다. 그런데 이처럼 세 신이 여신과 혼인하고 활을 쏘아 좌정할 곳을 정하는 양상이 오래전부터 있어왔던 제주의 전래적이고 토착적인 당신화적 면모인지, 또는 삼성시조신화의 영향을 받아 이렇게 나타나게 된 것인지는 여기서는 쉽사리 판단할 수 없다. 다만 고내리 당신화가 고려시대 삼별초의 난을 배경으로 하는 후대의 형태임을 감안한다면 삼성신화의 영향을 받았을 가능성도 상정할 수 있겠다.

가5의 금덕리 당신화는 위의 고내본향과는 전혀 다른 내용의 이야기로 전개된다. 이 당신화에서는 김통정이 당신이 되었는지는 명확하게 밝혀지지 않고 않다. 다만 짐[金]장군이 설립한 당이라 하면서, 김통정 시절 아무도 잡지 못하던 용마를 산신령의 현몽으로 잡아내는 짐장수의 행적과, 재물을 약탈하고 부녀자를 겁탈하는 되놈들을 짐장수가 제주목사의 도움을 받아 물리쳐서 당신으로 좌정하게 되는 과정이 이야기되고 있다. 그런데 앞부분에서 용마를 잡는 짐장수가 전설 자료에서는 김통정으로 나타나고 있어, 금덕리당의 당신은 곧 김통정임을 알 수 있다.[32] 〈김통정(1)〉이라는 자료에 따르면, 김통정이 제주로 오게 된 것은 중국의 천자가 제주에서 우는 용마를 그에게 잡아오도록 하였기 때문인데, 아무도 잡지 못하던 그 말을 말이 물 먹는 곳에서 붙잡아 자신의 말로 만든 뒤 중국으로 귀환하지 않았다는 것이다. 물론 김통정의 말 잡는 방법이 당신화에서는 산신대왕의 현몽에 따른 것인 반면, 전설에서는 말이 물 먹는 곳에 숨어 있다가 잡아타는 것이어서 서로 달리 나타나지만, 전자의 경우 산신대왕의 현몽이 알려준 것이 어떤 방법인지 밝히고 있지 않기에 양자가 큰 차이를 보이는 것은 아니다. 무엇보다도 아무도 잡지 못하는 용마를 김통정만이 잡아서 장수의 능력을 확보한다는 점이 중요하다. 이것은 또한 김통정의 아기장수적 면모와도 밀접하게 관련되는 것이기도 하다. 김통정은 전설에서 흔히 어깨에 날개가 돋은 아기장수로 이야기된다. 그런데 〈아기장수전설〉에서 가장 중요하게 수반되어 출현하는 것이 용마이다. 용마는 흔히 아기장수의 죽음과 함께 출현하는 것이 일반적이지만, 금덕리 당신화에서는 김장군에게 사로잡혀 그가 장수로서 뛰어난 능력을 발휘하도록 돕는 것으로 나타난다. 한순간에 제주 삼읍을 돌아올 수 있게 하고 되놈들을 유인하여 물리칠 수 있도록 하는 것이다. 금덕리당에서 당신으로 신앙되는 김통정에게 뛰어난 장수의 면모가 있음을 용마를 끌어옴으로써 부각시키는 양상이라 할 수 있다.

한편 되놈들에게 재물을 빼앗기고 겁탈당하기까지 하는 부녀자들을 위해 되놈들을 물리치는 후반부의 내용은 공민왕 때 최영 장군이 목호

---

32) 진성기는 이 자료의 주석에서 짐장수를 '김통정장수?'라고 하여 행적의 주체가 김통정이 맞는지 분명히 밝히지 못했으나(진성기, 《제주도무가본풀이사전》, 민속원, 1991, 607면), 애월면 어음리에서 전승되는 〈김통정(1)〉에는 이 부분에 대한 구체적인 내용이 김통정의 행적으로 전해지고 있다(김영돈 외, 《제주설화집성 (1)》, 제주대 탐라문화연구소, 31~36면).

(牧胡)들의 난을 토벌하는 과정이 반영된 것이 아닌가 여겨진다. 공민왕 23년(1374년)에 명(明)이 제주의 양마(良馬) 2천 필을 가려 보내라고 하였는데, 원(元) 세조(世祖)는 양축한 말을 적국인 명에 보낼 수 없다고 했다. 이때 목호(牧胡)인 석질리(石迭里) 등이 난을 일으키자, 공민왕은 탐라가 고려의 땅임에도 목호들이 우리의 사신을 죽이고 제주도민들을 노예로 하니 그 죄가 크다 하여 최영에게 2만 5천의 병사를 주어 이들을 토벌하게 하였다. 이미 제주의 성주(星主)와 왕자가 이들 목호를 토벌할 수 있도록 지원 병력을 청하였던 상태이기도 했다. 최영은 애월로 들어가 항전하는 목호들을 물리쳤는데, 이 당시 석질리가 급히 모집한 목호군의 수가 엄청났던 것으로 보아 많은 몽고인들이 제주를 자신의 영토로 삼아 머물고 있었다는 것을 알 수 있다.[33] 바로 이런 상태에서 제주도민들이 몽고의 목호들에게 핍박받고 고통을 당했던 것이다. 특히 부녀자들이 이들의 만행에 당한 고통은 애월의 민요에 잘 반영되어 나타나고 있다. '이놈의 아들 생겨 몽고놈 / 이놈의 딸 생겨 몽고년'이라고 한 것만 보아도, 당시 몽고인들이 제주의 아녀자들에게 얼마나 많은 겁탈과 강간을 자행하면서 행패를 부렸는지 알 수 있다.[34] 금덕리 당신화에서 되놈들이 쳐들어와 마을의 재물을 약탈하고 여편네를 겁탈하였다고 한 것은 이들 목호들의 횡포를 그린 것으로 보이며, 이를 물리치는 최영 장군을 애월에서 몽고군과 맞서는 뛰어난 장수로 믿어지던 김통정과 결부시키게 된 것이 아닌가 여겨진다. 특히 제주의 성주와 왕자가 중앙에 원군(援軍)을 청하고 이들이 탐라인들과 함께 목호들을 물리치는 것은 김통정이 제주 목사의 사령을 빌려 협력해서 함께 되놈들을 물리치는 모습에 대응된다.

그런데 이런 금덕리 당신화에서 흥미로운 점은 김통정을 당신으로

33) 김상기, 《고려시대사》, 서울대출판부, 1985, 605~606면 ; 변승규, 앞의 책, 43~44면 참조.
34) 박상규, 앞의 글, 180면.

섬기면서도 구체적으로 김통정이라 하지 않고 막연히 짐장수라고 하여 겉으로 드러내지 않은 채 김통정을 신앙하고 있다는 점이다. 이것은 고 내리 당신화에서 중국의 삼 장수가 당신으로 좌정하여 모셔지는 양상과 상통하는 것으로, 삼별초의 난이 평정된 뒤 이곳에 몽고군과 고려군이 주둔하게 된 것을 의식한 데서 나타난 현상이 아닌가 여겨진다. 그리고 뒤에 목호들을 토벌하는 장수의 이야기가 김통정의 영웅적 행적과 결부되면서 이런 당신화의 모습을 갖게 된 것으로 보인다. 여하튼 애월의 당신화에서는 김통정을 긍정적 신격으로 여기면서도 겉으로 드러내어 섬기지는 않는다는 점이 특징이라고 할 수 있다.

다음으로 김통정의 당신화가 강하게 전승되는 지역은 동쪽 끝의 성산면이다. 이 지역에서 왜 이렇게 김통정이 당신으로서 지역민들에게 섬겨지게 되었는가는 불분명하다. 다만 성산을 중심으로 환해장성(環海長城)이 쌓여 있는데, 이 성은 역사적으로 삼별초의 항쟁과 직접적인 관련이 있다. 《동국여지승람》 기록에 따르면, 이 환해장성은 원종 11년 (1270년)에 김수와 고여림이 당시 진도 용장성에서 대몽항쟁을 전개하고 있던 삼별초가 제주로 진출한다는 소식을 입수하고는 관군을 이끌고 먼저 제주에 들어와 삼별초의 제주 진출을 막기 위해 해안선을 따라 약 300여 리에 걸쳐 쌓은 성이라고 한다. 물론 성을 쌓았다고 하는 기간이 너무 짧은 점을 들어 삼별초가 쌓았을 것이라고 추정하기도 하지만,[35] 여하튼 환해장성이 삼별초와 관련이 있는 것임은 분명하다. 환해장성은 현재까지도 성산면 온평리와 신풍리 해안에 성곽이 일부 남아 있다.[36] 기록대로 이 성의 축성과정에서 고려 정부군이 이곳 지역민들에게 가혹하게 부역을 강요한 데 따른 반감이 오히려 이처럼 김통정을 신격화하는 당신화를 형성시킨 계기가 되었는지는 분명하지 않지만, 삼

---

35) 김상기, 앞의 글, 181면 ; 윤용혁, 앞의 글, 51면.

36) 김동전, 〈역사유적 1〉, 《남제주군의 문화유적》, 남제주군·제주대박물관, 1996, 116~118면 참조.

별초의 최후 항전지였던 애월과 멀리 떨어진 곳에서 김통정이 당신으로 모셔지고 있으며 아울러 긍정적인 신격적 면모가 뚜렷하게 나타나는 것은 주목할 만하다. 성산의 당신화에서는 애월과 달리 김통정의 대결양상이 보이지 않는다. 김통정이 지역민들을 위해 좋은 일을 하고 장수로서 뛰어난 능력을 지닌 존재이기에 당신으로 섬겨지는 것으로 나타날 뿐이다. 성산에서는 김통정이 긍정적 인물로 인식되고 있고, 이곳의 당신화에서는 지역민과 김통정의 관계가 주로 이야기된다.

나1. 삼달본향①
나2. 성산본향① 〈장수당〉
나3. 성산본향②

나1의 삼달본향은 역적으로 몰린 황서국의 셋째 아들이 소를 잡아 아버지의 병을 고치고는 제주도로 들어와서 그곳 사람들에게 현몽하여 당신으로 모셔지게 된다는 내용이다. 여기서는 진성기 본(本)과 현용준 본이 부분적으로 차이를 보인다. 진성기의 자료에서는 현몽하여 당신으로 모셔지는 존재가 김통정인 반면, 현용준의 자료에서는 당신이 누구인지 구체적으로 밝혀져 있지 않다. 하지만 앞의 자료에서 당신이 되는 존재가 김통정임을 명확히 밝히고 있는데, 역적으로 몰려 제주로 들어오게 되었다는 상황 자체가 김통정과 밀접한 관련이 있음을 볼 때, 뒤의 자료 또한 김통정이 당신으로 모셔지는 것이라고 생각된다. 나1은 김통정의 행적이나 능력을 보여주기보다는 그가 처했던 역사적 상황과 당신으로 좌정하게 된 내력담만을 담고 있다고 하겠다. 하지만 나2는 성격이 다르다. 그곳 사람들에게 비쳐졌던 김통정의 뛰어난 능력과 행적을 중심으로 그가 당신이 되는 과정을 밝히고 있기 때문이다.

김통정이 당신으로 좌정하게 되는 데는 두 가지 점이 부각된다. 하나는 김통정의 장수로서의 면모이다. "억만명 팔만명 군수를 흐로 홈끼에 누린 풀 비여가듯기 몰술을 시겨두고"라고 해서 탁월한 능력을 지닌 장수로서의 면모만을 뚜렷이 부각시키고 있다. 고내본향에서처럼 대결을 벌이지도 않고 역사적 사실과도 상관없이 장수로서의 능력만을 제시하면서 찬양하는 형태이다. 다른 하나는 사람들에게 샘을 파서 먹을 물을 제공해주는 문화영웅의 면모이다. 제주는 지질적 조건 때문에 샘이 드물어 물이 풍족한 지역이 많지 않다. 이런 곳이기에 집집마다 샘을 파서 먹을 물을 마련해주는 김통정의 행위는 분명 당신으로서 숭앙받는 중요한 기능이라고 할 수 있다. 그런데 김통정이 제주도민들을 위해 먹을 물을 마련해주는 수신적 존재로서의 면모는 전설에서도 흔히 찾아볼 수 있어 제주도민들에게 공통적으로 인식되던 양상이었던 것으로 보인다. 특히 애월에서는 물을 마련해주는 김통정 장군의 전설이 강하게 전승되는데, 〈햇부리샘물〉과 같은 전설 자료는 〈성산본향①〉과 흡사한 내용임을 알 수 있다. 즉 김통정이 죽으면서 물 때문에 고통받는 사람들을 위해 물이라도 실컷 먹으라고 바위로 뛰어내리면서 샘을 파주었고, 이 물을 사람들이 식수로 사용했다는 것이다. 그런데 애월의 경우 이러한 내용은 단지 전설에서만 전승될 뿐, 당신화에서는 먹을 물을 마련해주는 김통정의 성격이 전혀 반영되어 나타나지 않는다. 이에 반해 거리가 멀리 떨어져 있는 성산에서는 그의 이런 행적이 당신으로 섬겨지는 중요한 요인으로 나타나고 있어, 당신화만을 놓고 볼 때 김통정의 긍정적인 면은 오히려 성산에서 더 온전하게 나타나고 있음을 알 수 있다. 이것은 애월 당신화의 성격이 의도적으로 개변되었거나 의식적으로 김통정에 대한 긍정적인 이야기를 제외시키고자 하는 의도가 작용했으리라는 추측을 가능하게 한다.

나3은 김통정 장군이 제주도로 들어와 만리토성을 쌓고 많은 군사들을 통솔했다고 하는 장수적 면모를 부각시키고 있는 간략한 자료이다. 서사적 전개 없이 김통정이 제주에서 보였던 장수로서의 면모만 압축적으로 제시하고 있는 자료라 할 수 있다.

이상 성산의 당신화에서는 김통정이 뛰어난 능력을 지닌 장수이고 제주도민들을 위해 도움을 주는 긍정적 존재로 형상화되고 있어, 역사적 검토에서 살폈던 것과도 부합되는 양상을 보여주고 있다. 이러한 양상은 성산이 여몽연합군과의 항쟁지에서 일정 거리가 떨어져 있고 난의 평정 뒤 김통정에 대한 의식이 바뀌던 것에 간섭을 받는 지역이 아니었기에 가능했던 것으로 보인다.

다1. 광정당②

안덕은 애월과는 한라산을 중심으로 남북으로 대칭되게 자리한 곳이다. 이 지역에도 김통정에 대한 당신화가 전해지는데, 그것이 다1의 광정당본풀이이다. 이 자료는 과양당, 선앙당, 광정당 등 세 토착당신이 김통정을 징치한다는 점에서 김통정에 대한 제주민의 시각이 긍정적이지 않았음을 보여주는 중요한 자료로 여겨져 왔다.[37] 하지만 이 자료가 이 지역만의 독자적인 성격이나 내용을 보이는 것이 아니라 애월에서 풍부하게 전승되는 고내본향과 거의 동일한 양상으로 나타나고 있어, 그간의 시각이 과연 정당한 것인지 의문이 제기된다. 양자가 별개가 아니라면 이 점은 광정당신화에 고내본향의 당신화가 이입되면서 생겨난 변형으로 보아야 한다. 애월은 삼별초의 항전지로 가장 풍부한 김통정이야기가 전승되던 곳인 반면, 안덕은 앞서 언급했듯이 삼별초 항전에 직접적인 영향을 받았던 곳이 아니며, 김통정이야기가 활발히 전승되는 지역도 아니기 때문이다.

《제주도무가본풀이사전》에는 두 편의 서로 다른 광정당신화가 수록되어 있다. 그런데 광정당①에서도 첫머리는 다1과 마찬가지로 세 토착당신 관계를 먼저 제시하는 것으로 시작된다.[38] 하지만 그 다음은 말의

___

37) 현길언, 앞의 책, 144면.

발을 절게 하여 제향을 받는 당신에 대한 이야기로 달리 나타나고 있어
주목된다. 영험한 당으로 믿어지는 이 광정당에 대해서는 전설이 다수
채록되어 있는데, 이들 자료가 모두 말의 발을 절게 하여 말을 죽게 하
는 당신의 영험과 그로 말미암아 생긴 말무덤을 이야기하고 있기 때문
이다.[39) 따라서 전설에 나타난 그곳 지역민의 인식은 광정당①에 닿아
있음을 알 수 있다. 이렇게 볼 때 여기서 살피는 광정당②는 삼별초 항
전과는 거리가 있던 안덕에서 전해지는 것임에도 고내본향과 같은 내
용의 김통정이야기가 갑자기 끼어들고 있는 등 여타의 광정당 관련 이
야기와 견주어 너무 이질적인 성격을 지닌 자료라 할 수 있어 신빙성에
다소 의심이 간다.

다1의 광정당신화② 내용은 크게 두 부분으로 구성되어 있다고 할
수 있다. 앞부분은 김통정이 세 토착당신들에게 징치되는 과정을 이야
기하고 있고, 뒷부분은 이들 토착당신이 활을 쏘아 영토를 갈랐다가 다
시금 말을 타고 달려 제주를 삼분해 각기 영토를 다스리게 되었다는 내
용으로 되어 있다. 이런 광정당본풀이의 내용이 애월의 고내리 자료와
동일한 것임을 파악하기란 어렵지 않다. 중국에서 파견된 삼 장수 대신
토착당신 삼 형제를 설정하고 있고, 용왕국 따님아기의 설정 없이 세
당신이 영토를 가르는 데에만 중심을 둔다. 핵심적인 내용뿐만이 아니
라 당신의 행위와 기능, 징치과정도 완전히 동일하게 나타나고 있어, 고
내본향과 근본적으로 다른 성격의 자료라고 보기 어렵다.

그런데 여기서 가장 문제가 되는 것은 중국에서 파견된 삼 장수 대신

---

38) 광정당①에서는 광원당, 과양당, 광정당의 3형제신으로 나타난다(진성기, 《제주
    도무가본풀이사전》, 민속원, 1993, 529면).

39) 이에 대한 자료는 안덕에서 쉽사리 찾아볼 수 있다. 〈광정당 말무덤〉(현용준, 《제
    주도전설》, 서문당, 1976), 〈광정당 말무덤〉(김영돈 외, 《제주설화집성(1)》, 제주대
    탐라문화연구소, 1985), 〈광정당과 이형상목사〉, 〈광정당과 이목사〉(《한국구비문학
    대계》 9-3) 등이 말의 발을 절게 하는 광정당신의 영험함을 이야기하는 전설이다.

토착당신 삼 형제가 설정되어 있다고 하는 점이다. 이것은 곧 외래신격 사이의 대결이었던 것이 외래신(外來神)과 토착신의 대결로 변모되어 나타나는 양상이라 할 수 있다. 외래신격 사이의 대결인 경우는 누가 승리를 거두건 제주도민들의 직접적인 의식을 담은 존재가 될 수는 없다고 할 수 있다. 반면 토착신과 외래신의 대결일 때는 토착신은 제주민들의 의식을 대변하는 존재가 되고, 따라서 이와 대결을 벌이는 외래신은 제주민들에게 배척을 당하는 대상으로 남을 수밖에 없다. 그렇다면 김통정이 외래신격으로서 이렇게 배척되어야 마땅한 존재였던가? 그렇지는 않다고 본다. 단순히 외래신격이기 때문이 아니라 그 외래신이 제주도에 피해를 입혔다는 의식이 강했기 때문에 토착당신들을 내세워 이를 징치하도록 했을 것이다. 그런데 다1에는 토착당신들이 왜 김통정을 징치해야 하는지 그 이유가 제시되어 있지 않다. 고내본향에서는 중국에서 파견된 삼 장수에게 김통정이 징치되는 까닭을 그가 제주를 탐냈기 때문이라고 하여 명확히 밝히는 반면, 다1에서는 김통정이 왜 토착당신들에게 징치를 당해야 하는가가 막연하다. 또한 김통정이 삼 장수에게 징치되는 양상은 당신화에서뿐만 아니라 전설에서도 쉽사리 찾아볼 수 있는 화소인데, 다1의 자료를 제외한다면 모두 김통정이 중국의 삼 장수나 김방경의 부하장수에게 징치될 뿐, 토착당신에게서 징치되는 모습은 전혀 찾아볼 수 없다. 그렇다면 외지에서 들어와 제주에 큰 해를 입혔다고 믿어지던 존재가 토착당신에게 퇴치된다는 이야기와 착종이 생기지 않았을까 생각해 볼 수 있다. 특히 외래신이 토착당신에게 퇴치되는 양상을 뚜렷하게 보여주는 고종달[胡宗旦]전설과 관련이 있지 않나 여겨진다.

고종달은 전설에서 제주에 큰 인물이 날 것을 두려워한 중국왕이 제주에 단혈(斷穴)을 하도록 파견한 인물로 나타난다. 그가 제주 곳곳을 다니면서 단혈을 한 탓에 제주에는 왕도 나지 않고 범도 없는 곳이 되었다고 한다. 고종달은 지리서를 들고 다니면서 혈을 지르고 다녔다. 특히 그는

제주의 수맥을 잘라 제주가 황폐하고 척박한 불모의 땅이 되도록 하는
기능을 하는 존재로 전설에서 뚜렷이 부각되어 있다.[40] 이런 이야기는
대체로 물을 지키는 수호신이 물의 혈을 끊으러 온 고종달에게 쫓기다가
밭을 가는 농부의 쇠길마 밑에 있는 물그릇에 숨어 위기를 넘기고, 그 때
문에 이런 지역에서는 물의 혈이 끊이지 않고 생수가 나서 사람들이 살
수 있었다는 내용으로 나타난다. 이처럼 고종달은 제주에 혈을 질러 큰
인물이 나지 못하게 하고 수맥을 잘라 제주를 황폐한 땅으로 만들었기
에, 중국으로 돌아가다가 매로 변한 광양당신에 의해 징치되고 만다.

  (광양당은) 남쪽 한라 護國神祠에 있다. 속설에 전하기를 한라산신의 아
  우가 나서 성스러운 덕이 있었고, 죽어서는 당신이 되었다. 고려 때 송나
  라 胡宗旦이 와서 이 땅을 壓禳하고 바다에 떠서 돌아가는데, 神이 화하여
  매가 되어서 돛대 머리에 날아올랐다 조금 있다가 북풍이 크게 불어서 宗
  旦의 배를 쳐부셔 서쪽 지경 飛揚島 바위에서 죽었다. 조정에서 그 신령스
  럽고 이상함을 표창하여 식읍(食邑)을 주고 광양왕(廣壤王)을 봉하고 해마
  다 향과 폐백을 나리어 제사하였고 본조(本朝)에서는 본읍(本邑)으로 하여
  금 제사지내게 하였다.[41]

  이것은 《동국여지승람》의 기록으로, 같은 내용을 이원진(李元鎭)의
《탐라지(耽羅志)》와 김석익(金錫翼)의 《탐라기년(耽羅紀年)》에서도 찾
아볼 수 있다. 제주에 단혈을 하여 해를 입히고 돌아가는 고종달을 제
주도 호국당신격인 광양당신이 매로 변해서 쫓아가 징치하고 있다. 그
런데 광정당신의 이런 징치양상은 광정당②에서 김통정이 징치되는 모

---

40) 고종달의 단혈설화에 대해서는 현길언(앞의 책)과 문무병(〈제주도의 生水說話와
   물법신앙〉, 《탐라문화》 12, 제주대 탐라문화연구소, 1992) 등이 구체적으로 검토한
   바 있다.
41) 이행 외 옮김, 《신증동국여지승람》 5, 솔, 1996, 112~113면.

습과 닮아 있다. 우선 관련되는 부분을 제시하면 다음과 같다.

> 시성제가 짐통정일 심으레
> 가니,
> 짐통정인 무쇠방석을
> 바당데레 댓겨
> 그 방석데레 눌아가
> 끨 아앗이니
> 바당에 스신용신은
> 이젠, 새비몸이 되고
> 그 방석을 심어 땡기니
> 짐통정은
> 또시, 매가 되여 눌아가니
> 과양당 큰성님이 조롬에 좇아
> 눌아가고
> 짐통정이 모가질 움직거릴 때에
> 비눌이 야씩 들러지면
> 그 비눌 들러진 트멍으로
> 목도 비여 죽였습네다[42]

다1의 광정당②에서 김통정이 광양당신에 의해 죽음을 당하는 대목이다. 토착당신 삼 형제로의 변이가 있을 뿐, 고내본향에서 중국의 삼 장수가 김통정을 징치하는 모습과 거의 동일하다. 다만 부분적으로 차이가 발견되는데, 곧 고내본향에서는 삼 장수가 협력하여 함께 김통정을 물리치는 반면, 다1에서는 광정당신화임에도 광정당신의 기능이 특별히 나타

---

42) 진성기, 앞의 책, 539~541면.

나지 않은 채 광양당신의 퇴치행위만 두드러진다. 당신 삼 형제가 김통정을 잡으러 간다고는 하지만, 실질적인 징치는 광양당신에 의해 이루어지고 있다. 또한 징치되는 양상도 김통정이 매가 되어 날아가는 것을 광양당 큰 성님이 쫓아서 날아가 물리쳤다는 것인데, 이것은 위의 광양당신이 매가 되어 호종단(胡宗旦)의 배를 쫓고 '스신용신'의 도움을 받듯이 폭풍을 불게 해 호종단의 배를 쳐부수게 되었다는 점과 대응된다.

호종단의 성격은 여러모로 김통정과 상통하는 점이 있다. 외래신적 존재이기도 하지만 무엇보다도 수신적 성격과 목축신적 성격을 아울러 공유하고 있는 존재이기도 하다. 김통정이 야래자형 출생을 보이는 수신적 존재이면서 물이 부족한 제주도민에게 샘을 파서 물을 공급하는 긍정적 기능을 하는 수신이라면, 호종단은 수맥을 찾아 그것을 잘라 척박한 땅으로 만들고 사람들이 살지 못하게 하는 부정적 기능을 하는 수신적 존재이다. 아울러 김통정은 앞의 금덕리 당신화에서 보았듯이 아무도 잡을 수 없는 용마를 잡아 자신의 말로 만들 수 있다는 점에서 말을 다루는 목축신적 존재라고도 할 수 있는데, 호종단 또한 마혈(馬穴)을 찾아 자신에게 도움을 주는 사람에게 부(富)를 안겨준다든가[43] 또는 마혈을 질러 제주에 말이 나지 않도록 하려다가 실패해 제주 말이 작아지게 되는 결과를 가져오는 등[44]의 모습을 볼 때 목축신적 성격을 지니고 있다고도 볼 수 있겠다.

이렇듯 양자는 비슷한 성격과 기능을 지녔지만, 김통정은 긍정적 작용을 하는 존재인 반면 호종단은 부정적 작용을 하는 존재이다. 호종단은 토착당신에게 퇴치되어야 마땅한 존재이지만, 김통정은 그렇지 않다. 광정당②는 애월의 고내본향과 같은 계통의 것으로, 안덕에 오면서 삼 장수 대신 토착당신 삼 형제가 설정되면서 김통정의 징치 모습이 호

---

43) 김영돈, 앞의 책, 870~874면.
44) 현용준, 앞의 책, 44면.

종단이 퇴치되는 것과 혼착된 채 김통정이 광양당신에게 퇴치되는 모습으로 형상화되었던 것으로 보인다.[45]

다1의 광정당②는 당신으로 좌정하는 과정을 밝히는 것이 아니라 이미 광정당신이 당신으로 좌정한 상태에서의 활약을 이야기한다는 점에서 특이하다. 또한 광양당·선앙당·광정당의 세 당신이 제주를 삼분(三分)한다는 관념이 두드러져, 안덕의 광정당이라는 특정 지역에 국한되지 않고 제주 전체를 관장하는 당신 또는 당신화라는 성격이 강하게 담겨 있다. 광양당신의 김통정 징치는 곧 제주에 큰 해를 입힌 호종단의 징치였던 것이며, 이는 이곳에 김통정이야기가 유입되면서 잘못 섞여버린 데 말미암은 것이다.

이상 당신화에 나타난 김통정이야기의 양상과 성격을 검토하였다. 이를 주요 당신화를 중심으로 전체적으로 정리하면 다음과 같이 나타낼 수 있다.

〔표 9〕 김통정이야기 관련 주요 당신화 비교

	고내본향(애월)	장수당(성산)	광정당(안덕)
당신	중국에서 온 삼 장수	김통정	광정당신(과양당신·선왕당신)
대결양상	중국의 삼 장수 대 김통정	(없음)	세 토착당신 대 김통정
승리자	중국의 삼 장수	(없음)	토착당신
김통정에 대한 인식	표면—부정적 이면—긍정적	긍정적	부정적
당신의 중요 행적	·김통정과의 대결에서 승리 ·활을 쏘아 삼 장수의 영토분할 ·용왕국 따님아기와의 혼인	·김통정이 장수적 면모를 보임 ·집집마다 샘을 파서 먹을 물을 마련해 줌	·김통정을 징치함 ·활을 쏘고 말을 달려서 영토 분치

---

45) 안덕은 호종단에게 혈이 잘려 피해를 입었다는 의식이 강한 지역이다. 안덕면 화순리의 용머리는 왕이 날 지세였는데 호종단에게 꼬리와 잔등이 끊기면서 왕이 나지 못하게 되었다고 전한다(〈용머리〉, 현용준, 앞의 책, 47~49면).

제주도에는 김통정을 신으로 섬기는 당(堂)과 반대로 김통정을 징치하는 신을 섬기는 당이 있다. 전자의 대표적인 당으로는 성산의 장수당을 들 수 있는데, 여기서는 뚜렷한 대결양상 없이 김통정의 장수적 면모와 수신적 성격을 찬양하면서 긍정적 신격으로서의 면모를 부각시키는 형태의 당신화가 전승된다. 후자로는 애월의 고내본향당과 애월의 광정당 등을 들 수 있다. 이곳에서의 당신화는 김통정과 삼 장수의 대결을 중심에 두고, 이 대결에서 삼 장수가 김통정을 징치하는 것이 당신으로 섬겨지게 되는 계기가 되는 것으로 나타난다. 여기는 김통정을 징치하는 신을 모시는 당이기에 김통정의 성격은 부정적으로 그려질 수밖에 없다. 하지만 그 내면에는 김통정이 뛰어난 능력을 지닌 긍정적 존재라는 인식이 들어 있어서, 표면에 드러난 것과는 또 다른 의식의 층위가 내면에 자리하고 있음을 알 수 있다. 이는 삼별초의 난이 평정된 뒤 그곳에 주둔한 고려 및 몽고군의 존재에 대한 두려움이 바탕이 되어 김통정을 징치하는 중국의 삼 장수를 당신으로 모셨기 때문에 나타난 양상일 것이다. 한편 같은 내용을 보이는 안덕의 광정당② 당신화에서는 토착당신 삼 형제에게 김통정이 징치되는 것으로 나타나 특이한 변형을 보이기도 하는데, 이것은 본질적 성격이라기보다는 전승상의 혼착에 따른 결과로 보이며 제주도민들에게 부정적 존재로 인식된 점이 반영된 것은 아니다. 이렇게 볼 때 제주도 당신화에서 김통정은 제주도민들에게 전체적으로 부정적이기보다는 긍정적으로 인식되었고, 뛰어난 능력을 지녔음에도 결국 패하고 말았던 역사적 한계 때문에 징치되어야 하는 부정적 인물로 형상화하기도 했다고 할 수 있다.

4. 전설에 변용된 김통정이야기의 성격과 의미

김통정에 대한 전설은 삼별초가 본거지로 삼았고 김통정이 최후까지 항전을 벌였던 애월을 중심으로 북제주에서 주로 전승되는 자료이다. 이런 전승양상은 삼별초의 항전이 주로 한라산 북쪽 지역을 중심으로 전개되었던 것과도 무관하지 않을 것이다. 전설에서 그려지는 김통정은 앞에서 살폈던 당신화와는 그 내용이나 형식 면에서 다소 차이가 있다. 전설은 당신화보다 풍부하고 다양한 내용을 담고 있으며, 특히 김통정을 비극적 장수로 형상화시키는 면모가 뚜렷하다. 또한 김통정이 제주에 들어와 있게 되는 과정을 이야기하는 자료는 있지만, 용왕국 따님아기에게 반해 제주에 정착해 당신이 되는 삼 장수에 대한 언급은 전혀 없다. 그리고 전설은 청자와의 직접적인 관계 속에서 이야기가 전승되기에, 당신화에서 막연하고 압축적으로 이야기되던 것이 구체적이고 상세하며 전후맥락과 맞게 구술되는 양상을 보여준다.

그러면 김통정전설을 수록하고 있는 주요 자료집을 대상으로 전설에 나타난 김통정이야기의 성격을 구체적으로 검토하도록 하겠다. 우선 주요 자료집에 수록된 김통정전설의 자료들을 제시하면 다음과 같다.

〔표 10〕 주요 김통정전설 자료

	자료 제목	수록자료집	채록자	전승지	제보자
가)	김통정장군	《제주도전설》	현용준	애월, 제주시	강태언(남, 64) 외
나)	① 김통정(1) ② 김통정(2) ③ 애기업개 말도 들어라	《제주설화집성》(1)	김영돈·김지홍 김영돈·윤치부 현길언	애월 어음리 한림 옹포리 애월 광령리	김승추(남, 76) 장덕기(남, 76) 고용해(남, 45)
다)	김통정장군	《한국구비문학대계》9-3	현용준	안덕 덕수리	이화옥(여, 80)
라)	희뿌리샘물	《한국구전설화》9	임석재	애월 수산리	고씨(남, 78)

가)는 김통정에 대한 가장 풍부한 전설 자료를 수록하고 있다. 애월의 강태언(姜泰彦)이 구연한 자료를 중심으로 애월과 제주시의 제보자들에게서 부분적으로 달리 전해지는 이야기들을 모아 함께 싣고 있다. 그런데 가)의 강태언 자료는 여타 자료들과 비교해 볼 때 김통정에 대해 전해지는 여러 화소들 가운데 거의 대부분을 종합적으로 담고 있어서, 풍부한 구술내용을 보이던 강태언의 원래 자료에 채록자가 여타 화소들을 덧보태서 체계적으로 정리한 것이 아닌가 여겨진다. 이런 가)의 중요한 화소는 야래자형 출생, 아기장수의 면모, 재를 이용한 있는 곳 은폐, 적을 돕는 아기업개, 김방경 부하장수와의 대결, 샘을 만들어 식수 제공, 아내 및 자식의 죽음 등으로, 다른 자료들도 이들 화소의 범위를 크게 벗어나지 않는다.

나) 또한 애월을 중심으로 하여 세 편의 조사자료를 수록하고 있다. 나)①은 비교적 장편으로 중국에서 건너온 김통정의 용마 포획, 재를 이용한 있는 곳 은폐, 적을 돕는 아기업개, 중국 신장들과의 대결 등으로 내용이 구성되어 있다. 여기서 용마 포획 화소는 여타의 전설 자료에서는 쉽게 찾아볼 수 없는 특이한 것이지만, 이는 금덕리 당신화에 보이는 김통정의 행적과 동일한 것으로서 김통정의 아기장수적 면모와도 연결되는 화소임은 이미 앞에서 지적한 바 있다. 나)②는 김통정의 야래자형 출생만을 그 내용으로 하고 있다. 이런 모습은 여타의 자료에서도 흔히 이야기되는 것이지만, 지렁이가 아닌 지네로 설정되어 있다는 점이 차이가 있다. 나)③은 관군들이 견고하게 만든 성문을 열 수 있는 방도를 알려주어 김통정군이 패하게 되었다는 내용만으로 되어 있다.

다)는 채록지가 안덕면 덕수리라는 점에서 주목할 만한 자료이다. 안덕면은 김통정이야기가 활발하게 전승되는 지역이 아니며, 또한 김통정이 토착당신들에게 징치당하는 내용의 광정당 당신화가 전승되는 지역이기도 하기 때문이다. 다)의 내용은 당신화에서 보였던 김통정을 징치하는 토착당신의 모습은 보이지 않고 야래자형 출생이라든가 아기장수적 면모 등으로 구성되어 있으며, 그 대결양상도 김통정과 김방경 부하장수 사이에서 벌어지는 것으로 되어 있다. 따라서 애월을 비롯한 북제주 지역의 전설과 다르지 않음을 알 수 있다. 이것은 곧 광정당 당신화에서는 김통정의 부정적 형상화가 강했지만, 이곳에서 전승되는 전설에서는 북제주 지역과 마찬가지로 김통정에 대한 긍정적 존재로서의 면모가 잘 드러나고 있음을 보여주는 것이다.

라)는 〈희뿌리샘물〉이라는 제목에서도 알 수 있듯이 지역민들에게 먹을 물을 마련해주는 존재로서 김통정이 부각되는 자료이다. 라)에서는 이와 함께 재를 이용해 있는 곳을 은폐하는 화소와 김방경 부하장수와의 대결 화소도 나타난다. 그런데 여기에는 김통정 시절 토성을 쌓을 때 사람들이 먹을 것이 없어 벌레를 잡아먹었다고 하는 언급이 들어 있어서, 가)의 각편 가운데 김통정 때 큰 흉년이 들어서 사람들이 인분을 먹었다고 하는 것과 일치하는 양상을 보여준다. 이 점에 대해서는 삼별초 항전이 있은 직후에 있었던 큰 흉년에 대한 이야기가 그 시절의 큰 사건인 김통정의 항쟁에 연결되어 막연히 김통정 때라고 지칭되면서 잘못 전승되었을 가능성이 있다고 앞서 역사기록을 검토하면서 언급한 바 있다.

이상의 자료들을 종합해 볼 때 김통정전설의 전승에서 중요하게 이야기되는 화소들은 다음의 여섯 가지로 정리할 수 있을 듯하다.

  a. 야래자형 출생
  b. 아기장수의 면모
  c. 재를 이용한 있는 곳 은폐
  d. 적을 돕는 아기업개
  e. 샘을 만들어 식수 제공
  f. 김방경 부하장수와의 대결

a의 야래자형 출생은 당신화에서는 전혀 찾아볼 수 없는 화소이지만, 전설에서는 가장 보편적으로 발견되는 요소이다. 과부 또는 중국 정승의 딸이 지렁이와 교통해서 김통정을 낳았다는 내용이다. 김통정의 출생이 이런 야래자의 탐방에서 비롯되었다고 하는 데는 여타의 자료에서도 전혀 이견이 없는 듯하다. 김통정의 이런 야래자형 출생은 b 및 f와 직접적으로 연결된다. 김통정이 지렁이의 자식이기 때문에 어깨에 날개가 돋아 있으며, 온몸이 비늘로 덮혀 있어 결코 패하지 않는 불사의 존재로 믿어진다는 것이다. 곧 김통정의 신이한 출생은 뛰어난 장수로서의 행적을 보이게 하는 근원이 된다고 할 수 있다.

그런데 김통정의 야래자형 출생이 지니는 의미는 단순히 뛰어난 장수로서의 능력을 보증하는 데 그치지 않고 더욱 중요한 의미를 지닌다. 여기서 무엇보다도 주목되는 것은 야래자설화가 씨족의 시조나 부족국가의 국조 탄생과 밀접하게 관련되고 있어 시조신화적 성격을 갖는다는 점이다.[46] 그리고 특히 옛 백제권역이 야래자설화가 신화적 성격을 유지한 채 전승되던 지역임도 염두에 둘 필요가 있다. 그런데 김통정의 삼별초가 제주로 들어가기 전에 오랫동안 거점으로 활약했었던 진도 또한 백제권역이라 할 수 있다. 야래자설화가 마한의 옛 신화 형태였고 그것이 후대 백제의 무왕 및 후백제의 견훤에 지속적으로 이어지고 있음이 서대석에 의해 지적된 바 있는데,[47] 김통정의 야래자형 출생은 바로 이것을 계승한 것으로 보인다. 곧 김통정이 새로운 통치자로서 사람들에게 인정받기 위해 그 신성성과 당위성을 부여할 필요가 있었는데, 그것을 옛 백제 지역의 시조신화를 끌어와 획득하고자 했다는 것이다. 그리고 김통정의 이런 야래자형 출생에 대해 별다른 거부감 없이 전체적으로 공감했다는 것은 김통정이라는 존재가 갖는 새로운 시조로서의

---

46) 서대석, 〈백제신화연구〉, 《백제논총》 1집, 1985, 39~50면.
47) 위의 글.

성격이 지역민들에게 어느 정도 인정되고 받아들여졌음을 뜻하는 것이 아닌가 여겨진다.

한편 김통정의 이런 야래자형 출생과 관련해 또 한 가지 주목되는 점은 야래자가 수신적 성격을 지닌 존재라는 점이다. 이것은 e와 밀접한 관련이 있다. 야래자설화에서 야래자는 지렁이, 뱀, 용 등으로 다양하게 나타나는데, 이들이 대체로 물과의 친연성이 강하다는 점에서 서대석은 야래자설화를 수부지모형(水父地母型) 신화라고 파악하고 있다.[48] 지렁이는 비가 오면 땅속에서 기어 나온다. 물과의 친연성이 확인되는 부분이다. 그런데 야래자설화의 자료들을 보면 이런 출생을 한 인물이 수신적 혈통을 이어받더라도 수신으로서의 행적이나 기능을 보여주는 사례는 드물다. 하지만 김통정은 e에서 볼 수 있듯이 수신의 기능을 하는 존재로 믿어지고 있음을 알 수 있다. 곧 물이 부족해서 고생하는 제주도민들을 위해 물이라도 풍족히 먹으라고 하면서 샘을 만들어 주었다는 것은 수신으로서의 기능을 온전히 수행하는 양상이라 하겠다. 이런 면모는 단지 전설에만 한정되어 나타나는 것이 아니라 장수당과 같은 당신화에서도 발견되고 있어, 그가 물을 다루는 수신적 존재임이 폭넓게 인식되고 있었음을 알 수 있다.

b의 김통정의 아기장수적 면모 또한 당신화에서는 두드러지지 않지만 전설에서는 쉽게 찾아볼 수 있는 요소이다. a의 야래자형 출생이 통치자로서의 당위성을 부여하고자 하는 상치었나면, b는 결국 좌절하고 마는 역사적 한계성을 아기장수로 형상화시켜 보여주는 부분이라 할 수 있다.

김통정전설에서 가장 흔히 찾아볼 수 있는 아기장수적 면모는 김통정이 날개가 돋아 있고 온몸에 비늘 또는 쇠갑옷을 입고 있으며 도술을 쓸 줄 안다고 하는 것이다. 그리고 그 까닭은 지렁이의 자식이기 때문

---

48) 서대석, 앞의 글, 40~50면.

이라고 한다. 〈아기장수전설〉에서 아기장수는 일반적으로 그 능력을 발휘하지 못하고 태어나자마자 지배질서에 순응하는 부모나 동네 사람들에게 죽임을 당하는 것으로 나타난다. 하지만 김통정과 같은 역사적 인물이 아기장수로 형상화될 때는 그의 역사적 행적이 바탕이 될 수밖에 없기에 뛰어난 능력으로 지배집단의 부당함에 항거하고 대결을 벌이는 모습을 보이다가 결국 패배하고 마는 형태로 달리 나타난다.[49] 그리고 이 경우 아기장수는 쉽게 죽을 수 없는 존재이지만, 사소한 약점이 적들에게 알려져 죽게 되거나 자신을 죽이는 방법을 적에게 직접 알려주어 죽음을 택하는 양상을 보여준다.[50] 김통정은 온몸에 비늘이 덮여 있어 쉽사리 죽일 수 없었지만, 한 장수가 새로 변해 유혹하고 이때 벌어진 비늘 틈새로 다른 장수가 칼을 찔러 김통정을 죽이게 된다. 결코 죽지 않는 존재라는 믿음이 있으면서도 결국 패해서 죽었다는 역사적 사실을 인정해야 했기에, 그 죽음을 이처럼 안타깝고 아쉽게 형상화할 수밖에 없다.

다음으로 김통정의 아기장수의 면모는 용마의 출현으로 이야기되고 있기도 하다. 나)1에서만 나타나기는 하지만, 아무도 잡지 못하는 뼈어난 용마를 김통정이 잡아서 자신의 말로 만들고 이 말을 타고서 장수의

---

49) 임철호는 아기장수 이야기가 후대로 전승되면서 아기장수가 일방적으로 죽임을 당하는 것이 아니라, 부당한 죽음을 거부하다가 죽음의 대가를 받아내고 죽어준다거나 부조리한 사회를 떠나 다른 곳에서 자신의 삶을 개척하는 것으로 변이된다고 한다(임철호, 《설화와 민중의 역사의식》, 집문당, 1989, 150면). 이 점의 타당성은 인정되지만, 더 근본적으로 역사적 인물이 아기장수에 결부될 때는 역사적 행적이 반영되므로 당연히 이런 모습을 지니게 될 수밖에 없다.

50) 이런 모습을 보여주는 대표적인 인물은 김덕령이다. 그는 아무리 죽이려 해도 죽지 않는 존재였으나, '만고충신 김덕령'이라고 이름이 붙게 되자 자신을 죽일 수 있는 방법을 직접 알려주어 죽음을 택한다. 이런 자료는 〈김덕령 일화〉(《한국구비문학대계》 1-4), 〈김덕령 장군 일화〉(《한국구비문학대계》 1-7), 〈만고충신 김덕령〉《한국구비문학대계》 5-1), 〈김덕령남매의 힘내기〉(《한국구비문학대계》 5-3), 〈유성룡과 김덕령〉(《한국구비문학대계》 6-2)등 다양하게 찾아진다.

행적을 보이고 있다. 용마는 일반적으로 아기장수의 죽음과 함께 출현하여 그 비극적 죽음을 알리는 것으로 나타나지만, 제주도 김통정이야기에서는 김통정의 장수로서의 면모를 돋보이게 하는 형태로 등장한다는 점에서 특이하게 변형되어 있다고 하겠다.

마지막으로 김통정의 자식이 비늘과 날개가 달린 아이 혹은 매로 설정되어 아기장수의 모습을 지닌다는 것에서도 그의 아기장수적 면모를 찾을 수 있다. 김통정의 아내와 그 자식의 죽음 부분에서 이 점이 확인된다. 김통정이 아기장수이고 날개가 돋아 있기에 매로 형상화되는 경우가 적지 않은데, 김통정의 자식 또한 어미의 태내에서 매의 형상을 하고 있다는 것이다. 김통정을 죽인 뒤 그 아내를 잡아 배 안의 아이를 확인해보니 새끼 매 아홉 마리가 들어 있었다고 한다. 자료에 따라서는 적에게 정보를 알려주는 아기업개가 김통정의 자식을 가졌다고 하기도 하는데, 이때의 태내 아기는 더 구체적으로 비늘이 달리고 날개가 돋은 아이로 형상화된다. 여기서 주목되는 점은 아기장수가 김통정 당대에만 국한되는 것이 아니라 자식도 거듭 아기장수적 존재로 설정된다는 것이다. 한 번의 좌절로 그들의 바람이 끝났다고 인식하는 것이 아니라 또 다른 변혁의 시도를 준비할 것임을 반영하고 있는 셈이다. 하지만 결국 좌절하고 만다. 거듭된 아기장수의 설정과 좌절은 그만큼 김통정에 대한 민중의 염원이 절실하였으며 그만큼 좌절감도 컸다는 것을 보여준다.

아기장수는 지배층의 입장에서는 반역자이지만 피지배층에게는 구원자적 영웅이다. 고통 받는 민중, 도탄에 빠진 백성, 지배층에게서 억압과 착취를 당할 뿐인 피지배층 등을 대변하고 그들을 구원하는 메시아적 영웅상을 띠고 있는 존재인 것이다.[51] 제주도민들은 잘못된 세상을 바로 잡고 그들의 염원을 실현시켜 줄 민중영웅으로 김통정을 생각했

51) 이혜화, 〈아기장수전설의 신고찰〉, 《한국민속학》 16집, 민속학회, 1983, 270면.

다. 하지만 김통정은 패하여 죽음을 맞이했고 세상은 달라지지 않았다. 김통정의 아기장수적 면모는 김통정이 그들의 구원자로서 승리하기를 바랐고 승리할 수 있을 만한 존재였다고 믿었음에도 결국 좌절하고 말았던 현실에 대한 안타까운 반영인 것이다.

c는 대부분의 당신화나 전설에서 공통적으로 보여지는 화소이다. 이에 대해서는 앞에서도 이미 언급한 바 있으므로 간략히 살피기로 한다. 김통정은 재[灰]와 빗자루로 세금을 걷었고, 그 재를 토성에 뿌려두었다가 적이 나타나면 말 꼬리에 비를 달고 달리게 해서 적이 향방을 잃고 돌아가게 했다. 이것은 삼별초가 거점으로 삼았던 성이 아주 견고하게 지켜졌으며 쉽사리 공략되지 않았음을 상징한 것으로, 이럴 수 있었던 것은 그들이 있는 곳을 찾지 못하도록 김통정이 재를 이용해 섬을 감추는 도술을 부렸기 때문이라는 것이다. 서귀본향본풀이에서는 바람운이 지산국과 함께 제주로 들어와서 안개를 피워 고산국을 따돌리고자 하는데, 이것이 c와 동일한 행위임은 앞서 지적한 바이다. 그리고 김방경 장군이 군사를 이끌고 왔을 때 그의 도술이 능해서 이런 연막이 소용없게 된다고 하는 것은 고산국이 구상나무로 닭을 만들어 울게 해서 날이 밝게 했다는 것에 대응한다.[52] 곧 c는 삼별초 항전 당시의 혼돈상을 상징적으로 표현한 것이 아니다. c는 제주에 머물던 김통정군을 쉽게 공략하지 못하는 고려 관군의 모습과, 이런 바탕에는 김통정의 도술적 능력과 지략이 있기 때문이라는 인식을 찾아볼 수 있는 화소인 것이다.

d의 '적을 돕는 아기업개'도 당신화와 전설에서 공통적으로 볼 수 있

---

52) 서귀본향본풀이는 아카마쓰(赤松智城)과 아키바(秋葉隆)의 《조선무속의 연구》 자료편에 있는 것만 제주땅에서 솟아난 바람운과 외지에서 들어온 고산국, 지산국이 결합되는 것으로 나타날 뿐이고, 진성기의 《제주도무가본풀이사전》(민속원, 1993), 장주근의 《韓國の民間信仰》(東京 : 金花舍, 1974), 현용준의 《제주도무속자료사전》(신구문화사, 1980) 등에서는 모두 중국에서 바람운과 지산국이 먼저 제주도로 피해 들어오고 고산국이 그 뒤를 쫓아오는 것으로 나타난다.

는 화소이다. 그런데 당신화에서는 애월의 고내본향에서만 d의 화소가 나타나고 있고, 채록된 전설도 가), 나)1·3, 라) 등 제보자가 애월에 거주하는 사람의 자료라는 공통점이 뚜렷하여, 이들은 d의 배경이 되는 항파두리성을 중심으로 애월에서 주로 전승되는 자료가 아닌가 여겨진다.

d에서 적에게 성문을 열 방도를 알려주는 아기업개는 부정적 기능을 하는 호국여산신의 전형적인 모습이다. 김방경 장군이나 중국에서 파견된 장수는 토성의 철문이 너무 견고해서 들어가지 못하고 그 주변을 돌고만 있었는데, 아기업개가 풀무를 걸어 쇠문을 불로 녹이고 들어가도록 그 방도를 알려주어 성을 쉽게 함락시킬 수 있었다는 것이다. 여기서 아기업개의 존재는 단순하지 않다. 도술을 부리는 뛰어난 능력을 지닌 장수들도 공략하지 못해 쩔쩔매는 모습을 보이는 가운데 아기업개는 쉽게 그 해결방법을 제시한다. 아기업개의 이런 성격과 기능은 호국여산신설화에서 그대로 볼 수 있는 양상이다.

호국여산신설화에서는 여산신이 표모나 노파의 모습으로 출현해 적군의 난공불락의 성을 쉽사리 공략할 방도를 알려주어 어렵지 않게 승리를 거두도록 한다. 그런데 반대로 호국여산신설화 가운데는 적군이 아군을 공략하지 못해 쩔쩔맬 때 노파나 표모가 출현해서 적에게 정보를 주어 견고한 성이 함락되고 군사들이 몰살당하도록 하는 등의 부정적 인식을 담은 자료도 쉽게 찾아볼 수 있다. 김통정이야기에서 d부분은 적에게 정보를 제공해서 아군을 몰살당하도록 하는 후자의 호국여산신설화 형태인 것이다.

호국여산신적 존재는 설화에서 긍정적 기능을 하는 것으로 나타나기도 하고 부정적 기능을 하는 것으로 나타나기도 한다. 이런 상반된 신격인식 양상은 이야기를 전승시키는 집단과 호국여산신의 관계에 따라 달라지게 된다. 상대편을 돕는 경우는 부정적 기능을 하는 여산신으로, 아군을 돕는다면 긍정적 기능의 호국여산신으로 인식된다.[53] 김통정은 제주도민의 처지에서 본다면 이런 호국여산신의 도움을 받아 승리를 거두길 바라는 염원이 담긴 존재이겠지만, 고려 정부군의 처지에서는 반대로 반역도이기에 호국여산신의 도움을 받아 물리쳐야 할 대상인 것이다. 아기업개는 바로 김방경군을 돕는 호국여산신이므로 김통정을 옹호하는 편에서는 부정적 신격인 셈이다. 《고려사》는 고려군이 제주의 삼별초를 물리칠 때 호국여산신의 음조(陰助)가 있었음을 기록하고 있다.

> 5월에 羅州 錦城山神을 봉하여 定寧公으로 삼았다. 이보다 앞서 나주 사람들이 말하기를 "산신이 무당에게 내려 말하기를, '진도·탐라를 평정하는 일에 나의 힘이 있었는데, 장사들은 상을 주고 나에게는 녹을 주지 않으니 무슨 일이냐 반드시 나를 봉하여 정령공으로 삼아야 한다'고 하였다." 그 고을 출신 寶文閣侍制 鄭興이 그 말에 혹하여, 왕에게 아뢰어 금성산신의 직을 봉하고, 또 그 고을의 祿米 5석을 거두어 해마다 신사에 보내게 하였다.[54]

이것은 물론 제주 사람들이 이렇게 여기고 이런 이야기를 주고받았던 것에 대한 기록은 아니다. 하지만 그 당시 호국신격의 도움으로 삼별초의 난이 평정되었다는 인식이 폭넓게 전해지고 있었음은 알 수 있다. 김통정과 삼별초를 옹호하던 제주민의 처지에서는 이런 호국신의 개입을 긍정적으로 받아들일 수 없다. 때문에 김통정이 패한 것을 호국여산신이 변형된 모습인 아기업개의 도움 탓으로 돌려 원망한다. 정상적인 대결에서는 결코 패하지 않았을 텐데 호국여산신이 도와서 결국

---

53) 이런 모습을 보이는 자료들에 나타난 호국여산신격에 대한 상반된 인식양상을 앞선 〈호국여산신설화에 나타난 상반된 신격 인식 양상 연구〉에서 구체적으로 검토하였다.

54) 《高麗史》 禮志 雜祀條.

성이 함락되었고 김통정군이 패하게 되었다는 것이다.

이렇게 볼 때 d는 김방경군을 도왔다고 전해지는 호국여산신을 원망하고 항파두리성의 함락을 안타까워하는 지역민들의 심정이 반영된 것이라 하겠다.

샘을 만들어 지역민들에게 식수를 제공하는 e의 화소 또한 당신화와 전설에서 모두 찾아볼 수 있다. e는 김통정이 수신적 성격을 지닌 긍정적 존재라는 것을 뚜렷하게 부각시키는 화소이다. 전설은 증거물인 횃뿌리샘물이 있는 애월에서 주로 전승되는데, 여기에서 김통정은 죽어가면서 또는 성이 함락당해서 피하는 시점에 그곳 사람들을 위해 샘물을 마련해주는 것으로 나타난다. "아아 불쌍한 백성들아 그동안 수고 많았다. 물이나 실컷 묵게 이 바우에서 물이나 마음껏 묵게 솟아나라"라고[55] 하면서 샘을 파주어 마지막까지도 제주도민들을 위하고 그들에게 도움을 주고자 한다. 제주도는 대부분 현무암 지질로 되어 있어 물이 부족한 지역이다. 육지에서 사람들이 하천을 중심으로 촌락을 형성하고 사는 것과 달리, 제주의 하천은 건천으로 물이 흐를 때가 드물고 비가 오면 범람을 하는 관계로 오히려 이런 곳을 피하여 대신 물이 고여 있는 샘물 주변에 사람들이 모여 살게 된다.[56] 이렇게 물이 부족하고 샘이 중요한 지역이기에 샘을 만들어 풍족한 물을 공급해주는 김통정의 모습은 지역민들이 그를 얼마나 긍정적 존재로서 인식하고 있었는가를 잘 보여주는 것이다. 그럼에도 김통정의 이런 긍정적인 면은 애월의 당신화에는 반영되어 있지 않다. 애월의 당신화에서는 김통정을 징치하는 중국의 삼 장수가 당신으로 섬겨지면서 김통정은 퇴치되어야 할 대상으로 간주될 뿐이고, 김통정에 대한 긍정적인 기능이나 면모는 제외되거나 현저히 약화되어 있다. 여몽연합군이 항파두리성을 함락시키고 삼

---

55) 임석재, 앞의 책, 205면.
56) 泉靖一, 홍성목 옮김, 《濟州島》, 우당도서관, 1999, 75~81면.

별초의 항전이 종식되면서 그곳에 고려군과 몽고군이 주둔하게 되는데, 이들을 두려워하면서 김통정을 징치하는 삼 장수를 당신으로 내세우고 김통정에 대한 긍정적인 요소는 의도적으로 제외시키고자 했을 것임은 앞서 지적한 바이다. 여기에서 마을공동체를 대상으로 하는 당신화가 개인적인 차원에서 전승되는 전설보다는 훨씬 경직되어 전승되고 있음을 파악할 수 있다.

f의 김방경 장군 부하장수들과의 대결은 곧 김통정의 비극적 죽음을 이야기하는 대목이다. f 또한 애월의 고내본향을 비롯한 당신화에서도 쉽사리 찾아볼 수 있는 화소로, 당신화에서는 이런 대결에서 김통정을 물리치는 것이 당신이 되는 계기가 된다는 점에서 특히 비중이 컸던 부분이다. 당신화에서는 대체로 김통정을 물리치는 존재가 중국의 삼 장수로 나타난다. 하지만 전설에서는 김승추가 구연한 자료를 제외한다면[57] 김통정이 김방경의 부하장수들과 대결을 벌이다 죽게 되는 것으로 나타난다. 역사기록에서는 여몽연합군이 항파두리성을 함락시킨 뒤 성에 남아 있던 삼별초 무리를 김방경이 처단하는 것으로 나타나는데, 이런 역사적인 경험의 반영이 전설에서 더 사실적으로 나타나는 것이 아닌가 여겨진다.

하지만 대결양상은 역사적 사실과는 거리가 있는 영웅신화적 성격을 띠고 있다. 김통정은 성이 함락되자 바다에 무쇠방석을 던져 그곳으로 날아가 앉고 김방경의 부하장수들은 새와 모기로 변해서 김통정을 쫓아온다. 전설에서 김통정은 변신을 하지 않고 그 자체로 날개가 있고 비늘이 덮여 있는 불사의 존재이지만, 당신화에서는 매로 변하기도 하고 새우로 변하기도 해서, '해모수나 화백의 변신 대결' 또는 '수로와 탈해의 변신 대결'과 같이 신격들 사이의 변신 대결 양상이 나타나는

---

57) 이 자료에서는 김통정이 중국의 신장들에게 징치된다고 하였는데, 그것은 김통정을 중국의 대신이라고 하면서 구술했기 때문이다(김영돈 외, 〈김통정(1)〉, 앞의 책, 32면).

것이라 할 수 있다. 아울러 김통정은 온몸이 비늘로 덮여 있는 불사의 존재임에도 비늘 사이의 틈이 약점이 되어 결국 죽음을 맞게 되는데, 희랍신화의 아킬레우스나 《니벨룽겐의 노래》의 지크프리트가 불사의 존재여야 함에도 사소한 실수에서 빚어진 치명적 약점 때문에 결국 죽음을 당하는 것과도 같은 모습이다. 따라서 f의 김통정의 대결 및 죽음 부분은 전래적인 신성인물의 변신대결담에 근거하는 것으로서, 아울러 비극적 영웅신화에도 그 맥이 닿아 있는 것이다. f는 곧 김통정의 영웅신적 면모를 보여주는 것이면서, 아울러 결코 죽어서는 안 되는 존재임에도 결국 죽음을 당하고 마는 데 대한 안타까움을 반영한 화소라 하겠다.

이상 전설에서 중요하게 나타나는 화소들을 검토하였다. 이런 전설에서는 앞에서 살폈던 당신화와 비교할 때 몇 가지 차이점들이 확인된다.

첫째, 전설에는 당신화에 수용되지 않은 다양한 화소들이 중요하게 이야기되고 있다는 점이다. 야래자형 출생과 아기장수적 면모 등에 대한 것은 당신화에서 거의 언급되지 않거나 막연하게 압축되었던 반면, 전설에서는 이 부분들이 가장 중요한 화소로 이야기되고 있다. 그런데 이들 화소가 앞에서 살펴보았듯이 왕이 되는 존재를 암시하거나 민중의 염원을 실현시켜줄 존재를 나타내는 화소임을 염두에 둔다면, 이 부분은 당시 정권에 반체제적인 성격이 강해서 공동체를 대상으로 전승시키는 당신화에서는 쉽사리 수용되지 못했거나, 심방 자신들의 안위를 위해 이들이 의도적으로 제외시키고자 했을 가능성도 있다.

둘째, 전설에서는 당신화보다 김통정을 훨씬 더 긍정적 인물로 형상화시키고 있다는 점이다. 위에서 든 여섯 개의 화소를 통해 이 점은 구체적으로 확인된 것이다. 김통정은 민중영웅적 성격을 지닌 존재이고 지역민들에게 물을 공급하는 수신적 존재로 나타나고 있으며, 그의 패배에는 안타까움이 강하게 반영되어 있다. 비록 김통정에 대해 부정적으로 이야기하는 부분들도 있으나, 이것은 전승상의 변질이거나 패하지 않아도 될 것을 안타깝게 패한 데 대한 아쉬움의 반영이라 여겨진다. 당신화에서, 특히 애월의 고내본향과 같은 경우에서는 김통정이 탐라에 욕심을 내고 탐라의 풍족한 생산물을 차지하기 위해 제주에 눌러앉는 부정적 인물로 표면적으로는 그려지지만, 전설에서는 제주도민들을 구원하고 새로운 세상을 만들어 그들의 염원을 실현시킬 수 있는 인물로 인식되고 있다. 이 점은 전설이 비록 마을 사람들이 함께 공유하는 것이기는 해도 전승은 개인적 차원에서 이루어진다는 것을 감안할 때, 그들의 바람이 공동체를 대상으로 하는 당신화보다 더 솔직히 반영된 데 따른 것이 아닌가 여겨진다. 개인적 차원의 전승이기에 당신화와는 달리 지배집단의 이념에 영합할 필요가 없고 그들의 간섭도 배제할 수 있었기 때문이다.

셋째, 형태적인 면을 보면 당신화에서 막연하게 압축되어 있던 부분들이 전설에서는 비록 이야기가 토막 난 채 한두 화소만을 중심으로 전승되는 경향은 있지만, 그 내용은 구체적이고 짜임새 있게 전달되고 있다는 점이다. 전설은 집단이 공유하는 이야기이기는 하지만 개인을 대상으로 하여 전달되는 것이기에, 전후맥락이 유기적으로 짜여진 형태로 설명해야만 청자들이 쉽사리 수긍하고 받아들이게 된다. 이에 반해 당신화는 심방이 굿판에서 많은 사람들을 대상으로 신의 내력을 밝히는 것이기에 청중들이 자유롭게 간섭할 수 없고 일방적으로 수용해야 하는 측면이 있다. 당신화는 마을의 역사 또는 마을에서 이야기되던 것이 바탕이 되기에 개략적인 내용만을 담고 있어도 신앙민들이 어렵지 않게 받아들일 수 있다는 점, 그리고 운문으로 전승되면서 압축적인 형식을 취하게 된다는 점 등이 그 요인이 되었으리라 판단된다. 따라서 당신화에서 모호하게 설명하고 있는 대목은 전설과 비교해서 그 의미를 받아들일 때 더 바람직한 이해가 가능할 것이다.

5. 마 무 리

제주도는 삼별초가 최후의 대몽항쟁을 벌인 곳으로 김통정과 관련된 구비전승물이 다양하게 전해진다. 당신화와 전설을 비롯하여, 단편적이기는 하지만 민요에서도 그 모습을 찾아볼 수 있다. 그런데 의문스러운 점은 이들 자료에 반영된 의식이 일률적이지 않고 김통정을 긍정적인 존재로 형상화시키는 자료가 있는가 하면 부정적 존재로 형상화시킨 자료도 있어, 과연 어떤 것이 김통정이야기의 참다운 모습인지 알기 어렵다는 점이다. 이에 대해 선행 연구에서는 제주도민들의 갈등양상이 잘 드러나는 측면이라고 보아 부정적인 각도에서 논의를 했었다. 하지만 그 논의의 대상에서 제외되었던 당신화나 전설을 살펴보았을 때, 김통정은 부정적 인물이기보다는 긍정적 인물의 성격이 확연하다. 성산의 장수당이나 애월의 금덕리에서 전승되는 당신화를 보면 김통정은 제주도민들을 위해 샘을 파서 식수를 공급하기도 하고 겁탈당하는 부녀자들을 구하기도 하는 등 긍정적 기능을 하는 당신으로서의 면모가 뚜렷이 드러나고 있다. 전설에서는 더 나아가 김통정이 야래자형 출생을 보여 마한 백제 계통의 건국시조가 되는 신화적 성격을 계승한 존재로 나타나며, 또한 아기장수로서 억압과 착취를 당했던 제주도민들을 구원하고 새로운 세상을 구현할 민중영웅으로서 형상화되고 있다. 김통정은 죽어가면서도 지역민들에게 물을 공급해주는 수신적 존재로 믿어지기도 했고, 김통정의 죽음과 패배 부분에는 전승자들의 안타까움이 담겨져 있기도 하다. 당신화나 전설에서 이와 같은 긍정적인 면모는 그 성격상 민중들의 호응을 온전하게 얻을 때 비로소 성립될 수 있다. 이에 반해 김통정 시절 토성을 쌓을 때 지독한 흉년이어서 인분을 먹었다고 한다든가, 광정당 당신화에서 김통정이 토착당신 삼 형제에게 징치되었다고 하는 것처럼 부정적인 각도에서 파악할 수 있는 부분들은 전승과 정상의 혼착에서 비롯된 것임을 알 수 있다. 비슷한 시기의 큰 흉년을 김통정 시절로 막연히 지칭하였을 뿐이라 생각되고, 광정당 당신화도 애월의 고내본향 당신화가 안덕에서 토착당신에게 징치되는 고종달전설과 섞이면서 변형되어 토착당신에게 김통정이 징치되는 모습으로 나타나게 되었을 것으로 보인다.

그러면 지금까지 언급한 내용들을 간략히 요약하면서 마무리하도록 하겠다.

김통정이야기는 실제로 있었던 역사적 사실에 근거하고 있다. 역사기록에서 보면 제주도민들은 중앙에서 파견된 관리들의 심한 착취와 수탈의 대상으로 고통을 당했었기에 삼별초에 대해서는 아주 우호적이었고, 삼별초의 제주 진출을 돕는 등 삼별초의 항전에 동조적이었다. 또한 삼별초는 조세선을 포획하여 군비를 충당하였고 군대 유지를 위해 제주도민들을 수탈하거나 착취하지는 않았기에 제주도민들과의 갈등 소지도 없었던 것으로 보인다. 따라서 역사기록을 통해 김통정이 제주도민들에게 긍정적 존재로 받아들여졌을 것임을 어느 정도 파악할 수 있다.

김통정이야기는 당신화로도 전한다. 제주에는 김통정을 신으로 섬기는 당과, 반대로 김통정을 징치하는 장수들을 당신으로 섬기는 당으로 양분된다. 전자에서는 김통정의 장수적 면모와 수신적 성격을 찬양하면서 긍정적 신격으로서의 면모를 부각시키는 형태의 당신화가 전승된다. 반면 후자에서는 김통정의 징치가 곧 당신이 되는 계기가 되기에 김통정을 제주에 탐을 내는 존재라고 설정하는 등 표면적으로는 부정적 형상화가 뚜렷한 당신화가 전승된다. 하지만 그 내면에는 표면에 드러난 것과는 다른 의식의 층위, 곧 김통정이 뛰어난 능력을 지닌 긍정적 존재라는 인식이 들어 있음을 파악할 수 있었다. 이것은 특히 고내본향의 경우 삼별초의 난이 평정된 뒤 여몽군이 그곳에 주둔하게 되면서 이들에 대한 두려움이 생겨났고, 그 결과 김통정을 징치하는 삼 장수를 당신으로 삼았기 때문에 비롯된 현상이라 볼 수 있다. 당신화에서 김통정은 전체적으로는 긍정적 인식의 바탕 속에서 나타나고 있으며, 다만 뛰어난 능력을 지닌 긍정적 존재임에도 결국 패하고 마는 역사적 한계 때문에 징치되어야 하는 부정적 존재로 형상화하기도 했다.

전설로 전해지는 김통정이야기는 김통정을 긍정적 존재로서 인식하는 양상이 뚜렷하다. 중요하게 이야기되는 화소는 야래자형 출생, 아기장수적 면모, 재를 이용한 있는 곳 은폐, 적을 돕는 아기업개, 샘을 만들어 식수 제공, 김방경 부하장수와의 대결 등이다. 이 가운데 특히 야래자형 출생과 아기장수적 면모는 전설에서만 보이는 화소로, 반체제적이고 새로운 세상을 건설한다는 의미를 함축하고 있는 것이라 할 수 있다. 야래자형 출생은 삼별초가 진도에서 근거지를 옮겨오면서 백제 지역의 건국시조신화를 가져와 김통정과 결부시킴으로써 그가 왕이 될 인물이라는 당위성을 내보인 것이고, 아기장수적 면모는 김통정이 고통받고 착취당하는 세상에서 민중들을 구원해줄 존재로 믿어졌음을 보여주는 것이다. 공동체를 대상으로 전승되는 당신화와 달리, 전설에서는 반체제적이고 변혁을 바라는 민중의 심리가 강하게 반영되어 있음을 알 수 있다.

이상과 같이 김통정이야기를 역사적 사실, 당신화에 변용된 이야기, 전설로 변용된 이야기 등의 측면에서 각각 살펴보았다. 이를 통해 김통정이 제주도민들에게 긍정적 존재로 인식되고 있었고 더 나아가 그들의 염원을 실현시켜 줄 영웅상으로 믿어졌음을 밝힐 수 있었다. 또한 부정적 인식의 자료들이 있게 된 배경을 찾아보았다. 이전과는 다른 새로운 결론을 도출한 것이기는 하지만 아쉬움도 적지 않다. 이와 관련된 민요 자료를 제대로 거론하지 못했고, 김통정이야기를 넘어서 그 이상을 포괄하는 제주도 당신화와 전설의 관계에 대해서도 충분히 논의하지 못했기 때문이다. 이런 점들을 과제로 남긴다.

제 3 부

신의 세계, 인간의 세계

■ 무속신화에 나타난 이계여행의 양상과 의미
■ 북유럽신화집 《에다》와 대비하여 본 〈오누이힘내기설화〉의 신화적 성격과 본질
■ 〈돌부처 눈 붉어지면 침몰하는 마을〉 설화의 홍수설화적 성격과 위상

무속신화에 나타난 이계여행의 양상과 의미

1. 머 리 말

톰슨(S. Thompson)이 《구비문학의 화소 색인》(Motif-Index of Folk-Literature)에서 F0~F199에 걸쳐 자세히 유형분류를 하고 있듯이,[1] '이계여행(異界旅行)'은 세계적인 분포를 보이는 설화유형 양상이다. 국내에서도 이런 이계여행에 대한 연구가 전혀 없었던 것은 아니지만, 본격적이고 체계적인 연구는 아니었다. 장덕순[2]·조희웅[3]·서대석[4] 등은 이 이계여행을 세계관이나 공간이라는 측면에서 부분적으로 언급하고 있고, 김열규[5]는 비교문학적 측면에서 〈바리데기〉 무가 한 편만을 이계여행과 관련하여 다루고 있으며, 이현수[6]는 설화 전반을 대상으로 하는

1) Stith Thompson, *The Folktale*(Berkeley : University of Callifornia Press, 1977), p. 492 참조.
2) 장덕순, 〈우주론·세계상〉, 《한국사상대계》 I, 성균관대 대동문화연구원, 1973.
3) 조희웅, 〈한국 서사문학의 공간관념〉, 《고전문학연구》 1집, 한국고전문학연구회, 1971.
4) 서대석, 〈무속에 나타난 세계관〉, 한국의 굿 14 《통영오귀새남굿》, 열화당, 1989.
5) 김열규, 〈바리데기〉, 《한국신화와 무속연구》, 일조각, 1987.

개괄적인 검토에 머물고 있다.

그런데 실상 이계여행은 소홀히 취급할 만한 대상이 아니다. 특히 서
사무가에서는 이 이계여행이 다음 몇 가지 이유 때문에 중요하게 다루
어질 필요가 있다고 생각된다.

첫째, 대부분의 서사무가에 이계여행이 나타나며, 그 신화적 구성도
이 이계여행을 중심으로 짜여져 있다고 할 수 있다. 뿐만 아니라 서사무
가의 신들은 이계여행의 결과로 신격을 부여받는 형태로 나타나기에,
이계여행은 서사무가를 이해하는 데 가장 핵심적인 부분이 된다.

둘째, 지금까지 신화와 무속의례의 밀접한 관련성에 대해 다각도에서
조명되어 왔지만,[7] 이계여행만큼 신화와 의례의 일치 양상을 구체적으
로 보여주는 자료는 없었다. 즉 서사무가에 나타나는 이계여행은 수직
적 공간이동여행과 수평적 공간이동여행의 두 가지 형태가 나타나는데,
전자의 경우에는 신이 강림한다는 의식 아래 의례가 행해지고, 후자의
경우에는 신이 길을 따라 내림(來臨)한다고 보아 '질침', '길닦기'와 같
은 의례가 행해진다는 것이다.

셋째, 이계여행은 서사무가에만 국한되어 나타나는 양상이 아니라 국
조신화나 민담 등에서도 그 면모가 많이 발견되고 있으므로, 이계여행
을 통해 서사무가와 여타 설화갈래 사이의 비교 연구가 가능해진다고
할 수 있다. 또한 고대소설에서도 다양한 후대 양상을 찾아볼 수 있는
데, 이것은 서사무가의 이계여행이 소설에 수용되고 있음을 파악할 수
있게 해준다. 한편 이계여행은 외국의 설화에도 많이 나타나고 있고 그
연구성과도 적지 않기에,[8] 이에 대한 비교 연구를 통해 우리 문학의 세

---

6) 이현수, 〈타계여행담고〉, 이병주선생주갑기념논총간행위원회 엮음, 《이병주선생
   주갑기념논총》, 이우출판사, 1981.
7) 김열규의 《한국신화와 무속연구》(일조각, 1987)가 그 대표적인 것이라 할 수
   있다.
8) Thompson, Ibid., pp. 226~247 참조.

계문학적 보편성을 확인하는 계기를 마련할 수 있다.

넷째, 이계여행은 인간이 거주하고 생활하는 현실계와는 또 다른 세계, 곧 이계를 설정한다는 점에서, 서사무가를 창작하고 전승하는 개인 또는 집단의 의식이 잘 반영되어 있는 부분이라 할 수 있다. 따라서 이런 이계여행을 통해서 그들의 의식세계 및 우주관을 잘 파악할 수 있다는 것이다.

서사무가의 이계여행은 이처럼 중요한 의미가 있음에도 지금까지는 별다른 주목을 받지 못했던 것이 사실이다. 이 글은 이런 이계여행에 대해 본격적인 연구를 하기 위한 첫 단계 작업으로 마련된다. 그러기 위해 먼저 이계여행이 잘 나타나는 서사무가를 살펴 그 양상을 구체적으로 검토하고, 이를 바탕으로 이계여행의 형태는 어떤 것이 있으며 어떤 특징과 의미를 지니는가를 밝히고자 한다.

한편 이 글의 검토대상이 되는 서사무가는 지역적 특수성이 두드러지지 않고 서사성이 가장 풍부하다고 여겨지는 일반신본풀이가 될 것이며, 이들 가운데에서도 이계여행의 양상이 구체적으로 나타나는 자료들이 다루어지게 될 것임도 아울러 밝혀둔다.

2. 서사무가에 나타난 이계[9]

인간의 사고는 인간이 거주하고 활동하는 가시적인 현실세계에만 국한되어 있지 않다. 인간은 신들의 세계를 설정하여 복을 희구하기도 하고, 때로는 인간세계의 결핍이나 난제를 해결해 줄 수 있는 이상의 세

---

9) '이계'라는 용어는 지금까지 '타계'와 혼용되어 왔었다. 그런데 일상생활에서 '죽다'를 '타계하다'라고 흔히 쓰는 데서도 알 수 있듯이, '타계'라는 말은 사후의 세계라는 뜻이 강한 용어이다. 따라서 사후의 세계만을 대상으로 하지 않을 때는 '타계'보다는 '이계'라는 용어를 사용하는 것이 바람직할 것이다.

계를 상정하기도 한다. 그리고 한편으로 인간의 생사에 초점을 맞춰 인
간의 원향(原鄕)은 어디이며 사후에 가야할 내세는 어떤 곳인가 하는
인간존재의 근원에 대한 의문을 제기하고 상상의 세계를 펼치기도 한
다. 이처럼 인간의 무한한 상상력을 바탕으로 하여 인간의 세계와는 구
별되는 또 다른 세계로서 설정한 것이 바로 이계라 할 수 있다.

그러면 인간의 의식 속에서 이계는 어떠한 공간으로 나타나는가? 선
행 연구는 대체로 이계여행 그 자체보다는 주로 공간이나 신의 세계에
대해 언급하면서 이를 다루었다고 할 수 있다.

① 장덕순 : 천당(천상계)·현세(지상계)·지옥(지하계)·용궁(바다)[10]
② 조희웅 : 천상계·지상계·지하계·용궁계·신선계[11]
③ 한상수 : 천상계·지상계·지하계·해양계[12]

이들 연구는 물론 대상범위에서는 다소 차이가 있지만, 대체로 이계
를 천상계·지하계·용궁계·신선계 등으로 설정하고 있음을 알 수 있
다. 그런데 서사무가에서 살펴볼 때 이들 이계 가운데 용궁계와 신선계
는 아주 미약하게 나타난다고 할 수 있다. 물론 용궁계는 〈군웅본풀이〉
와 〈송당본풀이〉 등에 잘 나타나고 있지만, 큰굿에서 불려지는 일반신
본풀이에서는 이런 용궁계의 형태를 찾아보기 어렵다. 그리고 신선계는
바리공주가 버려졌다가 구출된 곳이라든가 육로 삼천리를 여행한 뒤
석가여래와 아미타불을 만나는 곳 등 〈오구풀이〉에서 그 형태를 찾아

---

10) 장덕순, 앞의 글, 185~195면.
11) 조희웅, 앞의 글, 97~114면.
12) 한상수, 《한국인의 신화》, 문음사, 1986, 17~19면.
    이외에 서대석은 무속에 나타나는 세계를 신들이 거주하는 곳·죽어서 가는 귀
    신의 세계·인간계 등 셋으로 구분하고 있다(장덕순 외, 《구비문학개설》, 일조각,
    1984).

볼 수 있지만, 바리공주가 버려진 곳은 인간이 능히 찾을 수 있는 곳이고 석가여래와 아미타불을 만나는 곳도 바리공주의 여행을 돕기 위한 노정의 극히 일부분으로 나타나고 있음을 볼 때, 이 신선계가 큰 의미를 갖는 것은 아닌 것이다. 이렇게 볼 때 서사무가, 특히 일반신본풀이에서 문제가 되는 이계는 천상계와 지하계라고 할 수 있다.

한편 서사무가의 이계를 이렇게 천상계와 지하계로 파악한다고 하더라도 한 가지 근본적인 의문점이 제기된다. 즉 서사무가의 이계로서 지하계가 존재하는가 하는 점이다. 물론 《삼국유사》의 〈사복불언(蛇福不言)〉[13]이나 〈지하국대적퇴치담〉과 같은 설화에서는 지하계가 이계의 공간형태로 나타남이 분명하다.[14] 그렇지만 서사무가에 나타나는 저승·서천꽃밭·서천서역국 등을 지하계로 파악하는 것은 다소 무리가 있다고 생각한다.[15] 이처럼 지하계를 상정하여 구분하는 까닭은 우주가 천상·지상·지하의 세 단계로 구성되어 있다고 생각하는 서구의 신화적 사고가 깊이 작용하고 있기 때문으로 여겨진다. 즉 희랍의 우주신화에서 우주의 하반을 '달다로스'라는 지하계로 보는 점이라든가, 아내를 되살리기 위해 사자(死者)의 세계로 내려가는 〈오르페우스(Orpheus)신화〉와 같은 것이 우리나라에도 잘 알려져 있기에, 저승을 비롯한 이들 세계를 지하계로 인식하고 있는 듯하다.

하지만 실상 무(巫)가 구연하는 서사무가를 검토해 보면 이들 공간이 지하계로 내려가야 된다고 의식하는 것을 전혀 찾아볼 수 없으며, 오히려 지상계의 수직적 상방에 존재하는 세계로 의식하고 있음을 파악할 수 있다.

〈차사본풀이〉에서는 강님의 저승여행이 나타난다. 이때의 여행은 험

---

13) 《삼국유사》 권제4, 義解 제5 "蛇福不言"

14) 조희웅, 앞의 글, 104면.

15) 장덕순은 저승을, 조희웅은 서천꽃밭을, 김열규는 서천서역국을 각기 지하세계로 파악하고 있다(장덕순, 앞의 글 참조).

한 길을 찾아가는 수평적 도보여행이지만, 그가 실제로 도달했던 저승은 지상계의 수직적 상방에 있는 공간임을 알 수 있다. 염라대왕이 강님에게 사로잡혔을 때,

> "강님아, 화를 내지 말고 나하고 같이 아래녘 자부장자 집에 가서, 전새남(굿)을 받아먹고 이승에 가기 어쩔러냐?"
>
> "그럽시다."
>
> 강님은 염라대왕과 함께 건드러지게 <u>내려갔다.</u>
>
> (……)
>
> "살아 있는 차사도 차사입니다. 우리 인간 강님 차사도 저승에 가서 염라대왕과 같이 <u>내려오는 듯합니다.</u>"[16] (밑줄 필자)

라고 하는 것처럼 저승이 인간세계의 수직적 상방에 위치하고 있다고 생각하여, 저승에서 지상으로 전이되는 과정을 '내려온다'라고 표현하고 있는 것이다. 이뿐만 아니라 강님과 약속한 염라대왕이 지상에 도달할 때도,

> 사오시가 가까워 가니, 쾌청하게 맑은 하늘에 시커먼 구름이 동서쪽으로부터 일기 시작하더니 순식간에 하늘을 덮었다. 그러고는 오색무지개가 갑자기 동헌 마당에 걸리더니 좁은 목에 벼락치듯 천지가 진동하는 소리와 함께 염라대왕의 행차가 동헌 마당에 들어서는 것이었다.[17]

라고 하여, 천상계에서 지상계로 하강하는 신의 모습을 분명히 보여주고 있다. 이것은 곧 인간인 강님이 저승에 도달하기 위해 수평적 도보

---

16) 현용준, 《제주도신화》, 서문당, 1970, 122~123면.
17) 위의 책, 130면.

여행을 하지만, 결과적으로 도달한곳은 지상계의 상방에 있는 천상계의 한 곳임을 알 수 있게 하는 것이다.

저승이 천상계의 한 부분임은 장주근이 채록한 〈천지왕본풀이〉를 볼 때 더 명확해진다. 이 채록본에서는 대별왕과 소별왕이 이승과 저승을 두고 인세차지내기를 하는데, 여기서 패한 대별왕이 저승으로 가는 것에 대해 "나는 저승법 지녀살져 옥황상저의 올라가노라"[18]라고 하여, 저승이 천상계에 있음을 분명히 말해주고 있는 것이다.

서천꽃밭도 수평적인 도보여행으로 도달하는 곳이지만, 마찬가지로 천상계에 있는 세계로 의식되고 있음을 알 수 있다. 〈이공본풀이〉에서 서천꽃밭은 무릎 차는 물, 잔등 차는 물, 목 차는 물 등 세 번의 물을 건너서야 도달할 수 있는 지상계의 수평적 연장선상에 있는 공간이다. 그런데 이런 서천꽃밭이 〈문전본풀이〉에서는 곽새를 타야 도달할 수 있는 곳으로 나타나고 있다.[19] 새는 북방아시아 샤머니즘에서는 샤먼의 영혼이 천상계를 왕래할 때 그 영혼을 인도하는 구실을 한다고 믿어지고 있다.[20] 이런 새를 타고 도달하는 곳은 결국 지하계나 지상계의 어느 공간이 아닌 천상계의 어느 곳인 것이다.

한편 바리공주가 여행하는 서천서역국 또한 수평적 도보여행을 통해 도달하는 곳으로 나타나지만, 채록된 무가의 다수가 그곳이 천상계임을 파악할 수 있게 해주고 있다. 즉 안동 지역의 무가에서는 바리공주가 학의 도움으로 강을 건너고 선녀들을 따라가 약물을 얻는다고 되어 있고,[21] 고흥[22]이나 고창[23] 지역 무가에서도 천상의 선관이나 선녀의 도

---

18) 장주근, 《韓國の民間信仰(資料篇)》(東京 : 金花舍, 1974), 312면.

19) 赤松智城・秋葉隆, 《朝鮮巫俗の硏究(上)》, 朝鮮印刷株式會社, 1937, 534면.

20) 김열규, 《한국의 신화》, 일조각, 1985, 37~38면.

21) 김태곤, 《한국무가집》 2, 집문당, 1979, 226~238면.

22) 위의 책, 183~192면.

23) 김태곤, 《한국무가집》 3, 집문당, 1979, 335~341면.

움으로 약물을 얻는 형태로 나타나고 있는 것이다. 그리고 특히 관북지방의 무가에서는 바리공주가 천상에 올라가 천상계인과 결혼하여 아들 열둘을 낳고 있어,[24] 그녀가 찾아가는 서천서역국이 천상에 있음을 분명히 하고 있다. 이처럼 많은 채록본들이 서천서역국을 천상계와 관련 있게, 그리고 수직적 상방에 있는 세계로 묘사하고 있는 것은 서천서역국이 지상계의 수평적 연장선상에 있는 막연한 어느 공간이라기보다는 수직적 상방에 있는 천상계의 한 부분이라고 의식하고 있기 때문일 것이다.

이렇게 볼 때, 서천꽃밭·서천서역국은 물론 저승까지도 지하계라는 의식이 전혀 나타나고 있지 않으며, 이들 공간은 수평적인 도보여행으로 도달하는 곳임에도 지상계의 상방에 존재하는 천상계의 한 부분임을 알 수 있다.

지금까지 이런 이계에 대해 지상계가 아닐 것이라는 견해는 몇몇 학자들이 일부 언급한 바 있었다.[25] 하지만 이런 경우에도 수평적 도보여행으로 도달된다는 점 때문에 이들 공간을 지상계의 수평적인 연장선상에 있는 막연한 공간으로 파악하는 것이 일반적이었다. 그런데 실제로 이 공간은 천상계이며, 이런 천상계에 도달하기 위한 방법으로 하늘과 땅이 맞닿는 곳을 찾아가는 수평적 도보여행이 나타나는 것이다. 즉 인간이 천상계에 도달할 수 있는 방법으로 수직적 승천에 따른 여행과 수평적 도보여행의 두 가지 형태가 모두 가능하다고 여겼던 것이다. 다만 여기서 분명히 할 것은 서천꽃밭·서천서역국·저승 등의 공간이 천상계에 있지만, 이들 공간은 옥황상제와 같은 천신적 존재가 있다고 생각되는 공간과는 구별되고 있다는 점이다. 이것은 이계여행이 나타나

---

24) 임석재·장주근, 《관북지방무가》, 문화재관리국, 1965, 119~121면.
25) 서대석, 앞의 글, 99면.
　　조희웅, 앞의 글, 103~104면.
　　현용준, 《제주도무속연구》, 집문당, 1986, 210면.

는 서사무가들을 구체적으로 살펴봄으로써 분명해질 수 있으므로 뒤에
서 상술하도록 한다.

3. 서사무가에 나타난 이계여행의 형태와 그 양상

이계여행이 나타나는 서사무가는 현실계와 이계의 구분이 어느 정도
선명하다고 할 수 있다. 서사무가에 설정된 이계는 인물의 성격이나 행
위, 사건, 배경 등이 인간세계의 모습을 그대로 연장하고 있는 형상을 보
여주지만,[26] 현실계와 이계 사이에 전이과정, 곧 여행과정이 나타나고
있기에 이계는 현실계와는 다른 세계임을 구별할 수 있는 것이다.

전술한 바 있듯이, 서사무가의 이계는 대체로 천상계로 나타난다고
할 수 있다. 이런 천상계에 도달하기 위한 방법으로는 두 가지 형태가
있다. 하나는 천상계가 지상계의 수직적 상방에 있다고 파악하고 수직
적 매개체를 통해 도달하는 '수직적 공간이동여행'이고, 다른 하나는 천
상계를 지상계의 수평적 연장선상에 있는 공간으로 파악하고 도보여행
으로 도달하는 '수평적 공간이동여행'이다.

그러면 이런 이계여행의 면모가 잘 드러나는 서사무가를 구체적으로
살피면서 서사무가에 나타난 이계여행의 양상과 특징을 밝히고, 이들
형태를 서로 비교함으로써 그 의미를 파악하도록 하겠다.

1) 수직적 공간이동여행

수직적 공간이동여행은 천상계와 지상계의 관계를 수직적으로 인식
하고, 박씨줄기나 밧줄과 같은 수직적 연결이 가능한 매체를 이용하거

---

26) 서대석, 앞의 글, 102~103면.

나 천상계인과 함께 승천함으로써 천상계로 이동하여 여행하는 것이다. 이러한 수직적 공간이동여행에서는 천상계가 인간의 눈에 보이는 상방에 존재하는 세계 그 자체로 인식되어, 거리감이나 시간의 개념이 나타나지 않는다. 또한 수직적 공간이동이기에 그 여행과정 중에는 어떠한 고난이나 시련도 수반되지 않는다. 따라서 천상계에 그 혈통을 두고 있거나 천상계인의 도움이 있어야 가능한 여행임을 알 수 있다.

이런 수직적 공간이동여행의 양상을 잘 보여주는 서사무가 자료로는 〈천지왕본풀이〉, 〈제석본풀이〉, 〈세경본풀이〉 등을 들 수 있다.

ⅰ) 〈천지왕본풀이〉

〈천지왕본풀이〉에서는 대별왕과 소별왕의 천상계여행이 나타난다. 천상계의 천지왕이 인간세계의 혼돈과 무질서를 바로 잡을 아이를 얻고자 지상으로 내려와 총맹부인과 결혼을 한다. 그 결과 대별왕과 소별왕을 낳게 되고, 이들이 천지왕을 찾아 천상계여행을 떠나게 되는 것이다. 이런 〈천지왕본풀이〉에 나타나는 이계여행의 양상을 정리하여 보면 다음과 같다.

첫째, 천상계 인물의 지상계여행 및 천상계 인물과 지상계 인물의 결혼이 이계여행의 계기가 된다는 것이다. 천지왕은 천상계 인물로 인간세계를 정리할 아이를 얻고자 지상계로 내려와 총맹부인과 결연한 뒤 바로 천상계로 귀환한다. 이 결과 대별왕과 소별왕은 태어날 때부터 부(父)의 결핍상태가 되며, 따라서 이들의 천상계여행은 불가피한 것이 된다. 이렇게 천상계인의 지상계여행이 이계여행의 전제가 되고 있고, 천상계 인물이 하강한 이유도 천신으로서의 임무 수행을 목적으로 한 것이라는 점에서, 천상계 중심, 곧 신 중심의 사고관이 깊이 내재되어 있다고 하겠다.

둘째, 대별왕과 소별왕의 이계전이는 박씨를 심어 그 줄기를 타고 천상계에 도달하는 수직적 공간이동의 형태를 보이고 있다는 것이다. 대별왕과 소별왕은 천지왕이 남기고 간 박씨를 매개체로 하여 천상계에 도달하게 되는데, 이들이 이처럼 수직적으로 천상계에 도달할 수 있는 것은 자신들의 원신분이 천상계에 닿아 있기에 가능한 것이라 여겨진다. 천상계 인물의 지상계 왕래는 반드시 수직적 승천과 하강으로써 이루어진다. 천지왕의 지상계여행을 비롯해, 여타의 서사무가에서뿐만이 아니라 동명왕·박혁거세 등의 국조신화에서도 이런 양상은 일반적으로 볼 수 있는 것이다. 대별왕과 소별왕은 비록 지상계에서 태어났지만 그들의 혈통이 천상계에 닿아 있기에 이런 수직적 공간이동여행을 할 수 있고, 이계인 천상계를 도달하는 과정에서 아무런 시련이나 고난에도 부딪히지 않을 수 있는 것이다. 한편 이들의 혈통이 천상계에 닿아 있기에 수직적으로 천상계를 왕래할 수 있다는 점은 〈동명왕신화〉의 유리태자 부분, 곧 유리가 고구려로 주몽을 찾아갔을 때 하늘로 몸을 솟구쳐 올랐던 것[27]과도 상통하고 있어 흥미롭다.

셋째, 천상계 인물인 천지왕의 지상계여행이 전제가 된 이계여행이기에 그 여행의 구조는 '(이계→)현실계→이계' 형태로 짜여지게 되고, 이계여행에 대한 파견자가 없이 스스로 행하는 능동적인 여행이므로 여행자는 반드시 지상계 귀환을 목적으로 하지는 않는다는 것이다. 따라서 이런 〈천지왕본풀이〉의 이계여행은 이계 중심의 구조를 지닌다고 하겠다.

넷째, 여행자인 대별왕과 소별왕의 이세여행 사이의 행적은 수로 신적 능력 발휘에 초점이 맞춰지고 있다는 것이다. 대별왕과 소별왕은 이계인 천상계를 여행함에도 아무런 초월적 원조자의 도움을 필요로 하지 않고 있다. 스스로 타고난 신적인 능력으로 어떠한 고난도 수반되지 않는 수직적 공간이동여행을 하는 것이다. 그리고 인세차지 내기시합을 하는 것과 같은 이들의 이계에서의 행적도 신직을 부여받은 상태에서

---

27)〈類利應聲擧身聳 空垂牖中日示其神聖之異〉(《東國李相國集》卷第三 東明王篇幷序).

나타난다는 점에서 신들의 경합을 보여주는 것이다. 이러한 면들은 곧 대별왕과 소별왕의 신적 능력을 강조하는 양상이라고 할 수 있다.

다섯째, 이러한 이계여행의 결과는 대별왕과 소별왕으로 하여금 신격을 부여받도록 하고 있다는 것이다. 대별왕과 소별왕은 천상계에 도달하기 이전에는 서당에서 공부하며 '아비 없는 후레자식'이라고 놀림당하는 평범한 인간상을 보여준다. 하지만 천상계에 도달한 뒤에는 천지왕에게서 이승과 저승을 다스리는 신직을 부여받아 해와 달을 정리하고 모든 생물에게 질서를 주며 인간과 귀신을 구별하는 등 인간세계의 안녕과 질서를 돌보아주는 신의 구실을 다하고 있는 것이다. 따라서 〈천지왕본풀이〉의 이계여행은 본질적으로 대별왕과 소별왕에게 신직을 부여받도록 하여 이들을 신계에 편입시키는 통과의례의 과정이라 할 수 있으며, 이들 신의 성격은 인간세계의 혼란과 무질서를 바로잡고 질서와 안녕을 보장해주는 것이라 하겠다.

ii) 〈제석본풀이〉

〈제석본풀이〉에서는 당금애기에게서 태어난 삼 형제의 천상계여행이 나타난다. 신통력을 지닌 중이 찾아와 당금애기를 통간하고는 어디론가 사라졌는데, 이렇게 해서 태어난 삼 형제가 천상계로 아버지를 찾아 이계여행을 떠나는 것이다. 이런 〈제석본풀이〉에 나타나는 이계여행의 여러 양상은 전술한 〈천지왕본풀이〉와 아주 흡사하다. 먼저 그 양상의 핵심을 간추려 보면, 첫째, 천상계인물인 중의 지상계여행과 지상계인물인 당금애기의 결합이 이계여행의 계기가 된다는 점, 둘째, 이계로의 전이가 박씨를 통한 수직적 공간이동으로 이루어진다는 점, 셋째, 이계여행의 구조가 '(이계→)현실계→이계'로 되어 있어 이계 위주의 여행 형태라 할 수 있고, 파견자가 없기에 귀환할 필요가 없다는 점, 넷째, 수직적 이계전이와 중에게 자식임을 인정받기 위한 시험이 신적 능력으로 해결된다는 점, 다섯째, 이계여행의 결과로 삼 형제가 삼불제석이라

는 신직(神職)을 부여받고 있으며 그 신의 성격도 수(壽)·복(福) 등
인간에게 이로움을 주는 것이라는 점 등이다.

이처럼 〈제석본풀이〉에 나타나는 이계여행은 〈천지왕본풀이〉와 거
의 같은 양상을 보여주고 있다. 하지만 이들 무가 사이에 나타나는 차
이점도 간과할 수는 없다. 그 차이점은 아래와 같다.

첫째, 〈제석본풀이〉의 중은 천상계 인물이라 할 수 있다.[28] 그러나
〈천지왕본풀이〉와는 달리 천신의 성격이 모호해지고 오히려 지상계인
의 성격에 가깝게 나타난다. 〈제석본풀이〉에서는 지상계로 하강하기 이
전의 천상계인의 모습이 구체적으로 나타나지 않는다. 다만 삼 형제가
아버지를 찾아 천상계로 간다는 점에서 중이 천상계 인물임을 알 수 있
을 뿐이다. 그는 지상에 내려온 뒤에도 벽력장군·우뢰장군·화덕진군
을 불러 수명장자를 벌주는 천지왕과 같은 천신적 권능을 보여주지는
못한다. 중은 도술로 굳게 잠긴 열두 대문을 열고 당금애기를 잉태시키
는 등 신적인 능력을 보여주지만, 당금애기의 소문을 듣고 찾아간다든
가 선비들과 내기를 하는 등 세속화한 인간의 성격에 가깝게 나타나고
있는 것이다. 즉 〈제석본풀이〉의 중은 천신적 존재라기보다는 인간에
가까운 신적 존재라 할 수 있다.

둘째, 〈제석본풀이〉에서는 당금애기를 통해 여성수난상이 나타나고
있기에, 지상계에서 당금애기가 차지하는 비중이 총맹부인보다 훨씬 크
다는 것을 알 수 있다. 〈천지왕본풀이〉에서 총맹부인은 밥을 짓고 아이
를 낳는 등 지극히 평범한 인간의 모습으로 비쳐질 뿐이지만, 〈제석본
풀이〉에서는 당금애기의 여성수난과 그 고난상이 자세히 나타나고 있
어,[29] 〈천지왕본풀이〉보다는 〈제석본풀이〉에서 훨씬 지상계에 가깝게
신화가 구성되어 있음을 알 수 있다.

---

28) 서대석, 《한국무가의 연구》, 문학사상사, 1988, 82~83면 참조.
29) 위의 책, 172~174면 참조.

셋째, 여행자인 삼 형제가 천상계에 도달한 뒤에는 일종의 시험 형태가 나타나는데, 이것의 차이가 현저하다. 〈천지왕본풀이〉에서는 박 줄기를 타고 천상계에 도달한 대별왕과 소별왕이 아무런 시험도 치르지 않은 채 바로 아들로 인정되어 이승과 저승을 다스리게 되는 것으로 나타난다. 때문에 대별왕과 소별왕은 인세차지 내기시합을 할 뿐이고, 이런 내기시합도 신격을 부여받은 상태에서 갖는 경합에 지나지 않는다. 이에 반하여 〈제석본풀이〉는 삼 형제가 아버지에게 자식임을 인정받기 위해 여러 시험을 거쳐야하는 것으로 되어 있는데, 인간의 상태에서 신이 되기 위해 그들의 신성혈통과 더불어 신이한 능력을 검증받는 과정이 바로 이 시험임을 알 수 있다.

이렇게 볼 때 〈제석본풀이〉의 이계여행 양상은 〈천지왕본풀이〉와 대체로 유사하게 나타나지만, 신화에 반영되어 있는 내면의식에서는 적지 않은 차이가 발견된다. 즉 〈제석본풀이〉는 〈천지왕본풀이〉보다 신의 인간적 모습을 강조하고 있고, 지상계를 중시하고 있으며, 인간으로서 신이 되기 위해서는 일정한 시험을 거쳐야 하는 것으로 신과 인간을 구별하는 의식을 내재하고 있는 것이다.

iii) 〈세경본풀이〉

〈세경본풀이〉에서는 자청비의 천상계여행이 나타난다. 하늘의 옥황상제 아들인 문도령이 인간계의 거무선생에게 글공부를 하러 왔다가 자청비를 만나 같이 수학하고는 인연을 맺고 천상계로 귀환한다. 그런데 문도령이 다시 지상계로 오지 않자 자청비는 물 뜨러온 옥황의 궁녀를 도와주고는 그들을 따라 천상계로 올라가는 이계여행을 하게 되는 것이다.

이런 〈세경본풀이〉의 이계여행도 그 여행의 계기나 구조, 결과 등 기본적인 여행양상 면에서는 전술한 두 무가와 동일하다고 할 수 있다. 하지만, 부분적으로는 적지 않은 차이를 보여주고 있다.

먼저 〈세경본풀이〉에서는 천상계 인물인 문도령이 지상계여행을 통해 지상계 인물인 자청비와 인연을 맺는 것이 자청비로 하여금 천상계여행을 하도록 하는 계기가 된다. 문도령이 지상계에 글공부를 하러 내려왔다가 자청비를 만나 인연을 맺고 천상계로 돌아가기에, 자청비는 불가피하게 남편을 찾아 이계여행을 하게 되는 것이다. 그런데 〈세경본풀이〉는 〈천지왕본풀이〉나 〈제석본풀이〉와는 달리 여행자가 자식이 아닌 아내로 나타나고 있음을 알 수 있다. 이것은 〈세경본풀이〉에 수반되는 의례, 곧 세경놀이[30]와 관련이 있는 것으로 보이는데, 이에 대해서는 뒤에서 상술하도록 하겠다.

다음으로 자청비가 이계로 전이되는 과정은 천상계 인물과 함께 승천하는 형태의 수직적 공간이동여행으로 나타난다. 즉 문도령이 자신과 자청비가 목욕한 인간세계의 물을 떠오라고 옥황의 궁녀들을 보내자, 자청비는 이 궁녀들을 도운 뒤 그들을 따라 천상계로 승천하는 것이다. 〈세경본풀이〉의 이러한 이계전이 양상도 전술한 두 무가와 차이가 있는 것으로, 자청비가 천상계에 직접적인 혈통의 근원을 두고 있지 않기 때문에 단신으로 천상계에 도달하는 것은 불가능하지만, 천상의 인물과 결혼하였기에 궁녀의 도움을 받아 천상계에 수직적 공간이동여행으로 도달할 수 있는 것이다.

한편 〈세경본풀이〉의 자청비는 천상계에 도달한 뒤에도 하늘나라의 난리를 평정하는 공을 세우고서야 신의 자격을 얻게 된다. 이것 또한 〈천지왕본풀이〉나 〈제석본풀이〉에서 천상계에 도달한 뒤 자식임을 인정받아 바로 신격을 얻게 되는 것으로 나타나는 것과는 다른 양상으로, 천상계에 그 혈통의 근원을 두고 있지 않기에 천상계에서 자신의 능력을 발휘함으로써만 비로소 신격을 획득할 수 있는 것이다. 즉 〈세경본풀

---

30) 〈세경본풀이〉는 농신(農神)의 신화를 노래하고 이어서 기원하는 신화의례이고, 세경놀이는 농신을 위한 성주의례이다(현용준, 앞의 책, 349면).

이〉에서는 자청비의 천상계에서의 능력이 특히 강조되고 있으며, 따라서 천상계에서 일어나는 사건의 폭도 확장되어 있다고 할 수 있다.

이상 〈천지왕본풀이〉, 〈제석본풀이〉, 〈세경본풀이〉 등 세 편의 무가를 들어 수직적 공간이동여행의 양상을 검토해 보았다. 이들 무가에 나타나는 이계여행의 양상을 종합하여 보면, 다음과 같이 나타낼 수 있을 것이다.

〔표 11〕 수직적 공간이동여행의 양상 비교

비교사항 ／ 서사무가	〈천지왕본풀이〉	〈제석본풀이〉	〈세경본풀이〉
① 이계	천상계	천상계	천상계
② 여행자	子(대별왕·소별왕)	子(삼 형제)	妻(자청비)
③ 여행계기	a. 천상계 인물의 하강 (이 세상을 정돈할 인물을 낳기 위해) b. 부모의 결혼	a. 천상계 인물의 하강 (당금애기의 소문을 듣고) b. 부모의 결혼	a. 천상계 인물의 하강 (글공부를 위해) b. 당자의 결혼
④ 여행목적	아버지를 찾기 위해	아버지를 찾기 위해	남편을 찾기 위해
⑤ 이계전이	수직적 상승(박씨)	수직적 상승(박씨)	수직적 상승(천상계인과 함께 승천)
⑥ 여행자의 이계행적	인세차지 내기시합	아들로 인정받기 위한 시험	· 며느리로 인정받기 위한 시험 · 전쟁에서 승리
⑦ 여행과정	(이계→)현실계→이계	(이계→)현실계→이계	(이계→)현실계→이계→현실계
⑧ 여행결과	· 이승과 저승을 다스리는 신격을 부여받음 · 이 세상의 혼돈과 질서를 정리	· 삼불제석이 됨 · 壽·福·삼신의 기능 부여받음	· 곡신과 목축신이 됨 · 풍요와 다산의 능력 부여받음

이러한 대비를 통해 파악할 수 있는 수직적 공간이동여행의 특징을 정리하면 다음과 같다.

첫째, 이계여행의 대상이 되는 공간은 천상·하늘이다. 이곳은 일반적으로 옥황상제를 비롯한 인간이 숭배하는 신들이 거주한다고 믿어지는 공간으로, 인간세계에 질서와 안녕을 보장해주고 풍요와 복을 내려

주는 곳으로 여겨진다. 따라서 수직적 공간이동여행은 초월적 신의 세
계에 대한 기원심리가 반영되어 있다고 하겠다.

둘째, 여행자는 ②에서 보듯이 천상계인의 직계혈통이나 천상계인의
아내로 나타나고 있어, 천상계인과 밀접한 관련을 지니지 않으면 수직
적 공간이동여행이 불가능함을 알 수 있다. 한편으로 〈천지왕본풀이〉와
〈제석본풀이〉의 여행자가 자식으로 나타나는 것과는 달리 〈세경본풀
이〉에서는 처가 여행자로 나타나는데, 이러한 까닭은 세경놀이라는 그
의례의 성격과 무관하지 않다고 할 수 있다. 즉 세경놀이에서는 시집살
이에 싫증이 난 여인이 뛰쳐나와 어떤 남자를 만나고는 임신하여 아이
를 낳는데, 이 아이가 풍작을 거둔다는 내용의 연희가 행해지고 있는
것이다.[31] 따라서 세경놀이는 다른 무의(巫儀)에 비해서 성적 요소의
노출이 현저하다.

여성이 소변을 보고 있는데 건달꾼이 와서 정을 통했다든가, 해산하
는 장면을 실연한다든가, 대사에서 장난삼아 외설담을 많이 하는 등, 실
제 성교의 장면을 실연하지 않더라도 성적 요소가 눈에 띄는 것이다.[32]
이런 세경놀이와 관련된 신화는 아무래도 그 내용이 부자관계를 다루
는 것보다는 남녀 사이의 애정을 주제로 하는 것이 더 적합할 것이다.
이는 〈세경본풀이〉의 대상신격의 성격이 곡물의 풍요를 기원하는 농경
신이라는 점과도 부합되는 것이다.

셋째, 여행의 계기는 모두 천상계에서 하강한 인물이 지상계 인물과
결혼하고 천상계로 귀환함에 따라 필연적으로 지상계 인물이 아버지나
남편의 부재상태에 놓이게 되는 데서 비롯된다. 따라서 이것은 이계여
행의 근원이 궁극적으로 천상계에 있음을 의미하는 것으로, ⑥과 더불
어 수직적 공간이동여행이 천상계를 중심으로 짜여진 신화구조임을 파

---

31) 현용준, 앞의 책, 255면.
32) 현용준, 앞의 책, 353면.

악하게 하는 단서이다.

넷째, 이계전이는 아무런 고난이 수반되지 않는 수직적 상승의 양상을 보여주는 것으로, 박씨와 같은 매개체를 이용하여 스스로 오르는 형태로 나타나기도 하고 천상인의 도움을 받아 함께 승천하는 것으로 나타나기도 한다. 이처럼 스스로의 능력으로 하늘에 도달하기도 하고 천상계인의 힘을 빌려 하늘에 도달하기도 하는데, 이런 차이는 천상계에 혈통이 닿아 있는가 하는 여부에 따른 것이라 할 수 있다.

다섯째, ⑤와 ⑦에서 볼 수 있듯이, 여행자의 신적 능력이 강조되고 있다. 이들이 수직적 승천을 하는 것은 그 혈통의 신성함에서 비롯된 신적 능력에 따른 것이고, 이들이 천상계에서 보여주는 행위도 신의 상태에서 경합하는 인세차지 내기나 신적 능력을 지녀야 해결할 수 있는 시험의 통과이다. 다만 자청비는 천상계에 그 혈통을 두고 있지 않기에 난리를 평정하는 것과 같은 영웅적 행적을 아울러 수행해야 하는 것이다. 이렇듯 수직적 공간이동여행은 이계를 여행함에도 아무런 고난이 수반되지 않는다는 점과 더불어 신적 능력이 강조되고 있다는 점에서, 신 중심의 사고가 깊이 내재되어 있는 원초적인 신화의식의 소산이라 할 수 있다.

여섯째, 여행자는 이계여행의 결과로 각기 다른 성격의 신직을 부여받지만, 궁극적으로는 인간세계의 질서와 안녕, 풍요와 복을 가져다주는 기능을 맡는다는 점에서 인간이 기원하고 희구하는 대상인 선신(善神)이 됨을 알 수 있다. 이렇게 볼 때 수직적 공간이동여행이 나타나는 무가는 대체로 재수굿 계열과 밀접한 관련이 있는 것이라 여겨진다.

2) 수평적 공간이동여행

수평적 공간이동여행은 천상계와 지상계의 관계가 수평적인 연장선상에 있다고 인식하고, 천상계가 비록 인간의 머리 위에 수직적 상방의 공간으로 존재하지만 그곳에 도달하는 것은 수평적 도보여행으로도 가능하다고 보는 것이다. 따라서 이런 수평적 공간이동여행은 시간과 거리 관념을 어느 정도 포함하게 되고 많은 고난을 야기하며, 인간의 능력만으로는 불가능한 이계의 여행이기에 반드시 초월적 원조자의 도움을 받아야만 가능한 것으로 나타난다. 이런 수평적 공간이동여행의 양상을 잘 보여주는 서사무가 자료로는 〈오구풀이〉, 〈차사본풀이〉, 〈이공본풀이〉 등을 들 수 있다.

ⅰ) 〈오구풀이〉

〈오구풀이〉에서는 바리공주가 서천서역국으로 떠나는 구약(求藥)여행이 나타난다. 바리공주는 딸이라는 이유로 부모에게 버림을 받지만, 뒤에 그의 부모를 살리고자 서천서역국으로 약수를 구하러 이계여행을 떠나게 된다. 이런 〈오구풀이〉에 나타나는 이계여행의 양상을 살펴보면 다음과 같다.

첫째, 인간세계의 가장 근원적인 미해결 과제인 '죽음'을 극복하고자 하는 의도에서 행해지는 여행임을 알 수 있다. 바리공주는 부모인 오구대왕과 왕비를 죽음에서 구하고자 머나먼 여행을 떠나게 되는데, 목적지는 인간계가 아닌 서천서역국이다. 따라서 여기서는 인간계의 문제를 이계의 도움을 받아 해결하고자 하는 지상계 중심의 사고를 찾아볼 수 있다.

둘째, 지상계의 난제를 해결하기 위한 여행이고 왕과 왕비라는 파견자가 있어서 행해지는 여행이기에, 여행자인 바리공주는 반드시 귀환해야 한다. 따라서 여행의 구조도 '현실계→이계→현실계'의 형태를 보여주고 있는데, 이것은 곧 〈오구풀이〉의 이계여행이 현실계를 중심으로 짜여져 있음을 파악하게 해주는 점이다.

셋째, 서천서역국에 도달하기 위한 전이과정은 산을 넘고 물을 건너는 등 인간의 능력으로도 가능한 수평적 도보여행의 형태를 취하고 있다. 천상계는 인간계의 수직적 상방에 존재한다. 이런 공간을 왕래하는 것은 수직적인 상승과 하강에 따른 이동으로만 가능하다고 여기면서도, 한편으로는 하늘과 땅이 맞닿은 곳을 향해 도보여행을 하면 천상계에 도달할 수 있을 것이라는 소박한 생각을 갖게 되었고, 이런 의식의 소산으로 마련된 것이 수평적 공간이동여행이라 할 수 있다. 한편 이처럼 인간으로서는 불가능한 이계여행이라는 것을 인식하고 있기에 여행의 과정에는 육로 삼천 리, 험로 삼천 리, 큰 강을 지나는 긴 여정과 아울러 많은 고난과 시련을 설정해 두고 있는 것이다.

넷째, 이계여행의 과정에서 겪는 고난이 인간의 능력으로 감당해낼 수 있는 것들로 설정되고 있다. 빨래하는 것, 탑 쌓는 것, 다리 놓는 것뿐만 아니라 서역국에서의 고난, 곧 나무를 하고 불을 때고 물 긷는 것을 3년씩 해주고 무장수와 결혼하여 아이를 일곱 낳는 것 등은 어려운 일임에 분명하지만, 능히 인간의 능력으로 해낼 수 있는 것들이다. 그리고 인간의 능력으로 불가능한 부분, 곧 어려운 험로나 철산지옥, 큰 강을 지나는 것 등은 석가와 미륵과 같은 초월적 원조자의 도움을 받고 있다. 이렇게 볼 때 바리공주가 겪는 고난은 인간의 능력을 강조하는 것이라는 점에서 수직적 공간이동여행에서 여행자가 신적 능력으로 시험을 통과하는 것과는 대조적 양상을 보인다고 할 수 있다.

다섯째, 바리공주도 이계여행의 결과로 신직을 부여받고 있어, 〈오구풀이〉의 이계여행도 신이 되기 위한 통과의례의 과정임을 알 수 있다. 한편 그 신직의 성격은 부모를 죽음에서 구하고자 하는 여행의 목적과 관련되어, 인간의 영혼을 저승까지 인도하는 것이 되고 있다.

ii) 〈차사본풀이〉

〈차사본풀이〉에는 염라대왕을 지상계로 잡아오기 위한 강님의 저승 여행이 나타난다. 동경국 버물왕의 아들 삼 형제가 그들의 재물을 탐하는 과부 과양생에게 죽게 된다. 이들은 다시 과양생의 아들 삼 형제로 환생하여 한날한시에 과거에 급제하지만, 집에 와서 모두 그 자리에서 죽고 만다. 이 원인을 밝혀달라고 고을 원님께 과양생이 계속해서 소지를 청하자, 고을 원님은 이 의문을 풀기 위해 수하 관장인 강님을 저승에 보내 염라대왕을 데려오게 하는 것이다.

이런 〈차사본풀이〉에 나타나는 이계여행의 양상은 전술한 〈오구풀이〉와 유사한 점이 많다. 따라서 〈오구풀이〉와 대비하면서 그 양상을 정리하도록 하겠다.

첫째, 인간세계에서는 풀 수 없는 의문을 이계의 힘을 빌려 해결하고자 행해지는 여행이라 할 수 있다. 과양생의 세 아들이 한꺼번에 죽은 이유에 대해 고을 원님인 김치는 자신이 이를 밝혀낼 수 없어 그의 수하 관장 가운데 가장 영특한 강님에게 인간의 생사를 관장하는 염라대왕을 지상으로 불러오게 하여 해결하려는 것이다. 이것은 바리공주가 부모의 생명을 구하기 위해 여행을 떠나는 것과는 다른 양상이라고 할 수 있지만, 궁극적으로 죽음이라는 문제가 여행의 계기가 된다는 점에서 이들이 서로 상통되고 있음을 알 수 있다.

둘째, 〈차사본풀이〉에서 저승을 여행하는 것 또한 인간계의 문제를 해결하기 위한 것이고 원님이라는 파견자가 있어 행해지는 것이기에, 여행자인 강님은 반드시 귀환해야만 한다. 따라서 기본적인 여행구조도 '현실계→이계→현실계'의 형태로 구성되어 〈오구풀이〉와 마찬가지로 인간계 중심의 이계여행으로 나타난다고 할 수 있는데, 〈차사본풀이〉는 한편으로 염라대왕이 강님을 저승으로 데려가 차사신으로 삼고 그 기능을 수행하는 부분이 덧붙여져 있기에, 여행구조가 '현실계→이계→현실계→이계'의 형태로 확장되고 있음을 파악할 수 있다.

셋째, 저승에 도달하기 위한 과정도 험로를 따라가다가 연못을 통해 도달하는 수평적 도보여행으로 나타나, 전술한 〈오구풀이〉와 큰 차이를 보여주지 않고 있다. 그리고 이계를 여행하고 염라대왕을 잡아오기 위해 조상신이나 문전신 등 초월적 원조자의 도움을 받는다는 점도 동일하게 나타남을 볼 수 있다. 다만 〈차사본풀이〉의 경우 큰 강을 지나는 〈오구풀이〉와 달리 '행기못'이라는 연못을 지나야 하는데, 이것은 〈구렁덩덩신선비〉와 같은 설화의 이계전이 과정에서도 볼 수 있는 양상으로, 일정한 육로(험로)를 여행하다 마지막에 지나게 되는 관문이라는 점에서, 그리고 다같이 물을 통과해야 하는 것이라는 점에서 동일한 의식의 다른 양상이라고 보는 것이 타당할 것이다.

넷째, 〈차사본풀이〉에서도 여행자의 신적 능력보다는 불가능한 난제를 해결해가는 인간의 영웅적 행적에 초점을 맞추고 있다. 강님은 저승을 여행하여 염라대왕을 잡아오는 것과 같은, 인간으로서는 불가능한 과업을 초월자의 도움을 받으면서 수행해 나간다. 때문에 강님의 이런 능력을 탐낸 염라대왕은 인간세상에서 살도록 두기에는 아깝다며 그를 저승으로 데려간다. 이렇듯 〈차사본풀이〉는 인간으로서 강님이 지니는 뛰어난 능력을 강조하고 있는 것이다. 한편 〈차사본풀이〉에는 동방삭을 잡아오는 것과 같이 강님이 저승에서 차사신으로서의 뛰어난 능력을 보여주는 부분도 있어, 이러한 그의 능력이 저승에서는 신적 능력으로 연장되고 있음을 보여준다.

다섯째, 이계여행 뒤 부여받은 신직도 죽은 사람의 영혼을 저승으로 인도하는 차사신의 성격을 띠게 되는데, 이는 여행의 계기가 되는 죽음이라는 문제와 결부되어 나타나고 있다는 점에서 〈오구풀이〉와 동일한 양상이다. 또한 이계여행의 결과로 신직을 부여받기 때문에 이계여행이 통과의례적 성격을 지니게 되는 것도 동일하다.

iii) 〈이공본풀이〉

사라도령과 원강암은 서천꽃밭 꽃감관을 살라는 옥황상제의 명을 받고 길을 떠난다. 그러나 서천꽃밭으로 가는 길이 험해, 원강암은 도중에 포기하고 부잣집에 종으로 팔리게 된다. 그 뒤 원강암은 사라도령의 아이를 낳게 되고, 이 아이 할락궁이가 서천꽃밭으로 아버지를 찾아 떠나는 이계여행을 하는 것이다. 이런 〈이공본풀이〉의 이계여행은 전술한 〈오구풀이〉나 〈차사본풀이〉와는 다소 차이가 있는 양상으로, 이계여행의 목적이 아버지를 만나기 위한 것이라는 점, 그리고 원조자가 없이 자신의 능력으로 여행을 수행하고 있다는 점 등을 볼 때, 오히려 수직적 공간이동여행이 나타나는 〈천지왕본풀이〉나 〈제석본풀이〉와 흡사한 면모를 보이고 있다.

하지만 이런 〈이공본풀이〉에는 실상 부를 찾아간다는 목적 이외에, 지상계에서 죽음을 당한 모(母) 원강암을 재생시켜야 한다는 또 다른 이면적인 목적이 하나 더 나타난다고 할 수 있다. 즉 할락궁이는 서천꽃밭으로 아버지를 찾아가지만 그 사이 할락궁이의 어머니가 주인에게 죽임을 당하게 되고, 이것을 이미 알고 있는 꽃감관 사라도령이 할락궁이에게 웃음 웃을 꽃, 수레멜망악심꽃, 환생꽃 등을 주어 그 원수를 갚고 어머니를 재생시키게 하고 있는 것이다. 따라서 〈이공본풀이〉의 이계여행은 외형상으로는 수직적 공간이동여행과 닮아 있지만, 그 내면을 보면 여타의 수평적 공간이동여행과 동일한 계기에서 비롯된 여행임을 알 수 있다.

이런 〈이공본풀이〉의 이계전이는 물론 수평적 도보여행에 따른 것으로 나타난다. 할락궁이는 천리둥이와 만리둥이의 추격을 피하면서 무릎 찬 물, 허리 찬 물, 목 찬 물 등 물 셋을 지나서 서천꽃밭에 도달하고 있는 것이다. 그런데 〈이공본풀이〉의 이러한 이계전이 과정은 전술한 〈오구풀이〉·〈차사본풀이〉와는 다소 차이가 있는 양상임을 알 수 있다. 〈오구풀이〉와 〈차사본풀이〉에서도 이계를 찾기 위해, 그리고 험로를 지나기 위해 많은 고난을 겪는 과정이 나타난다. 그러나 강을 지나거나 연못을 통과하는 부분은 초월적 원조자의 도움으로 수월하게 극복하고 있음을 볼 수 있다. 이에 반해 〈이공본풀이〉에서는 이계를 찾아가고자 겪는 고난도, 험로를 지나는 과정도 설정되어 있지 않다. 다만 물을 건너는 과정과 그 과정 안의 고난만이 나타나고 있는 것이다.

그런데 여기서 한 가지 지적해야 할 사실은 수평적 공간이동여행의 이계전이 과정, 곧 여행의 노정이 불교에서 명부(冥府)에 도달하기 위해 거치는 과정과 동일하다는 점이다. 불교에서는 사후의 세계를 명계(冥界)라 하는데, 이곳에 도달하기 위해서는 아주 험하고 옥졸들에게 철봉을 얻어맞는다는 사출산(死出山)을 지나야 하며, 또 산수뢰(山水瀨)·강심연(江沈淵)·유교도(有橋渡)라고 하는 삼도(三途)의 하천도 건너야 된다고 한다.[33] 즉 일정한 험로를 지나고 강을 건너서야 도달할 수 있다는 것으로, 수평적 공간이동여행의 노정과 일치하고 있음을 볼 수 있는 것이다. 그리고 더 나아가 수평적 공간이동여행이 모두 죽음과 밀접하게 관련되어 나타나고 있는 것은 불교의 명계에 도달하는 과정이 이들 무가에 수용된 데 따른 것으로 여겨진다. 수평적 공간이동여행의 노정을 이렇게 볼 때, 〈오구풀이〉와 〈차사본풀이〉는 험로를 지나는 전반부에, 그리고 〈이공본풀이〉는 물을 건너는 후반부에 각각 치중하여 여행과정의 양상을 보여주고 있다고 할 수 있다.

한편 이런 〈이공본풀이〉에는 수평적 공간이동여행의 형태가 나타나고 있음에도 파견자와 원조자가 등장하지 않는다. 할락궁이는 어머니에게 아버지가 있는 곳을 물어 스스로 여행을 떠나는 능동성을 보여주고, 아무런 원조자의 도움이 없이 자신의 능력만으로 여행을 수행한다.

이러한 점들은 분명 〈오구풀이〉나 〈차사본풀이〉와는 차이가 있는 것이다. 그렇지만 그 본질적인 면에서 볼 때 큰 차이가 있는 것은 아니라 할 수 있다.

여행자인 할락궁이는 아버지를 찾아서 떠나는 능동적인 여행을 하지만, 한편으로 어머니를 재생시켜야 한다는 이면의 목적 때문에 반드시 지상계로 귀환해야만 한다. 그리고 할락궁이는 이계여행 중 천리둥이와 만리둥이에게 쫓기는 고난을 겪게 되는데, 이런 고난을 그는 신적인 능

---

33) 김관응 감수, 《불교학대사전》, 홍법원, 1988, 374~375면.

력이 아닌 메밀범벅을 던져주어 위기를 모면하는 것과 같은 인간의 기지로써 극복하고 있다. 즉 원조자의 도움은 나타나지 않지만, 〈오구풀이〉·〈차사본풀이〉와 마찬가지로 여행자의 인간능력이 강조되는 양상을 〈이공본풀이〉에서도 볼 수 있다.

한편 이런 이계여행의 결과로 할락궁이는 인간의 죽음과 재생을 관장하는 꽃감관이 된다. 이는 수평적 공간이동여행이 나타나는 여타의 무가와 동일한 기능의 신격이 그에게 부여되고 있음을 보여주는 것이다.

이상 수평적 공간이동여행의 양상이 잘 나타나는 〈오구풀이〉·〈차사본풀이〉·〈이공본풀이〉 등을 구체적으로 검토해 보았다. 이들 무가에 나타나는 이계여행의 양상을 종합해 보면 다음과 같이 나타낼 수 있다.

〔표 12〕 수평적 공간이동여행의 양상 비교

비교사항 \ 서사무가	〈오구풀이〉	〈차사본풀이〉	〈이공본풀이〉
① 이계	서천서역국	저승	서천꽃밭
② 여행자	바리공주	강님	할락궁
③ 여행목적	약수를 구하기 위해	염라대왕을 모셔오기 위해	아버지를 만나기 위해 (어머니를 살리기 위해)
④ 이계전이	험한 산을 넘고 큰 강을 건너 도달	험로를 지나 연못을 통해 도달	강 셋을 지나 도달
⑤ 파견자	부모	원님	(없음)
⑥ 원조자	a. 빨래 빠는 아낙, 탑 쌓는 사람, 다리 놓는 사람 b. 석가여래·아미타불	a. 큰부인 b. 조왕신·문전신	(없음)
⑦ 고난	a. 서역국을 찾아가기 위한 고난 b. 약수를 구하기 위한 고난	저승을 찾아가기 위한 고난	천리둥이와 만리둥이가 쫓아옴
⑧ 여행과정	현실계→이계→현실계	현실계→이계→현실계 (→이계)	현실계→이계→현실계 (→이계)
⑨ 여행결과	죽은 사람의 영혼을 저승으로 인도하는 신이 됨	죽은 사람의 영혼을 저승으로 인도하는 차사신이 됨	인간의 죽음과 재생을 관장하는 꽃감관이 됨

이러한 대비를 통해 파악할 수 있는 수평적 공간이동여행의 특징을 지적하면 다음과 같다.

첫째, 이계여행의 대상이 되는 공간으로 인간의 생사와 밀접한 관련이 있다고 믿어지는 세계를 설정하고 있다. ①에서 볼 수 있는 서천서역국·저승·서천꽃밭 등은 일반적으로 생각되는 인간의 사후세계이거나 인간의 생사를 관장한다고 믿어지는 곳으로, 수직적 공간이동여행에서 나타나는 이계, 곧 인간에게 숭배되는 보편적인 신들이 거주한다고 믿어지는 천상계와는 다소 차이가 있는 공간임을 알 수 있다. 하지만 이들 세계가 천상계와 완전히 유리된 공간은 아닌데, 〈이공본풀이〉에서 옥황상제가 사라도령에게 꽃감관을 살려오라고 명을 내린 데서도 알 수 있듯이, 옥황상제 관할의 천상계 가운데 한 부분이라 여겨진다.

둘째, 이계여행의 목적은 ②에서 볼 수 있듯이 죽은 사람을 살리거나 죽음에 대한 의문을 푸는 등 인간의 생사와 관련된 문제를 해결하기 위한 것임을 알 수 있다. 그리고 인간계에서는 해결이 불가능한 인간의 생사문제를 이계의 도움을 받아 해결하고자 하는 의식을 이들 무가에서 찾아볼 수 있다. 따라서 이런 수평적 공간이동여행이 나타나는 신화들에는 신 중심의 사고보다는 인간 중심의 신화관이 깊이 내재되어 있다고 할 수 있다.

셋째, 이계로 전이되는 과정은 험한 산을 넘고 물을 지나서 도달하는 수평적 도보여행의 형태를 보여준다. 때문에 여기에는 시간과 거리 개념이 포함된 긴 노정이 펼쳐지며, 아울러 많은 고난과 시련이 수반된다.[34] 그런데 이런 고난과 시련은 이계와 전혀 관련이 없는 지상계의 인간이 이계를 찾아가기 위해, 그리고 이계로 전이되기 위해 겪는 것임을 알 수 있다. 한편 이러한 이계전이 과정은 불교에서 명계에 도달하

---

34) 수평적 공간이동여행은 이처럼 긴 여정과 많은 고난을 포함하기에 갖가지 이야깃거리를 개입시킬 수 있다는 점에서, 서사무가의 내용을 풍부하게 하고 발전시키는 데 알맞은 형태라 할 수 있다.

는 과정과도 일치하고 있어, 불교의 사후에 대한 사고관이 이들 신화에 반영되어 있음을 아울러 파악할 수 있다.

넷째, 이계여행의 구조는 '현실계→이계→현실계' 형태로, 곧 인간계 위주로 구성되어 있음을 알 수 있다. ③에 잘 나타나 있는 것처럼 이계여행의 목적은 인간세계의 문제를 해결하기 위한 것이고 ⑤에서 보듯이 이 여행은 파견자가 있어서 행해지는 수동적 여행이기에, 여행자는 반드시 지상계로 귀환해야 하는 필연성을 갖게 되는 것이다. 따라서 이계는 현실계의 과제를 해결하기 위한 과정에 지나지 않으며, 이계여행의 중심에는 현실계가 놓이게 된다.

다섯째, 여행자인 인간의 능력이 최대한 강조되는 여행양상임을 알 수 있다. 바리공주, 강님차사, 할락궁이는 모두 뛰어난 인간능력의 소유자로, 이계를 여행하는 가운데 겪는 난제를 신적 능력이 아닌 인간적 능력으로 해결하고 있다. 따라서 이계여행의 과정도 여행자인 인간의 영웅적 행적에 초점을 맞추는 양상으로 나타난다. 그리고 한편으로 인간으로서는 도달이 불가능한 이계를 여행하는 것이기에, 인간의 능력이 미치지 못하는 부분은 초월적 원조자의 도움을 받으면서 과업을 수행해 나가고 있음을 볼 수 있다.

여섯째, 여행자들은 모두 이계여행의 결과로 인간의 생사와 관련된 신격을 부여받는다. 이것은 이계여행을 하는 그들의 목적과도 관련이 있는 것으로, 수평적 공간이동여행이 인간의 생사에 대한 관심 및 사후세계에 대한 관념이 바탕이 되어 형성된 것임을 알 수 있게 하는 것이다. 이러한 면은 수평적 공간이동여행이 나타나는 무가들이 망자의 넋을 위로하고 극락왕생의 길로 인도하는 진오귀굿과 맞물려 있음을 볼 때 더욱 분명해진다. 한편 여행자들이 이계여행의 결과로 신직을 부여받고 있다는 점에서, 수직적 공간이동여행과 마찬가지로 이런 이계여행의 내적 기저에는 신이 되기 위한 통과의례적 성격이 중요하게 작용하고 있음을 알 수 있다.

3) 양자의 비교

서사무가의 이계여행은 수직적 공간이동여행과 수평적 공간이동여행의 두 가지 형태로 나타난다. 이들 양자는 현실계에서 어떤 목적을 가지고 이계인 천상계를 여행한다는 점에서 공통점을 지니고 있지만, 앞에서 살펴본 바와 같이 구체적인 양상에서는 적지 않은 차이를 보여주고 있다. 따라서 이들 두 형태를 비교하여 변별점을 추출하고 해석해 보면 이들 이계여행에 내재된 의미와 그 관계가 명확해질 수 있을 것이다.

〔표 13〕 수직적 공간이동여행과 수평적 공간이동여행의 비교

여행형태 / 비교사항	수직적 공간이동여행	수평적 공간이동여행
해당 무가	〈천지왕본풀이〉·〈제석본풀이〉·〈세경본풀이〉	〈오구풀이〉·〈차사본풀이〉·〈이공본풀이〉
이계	천상, 하늘	서천서역국, 저승
여행목적	천상계인을 만나기 위해	지상계의 문제(生死)를 해결하기 위해
이계전이	수직적 매체나 천상계인과 함께 승천	험한 산과 큰 강을 지나는 도보여행
파견자	(없음)	죽음과 관련된 문제를 안고 있는 지상계인
원조자	(없음)	인간·신
결연	이계여행의 결정적 계기	문제를 해결하기 위한 방편
시험	천상계에 편입되기 위한 신적 능력의 평가	이계여행을 하기 위한 난제 해결
여행과정	(이계→)현실계→이계	현실계→이계→현실계
여행결과	복·풍요·질서 등 인간에게 이로움을 주는 신이 됨	인간의 생사와 관련된 신이 됨

이와 같이 나타나는 차이에 대해 좀더 구체적으로 검토해 보기로 한다.

ⅰ) 이계에 대한 인식의 차이

수직적 공간이동여행의 대상이 되는 공간은 천상·하늘로, 이곳을 여행한 여행자는 인간에게 복·풍요·질서를 부여하는 신격이 되고 있다. 반면 수평적 공간이동여행의 대상이 되는 공간은 서천·저승으로, 이곳을 여행한 여행자는 인간의 생사와 관련된 신격이 되어 주로 망자의 영혼을 저승으로 인도하게 된다. 이렇게 볼 때 서사무가의 이계여행에서는 이계를 모두 인간계의 수직적 상방에 존재하는 공간이라고 의식하면서도, 인간에게 복·풍요·질서를 부여하는 신의 세계와 죽음을 관장하는 신의 세계는 달리 있다고 파악하는 구별의식을 찾아볼 수 있는 것이다.

이러한 이계의 존재양상과 인간계의 관계를 구체적으로 도식화해 보면 아래와 같이 나타낼 수 있다.

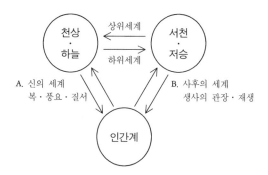

〔그림 2〕 이계의 존재양상과 인간계의 관계

이 도식에서 볼 수 있듯이, A는 신의 세계를 설정하고 찬양함으로써 현세의 삶을 중시하는 양상이라 할 수 있다. A의 대상이 되는 공간은 인간이 신의 세계로 섬기는 곳으로, 이곳의 신을 지성껏 섬기면 복·풍요·질서 등 인간세계에 이로운 것들을 받지만, 그 뜻을 거역하거나 모멸하면 큰 재앙이 내려질 수도 있다고 의식된다.[35] 이것은 곧 신의 보답과 응징이 현세에서 이루어진다고 보는 것[36]으로, 여기에는 초월적 신의 능력에 대한 기원심리가 내재되어 있는 것이다. 이에 반해 B에서는 인간 중심의 사고를 바탕으로 내세의 삶을 중요시하고 있음을 파악할 수 있다. B의 대상이 되는 공간은 사후의 세계로 여겨지는 곳이다. 이런 곳의 신들을 받들어 모시는 이유는 망자의 혼령을 올바르게 인도하고 내세에서의 삶 또는 재생이 이루어지기를 바라는 데 있다. 여기에는 인간의 사후세계에 대한 불안한 심리가 바탕이 되고 있는 것이다. 한편 이와 같은 의식은 A가 재수굿에 내재된 의식과 밀접한 관련이 있고 B가 진오귀굿에 내재된 의식과 밀접한 관련이 있음을 볼 때 더 명확해진다. 즉 재수굿은 살아 있는 사람들의 삶의 현실을 더 풍요롭고 안전하게 지켜나가기 위해 행하는 것이고, 진오귀굿은 망자에게 저승으로 가는 길을 인도하고 극락왕생하기를 비는 의미에서 행하는 것이기 때문이다.

ii) 이계여행에 투영되어 나타나는 사고체계의 차이

수직적 공간이동여행과 수평적 공간이동여행은 그 여행에 투영되어 있는 사고체계 면에서 대칭적인 양상을 보여준다고 할 수 있다. 수직적 공간이동여행에서는 이계인 천상계 위주로 이계여행이 짜여져 있고 여행 중에는 여행자의 신적 능력이 강조되는 데 반하여, 수평적 공간이동여행에서는 현실계 위주로 이계여행이 짜여져 있고 여행자의 인간능력이 강조되어 나타나기 때문이다.

수직적 공간이동여행은 천상계인의 하강에서 그 여행이 비롯되고 있다. 천상계인이 어떤 목적을 지니고 지상계에 하강하여 지상계인과 결혼하고는 천상계로 귀환하기에, 지상계인은 그 천상계인을 찾아 지상계에서 여행을 떠나게 되는 것이다. 때문에 여행자는 주로 이들 천상계인

---

35) 서대석, 앞의 글, 99~100면 참조.
36) 위와 같음.

의 자(子)나 처(妻)가 되며, 이들은 이계인 천상계를 여행하면서도 아무런 고난이나 시련에 처하지 않는다. 단지 신의 세계로 편입되기 위한 시험을 치르거나 신의 상태에서 인세차지내기 경합 같은 것을 벌일 뿐이다. 즉 어떠한 원조자의 도움도 필요로 하지 않는 여행을 하므로 여행자의 타고난 신적 능력의 과시만이 드러나는 것이다.

이처럼 수직적 공간이동여행에서는 신 중심적 사고가 강하게 나타난다. 그런데 이러한 사고는 수직적 공간이동여행의 대상이 되는 공간이 신의 세계로 숭배되고 있는 곳이라는 점을 감안할 때 당연한 것이라 할 수 있다. 이곳의 신들은 인간에게 길흉화복을 가져다주는 존재이다. 이런 신들을 잘 공경하고 섬기기 위해서는 인간 중심의 사고보다는 신 중심의 사고가 필요하다. 신화가 신의 세계를 중심에 두고 신의 신성능력을 찬양하여야만 이들 신이 기뻐하고 결국 인간에게 복리를 가져다 줄 수 있는 것이다.

이와 달리 수평적 공간이동여행은 지상계의 문제를 해결하기 위해서 떠나는 여행이다. 아울러 여기에는 이계여행을 하도록 하는 파견자가 있기에, 여행자는 반드시 지상계로 귀환해야 하는 필연성을 갖는다. 이것은 곧 인간계 중심의 사고로서 여행자가 이계여행 중 겪게 되는 행적에서도 잘 찾아볼 수 있다. 여행자는 이계와 무관한 인간이다. 그렇기에 이계를 여행할 때는 인간의 능력으로 가능한, 그러나 많은 고난과 시련이 따르는 수평적인 도보여행을 해야 한다. 이런 고난과 시련은 여행자가 뛰어난 인간능력을 발휘해 헤쳐 나가게 되고, 능력이 미치지 못하는 경우에는 초월적 원조자의 도움을 받는다.

수평적 공간이동여행에서는 이와 같이 인간 중심적 사고가 잘 반영되어 나타난다. 그렇다면 그 까닭은 무엇인가? 그것은 수평적 공간이동여행의 대상이 되는 공간이 신의 세계라기보다는 사후의 세계로 인식되는 곳이기 때문이라 여겨진다.

인간과 사후세계의 관계는 인간과 신의 세계의 관계처럼 단순하지 않다. 죽음에는 이미 망자라는 존재가 있거나 전제가 되고 있으므로, 인간과 사후세계의 관계에도 망자라는 또 다른 요인이 개입되는 것이다.[37]

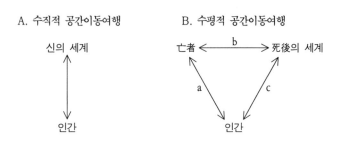

A. 수직적 공간이동여행   B. 수평적 공간이동여행

〔그림 3〕 이계여행에 나타나는 사고체계 양상

B의 수평적 공간이동여행은 물론 c의 인간과 사후세계의 관계를 설명하고 있는 것이라 할 수 있다. 그러나 실제로 사후세계와 관련이 있는 것은 인간이 아닌 망자이다. 따라서 c의 관계가 아닌 b의 관계가 본질적인 것이 되어야 한다. 그럼에도 c가 이처럼 문제가 되는 까닭은 망자와 인간의 관계, 곧 a 때문이라고 할 수 있다. 망자는 망자가 되기 이전에는 인간계에 속해 있었다가 죽음에 의해 인간계와 분리된 존재이다. 이런 망자가 방황하지 않고 사후세계를 쉽사리 찾아가도록 길을 인도하고 사후세계에 잘 적응할 수 있도록 하기 위해서는 인간의 도움이 필요하다는 생각 아래 수평적 공간이동여행이 나타나는 무가를 마련하는 것이다. 따라서 이들 무가에서는 인간의 편에서 망자와 사후세계의 관계를 연결시켜 주고자 하게 되고, 여기에는 당연히 인간 중심적 사고가 강하게 작용할 수밖에 없는 것이다.

이상과 같이 수직적 공간이동여행과 수평적 공간이동여행에 반영되

---

37) 김인회는 신·무당·인간의 삼각관계에서, 망자가 제4번으로 나타남으로써 삼각관계가 사각관계의 구조로 변했다가, 망자가 신의 세계로 편입되면서 다시 삼각관계로 돌아온다고 보고 있다(김인회, 〈수용포수망굿과 무속에서의 죽음의 의미〉, 한국의 굿4 《수용포수망굿》, 열화당, 1985).

어 있는 사고체계를 검토해 볼 때, 수직적 공간이동여행이 수평적 공간
이동여행보다 더 원초적이며 신화적 사고에 침잠된 형태임을 파악할
수 있다.

iii) 결연이 차지하는 비중의 차이

이계여행에서 결연이 차지하는 비중은 수직적 공간이동여행에서 크
게 나타난다. 수직적 공간이동여행에서는 부대(父代)이건 당대(當代)이
건 간에 결연이 반드시 나타나 이계여행의 결정적 계기가 된다. 반면
수평적 공간이동여행에서는 결연이 별다른 비중을 차지하지 못한다.
〈차사본풀이〉처럼 결연이 나타나지 않는 경우도 있고, 〈오구풀이〉처럼
이계여행에서 목적을 성취하기 위한 한 방편으로만 설정되는 경우도
있다. 즉 결연이 이계여행의 필수불가결한 요소는 아닌 것이다.

그러면 이계여행에서 결연을 이처럼 문제 삼는 이유는 무엇인가? 그
것은 이계여행이 나타나는 무가에서는 결연이 지상계에 거주하는 인간
들 사이에서 이루어지는 것이 아니라, 현실계의 인간과 이계의 천상계
인 사이에서 이루어지기 때문이다.

수직적 공간이동여행에서는 천상계의 남성과 지상계의 여성을 설정
하고 이들을 결합시켜 천부지모(天父地母)의 관계를 형성시키고 있다.
이것은 곧 천지의 조화이며, 신의 세계와 인간세계의 화합인 것이다. 그
런데 전술한 바 있듯이 수직적 공간이동여행에는 초월적 신의 능력에
기원하는 심리가 잘 반영되어 있다. 결국 이런 결연도 이와 같은 심리
의 또 다른 표출양상이라 할 수 있다. 즉 신의 세계와 결연을 통해 조화
로운 관계를 맺음으로써, 인간세계에 안녕과 복락을 가져다주기를 희구
하는 것이다.

4. 서사무가의 이계여행에 반영된 의식세계

서사무가에서 이계는 인간이 생활하고 거주하는 현실세계와는 또 다른 세계 특히, 신들의 세계를 설명하고 있는 것이라 할 수 있기에, 이계여행 역시 서사무가를 창작하고 전승하던 사람들의 세계관과 우주관을 잘 반영하고 있는 것이라 볼 수 있다. 따라서 이들 서사무가의 이계여행에 반영되어 있는 의식세계를 살펴볼 필요가 있다. 하지만 이것은 이 글이 궁극적으로 의도하는 바는 아니므로 간략하게 살피기로 하겠다.

서사무가의 이계여행에 반영된 의식세계를 정리하면 다음과 같다.

첫째, 이계가 대체로 인간계의 수직적 상방에 존재하는 천상계로 의식되고 있다는 점이다. 이것은 반드시 이계여행이 나타나는 무가에만 한정되는 현상은 아니다. 이계여행이 나타나지 않지만 이계가 설정되어 있는 무가의 경우 대체로 이계가 천상계로 나타나며, 우리나라 국조신화의 대부분도 이러한 천상 이계관의 형태를 보이고 있다. 따라서 우리나라 신화에는 그 내면의식에 천상 이계관이 강하게 자리 잡고 있음을 알 수 있는 것이다.

둘째, 이계여행에서 천상계는 인간계의 결핍을 해소시켜 줄 수 있는 곳으로 나타난다는 점이다. 수직적 공간이동여행에서는 아버지나 남편을, 수평적 공간이동여행에서는 인간의 가장 근원적인 미해결 과제인 죽음이나 난제를 각각 해결해 줄 수 있는 궁극적인 곳으로 천상계가 설정되어 있다.

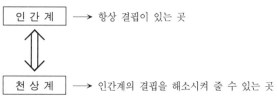

〔그림 4〕 인간계와 천상계에 반영된 의식세계

즉 이계여행에서 천상계와 인간계의 관계는 위와 같은 양상으로 나타나고 있는 것이다. 따라서 천상계는 단순히 무속신의 세계라는 차원을 넘어 인간계의 여러 문제를 해결해 줄 수 있는 가장 근원적인 세계로 의식되고 있음을 파악할 수 있다.

셋째, 천상계와 인간계를 완전히 단절된 공간으로 파악하고 있지는 않다는 점이다. 즉 천상계에 이르는 길이 멀고 험하지만, 그 도달이 결코 불가능한 것은 아니라는 의식이 내포되어 있는 것이다. 하지만 여행자의 혈통이 천상계인과 닿아 있는가의 여부에 따라 수직적·수평적 여행의 형태가 결정되고 고난의 수반 여부도 나타난다는 점에서 신과 인간의 차이도 분명히 인식되고 있었음을 알 수 있다.

넷째, 이계여행의 내면적 의미가 통과의례에 있다는 점이다. 사람들은 일반적으로 성계(聖界)와 속계(俗界)가 공존하는 것이 불가능하다고 여긴다. 때문에 속의 영역에서 성의 영역으로 넘어갈 때는 중간단계를 설정하는데,[38] 그 절차는 대체로 격리—시련—재편입의 형태로 나타난다.[39] 그런데 서사무가의 이계여행이 바로 이러한 양상을 보여주고 있다. 이계여행이 나타나는 무가에서 주인공은 인간세계를 떠나 일정한 시련을 겪는 이계여행을 하고, 그 결과로 신격을 부여받아 새로운 세계에 들어서게 된다. 즉 주인공이 이계여행이라는 통과의례를 거쳐 신계(神界)의 영역에 편입되고 있음을 알 수 있는 것이다.

5. 마 무 리

이상 서사무가에 나타나는 이계여행의 형태와 특징, 그리고 그 의미를 파악하고자 하였다. 그러면 이 글에서 밝힐 수 있었던 바를 요약하

---

38) Van Gennep, 전경수 옮김, 《통과의례》, 을유문화사, 1985, 28면.
39) 김열규, 앞의 책, 70면.

면서 마무리하도록 하겠다.

서사무가의 이계여행은 수직적 공간이동여행과 수평적 공간이동여행의 두 가지 형태로 나타난다. 먼저 수직적 공간이동여행은 천상계를 인간의 눈에 보이는 수직적 상방에 존재하는 세계 그 자체로 인식하여, 여행자가 수직적 연결이 가능한 매체를 이용하거나 천상계인과 동행하는 형태로 천상계에 승천하는 모습을 보여준다. 〈천지왕본풀이〉, 〈제석본풀이〉, 〈세경본풀이〉 등이 이러한 양상을 잘 보여주는 것으로, 공통된 특징은 첫째, 이계여행의 대상공간이 천상·하늘로 나타난다는 점, 둘째, 이계여행이 천상계인의 자식이나 처에 의해 이루어진다는 점, 셋째, 이계여행의 계기가 천상계인이 하강하여 지상계인과 결혼함에 따라 생겨나는 아버지나 남편의 부재에서 비롯된다는 점, 넷째, 이계전이는 수직적 상승에 의하며 아무런 고난을 수반하지 않는다는 점, 다섯째, 이계여행 중에는 여행자의 신적 능력이 강조되고 있다는 점, 여섯째, 이계여행의 결과로 여행자가 인간에게 복·풍요·질서를 가져다주는 신격이 된다는 점 등을 들 수 있다. 이런 수직적 공간이동여행에는 초월적인 신에 대한 신성의식, 신 중심적 사고, 그리고 신의 세계와 조화로운 관계를 맺어 인간세계에 안녕과 복락을 기구하는 의식 등이 내재되어 있다.

반면 수평적 공간이동여행은 천상계가 지상계의 수평적 연장선상에 있다고 인식하고 여행하는 것으로, 천상계가 비록 인간의 머리 위에 수직적 상방의 공간으로 존재하지만, 그곳에 도달하는 것은 인간의 힘으로 할 수 있는 수평적 도보여행으로 가능하다는 인식을 보여준다. 〈오구풀이〉, 〈차사본풀이〉, 〈이공본풀이〉 등이 이러한 양상을 잘 보여주는 것으로, 그 특징은 첫째, 이계여행의 대상공간이 서천·저승으로 나타난다는 점, 둘째, 이계여행이 인간의 생사와 관련된 문제를 해결하기 위해 행해진다는 점, 셋째, 이계전이는 험한 산과 물을 지나는 도보여행에 의하며 긴 여정과 함께 많은 고난을 수반된다는 점, 넷째, 이계여행의 구조는 '현실계→이계→현실계' 형태이며 파견자가 있어서 행해지는 수동적 여행이라는 점, 다섯째, 이계여행 중에는 여행자의 인간능력이 강조되고 있다는 점, 여섯째, 이계여행의 결과로 여행자가 인간의 생사를 관장하는 신격이 되고 있다는 점 등이다. 이런 수평적 공간이동여행에는 인간 중심적 사고와 사후세계에 대한 불안심리가 크게 작용하고 있다.

이상과 같은 양상과 특징을 보이는 이계여행의 두 형태를 좀더 간결하게 명시하면 다음과 같다.

〔표 14〕 이계여행의 두 형태 비교

	대상공간	의 미	관련 무속의례
수직적 공간이동여행	천상·하늘	복·풍요·질서	재수굿 계열의 거리
수평적 공간이동여행	서천·저승	죽음·재생	진오귀굿 계열의 거리

북유럽신화집 《에다》와 대비하여 본 〈오누이힘내기설화〉의 신화적 성격과 본질

1. 머 리 말

전혀 이질적인 민족집단 사이에서 발견되는 신화의 유사성을 어떻게 받아들일 것인가 하는 문제는 지금까지 신화를 연구하는 학자들의 주된 관심사였다. 이 점에 대해서는 비교종교학이나 비교신화학에서 적극적으로 검토되어 왔는데, 그동안 전개되어 왔던 논의들은 크게 두 가지 줄기로 집약된다. 하나는 특정 신화가 이른 시기에 문화적 접촉 등을 거치며 그것이 처음 생성된 지역에서부터 차츰 전파되고 확산되었다는 전파론적 견해이고, 다른 하나는 신화가 인간정신의 산물임을 생각할 때 유사한 신화들이 나타나는 것은 모든 인간들이 함께 공유하게 되는 보편심리가 있기 때문이라고 보는 견해, 곧 인간의 보편심리에 기대어 이 점을 설명하려는 견해이다. 물론 이 둘을 합치려는 절충적 시각도 있다.[1]

---

1) J. F. Bierlein, 현준만 옮김, 《세계의 유사신화》, 세종서적, 1996, 368면 참조. 이

이 글 또한 이러한 신화의 유사성에서 출발하는 글이다.[2] 구체적으로
우리의 〈오누이힘내기설화〉와 아주 흡사한 내용을 보이는 신화가 북유
럽의 신화집 《에다》에 포함되어 있어 양자를 서로 비교해 보려는 것이
다. 지리상으로 멀리 떨어져 있는 북유럽의 신화 가운데 신들의 영역을
새로이 구축하는 내용의 〈아스가르드성의 재건〉 부분이 있는데, 바로
이 부분이 인물의 설정 및 그 성격, 그리고 사건의 전개과정 등 다각도
에서 〈오누이힘내기설화〉와 밀접하게 부합되는 양상을 보여주고 있다.
그렇다고 여기에서 이들 사이의 비교를 통해 신화의 유사성의 본질을
찾는 근원적인 작업을 하고자 하는 것은 아니다. 다만 이런 유사성에 착
안하고 서로 비교함으로써, 우리의 〈오누이힘내기설화〉에서 막연하거
나 어떤 의미인지 명확하지 않았던 점들을 밝혀보고자 하는 것이다. 특
히 《에다》는 13세기 무렵이라는 비교적 이른 시기에 문헌에 기록 정착
된 자료로서, 오랫동안 구전되면서 나타나는 마모나 변이를 피할 수 있
었기에 그 내용뿐만 아니라 기능이나 성격 또한 어느 정도 제 모습을
간직한 채 전승되어 온 자료라고 할 수 있다. 반면 우리의 〈오누이힘내

책에서는 이런 신화의 유사성에 대한 연구진행의 역사적 흐름을 369~411면에 걸
쳐 자세하게 서술하고 있다.
2) 신화의 유사성에 바탕을 두고 한국신화와 세계신화를 비교한 연구는 많다고는
할 수 없지만, 우리 신화의 세계성을 확보한다는 차원에서 다양하게 진행된 바 있
다. 대표적인 연구업적을 들면 다음과 같다.
손진태, 《조선민족설화의 연구》, 을유문화사, 1947.
임석재, 〈구렁덩덩신선비설화와 큐피트·사이키설화와의 대비〉, 《한국·일본설
화의 연구》, 인하대출판부, 1987.
서대석, 〈구렁덩덩신선비설화의 신화적 성격〉, 《고전문학연구》 3집, 고전문학연
구회, 1986.
조희웅, 《한국설화의 유형》, 일조각, 1996.
김대숙, 〈한국신화와 하와이 및 폴리네시아신화의 비교연구〉, 《국어국문학》 111,
국어국문학회, 1994.
_____, 〈한국신화와 에스키모신화의 비교연구〉, 《동아시아 제민족의 신화》, 박
이정, 2001.

기설화〉는 구전으로만 계속 전승되면서 그 본래의 성격이나 본질을 부분적으로 상실한 채 대강의 서사내용만이 전해진다는 점에서, 이들 사이의 비교는 상당히 유효하리라고 생각된다.

필자는 이전에 〈오누이힘내기설화〉를 검토하여 이것이 거인설화의 후대적 변이형임을 구체적으로 입증한 바 있다. 그 근거로 〈오누이힘내기설화〉에서 누이의 행위가 여성거인의 행위와 일치한다는 점, 힘내기를 벌이는 거인설화가 오누이가 벌이는 힘내기시합의 원초적인 모습에 해당한다는 점, 증거물로 제시된 쌓다가 만 성과 그 명칭이 일치한다는 점 등을 들어, 〈오누이힘내기설화〉는 거인설화가 변이되어 나타난 설화형태임을 밝히고자 하였다.[3] 그런데 이를 입증했다고 하더라도 남는 문제가 적지 않았다. 이 설화의 가장 핵심이 되는 성 쌓기 내기가 어떤 의미를 지녔는지, 그리고 이런 〈오누이힘내기설화〉가 거인설화로서 신화적 성격을 지녔다면 어떤 성격과 기능을 하는 신화였는지 등의 의문점들이 해결되지 못했던 것이다. 하지만 이런 북유럽신화와 비교함으로써 〈오누이힘내기설화〉의 막연했던 많은 부분들이 해명될 수 있을 것으로 판단된다.

실제로 이 글은 인간 심리의 보편성 때문에 유사한 신화가 생겨날 수 있다는 견해에 기대고 있다. 지역적인 차이가 크고 문화적 교섭양상을 전혀 찾아볼 수 없음에도 흡사한 신화가 출현할 수 있는 것은 바로 인간 심리의 보편성에 말미암는다고 보는 것이 마땅할 것이다. 물론 전파론적 견해를 따르더라도 이 글의 연구결과가 크게 달라지는 것은 없으리라 생각된다. 특정 신화가 한 곳에서 다른 곳으로 전파되었다고 하더라도 그 의미나 성격이 뒤바뀐 채 전혀 새로운 성격과 의미를 부여하는 신화로 재창출되기는 어렵기 때문이다. 이러한 시각을 바탕으로 하여, 곧 비슷한 내용의 신화가 있을 때 그 기능과 성격 또한 대체로 비슷할 수 있다

---

3) 권태효, 〈거인설화의 전승양상과 변이유형 연구〉, 경기대 박사논문, 1997.

는 생각을 전제로 하여, 우리 자료와 같은 양상을 보이는 북유럽신화 부
분에 대해 고찰함으로써 우리 자료의 밝혀지지 않은 면모를 찾고자 한다
는 것이다. 다행히 이런 비교 연구를 통해 새로이 얻을 수 있는 사실을
뒷받침할 만한 신화 자료가 단편적이나마 무가의 형태로 남아 있어, 이
글에서 입증하고자 하는 바를 보충해줄 수 있을 것으로 생각한다.

2. 《에다》의 〈아스가르드성의 재건〉에 대한 자료 성격과 내용

《에다》는 널리 알려진 바와 같이 13세기에 편찬된 고대 아이슬란드
의 문학작품집이다. 《에다》는 《산문에다》와 《古에다》로 구분되는데,
이 가운데 신화의 자료를 온전하게 담고 있는 것은 이 글에서 자료대상
으로 삼는 《산문에다》이다. 《산문에다》는 스노리 스튀를뤼손(Snorri
Sturluson)이 1222~1223년에 저술한 것으로, 고대 아이슬란드 궁정시인
들의 시에 있는 어려운 운율을 젊은 시인들에게 가르치고 옛날 시에서
다루거나 암시한 신화적 주제들을 그리스도교 시대의 사람들이 이해할
수 있도록 하는 데 쓰였던 일종의 시학교과서이다. 이 책은 서문과 3부
로 이루어져 있는데, 1부와 2부는 아이슬란드 궁정시인들의 정교하고 수
수께끼 같은 은유와 완곡한 표현을 다룬 〈스칼드스카파르말〉과 102가지
운율을 예문으로 설명한 〈하타달〉이고, 3부는 바로 신화적 내용을 담고
있는 〈길파기닝〉이라는 제목이 붙은 〈길피의 속임수〉라는 것이다. 대화
형식으로 되어 있는 이 부분의 내용은 스웨덴의 왕 길피가 신들의 성채
인 아스가르드를 찾아가서 의문 나는 것을 물으니, 신들이 세계의 시작
과 신들의 모험, 라그나뢰크(신들의 황혼)까지를 담은 옛 스칸디나비아
의 신화 이야기를 길피에게 들려준다는 것이다.[4]
　이런 신화적 내용을 담은 〈길피의 속임수〉에는 특히 우리의 주목을 끄

는 대목이 있는데, 그것이 바로 〈아스가르드성의 재건〉 부분이다. 신들의
영역인 아스가르드의 축성을 두고 거인과 내기를 벌이는 것이 주된 내용
으로, 그 담고 있는 내용이나 성격이 우리의 〈오누이힘내기설화〉와 아주
흡사한 양상을 보여준다. 우선 그 내용부터 요약하도록 하겠다.

① 바니르 신족(神族)과의 대결로 무너진 신들의 거주처 아스가르드성
   벽이 너무나 큰 공사라는 이유로 전쟁이 끝난 뒤에도 허물어진 채 그
   대로 방치되어 있다.

② 한 석공이 나타나 무너진 성벽을 18개월 만에 쌓겠다는 조건을 주신
   (主神)인 오딘에게 내걸고, 그 대가로 미(美)의 여신인 프레이야와 하
   늘의 해와 달을 달라고 요구한다.

③ 신들은 논의 끝에 석공의 요구를 거절하지만, 모사꾼인 신 로키가
   꾀를 내어 신들을 설득하고 그들이 승낙하도록 한다. 곧 일의 완수가
   도저히 불가능한 기간인 6개월 만에 끝낼 것을 제안하면 석공은 제안
   을 받아들이더라도 결국 그 일을 해내지 못할 것이고, 반면 신들은 그
   동안 쌓은 성을 얻을 수 있다는 것이다.

④ 오딘이 6개월을 제시하자 석공은 불가능하다며 제안을 거절하다가
   자신의 말 스바딜파리를 부릴 수 있게 해준다면 응하겠다고 했다.

⑤ 오딘은 석공의 제안을 반대하였으나, 로키가 그 일의 수행은 어차피
   불가능하니 그렇게 하자고 하여 내기가 성립된다.

⑥ 석공은 밤에는 비탈진 언덕에서 거대한 바위덩어리를 말에 실어오
   고, 낮에는 돌을 깎고 다듬어 무서운 속도로 성을 쌓아간다.

⑦ 기한으로 준 여름이 시작되기 며칠 전에 오딘이 가보니, 거의 성이
   완성되어 돌로 성문을 만들어 다는 일만 남아 있었다.

---

4) Sigurdur Nordal, "Introduction," Jean Isobel Young (ed.), *The Porse Edda of Snorri Sturluson : tales from Norse Mythology*(Berkeley : University of California Press, 1954), pp. 7~15 참조.

⑧ 오딘과 신들은 회의를 열어 로키에게 그 일을 주선한 책임을 지고
대책을 세우라고 요구한다.

⑨ 성을 완성하기 위해 말을 끌고 채석장으로 가던 석공 앞에 로키가
암말로 변해서 나타나고, 그의 말 스바딜파리를 유혹해 데리고 가서
돌을 옮겨오지 못하도록 한다.

⑩ 돌을 가져오지 못한 석공은 결국 성문을 만들어 달지 못해 내기에
지게 된다.

⑪ 석공은 화가 나서 본래의 모습인 바위거인으로 변하고, 이 바위거인
을 토르가 쇠망치로 내려쳐 죽인다.

⑫ 그 뒤 로키는 슬레입니르라는 다리가 8개가 달린 회색 준마를 낳아
서 데리고 돌아와 오딘에게 선물한다.[5]

여기에서 보듯이 〈아스가르드성의 재건〉은 내용 면에서 우리의 〈오
누이힘내기설화〉와 아주 흡사한 양상을 보여주는 자료임을 알 수 있다.
뒤에서 구체적으로 밝히겠지만, 인물의 설정과 그 성격, 그리고 사건의
전개양상과 그 결과 등 전반적인 면에서 〈아스가르드성의 재건〉은 〈오
누이힘내기설화〉와 밀접하게 대응하고 있다. 그런데 이 자료에서 흥미
로운 점은 우리의 자료와 마찬가지로 성 쌓기 내기를 이야기하면서도
이렇게 성을 쌓는 작업이 구체적으로 어떤 신화적 성격을 지니는가를
분명히 보여준다는 점이다. 실상 〈오누이힘내기설화〉에서는 항상 성 쌓
기를 두고 내기를 벌이는 것이 중요하게 나타나고 있음에도, 지금까지
는 이런 성 쌓기에 도대체 어떤 신화적 의미가 담겨 있는가에 대해서
명확한 답을 찾지 못했다. 그런데 북유럽신화 자료에서는 바로 이런 성
쌓기 내기의 신화적 의미가 아스가르드성이라고 하는 신들의 거주영역
을 구축하는 것에 있음을 분명히 제시하고 있다. 신들의 거주처를 마련

5) *Ibid.*, pp. 66~68.

한다는 것은 달리 말한다면 신들의 신성공간이라는 성소(聖所)를 확립하는 것이어서 중요한 신화적 의미를 지니게 된다. 따라서 〈오누이힘내기설화〉의 성 쌓기 또한 이런 신들의 성소를 마련하는 신화적 성격을 지닌 것이 아닌가 추정해 볼 수 있다. 하지만 〈오누이힘내기설화〉가 성소를 마련하는 신화적 성격을 지닌 자료라는 점을 입증할 만한 자료는 많지 않다. 다만 《관북지방무가》[6]에 수록되어 있는 〈셍굿〉의 일부로 포함된 성주무가에서 강박덱이라는 목수가 옥황의 성채를 축성하는 것을 두고 모시각시라는 여인과 내기를 벌이는 모습을 찾아볼 수 있어 주목된다. 이 자료는 〈오누이힘내기설화〉의 한 변형으로 생각되는데, 여기서는 분명 신들의 거주처라고 할 수 있는 하늘 옥황의 신성공간을 마련하는 양상을 보이는 것이다. 따라서 먼저 〈아스가르드성의 재건〉 부분을 〈오누이힘내기설화〉와 구체적으로 비교하여 같은 성격의 신화임을 분명히 밝힌 뒤, 그 내용을 〈셍굿〉 자료와 비교하여 〈오누이힘내기설화〉의 잃어버린 신화적 성격의 본질을 찾도록 하겠다.

한편 〈아스가르드성의 재건〉 부분에서 축성을 하는 존재가 거인신으로 나타나고 있는 양상은 필자가 이미 〈오누이힘내기설화〉를 대상으로 밝히고자 했던 바, 곧 성을 쌓는 누이의 성격이 거인신적 존재라는 것을 입증해준다고 할 수 있을 것이다.

3. 〈오누이힘내기설화〉와 〈아스가르드성의 재건〉 대목의 비교

앞에서 제시하였듯이 〈아스가르드성의 재건〉 부분은 우리의 〈오누이힘내기설화〉와 여러모로 흡사한 양상을 보여주고 있다. 전체적인 사건

---

6) 임석재·장주근, 《관북지방무가》, 문화재관리국, 1965.

의 전개양상이 일치하고 인물의 설정 및 그 성격도 서로 상통하고 있음을 알 수 있다. 우선 대강의 유사성부터 지적한다면 첫째, 겉으로 드러내고 있지는 않지만 성을 쌓는 존재가 괴력을 지닌 거인이라는 점, 둘째, 성 쌓기를 두고 내기를 벌인다는 점, 셋째, 성을 쌓는 쪽이 충분히 이길 수 있었음에도 부정한 속임수가 개입되어 결국 패하게 된다는 점, 넷째, 이런 패배로 말미암아 거인적 존재가 억울하게 죽음을 당하게 된다는 점 등이다. 이처럼 양자는 서로 많은 부분이 일치하는 양상을 보여주고 있다. 따라서 양자를 비교하여 공통점과 차이점을 검토한 뒤 이를 바탕으로, 특히 공통점을 중심으로 북유럽신화에서는 의미가 분명하나 우리 것에서는 막연하고 모호한 모습을 보이는 설화의 성격이나 기타 불분명한 부분을 밝혀보도록 하겠다.

1) 인물의 비교

두 신화에서 핵심이 되는 인물은 크게 세 부류로 나눌 수 있다. 첫째는 성을 쌓는 거인적 존재이고, 둘째는 이 거인과 성 쌓기 내기를 벌이는 존재이며, 셋째는 이 시합을 중재하고 속임수를 써서 승부가 뒤바뀌도록 하는 존재이다. 두 신화는 이들 핵심적인 인물 부류가 그 중심이 되고, 그 밖의 인물은 있든 없든 신화의 전개에 그다지 영향을 미치지 않는다. 물론 〈아스가르드성의 재건〉에서는 서로의 내기 대상이 되는 프레이야라는 미의 여신이 설정되어 있기는 하지만, 그렇다고 이 여신의 인물 설정이나 성격 자체가 그리 중요한 것은 아니다. 프레이야 대신 다른 여신이 설정된다고 해서 내용이 달라지는 것은 아니고, 석공이 여신 대신 다른 것을 요구한다고 하더라도 사건의 전개가 달라지는 것이 아니기 때문이다. 따라서 프레이야는 다른 무엇으로 대체되어도 무방한 인물이기에 부수적인 인물이라 할 수 있다. 곧 여기서의 인물 비교는 이들 세 부류에만 한정해도 무방할 것이다.

i) 누이와 석공

누이와 석공은 이들 설화에서 각기 주인공에 해당하는 인물이라 할 수 있다. 이들은 기본적으로 거인적인 속성을 지닌 존재로 성을 쌓는 작업을 수행한다. 먼저 〈오누이힘내기설화〉를 살펴보면, 누이는 내기를 벌일 때 인근 산에 성을 쌓는 역할을 하는 것이 일반적이다. 그 시간은 대체로 동생이 말을 타고 서울을 다녀오는 동안으로 한정되어 있다. 따라서 일반적으로 생각할 때 성을 쌓기에 불가능하다고 여겨지는 짧은 시간을 제시하고 그 사이에 성을 완성시키도록 하는 것임을 알 수 있다. 이 짧은 기간 안에 누이는 인근의 돌을 가져오고 그것을 다듬어서 성을 완성시켜야 하는데, 이런 일은 실상 거인이라야 가능하다고 하겠다. 구체적으로 여성거인이라는 것까지는 밝혀져 있지 않지만, 그 행위를 통해 거인임을 파악하는 데는 무리가 없다.[7] 특히 자료에 따라서는 엄청난 괴력을 가지고 돌을 옮겨다가 두부 자르듯이 돌을 다듬어 성을 쌓는 것으로 나타나고 있어, 거인적 면모를 어렵지 않게 확인할 수 있다.

한편 〈아스가르드성의 재건〉에서 석공은 아무도 감히 쌓을 엄두를 내지 못하는 엄청난 대역사(大役事)인 무너진 아스가르드성의 재건을 자청한다. 석공은 처음에 이 성을 18개월 만에 완성하겠다고 하지만, 로키신의 농간으로 말미암아 완성불가능한 시한인 6개월 안에 성을 쌓아야 하는 처지에 놓이게 된다. 이때 석공의 거인적 면모가 잘 드러난다. 먼저 그가 성을 쌓는 모습에서 이런 거인적 면모를 확인할 수 있다. 그의 말 스바딜파리를 이용해 밤에는 돌을 날라 오고 낮에는 그것을 다듬어 성을 쌓으며 모든 신들이 놀랄 정도의 괴력을 발휘하고 있는 것이다. 이미 에시르신족의 신들은 그가 성을 쌓는 모습을 보면서 그가 거인일 것이라고 추측을 하고 있다. 이 석공의 실체는 그의 죽음 부분에

---

7) 〈오누이힘내기설화〉에서 누이의 행위가 거인적 면모를 지녔음은 단편적이나마 임동권(〈선문대할망설화고〉, 《한국민속논고》, 집문당, 1984)과 조동일(〈신화유산과 그 변모과정〉, 《우리 문학과의 만남》, 홍성사, 1978)이 지적한 바 있다.

서 드러나는데, 속임수로 말미암아 패하게 되자 본래의 모습인 바위거 인의 형상을 드러내는 것이다.

이처럼 누이와 석공은 다같이 거인적 존재로서 성을 쌓는 행위를 한다. 아울러 이들은 다같이 성 쌓기 내기에서 뛰어난 능력을 발휘해서 승리를 눈앞에 두면서도 이기지 못하고 속임수 때문에 오히려 패망하는 존재이기도 하다. 이들 설화에서 두 인물은 모두 성문을 만들어 달면 과업이 완수되는 마지막 단계에까지 이르지만, 뜻하지 않게 속임수가 개입되어 결국 패하게 되는 것이다. 〈오누이힘내기설화〉에서는 어머니의 방해로 일을 온전히 수행하지 못하고, 〈아스가르드성의 재건〉에서는 내기를 중재했던 로키신이 암말로 변해 돌을 옮겨오는 석공의 말을 유혹함에 따라 결국 작업을 완수하지 못한다. 아울러 두 설화에서 모두 이러한 성을 쌓는 거인적 존재가 패배의 대가로 비참한 죽음을 맞는다는 점도 동일하게 나타나는 모습이다.

이렇게 볼 때 두 인물은 그 성격과 행위 및 결과 등 모든 면에서 서로 대응되는 양상을 보여준다고 하겠다. 거인신적 존재라는 점, 성을 쌓는 행위를 하며 그것으로 내기를 벌이는 점, 뛰어난 능력을 발휘해서 성을 완성할 수 있었음에도 양쪽을 중재하고 조정하는 인물의 속임수로 말미암아 패망하고 만다는 점, 그리고 비극적인 죽음으로 결말을 맞는다는 점 등 여러모로 두 인물이 일치하고 있음을 알 수 있다. 하지만 이처럼 여러 공통점들이 발견되고 있음에도, 이들 사이에는 아주 근본적인 차이점이 내재되어 있다. 그것은 바로 거인신의 존재가 남성과 여성으로 각기 달리 나타난다는 점이다. 〈오누이힘내기설화〉에서는 누이의 여성거인신적 능력에 초점을 두고 있다. 누이의 성을 쌓는 행위는 여성거인의 지형 창조작업의 연장선상에서 이루어진다. 그래서 동일한 여성거인의 작업 모습이 돌이나 흙을 옮겨 지형을 창조하는 모습을 보이기도 하고, 아울러 〈오누이힘내기설화〉처럼 내기를 위한 성 쌓기 작업으로 나타나기도 하는 것이다. 우리나라 거인설화의 중요한 특징 가

운데 하나는 여성거인신적 존재의 설정이다. 장길손과 같은 남성거인신
적 존재가 없는 것은 아니지만, 지형을 형성하는 존재는 마고할미라든
가 설문대할망과 같은 여성거인으로 나타나는 양상이 뚜렷하다. 이 점
이 우리나라 거인설화의 뚜렷한 특징이기에 〈오누이힘내기설화〉에서도
성을 쌓는 행위자가 〈아스가르드성의 재건〉의 경우와 달리 남성이 아
닌 여성으로 설정된 것이라 할 수 있다. 또 한 가지 큰 차이점은 거인신
격을 도와서 성을 이루도록 하는 동물의 설정 유무이다. 〈아스가르드성
의 재건〉에서는 석공의 축성과정에서 그의 말 스바딜파리가 아주 중요
한 구실을 한다. 스바딜파리가 채석장에서 돌을 날라 오기 때문이다. 따
라서 로키신이 암말로 변하여 이 말을 유혹하게 되고, 결국 바위거인이
성을 쌓지 못하게 되는 것이다. 그런데 〈오누이힘내기설화〉 자료들 가
운데에는 누이의 축성을 돕는 동물의 모습을 쉽게 찾아보기 어렵다. 다
만 다음의 〈하성〉과 같은 자료에서는 여성거인이 고양이의 도움을 받
아 성을 쌓는 양상을 잘 보여주고 있다.

　　마침내 시합이 시작되었다. 아들은 말을 타고 고향을 떠났고, 딸은 뒷산
　에 올라 성을 쌓기 시작했다. 그런데 이 딸에게는 어려서부터 애지중지 길
　러오던 고양이 한 마리가 있었다. 이 고양이가 딸이 성을 쌓는 일을 도와
　주게 되었다. (……) 더구나 이곳은 돌이 귀하기 때문에 먼 곳에서 돌을
　날라다가 성을 쌓아야 했기 때문에 여간 힘드는 일이 아니었다. 그래도 딸
　은 성을 착실히 쌓아갔으며 고양이는 재빠른 행동으로 먼 곳의 돌을 부지
　런히 날라다가 딸이 성을 쌓는 일을 도왔다.[8]

여기에서 볼 수 있듯이 고양이는 여성거인을 도와서 거대한 바위를
나르고 있다. 고양이의 이런 모습은 분명 〈아스가르드성의 재건〉에서

---

8) 박종섭, 《거창의 전설》, 문창사, 1991, 95면.

석공의 말인 스바딜파리가 돌을 날라와 성을 쌓는 것을 도와주는 것과 같은 양상이다. 고양이가 왜 이처럼 축성을 돕는 동물로 나타나는지는 분명치 않다. 다만 이런 고양이가 성을 쌓기 위해 돌을 나르는 모습은 〈들고개(1)〉과 같은 여성거인설화에서도 찾아볼 수 있는 것이어서 우연한 설정이 아님을 알 수 있다.[9] 곧 고양이가 여성거인의 창조행위를 돕는 신화적 동물일 가능성을 생각해 볼 수 있다는 것이다. 여하튼 〈오누이힘내기설화〉에서는 〈아스가르드성의 재건〉처럼 축성 과정에서 그 일을 돕는 동물의 존재나 그 기능이 뚜렷하게 부각되지는 못하지만, 이런 면모가 전혀 나타나지 않는 것은 아님을 알 수 있다.

지금까지 누이와 석공을 비교해 보았다. 두 인물은 비록 남신과 여신이라는 차이는 있지만, 거인신의 성격 및 성을 쌓는 행위를 하는 기능면에서 서로 완전히 일치하고 있음을 확인할 수 있다.

ii) 오빠와 오딘을 비롯한 에시르신족

〈오누이힘내기설화〉의 오빠와 〈아스가르드성의 재건〉의 오딘 및 에시르신족은 기본적으로 거인신격과 성 쌓기를 두고 내기를 벌이는 존재라는 공통점이 있다. 비록 양자는 개인과 집단이라는 근본적인 차이가 있고, 아울러 오딘과 에시르신족은 말을 타고 서울을 다녀오는 것과 같은 이동의 양상이 나타나지는 않는다는 점을 볼 때 그 행위 면에서도 적지 않은 차이가 있다. 그러나 이들 모두 거인적 존재에게 성 쌓을 기한을 짧게 주고 그 기한 안에 상대가 그 성을 다 쌓게 되자 이에 속임수를 개입시켜 결국 승리하게 되는 존재임을 알 수 있다.

자료에서 이들 인물부류는 항상 수동적으로 그려지고 그 행위 또한 중요하게 부각되지는 않는다. 내기는 대체로 거인적 존재가 제의한다.

---

9) 유증선, 〈들고개(1)〉, 《영남의 전설》, 형설출판사, 1979. 이 자료에서도 여성거인이 성을 쌓기 위해 바위를 옮겨가는 과정에서 고양이가 바위를 옮기는 동물로 나타난다.

〈오누이힘내기설화〉에서는 왜 내기를 하는가 하는 점이 생략되어 있는 자료가 많지만, 내기의 필연성이 제시되는 자료의 경우 그것이 누이가 동생의 교만함을 바로 잡기 위해서 내기를 벌인다거나 또는 그 어머니가 내기를 주선하는 모습으로 나타난다. 곧 오빠나 남동생은 주체적이기보다는 수동적 존재이며, 그 행위 또한 서울을 다녀오는 것으로 분명히 제시되어 있기는 하지만, 누이의 성 쌓는 작업처럼 그 구체적인 과정이 설화에 온전하게 나타나는 경우는 없다. 단지 내기에서 서울 다녀오는 일을 하기로 했다는 식의 언급만 있을 뿐이다. 〈아스가르드성의 재건〉에서도 이런 양상은 다르지 않다. 오딘을 비롯한 에시르신족은 거인의 내기에 응하기는 하지만 어떤 구체적인 행위를 하는 것은 아니다. 거인이 성을 쌓는 모습을 지켜보고 결과를 기다리는 것에 지나지 않는다. 따라서 이들 인물은 수동적 성격을 띤 존재이고, 아울러 이들의 행위도 거인의 축성 행위에 비교한다면 아주 부수적인 것에 지나지 않음을 알 수 있다.

한편 〈오누이힘내기설화〉에서 서울을 다녀오는 오빠의 행위에 대해 지금껏 여러 각도에서 해석이 시도된 바 있으나, 그것의 의미가 뚜렷하게 밝혀졌다고 보기는 어렵다.[10] 그런데 서울을 다녀오는 행위 자체가 설화에서 뚜렷한 의미나 기능을 하지 못한다는 점을 염두에 둔다면, 이것의 특별한 의미를 찾아 해석하기보다는 서울을 다녀올 만큼의 짧은 시간을 일정 기한으로 제시하였다는 측면에서 파악하는 것이 마땅하다고 본다. 이렇게 볼 때 여성은 성을 쌓고 남성은 서울을 다녀오도록 하는 것이 과연 적절한 배분인가 하는 의문과 오빠가 서울을 다녀와서 결

---

10) 내기에서 오빠가 서울을 다녀오는 행위에 대해 최래옥은 중앙집권제도 아래의 권력지향성과 관련된 것이라고 파악한 바 있고(최래옥, 〈한국설화의 변이양상〉, 《한국학연구의 성과와 그 성찰》, 한국정신문화연구원, 1982, 160~162면), 필자는 누이의 성을 쌓는 토착적인 성격과 대비되는 이동적인 성격을 지닌 행위라고 파악한 바 있다(권태효, 앞의 글, 151면).

국 어떻다는 것인가 하는 의문이 없어질 것이고, 〈아스가르드성의 재건〉과 상통하는 양상을 더 수월하게 밝힐 수 있을 것이다. 거인의 성 쌓기나 지형 창조 행위에서 중요하게 제시되는 모티프가 바로 기한 안에 일을 완수하지 못했기에 증거물이 남게 된다는 것이기 때문이다.

iii) 어머니와 로키

두 신화에서 이들은 내기의 주체가 되지는 않지만 중재자로서 아주 중요한 기능을 하는 인물이라고 할 수 있다. 이들은 다음 몇 가지 점에서 서로 뚜렷한 공통점을 보여준다.

첫째, 내기의 성립을 주선하는 인물이라는 점이다. 〈오누이힘내기설화〉에서 내기의 성립 과정이 제시되는 자료를 보면, 장사가 한 집안에 둘이어서 서로 내기를 벌이는 것으로 나타나는 것이 다수 있는데, 이때 어머니가 둘의 내기를 방관하거나 또는 적극적으로 나서서 이들의 시합을 주선하는 모습을 찾아볼 수 있다. 여기서 자식들의 목 베기 내기시합을 주선한 것은 물론이고, 이런 시합을 알면서도 방관했다는 것 자체가 이미 어머니로서의 모습이기보다는 내기의 주선자로서의 모습을 보여주고 있다고 할 수 있다. 〈아스가르드성의 재건〉에서 로키는 이런 내기의 주선자로서 그 면모를 더욱 뚜렷이 드러낸다. 로키는 오딘을 비롯한 에시르신족이 내기 시합을 거절하려고 하자 그것을 설득시켜 절충안을 마련하고, 자신의 말이라도 이용하겠다는 석공(바위거인)의 새로운 제의에 대해 에시르신족이 거부하려는 것도 다시금 설득시켜 내기가 성립되도록 하고 있다. 곧 내기가 성립되도록 만드는 핵심적인 인물이 바로 로키인 것이다. 이렇게 볼 때 두 설화에서 어머니와 로키는 각기 내기가 성립되는 데 핵심적인 역할을 수행하는 존재라고 할 수 있다.

둘째, 속임수를 써서 승부를 뒤바뀌게 하는 성격을 지니고 있다는 점이다. 〈오누이힘내기설화〉에서 어머니는 아들을 이기게 하기 위해 뜨거운 팥죽을 끓여 딸에게 억지로 먹이고, 누이가 이 뜨거운 팥죽을 먹는 사이에 결국 오빠가 돌아와 누이는 지게 된다. 누이는 성문만 해서 달면 이길 수 있었으나, 어머니의 이런 계략으로 말미암아 패하고 좌절하게 되는 것이다. 이런 주선자의 속임수가 개입되면서 승부가 뒤바뀌는 양상은 〈아스가르드성의 재건〉에서도 그대로 찾아볼 수 있는 모습이다. 석공은 한 번만 더 돌을 날라 와서 성문을 다는 마지막 작업만 완수하면 승리할 수 있었지만, 암말로 변한 로키가 돌을 날라 오던 스바딜파리를 유혹하여 달아난 까닭에 돌을 가져오지 못해서 결국 기한 안에 성을 만들지 못하고 패하게 되는 것이다. 이렇듯 어머니와 로키는 거의 성을 완성시킨 거인적 존재의 승리를 속임수를 써서 앗아가는 역할을 하는 존재라고 할 수 있다.

셋째, 어머니와 로키는 양성을 공유한 성격을 지닌 존재라는 점이다. 〈오누이힘내기설화〉에서 어머니는 여성임에도 아들과 딸의 대결에서 아들을 살리기 위해 속임수를 쓰고 있다. 어머니는 여성이면서도 단순한 여성이 아니라 아들과 딸을 낳았다는 점에서 중간적 위치이며, 아들을 살리기 위해 아들의 편에 선다는 점을 보더라도 양성을 공유하는 존재라고 볼 수 있을 것이다. 한편 북유럽신화에서 로키는 남성신으로 설정되어 있다. 여신과 결연해서 자식을 두고 있고, 또한 거인국 거인여성들과의 사이에도 자식을 두고 있다. 그런데 〈아스가르드성의 재건〉은 로키가 남성신이면서도 여성적 면모를 아울러 갖춘 양성적 존재임을 확실히 보여준다. 바위거인의 말인 스바딜파리를 유혹한 암말이 바로 로키이며, 로키는 뒤에 슬레입니르라는 다리가 8개 달린 준마를 출산하여 오딘에게 선물하는 것이다. 곧 남성이면서도 여성이 될 수 있고 출산의 능력도 지니고 있음을 알 수 있는 것이다. 여타의 신들과 달리 나타나는 이런 양성 공유의 성격은 로키신의 뚜렷한 특징이라고 할 수 있다. 여기에서 로키는 〈오누이힘내기설화〉의 어머니의 성격에 합치하는 인물임을 알 수 있다. 한편 이런 양성 공유의 성격은 내기에서도 중요하게 작용한다. 〈오누이힘내기설화〉에서 어머니가 여성임에도 남성인 아들을 중시하여 그를 살리는 모습을 통해 성별에 대한 인식이 각별하게 작용하는 모습을 볼 수 있다면, 〈아스가르드성의 재건〉에서는 로키가 양성 공유의 존재이기에 속임수를 써서 승부를 뒤바꾸는 모습을 볼 수 있다. 따라서 이 두 신화에서 이들의 양성 공유 성격은 속임수를 써서 승부를 뒤바뀌게 하는 계기를 만들거나 그 자체가 속임수로 이용된다는 점에서 중요하다고 할 수 있다.

이상과 같이 두 설화에서 어머니와 로키신은 각기 내기를 주선하고, 속임수로 승부를 조작하며, 또한 양성을 공유한 성격을 지니고 있다는 점에서 그 기본적인 성격이나 사건에서 담당하는 몫까지 여러 면에서 대응되는 존재임을 확인할 수 있다.

이상 〈오누이힘내기설화〉와 〈아스가르드성의 재건〉의 중요 인물들을 비교해 보았다. 여기서 볼 수 있듯이 양자는 인물의 설정 및 그 성격, 그리고 행위 및 기능에 이르기까지 부분적인 차이는 물론 있지만 전반적으로 일치하는 양상을 찾아볼 수 있는 것이다.

2) 사건의 비교

〈오누이힘내기설화〉와 〈아스가르드성의 재건〉에서 핵심적인 사건은 물론 성 쌓기 내기이다. 성 쌓는 것을 중심에 두고 내기의 성립과정이 제시되고, 이후 내기의 진행과정 및 그 과정 속에서의 속임수, 그리고 그 결과가 연이어 나타나는 것으로 이야기가 진행되기 때문이다. 따라서 양자의 사건 비교는 이런 내기에 초점을 두어 비교 검토하는 것이 마땅하리라고 본다.

i) 내기의 성립

양자에서 내기의 성립과정이 뚜렷하게 제시되고 있는 것은 〈아스가르드성의 재건〉이다. 여기서는 아스가르드성을 쌓는 일이 어떤 신화적 성격을 지니는가부터 설명된다. 아스가르드성의 재건은 거인족의 침입을 막기 위해 필연코 이루어야 하는 역사(役事)임에도 워낙 규모가 큰 공사여서 아무도 엄두를 내지 못하는 것이었다. 그런데 이것을 재건시켜줄 거인적 존재가 출현하여 먼저 내기를 제의한다. 물론 오딘을 비롯한 에시르신족은 이를 거절하지만, 그 성의 재건은 구미가 당기는 일임에 분명했다. 때문에 로키의 중재, 곧 불가능한 기한의 제시를 받아들여 그동안 쌓은 성을 갖고자 하는 의도로 내기를 성립시키게 되는 것이다.

북유럽신화에서는 바로 이런 내기의 성립 부분이 구체적으로 확장되어 나타난다. 내기는 성을 쌓게 되는 거인적 존재가 처음 제안한 것이지만, 내기가 성립되는 데는 에시르신족의 일원이 된 로키신의 공이 절대적이었다고 할 수 있다. 석공이 승리의 대가로 제시하는 조건, 곧 프레이야여신과 해와 달을 달라는 요구를 에시르신족이 거부하려 하지만, 대신 기한을 6개월만 주자며 로키가 중재에 나선다. 거인이 이 조건에 난색을 표하며 자신의 말을 이용할 수 있게 해달라는 조건을 다시 내걸자, 로키는 에시르신족의 반대를 설득하고 거인의 새 조건을 다시금 받아들이도록 하여 결국 내기가 성사되도록 하고 있다. 이처럼 〈아스가르드성의 재건〉의 내기 성립과정에서는 그 신화적 의미가 제시되고 있고, 구성이 복잡다단하게 짜여져 있으며, 특히 중재자의 역할이 강조된다.

반면 〈오누이힘내기설화〉에서는 내기의 성립 과정이 아주 단편적으로 축약되어 나타난다. 또한 내기가 성립되는 과정이 분명히 제시된 자료도 많지 않다. 간략히 이런 내기를 하게 되었다는 사실만을 언급하는 자료가 대다수이다. 하지만 부분적이나마 내기의 성립 과정을 밝히는 자료의 경우는 앞서 언급한 바와 같이 누이가 자신의 힘을 믿고 교만한 행동을 하는 동생을 경계시키기 위해 내기를 하거나, 또는 어머니가 초월자의 뜻에 따라 한쪽을 없애야 하는 내기를 하는 것으로 나타난다.

곧 성을 쌓는 거인적 존재인 누이가 먼저 내기를 제안하고 그렇지 않을 경우 중재자인 어머니가 내기를 성립시킨다는 점은 〈아스가르드성의 재건〉과 상통하는 면모임을 알 수 있다.

〈오누이힘내기설화〉에서는 내기의 성립 과정이 단순하게 언급되고 있을 뿐 아니라, 그 성 쌓기가 어떤 성격인지도 밝혀져 있지 않다. 막연히 성 쌓기를 두고 내기가 벌어진다고 되어 있을 뿐, 〈아스가르드성의 재건〉처럼 신들의 영역을 축조하는 것과 같은 성격도 제시되고 있지 않다. 이때 〈오누이힘내기설화〉와 흡사한 양상을 보이는 신화와 비교함으로써, 불확실한 이 부분의 성격이나 본질을 추정해 볼 수 있다. 곧 이런 내기의 성립 과정을 바탕으로 본다면, 누이의 성 쌓기에는 신들의 영역을 구축하는 성격이 있을 가능성이 있다는 것이다.

ii) 내기의 전개과정

여기서부터는 두 자료가 일치하는 양상을 보여준다. 여기서 뚜렷한 공통점은 무엇보다도 내기의 두 주체 가운데 성을 쌓는 거인적 존재의 행위에만 초점이 맞추어져 이야기가 전개되고 있다는 사실이다. 내기는 각각 오빠와 누이, 그리고 거인석공과 에시르신족 사이의 대결이다. 그렇다면 두 대결자의 행위가 모두 관심의 대상이어야 할 텐데, 그렇지 못하고 거인적 존재의 행위에만 초점이 맞춰진다. 물론 북유럽신화에서는 에시르신족이 기한을 주고 그것을 지켜보는 구실을 하는 것으로 설정되어 있어 그럴 수 있겠지만, 〈오누이힘내기설화〉에서는 오빠가 서울을 다녀와야 한다는 구체적인 임무를 수행하고 있음에도 그것에 대해서 언급하는 각편은 전혀 없다. 곧 오빠가 설정되고 그 기능이 부여되기는 했지만 실제로 그 자체가 별다른 의미를 갖는 것은 아니며, 북유럽신화에서 에시르신족이 그 성을 쌓는 과정을 지켜보는 방관자 노릇에 그치는 것처럼, 단지 서울을 다녀오는 것으로 기한을 제시하는 기능을 담당한다는 정도로 이해할 수 있을 것이다.

한편 거인적 존재의 성을 쌓는 모습에서 양자는 아주 흡사하게 나타난다. 두 자료 모두 거인적 존재가 초월적인 힘을 발휘하여 인근의 돌들을 가져와 쉽사리 성을 쌓게 된다. 성을 쌓는 것이 대공사임에도 특별한 도구나 다른 사람의 도움 없이 혼자의 힘과 능력으로 그 일을 수행해 나간다. 물론 〈아스가르드성의 재건〉에서는 거인적 존재의 말인 스발디파리가 돌을 실어오는 구실을 하기는 하지만, 이를 다른 사람의 도움을 받는 것이라고 할 수는 없다. 그리고 일의 작업이 순조롭게 진행되어 그 기한이 다가왔을 때는 그 작업이 거의 완료된 채 마지막 마무리 단계인 성문을 해다는 일만이 남았다고 하는데, 이것은 그 일의 수행이 기한 안에 충분히 가능하다는 것을 암시하는 것이다. 이처럼 정해진 기한 속에서 작업을 순조롭게 진행하여 승리를 눈앞에 두는 형태로 설정되어 있는 것이다.

이와 같이 양자는 내기의 전개과정에서 서로 흡사한 양상을 보이고 있다. 비록 〈아스가르드성의 재건〉에서는 거인적 존재가 부리는 말이 성을 쌓는 데 중요한 구실을 하는 것으로 나타나고 내기의 대결자인 오딘을 비롯한 에시르신족이 성 쌓는 과정을 지켜보는 것으로 나타나 부분적인 차이는 있지만, 내기의 과정에서 인물의 기능이나 성격, 그리고 거인신적 존재가 일을 수행하는 과정에 초점이 맞추어진 채 사건이 전개된다는 점, 각 인물이 기한 안에 그 일을 충분히 완수할 만큼 작업을 수행하는 것으로 나타나는 점 등 양자는 사건의 전개과정에서 서로 밀접하게 대응되는 모습을 보여주고 있는 것이다.

iii) 속임수의 개입

사건의 전개과정에서 볼 수 있듯이, 두 자료 모두 내기의 승패가 판가름 날 무렵에 속임수가 개입되어 그 결과가 완전히 뒤집히는 양상을 보여주고 있다. 거인적 존재는 성을 쌓는 임무를 완수할 능력을 충분히 갖추고 있고 그 일의 수행도 예정대로 진행되어 충분히 승리를 거둘 수 있는 상황이었음에도, 속임수의 개입으로 말미암아 결과가 뒤바뀌며 결국 패배를 당하게 되는 것이다.

이런 속임수의 개입은 다각도로 비교된다. 첫째, 속임수의 주체를 보면 두 자료 모두 대결을 중재하는 중간자가 속임수를 벌였다는 공통점을 찾을 수 있다. 〈아스가르드성의 재건〉에서 속임수를 사용하는 로키는 비록 에시르신족의 편에 있지만, 거인의 요구를 들어주도록 자신의 편을 설득하여 결국 내기가 성립하도록 한다는 점에서 양측을 중재하는 중간자적 존재이다. 비록 그의 중재가 석공이 성을 완공하는 것이 불가능하다는 판단 아래 조금이나마 쌓여진 성을 얻고자 하는 불순한 의도에서 비롯된 것이기는 하지만, 그가 내기가 성립되도록 석공의 태도를 대변해주는 중간자 노릇을 하는 존재인 것만은 분명하다. 이런 로키신의 행위는 〈오누이힘내기설화〉에 나타나는 어머니의 성격과 행위에 상응하는 양상을 보여준다. 〈오누이힘내기설화〉의 어머니는 앞서 밝힌 바와 같이 오누이의 어머니라는 점에서, 그리고 여자임에도 아들의 편을 든다는 점에서 중간자이며 오히려 아들 쪽에 가까운 존재이다. 또한 어머니가 속임수를 벌이는 행위 또한 누이를 패하게 하여 아들을 살리겠다는 의도가 있는 것이어서, 어머니는 양자를 중재하는 중간자 위치를 표명하면서도 실상은 아들 편에 치우쳐 행위하는 존재임을 쉽게 파악할 수 있다.

둘째, 속임수를 쓰는 상황 또한 두 자료에서 동일하게 나타난다. 불가능하리라고 예상하고 성립시킨 성 쌓기 내기에서 의외로 거인적 존재가 괴력을 발휘하여 기한 안에 작업을 완수할 수 있게 되자, 그가 승리하지 못하도록 하기 위해 속임수를 써서 승부를 뒤바꾸는 내용이 전개된다는 점에서 양자는 동일한 양상을 보인다고 할 수 있다. 곧 여기서의 속임수는 승부가 결정될 시기에 승패를 뒤바꾸고자 의도적으로 행하는 것이라는 공통점이 있다. 특히 그 시점이 성을 거의 다 완성하고 돌문만 해서 달면 되는 마무리 작업단계라고 구체적으로 밝혀져 있어, 두 자료에서 속임수를 이용하는 시점과 상황이 일치하고 있음을 파악할 수 있는 것이다.

셋째, 속임수의 방식에서는 두 자료가 부분적인 차이를 보인다. 먼저 속임수가 적용되는 대상이 각각 성을 쌓는 존재와 성 쌓는 작업을 돕는 존재라는 점에서 차이가 있다. 〈오누이힘내기설화〉에서는 속임수가 적용되는 대상이 성 쌓기 작업을 하는 누이이다. 뜨거운 팥죽을 반강제적으로 먹도록 강요하여 시간을 소비하게 해서 결국 패하도록 만드는데, 이렇게 그 속임수의 대상이 누이인 것은 〈오누이힘내기설화〉에서는 성 쌓는 작업이 주로 도와주는 동물이 없이 단독으로 수행되기에 나타나는 모습이라 할 수 있다. 반면 〈아스가르드성의 재건〉에서는 그 대상이 성을 쌓도록 돌을 날라다주는 석공의 말인 스발디파리이다. 로키가 암말로 변신한 뒤 그 말을 유혹하여 성 쌓을 돌을 가져가지 못하게 해서 석공이 결국 패하고 만다는 것이다. 이처럼 말이 승부에서 중요한 구실을 하는 것은 앞서 내기의 성립 과정에서 말을 이용할 수 있도록 해달라는 조건이 중요하게 나타나는 것과도 무관하지 않다. 양자에서 왜 이처럼 달리 속임수의 대상이 달라졌는가는 명확하지 않지만, 〈오누이힘내기설화〉가 우리 나름의 전통적인 의식이나 화소를 기반으로 하고 있다는 점과 전혀 무관하지는 않으리라고 생각된다. 곧 누이가 어머니의 말을 거역하지 못하는 것은 효 관념의 설화적 반영이라고 할 수 있을 것이며, 또한 팥죽을 먹다가 좌절하는 양상은 〈선녀와 나무꾼〉에서 천상에 올라갔던 나무꾼이 어머니를 잠깐 만나러 천마를 타고 지상에 내려왔다가 어머니가 권하는 팥죽을 먹다가 말에게 흘려 결국 천상으로 복귀하지 못하고 좌절하는 모습과 상통하는 것이라 할 수 있을 것이다.

넷째, 속임수의 결과는 두 자료 모두 성을 쌓는 거인적 존재가 승리를 눈앞에 둔 상태에서 속임수로 말미암아 그 작업을 완수하지 못하고 내기에서 패하는 것으로 나타난다는 점에서 동일한 양상을 보여준다. 또한 이런 속임수의 결과가 성 쌓는 거인적 존재의 죽음으로 연결된다는 점에서도 동일함을 알 수 있다. 〈오누이힘내기설화〉에서는 내기 자체가 목 베기 내기를 전제로 하는 것이기에 누이가 그 내기 결과에 따라 죽게 되는 것은 당연한 양상일 수도 있다.[11] 한편 〈아스가르드성의 재건〉에서는 성을 쌓는 거인이 패했다고 해서 그 결과에 따라 거인이 죽기로 되어 있었던 것은 아니다. 그러나 거인 또한 그것이 결국 속임수에 의한 패배라는 것을 알고 화가 나서 본연의 모습인 바위거인임을 드러내고 행패를 부리다가 결국 토르의 쇠망치에 의해 죽임을 당한다는 점을 볼 때, 결과적으로 〈아스가르드성의 재건〉 역시 〈오누이힘내기설화〉와 마찬가지로 속임수에 의한 패배가 죽음으로 귀결되는 양상을 보여주고 있는 것이다.

iv) 내기의 결과

두 자료에서 내기의 결과도 서로 동일한 양상을 보이면서 나타난다고 할 수 있다. 이미 속임수의 결과 부분에서도 파악할 수 있었듯이, 내기의 결과는 속임수에 의한 성 쌓는 거인적 존재의 패배 및 죽음으로 귀결된다. 성문만 만들어 달면 되는 마무리 단계에서 부당하게 패배를 당하고 죽게 되는 것이다. 다만 두 자료가 차이를 보이는 것은 증거물의 유무이다. 〈아스가르드성의 재건〉에서는 신들이 사는 신성세계 아스가르드가 신화적 공간세계로 설정되어 배경으로서만 기능할 뿐인 데 반해, 〈오누이힘내기설화〉에서는 누이가 성을 쌓다가 결국 내기에서 패하고 그 쌓다만 성이 마을 인근에 증거물로 남게 된다는 차이가 있는 것이다. 이런 양상은 〈오누이힘내기설화〉가 본래의 신화적 성격을 잃고

---

11) 결과가 누이의 죽음으로 나타나는 것이 일반적이지만 일률적이지는 않다. 누이가 죽자 그 내기에 속임수가 개입되었다는 것을 알고 동생도 따라 죽는 양상을 보이는 자료가 있는가 하면, 내기의 승패와 관계없이 누이가 죽지 않는 자료도 있다. 그러나 대체적으로 누이가 죽음을 맞이하는 형태의 비극적 결말로 나타나는 자료가 대다수이다. 이런 결과변이 양상에 대해서는 최래옥이 구체적으로 검토한 바 있다(최래옥, 《한국구비전설의 연구》, 일조각, 1990, 188면).

스케일이 축소되어, 쌓다만 성이라는 구체적인 증거물을 바탕으로 특정 지역의 전설 형태로 나타난 데 따른 것이라 할 수 있을 것이다.

이상과 같이 두 자료를 비교해 보았는데, 인물의 설정 및 그 성격과 사건의 전개양상 등 전반적으로 양자가 서로 밀접하게 대응되는 양상을 찾아볼 수 있다. 이런 양상은 단순히 비슷한 정도에 그치는 것이 아니라 세부적인 화소에 이르기까지 일치되는 면모를 보인다고 할 수 있다. 그럼에도 양자 사이에 차이가 두드러지는 부분이 있는데, 그 부분이 바로 내기의 성립과정 부분이다. 〈아스가르드성의 재건〉에서는 성 쌓기 내기가 어떻게 성립되었는지, 그리고 이런 성 쌓기의 신화적 의미가 무엇인지가 해당 부분에서 분명히 제시되고 있다. 그에 반해 〈오누이힘내기설화〉에서는 이 부분이 현저히 축약되고 탈락되는 양상이 두드러져 왜 이런 내기를 오누이가 벌여야 하는지, 그리고 이런 내기의 의미가 무엇인지 막연하다. 따라서 〈오누이힘내기설화〉에서는 왜 굳이 내기를 벌여야 하는지 그 필연성을 찾아보기 어렵다고 할 수 있다. 본래 〈오누이힘내기설화〉는 그렇지 않았으리라고 쉽게 단언하기는 어렵지만, 구전으로 전승되면서 이 부분이 탈락되거나 축약되었다고 보는 것이 타당할 것으로 판단된다. 설화가 청자를 대상으로 하여 구전되는 이야기라고 할 때, 특정 설화에서 핵심적인 부분이라고 생각되는 내용이 원래부터 없었다고 보기에는 무리가 있기 때문이다. 왜 이런 요소가 핵심적인 구성요소임에도 탈락되고 말았는가는 명확히 판단하기 어렵다. 다만 거인설화의 경우 전승되는 과정에서 그 신화적 성격과 면모를 잃고 희화되거나 전설·민담이 되어 나타나는 양상이 두드러진다는 점을 감안한다면, 〈오누이힘내기설화〉 역시 오랜 전승과정에서 그 본래의 성격을 잃어버리고 변이형으로 잔존하게 되면서 거인적 존재의 성격과 능력 부분이 축소되거나 탈락된 것이 아닌가 여겨진다. 거인설화는 인지의 발달과 함께 거인적 존재의 비현실성에 대한 의문과 진실성에 대한 회

의가 생겨나면서 점차 약화되고, 꿈이나 지나치게 비현실적인 부분이
탈락되면서 변이형이 파생되는 과정을 거치며 전승되는 형태로 변모하
게 된다.[12] 이런 결과로 〈오누이힘내기설화〉는 거인적 존재의 성격과
기능 부분이 축약된 채 나타나게 되었고, 특히 거인적 행위를 바탕으로
하는 내기의 성립과정이 약화되지 않았나 생각된다는 것이다.

그런데 이처럼 〈오누이힘내기설화〉가 전승과정상에서 많은 변모를
거친 자료라면, 비교적 일찍 문헌에 기록되어 전승의 마멸을 덜 겪은
〈아스가르드성의 재건〉은 〈오누이힘내기설화〉의 막연한 부분을 이해하
는 데 중요한 지표가 될 수 있을 것이다. 아울러 내기의 성립과정 부분
을 제외한 여타 부분에서 두 자료가 서로 흡사한 양상으로 전개된다는
점을 염두에 둔다면, 〈오누이힘내기설화〉의 신화적 성격 역시 〈아스가
르드성의 재건〉과 마찬가지로 성소(聖所)를 구축하는 작업이며, 내기의
성립도 비슷한 맥락을 공유할 것이라고 추정해 볼 수 있는 것이다. 〈오
누이힘내기설화〉가 지닌 본래의 성격과 기능에 대해서는 다른 자료들
을 보충하면서 좀더 구체적으로 접근하도록 하겠다.

4. 〈오누이힘내기설화〉의 신화적 성격과 의미

〈오누이힘내기설화〉의 자료적 성격을 밝히는 데 유효한 자료는 〈셍
굿〉에 포함되어 있는 〈강박덱이와 모시각시 대결담〉 부분이다. 〈셍굿〉
은 여러 무가가 뒤섞여 있는 자료라 할 수 있는데, 이 가운데 성주무가
모습으로 결합된 양상을 보여주는 대목에서 강박덱이와 모시각시의 대
결담을 찾아볼 수 있다. 이 대목의 뒷부분에서 강박덱이와 모시각시가
천상의 궁궐을 짓는 일을 두고 내기를 벌이게 되는데, 그 과정이 〈오누

---

12) 권태효, 앞의 글, 214~225면.

이힘내기설화〉에 맞닿아 있는 것으로 보인다. 우선 그 대목의 개략적인
내용부터 제시하겠다.

① 강박덱이는 원래 천상에서 벼룻물을 나르는 일을 했었는데 잘못하
  여 연적을 깨뜨려 그 죄로 지하궁에 내려와 자지바위 속에 태어나게
  된다.

② 강박덱이는 집 짓는 재주가 뛰어나 바위 속에서 집 짓는 일을 한다.

③ 옥황상제가 궁궐을 지으려고 집 짓는 소리를 내는 강박덱이를 데려
  오도록 한다.

④ 거미사자가 거미줄로 강박덱이를 잡으려고 하다가 도리어 죽음을
  당한다.

⑤ 부엉사자가 강박덱이를 데려가려고 왔다가 활을 맞고 죽는다.

⑥ 귀신이 내려와서 강박덱이에게 자부림병(睡病)을 내려 자는 사이에
  데려간다.

⑦ 옥황상제가 궁궐을 지으면 빨리 내려 보내준다고 하자 강박덱이는
  삼천 마리의 소와 삼천 명의 도역군을 요구한다.

⑧ 삼천도역군과 일을 하는데 모시두레 모시각시가 나타나 내기를 하
  자고 강박덱이에게 제안한다.

⑨ 모시각시는 모시 천동을 짜고 강박덱이는 궁궐을 짓는 내기가 벌어
  지고, 모시각시는 모시 짠 것을, 강박덱이는 집 지은 값을 이긴 쪽에
  주기로 한다.

⑩ 강박덱이는 며칠 일할 분량이 남았는데 모시각시가 이미 모시를 다
  짜서, 결국 모시각시에게 궁궐을 지어주고 받은 돈을 다 주고 만다.

⑪ 강박덱이는 화가 나서 궁궐 지은 데에다 수액을 주어 옥황상제가 수
  질에 걸리게 한다.

⑫ 문복을 하니 시공 값이 나빠서 액이 든 것이라며 성주 안택굿을 하
  라고 한다.

⑬ 강박덱이를 비롯한 집 지은 이들을 불러 성주 안택굿을 해주고 옥황
상제의 병이 낫게 된다.[13]

내용에서 알 수 있듯이 이 무가는 성주 안택굿을 하게 된 유래를 설
명하는 신화가 〈셍굿〉 속에 포함되어 나타난 것으로 보인다. 그런데 여
기에서 ⑧에서 ⑩까지에 해당하는 강박덱이와 모시각시의 대결은 분명
〈오누이힘내기설화〉의 면모를 보여준다고 할 수 있다. 우선 궁궐을 짓
는 것으로 내기를 벌이는 자체가 성 쌓기를 두고 내기를 벌이는 것과
상통한다. 물론 〈오누이힘내기설화〉에서는 주로 누이인 여성이 성을 쌓
는 것으로 나타나는 것이 일반적이어서 차이가 있지만, 자료에 따라서
는 여성이 성을 쌓는 것에 의문을 품으면서 남성이 성을 쌓도록 하고
대신 여성은 모시를 짜거나 옷을 짓게끔 하는 식으로 현실에서 가능한
모습으로 변모시키는 양상을 찾아볼 수 있다. 예컨대 〈팔영산(八影山)
과 남매의 재주 겨루기〉와 같은 자료를 보면 남자동생은 앞산에 성을
쌓고 누이는 모시옷을 짓는 내기를 벌이고 있다.[14] 이것은 여성이 성을
쌓는다는 것이 비현실적이라는 생각 때문에 하는 일이 바뀐 경우라고
할 수 있다.

다음으로 성을 쌓는 존재는 반드시 승리를 눈앞에 두고 패하는 것이
일반적인데, 여기서도 마찬가지다. 물론 내기에서 속임수로 승리를 뒤
바뀌게 하는 어머니와 같은 존재가 설정되어 있지 않다는 점에서 다소
차이를 보이기는 하지만, 〈셍굿〉 또한 적극적으로 해석한다면 승부에서
속임수가 개입될 가능성을 전혀 찾을 수 없는 것은 아니다. 〈셍굿〉에서
대결은 모시각시가 갑자기 나타나 내기를 제의하는 것으로 시작된다.
이들이 왜 서로 내기를 벌여야 하는지를 보여주는 과정은 제시되어 있

13) 임석재·장주근, 《관북지방무가》(추가편), 문화재관리국, 1966.
14) 임석재 전집 9, 《한국구전설화》, 평민사, 1992, 33~35면.

지 않지만, 강박덱이가 갑자기 내기를 벌이게 되었고 그 결과 집을 지어 받은 역가(役價)를 모두 빼앗기게 된다는 점, 그리고 강박덱이가 그것에 화가 나서 옥황상제가 병이 들도록 액을 주었다는 점을 본다면, 이 내기는 옥황상제가 역가를 주지 않기 위한 속임수였을 가능성도 생각해 볼 수 있겠다. 그렇다면 〈오누이힘내기설화〉에서 어머니 노릇을 하는 존재를 옥황상제로 보아, 오누이가 대결을 벌이듯 강박덱이와 모시각시 둘이서 대결을 벌이는 모습을 상정할 수 있다는 것이다.

그런데 이런 강박덱이와 모시각시의 궁궐 짓기 내기가 〈오누이힘내기설화〉의 변형된 양상이라고 파악한다면, 이것은 〈오누이힘내기설화〉와 관련해 중요한 사실을 시사한다고 할 수 있다. 앞서 〈오누이힘내기설화〉가 신들의 영역인 아스가르드성벽을 쌓는 이야기인 북유럽신화의 〈아스가르드성의 재건〉과 밀접하게 대응되고 있음을 밝히면서, 〈오누이힘내기설화〉에서 누이의 성 쌓는 행위가 〈아스가르드성의 재건〉과 마찬가지로 신들의 영역을 구축하는 신화적 성격을 지니고 있을 것이라는 가능성을 제시한 바 있는데, 바로 강박덱이와 모시각시의 대결이 하늘의 옥황상제가 거처하는 영역을 축조하는 것을 두고 내기를 벌이는 것이기 때문이다. 여기에서 〈오누이힘내기설화〉의 신화적 성격이 곧 신들의 신성공간을 구축하는 것이었을 가능성을 발견할 수 있다. 물론 이런 성격을 보여주는 자료를 다른 데에서는 거의 찾아보기 어렵다는 문제가 있기는 하다.

그런데 흥미로운 것은 〈오누이힘내기설화〉와 밀접한 관계에 있는 여성거인설화에서 성을 쌓기 위해 돌을 옮겨가는 내용이 담긴 자료들을 다양하게 찾을 수 있다는 점이다. 이들 자료에서는 여성거인이 만리장성을 쌓기 위해 돌을 옮겨간다고 한다. 그런데 이것은 사실일 수 없다. 여성거인의 성 쌓는 행위를 설화에서 그 시기의 일로 설정한 것은 만리장성의 완성이나 진시황의 존재 등 우리나라에 아주 잘 알려져 익숙한 사실을 단순히 빌려온 것에 지나지 않는다. 지형을 창조하는 존재인 여성거인이 이처럼 돌을 옮겨 성을 쌓는 작업을 하는 것은 분명 신화적 설정일 터, 거기에는 탈락된 신화소가 있었을 것임이 확실하다. 그렇다면 여성거인들은 어떤 성을 쌓기 위해 거대한 바위들을 옮겨가는지, 그리고 그 성은 왜 쌓아야만 하는지가 문제가 된다.

여성거인은 성을 쌓기 위해 돌을 옮기기도 하지만 아울러 지형을 형성시키는 존재이다. 여성거인의 이런 작업은 의도하지 않았는데 무심코 이루어지는 경우가 많지만, 한편으로는 여성거인이 조물주의 지시에 따라 수행하는 경우도 많다. 예컨대 〈옥계천의 진주석〉과 같은 자료를 보면, 마고할미가 옥황상제의 명을 받아 선경(仙境)을 꾸미다가 새벽닭이 울어서 그만 가져가던 돌을 그냥 집어던졌는데, 그 자리에 돌이 남게 되었다고 한다.[15] 성을 쌓는 것과 선경을 꾸미는 것은 작업내용에서 분명 차이가 있지만, 옥황상제의 명을 받아 일정한 신화적인 작업을 수행한다는 점에서는 동일하므로, 〈옥계천의 진주석〉과 같은 자료는 그 성격 면에서 중요한 참고가 된다. 여성거인이 성을 쌓기 위해 거대한 돌을 날랐던 것은 독자적인 행위이기보다는 누군가의 명에 따른 행위일 것인데, 이렇게 여성거인에게 과제를 부여할 만한 존재는 조물주밖에 없다. 그렇다면 여성거인이 성을 쌓기 위해 돌을 옮기는 행위는 지형 창조를 위한 것은 아닐 것이고, 또한 신의 명을 받아 행하는 작업이므로 단순히 지상에 하나의 성을 축성하는 데 그치는 일도 아닐 것이다. 이 일은 아마도 위의 강박덱이가 행했던 작업처럼 하늘의 궁성을 축조하는 작업의 일환으로 행해졌을 가능성이 크다.

여성거인설화는 그 자료가 온전히 전승되기보다 단편적이고 편린화하여 전승되는 경향이 뚜렷하다.[16] 때문에 자료의 많은 부분이 마모된 양상을 찾아볼 수 있는데, 성을 쌓기 위해 돌을 옮기는 내용의 여성거

---

15) 〈옥계천의 진주석〉, 임석재 전집 12(경북편), 《한국구전설화》, 평민사, 1993, 24면.
16) 권태효, 앞의 글, 49~50면.

인설화에서도 이런 모습은 잘 드러나고 있다. 특히 여성거인이 왜 성을 쌓아야만 했는지, 그리고 그렇게 성을 쌓는 것이 어떤 성격을 갖는지에 대해서는 후대의 시간과 상황에 따라 변질되거나 탈락되어 나타난다. 이 부분에 대한 본래 모습이 설화에서 어떻게 나타났을지 궁금한데, 바로 이와 같은 성격의 자료들을 전체적으로 조합하고 꿰어 맞춰볼 때 본래의 성격이 어느 정도 드러나는 것이다. 말하자면 여성거인이 성을 쌓기 위해 바위를 옮기는 것은 천상의 궁성과 같은 신성공간을 축조하기 위한 작업일 수 있다는 것이다. 하지만 거인신격에 대한 신성성이 탈락되면서 그런 성격 역시 변질 또는 탈락되게 되었고, 그에 따라 나타난 양상이 바로 만리장성을 쌓는 데 가져가기 위해 돌을 옮기는 형태의 설화라는 것이다.

실제로 이들 설화에서 여성거인은 돌을 옮겨가지만, 성이 완성되었다는 소식을 듣고 그만 돌을 던져버리게 된다. 이것은 〈오누이힘내기설화〉에서 누이가 돌문을 만들어 달지 못하고는 패하여 돌을 던져버리는 것과 같은 모습이다. 여성거인의 실패는 곧 성 쌓기 내기에서 패하는 것에 그대로 대응된다.[17] 이렇게 본다면 두 자료는 상보적인 성격을 지닌다고 할 수 있다. 성을 쌓기 위해 돌을 가져가는 것으로 되어 있는 여성거인설화가 거인신의 성격과 기능은 남은 채 그 사건이 현저히 약화되어 있는 양상을 띠고 있다면, 〈오누이힘내기설화〉는 누이의 여성거인적 성격이 그 행위를 통해 부분적으로 드러나는 형태로 약화되고 대신 성 쌓기를 두고 내기를 벌이다가 결국 패하는 사건 부분이 많이 남아 있는 것이라 할 수 있다.

이상을 통해 〈오누이힘내기설화〉의 신화적 성격과 기능에 대해 어느 정도 파악할 수 있을 것이다. 흡사한 인물과 사건으로 구성된 〈아스가

---

17) 양자의 증거물이 일치한다는 데 대해서는 필자가 이미 구체적으로 논증한 바 있다(권태효, 앞의 글, 140~142면).

르드성의 재건〉에서는 그 성격이 신들의 영역인 아스가르드성을 재건
하는 것으로 나타나고, 또한 무가인 〈셍굿〉 자료에서도 천상세계 신들
의 영역을 구축하는 것으로 나타나며, 여성거인설화에서는 이런 성격의
성을 쌓는 모습의 단편이 보인다는 점 등을 살펴보았다. 이를 바탕으로
본다면 〈오누이힘내기설화〉의 신화적 성격과 기능이 신의 영역인 신성
공간을 축조하는 것에 있음을 알 수 있는 것이다.

5. 마 무 리

이 글은 우리의 〈오누이힘내기설화〉가 북유럽의 신화집 《에다》에 들
어 있는 〈아스가르드성의 재건〉 대목과 아주 흡사한 내용을 보인다는
데에서 출발한 글이다. 그렇다고 이 글에서 두 신화가 왜 이처럼 유사한
양상을 보이는지 그 원인을 찾거나 영향 수수관계를 밝히고자 하는 것
은 아니다. 단지 소박하게, 〈아스가르드성의 재건〉이 우리의 〈오누이힘
내기설화〉와 동일한 신화적 내용을 지녔음에도 우리의 것보다는 풍부
한 내용을 보이고 일찍부터 문헌에 기록되어 전해지고 있어, 양자의 비
교 연구를 통해 〈오누이힘내기설화〉의 불분명하거나 의미가 명확하지
않았던 부분을 파악하기 위한 지침을 마련하고자 하는 것이다.

그러면 이 글에서 밝힐 수 있었던 점들을 전체적으로 요약하면서 마
무리하겠다.

먼저 북유럽신화의 〈아스가르드성의 재건〉 대목은 인물의 설정이나
성격, 사건의 전개양상 등 다각도에서 〈오누이힘내기설화〉와 밀접하게
대응되고 있음을 알 수 있다. 무엇보다도 핵심적인 인물의 설정에서 누
이와 석공, 동생과 오딘을 비롯한 에시르신족, 어머니와 로키 등이 같은
성격과 행위를 하는 존재로 나타나면서 서로 대응되는 양상이 뚜렷하
다. 누이와 석공은 성을 쌓는 거인적 존재로서 괴력을 발휘하여 성 쌓

기를 거의 완료하는 단계에 이르지만, 성문을 다는 마지막 마무리에서 내기의 중재자 격에 해당하는 인물의 속임수로 말미암아 억울하게 패하고 결국 죽음을 맞는 비극적 존재이다. 동생과 오딘을 비롯한 에시르 신족은 뚜렷한 기능을 하기보다는 일정 기한을 제시하고 그 사이 성이 쌓이는 광경을 지켜보거나 서울을 다녀오는 것과 같은 행위로 한계시한을 부여하는 존재로 나타난다. 어머니와 로키는 내기를 중재하는 중간자로 설정된 인물로서, 거인적 존재가 성 쌓기를 거의 다 마칠 무렵 속임수를 사용하여 승부를 뒤바꾸는 역할을 하는 존재이다. 어머니와 로키는 또한 양성(兩性)을 공유하는 모습도 공통적으로 보여준다. 다음으로 사건의 전개에서 두 자료는 모두 내기를 중심으로 서사적인 내용이 전개되는 양상을 보여준다. 내기의 성립에 대해 〈오누이힘내기설화〉에서는 간략하게 축약되거나 내기가 성립되는 과정만이 단순히 언급되는 반면, 〈아스가르드성의 재건〉에서는 내기의 성립과정이 구체적으로 제시되고 있어 차이가 있다. 특히 〈아스가르드성의 재건〉에서는 내기에서의 성 쌓는 작업이 신들의 신성영역을 구축하는 작업임을 명백히 밝히고 있어 〈오누이힘내기설화〉의 신화적 성격을 파악하는 데 중요한 지침이 된다. 그 외 나머지 부분, 곧 내기의 전개과정이나 속임수의 개입, 그리고 내기의 결과 등에서는 양자가 큰 차이 없이 거의 유사한 내용으로 구성되어 있음을 볼 수 있다.

이처럼 두 자료를 비교함으로써 〈오누이힘내기설화〉에서 모호하고 불분명한 부분의 의미를 어느 정도 밝힐 수 있다. 〈오누이힘내기설화〉에서는 특히 문제가 되었던 부분이 설화의 가장 핵심적인 요소인 누이의 성 쌓기 행위가 과연 어떤 성격과 기능을 하는 것인가 하는 점이었는데, 〈아스가르드성의 재건〉은 이것이 신들의 신성공간을 구축하는 작업임을 분명히 밝히고 있어, 〈오누이힘내기설화〉의 신화적 성격과 기능을 어느 정도 파악할 수 있는 중요한 단서가 된다.

그럼에도 단순히 외국의 자료와 비교하는 것만으로 〈오누이힘내기설화〉의 신화적 성격을 단정하기는 어려운 면이 없지 않은데, 다행히 관북지방의 무가로 전해지는 〈셍굿〉에 보면 〈오누이힘내기설화〉의 변형으로 여겨지는 대목, 곧 하늘 옥황의 궁궐이라는 성소를 구축하는 내용이 나타나고 있어 논의를 뒷받침한다. 한편 〈오누이힘내기설화〉와 사촌격에 있는 여성거인설화에서는 만리장성과 같은 성을 쌓기 위해 거인이 돌을 옮겨가는 모습을 흔히 볼 수 있는데, 이것은 그 자체로 자족적인 것이라기보다는 어떤 설화의 단편적인 모습일 것으로 생각되어 그 전체적인 윤곽이 궁금했었다. 그런데 여러 자료들을 종합하여 전체적으로 그 관계를 살펴본다면, 이것이 바로 성소를 구축하기 위한 성 쌓기 작업의 일부였다는 것, 그리고 성을 완성하지 못하고 작업을 중단하는 양상은 내기에 패해 결국 그 자리에 성을 쌓던 흔적이 남게 되는 것에 해당한다는 것을 알 수 있다.

〈오누이힘내기설화〉는 오랫동안 구전되면서 적지 않은 마멸을 겪었고, 부분적으로 탈락되거나 변형된 부분도 없지 않았을 것이다. 따라서 이런 성격의 자료가 지닌 본래의 면모를 파악하기 위해서는 폭넓은 자료들을 검토하고 연관지으면서 접근하고 이해해나가는 것이 바람직하다고 본다.

〈돌부처 눈 붉어지면 침몰하는 마을〉 설화의 홍수설화적 성격과 위상

1. 머 리 말

이 글은 홍수설화 연구의 일환으로 시도된다. 홍수설화는 이 세상에 악(惡)이 만연해 신(神)이 물로써 인간을 멸하고 최후의 인류를 남겨 새로운 인류의 시조가 되도록 한다는 인류기원신화(人類起源神話)의 성격을 지닌 설화라 할 수 있다. 이런 홍수설화는 가장 널리 알려진 성서의 〈노아의 방주〉와 바빌로니아의 〈길가메시서사시〉, 중국의 〈여와복희의 남매혼〉[1] 등을 비롯해 그리스, 인도, 호주, 남북 아메리카, 아프리카 등 세계 전역에 고루 분포되어 있어[2] 인류 보편의 신화소로 주목받아 왔다.

---

1) 이 설화에 대한 자세한 내용은 袁珂, 전인초·김선자 옮김, 《중국신화전설》, 민음사, 1992, 163~169면에 수록되어 있다.

2) 홍수설화에 대한 세계의 자료는 프레이저(J. Frazer)가 《문명과 야만》에서 2백여 쪽에 걸쳐 자세하게 소개하면서 설명을 덧붙이고 있다(James George Frazer, 이양구 옮김, 《문명과 야만》 1, 강천, 1996). 이외에도 비얼레인(J. F. Bierlein)과 리밍(D. A. Leeming) 등도 홍수설화를 창조신화로 다루면서 세계의 자료를 소개하고 있다 (J. F. Bierlein, 현준만 옮김, 《세계의 유사신화》, 세종서적, 1996 ; David Adams

우리나라에도 인류기원신화의 성격을 띤 홍수설화가 존재한다. 〈나무도령과 홍수〉 설화와 남매혼설화가 바로 그것이다. 그런데 이러한 우리의 홍수설화는 〈노아의 방주〉를 비롯한 세계 홍수설화에 비추어 볼 때 홍수의 원인이 설명되지 않는다는 점이 뚜렷한 특징이다. 즉 〈노아의 방주〉는 인간이 너무 악해져서 신이 악해진 인간들을 징치하기 위해 홍수가 나게 한다. 〈길가메시서사시〉에서는 인간이 너무 시끄럽게 굴어 신들을 귀찮게 한다고 하여 신이 홍수를 일으키는 것을 볼 수 있다. 하지만 우리의 홍수설화에서는 홍수의 원인이 설명되지 않는다. 〈나무도령과 홍수〉 설화나 남매혼설화에서는 대부분 뚜렷한 이유 없이 갑자기 큰비가 내리고 이 세상이 물에 잠기게 되는 것으로 나타날 뿐이다.

그렇다면 우리 홍수설화에는 홍수의 원인을 설명하는 부분이 원래 없었는가? 여기에는 물론 두 가지 가능성이 있다. 먼저 처음부터 없었을 가능성이다. 일찍부터 우리의 홍수설화에는 홍수의 원인 설명이 없었고, 따라서 오늘날 전해지는 자료는 애초의 모습을 그대로 띠고 있다는 것이다. 아울러 외국의 홍수설화도 오래전 편집자에 의해 편집되면서 체계화하여 오늘날까지 전해져 왔다는 점을 감안한다면, 외국 홍수설화에 나타난 홍수의 원인과 결과도 결국 편집을 거쳐 체계화한 모습일 수 있다. 하지만 그렇다고 하더라도 세계 대부분의 홍수설화에 그 원인이 밝혀져 있음을 염두에 둔다면, 이러한 가능성은 그 타당성이 인정되면서도 석연치 못한 점도 없지 않다.

다음으로는 우리 홍수설화에 원래 홍수의 원인을 밝히는 부분이 있었을 가능성이다. 애초에는 홍수설화에 홍수의 원인을 설명하는 앞부분이 있었지만, 전승이 온전히 이루어지지 못하면서 전승 도중에 그 부분이 탈락되었을 수 있다는 것이다. 외국 홍수설화에 비추어 보거나 설화

Leeming, *The World of Myth*, New York : Oxford University Press, 1990).

논리상으로 볼 때 이는 타당성을 가지며, 또한 우리의 홍수설화가 종교
적 기반도 없이 기록되지도 않은 채 오랫동안 전해졌다는 점도 그러한
시각을 뒷받침하는 근거가 될 수 있다. 그렇다면 홍수의 원인을 설명하
는 성격의 자료가 우리에게 있는가? 아마 〈돌부처 눈 붉어지면 침몰하
는 마을〉 설화와 〈장자못전설〉을 그러한 성격의 자료로서 주목할 수
있을 것이다. 이들 설화는 홍수설화를 홍수의 원인과 결과라는 측면에
서 구분하여 생각할 때, 홍수의 원인을 설명하는 성격이 뚜렷하다.[3]

이를 홍수설화 전반으로 조망하여 보면, 홍수의 원인을 설명하는 '홍
수의 원인 중심 설화'와 홍수의 결과를 중심으로 하여 전승되는 '홍수의
결과 중심 설화'로 나누어 다음과 같이 정리할 수 있을 것이다.[4]

---

3) 천혜숙은 이들 설화에 대해 윤리적 타락에 따른 종말의 성격을 지닌 홍수설화로
   파악하고 있다(천혜숙, 〈홍수설화의 신화학적 조망〉, 《민속학연구》 1집, 안동대 민
   속학회, 1989, 65~70면).
4) 홍수설화 자료의 유형에 대해서는 최래옥과 천혜숙이 언급한 바 있다. 최래옥은
   홍수전설계 범주에 속하는 유형으로 고리봉전설, 행주(行舟)형전설, 홍수남매혼전
   설, 전쟁남매혼전설, 달래고개전설 등을 들고 있고(최래옥, 《한국구비전설의 연
   구》, 일조각, 1981, 77~78면), 천혜숙은 (가) 홍수로 인한 지명유래형, (나) 홍수로
   떠내려온 산(섬)형, (다) 행주형 마을형, (라) 홍수로 못이 된 마을형, (마) 홍수와
   남매혼형, (바) 홍수와 목도령형 등으로 유형을 분류하고 있다(천혜숙, 〈홍수이야
   기의 연구사와 그 신화학적 전망〉, 화경고전문학연구회 엮음, 《설화문학연구》 하,
   단국대출판부, 1998, 212~220면).
   여기서 전자는 홍수설화만이 아닌 파생형까지도 포괄하고 있지만 후자는 홍수
   설화만을 대상으로 정리하고 있기에, 후자를 대상으로 홍수 유형분류 자료가 모두
   포괄되지 못한 까닭을 설명할 필요가 있다. 천혜숙이 제시한 6가지 유형 가운데
   이 글의 홍수설화 범위에서 구체적으로 논의되는 것은 (라), (마), (바)이다. (가),
   (나), (다)도 물론 홍수설화의 성격이 있는 것은 분명하다. 하지만 (가)와 (나)에
   서 일어나는 홍수는 태초의 혼돈 상태에서 지형들이 온전히 자리 잡기 위한 과정
   으로 나타나는 원초적인 물로 보아야 하기에, 일단 세상의 종말 후 새로운 시작을
   밝히는 홍수설화와는 구분할 필요가 있다고 본다. 또한 (가)로 분류한 고리봉전설
   자료와 (다)의 행주형 자료는 홍수에 대한 서사적 내용을 전개하는 것이 아니라
   대부분의 화소들이 생략된 채 단순히 그 지명의 유래만을 홍수로 간략히 설명하는
   파편적 자료의 양상을 보인다는 점에서, 이 글에서 다루고자 하는 자료, 곧 홍수설

〔표 15〕 '홍수의 원인 중심 설화'와 '홍수의 결과 중심 설화'

홍수의 원인 중심 설화	홍수의 결과 중심 설화
〈돌부처 눈 붉어지면 침몰하는 마을〉 설화 〈장자못전설〉	〈나무도령과 홍수〉 설화 남매혼설화

이외에 '홍수의 결과 중심 설화'의 파생형 성격을 지니는 자료로는 달래강전설을 들 수 있을 것이다. 이 점에 대해서는 이미 최래옥5)과 나경수6)가 살펴본 바 있다. 여하튼 〈돌부처 눈 붉어지면 침몰하는 마을〉 설화와 〈장자못전설〉은 홍수의 원인을 밝히는 홍수설화의 성격이 다분한 자료이다. 외국의 홍수설화 자료에 비추어 볼 때 이들 설화가 지닌 홍수설화의 성격을 뚜렷이 찾아볼 수 있는데, 그 성격은 다음 세 가지를 지적할 수 있으리라고 본다.

첫째, 비록 이 세상이 아닌 한 마을 또는 한 집 안으로 범위가 축소된 형태이기는 하지만, 특정 공간이 물로 말미암아 멸망하게 된다는 점이다.

둘째, 신적 성격을 지닌 도승이 특정 인물을 선택해서 살아남는 방법을 알려준다는 점이다. 이 점 또한 홍수설화에서 볼 수 있는 보편적 특징이다.

셋째, 높은 곳으로 올라가거나 배를 만들어 홍수를 피하게 하는 유일한 생존자가 설정된다는 점이다. 비록 〈장자못전설〉에서는 금기가 부여되어 이를 어긴 며느리가 망부석이 되는 형태로 나타나지만, 그렇다고 하더라도 신적 성격의 도승이 그를 살리고자 선택하고, 도승의 말에 따라 그가 산으로 피하게 되는 것은 홍수설화의 성격을 보여주는 양상이다.

화의 면모를 어느 정도 유지하고 있는 자료와는 구별하여 별도로 논의해야 할 자료라 하겠다.

5) 최래옥, 〈한국 홍수설화의 변이양상〉, 《설화》, 교문사, 1989.

6) 나경수, 〈한국의 인류기원신화 연구〉, 《한국의 신화연구》, 교문사, 1993.

이들 세 가지 특징과 관련하여 홍수설화에 나타나는 홍수의 원인과 결과를 분리해 생각한다면, 홍수의 원인에서부터 홍수가 일어나는 과정까지가 잘 드러나는 자료가 바로 〈돌부처 눈 붉어지면 침몰하는 마을〉 설화와 〈장자못전설〉임을 알 수 있다. 따라서 지금까지 우리의 홍수설화로 흔히 거론되던 〈나무도령과 홍수〉 설화나 남매혼설화와 상보적 관계에 있는 자료로서 이들 설화를 다룰 필요가 있다고 본다. 이러한 작업의 일환으로 여기서는 〈돌부처 눈 붉어지면 침몰하는 마을〉 설화를 다루고자 한다. 물론 이 과정에서 〈장자못전설〉과의 비교가 필연적으로 수반되며, 〈노아의 방주〉나 〈길가메시서사시〉 등 중요한 외국의 홍수설화와도 부분적으로 비교 논의된다는 점을 미리 밝혀둔다.

2. 자료의 검토

〈돌부처 눈 붉어지면 침몰하는 마을〉 설화는 손진태가 '광포전설(廣浦傳說)'이라 하여 중국의 영향을 받은 설화로 소개한 바 있다.[7] 그런데 여기서 광포는 그 설화의 배경장소가 되는 것으로 전해지는 함경도의 특정 지명이기에, 이런 유형의 설화를 광포전설이라고 명명할 수는 없다. 그렇다고 이후 이 자료가 그다지 주목받았던 것도 아니어서 뚜렷한 용어마저 정립되지 못한 실정이다. 다만 《한국구비문학대계》의 유형분류집에 〈돌부처 눈 붉어지면 침몰하는 마을〉이라는 명칭으로 정리되어 있으므로 일단 이 명칭을 수용하기로 한다.[8] 지금까지 채록된 〈돌부처 눈 붉어지면 침몰하는 마을〉 설화는 많지 않다. 그 자료를 제시하면 다음과 같다.

---

7) 손진태, 《조선민족설화의 연구》, 을유문화사, 1982, 14~19면.
8) 조동일 외, 《한국구비문학대계 별책부록(1)—한국설화유형분류집》, 한국정신문화연구원, 1989, 499면.

[표 16] 〈돌부처 눈 붉어지면 침몰하는 마을〉 설화 관련 자료

번호	자료 제목	조사지역	조사자	수록자료집	제보자	채록일자	수록면
1	광포전설	함남 함흥	손진태	《한국 민족설화의 연구》	都祥祿 (남)	1923. 8. 17	14면
2	장연호	함북 명천	최상수	《한국민간전설집》	박일섭 (남)	1940. 9	470면
3	돌부처의 피눈물	경기 의정부	조희웅	《한국구비문학대계》 1-4	이향훈 (남, 71)	1980. 8. 2	149면
4	천지포 늦다리	경기 강화	성기열	《한국구비문학대계》 1-6	나경일 (남, 71)	1981. 4. 2	108면
5	늦다리이야기 (청주벌)	경기 강화	성기열	《한국구비문학대계》 1-6	박영주 (남, 47)	1981. 5. 3	182면
6	장지포이야기	경기 강화	성기열	《한국구비문학대계》 1-6	정현진 (남, 66)	1981. 1. 17	408면
7	청주펄 청동다리	경기 강화	성기열	《한국구비문학대계》 1-6	황인병 (남, 53)	1981. 8. 6	686면
8	신판노아의 방주	경기 강화	성기열	《한국구비문학대계》 1-6	윤태선 (남, 62)	1981. 8. 11	851면
9	청지풀전설	경기 강화	조동일	《한국구비문학대계》 1-6	김재식 (남, 86)	1981. 10. 8	880면
10	아산만	충남 서산	임석재	《한국구전설화》 6	한기승 (남, 70)	1973. 8. 17	240면
11	칠산바다	전북 익산	임석재	《한국구전설화》 7	송상규 (남, 41)	1969. 8. 23	54면
12	계화도	전북 부안	임석재	《한국구전설화》 7	김원기 (남)	1966. 5. 27	56면
13	계화도의 함몰내력	전북 부안	최래옥	《한국구비문학대계》 5-2	홍용호 (남, 64)	1980. 1. 31	191면
14	계화도의 유래	전북 전주	최래옥	《한국구비문학대계》 5-3	김홍진 (남, 52)	1982. 2. 6	24면
15	개비석 눈에 피가 나 섬이 망하다	전남 신안	최덕원	《한국구비문학대계》 6-6	백금문 (남, 71)	1984. 5. 19	322면
16	도사가 가르쳐 준 우물	경남 진양	류종목	《한국구비문학대계》 8-3	정우영 (남, 68)	1980. 8. 9	356면

이상과 같이 조사된 자료를 정리할 수 있는데, 이를 통해 파악할 수 있었던 특징을 다음 몇 가지로 간추릴 수 있다.

첫째, 채록편수가 많지는 않지만 전승 지역이 남북으로 길게 이어지

는 양상을 보이고 있고, 주로 서해안을 중심으로 자료들이 전승되고 있음을 찾아볼 수 있다. 하지만 이러한 특징이 〈돌부처 눈 붉어지면 침몰하는 마을〉이 특정 지역을 중심으로 전승되는 설화임을 입증한다고 보기는 어려울 듯하다. 조사자의 취향에 따라 자료들이 조사되었을 가능성도 상정할 수 있기 때문이다. 또한 이 설화가 섬들을 중심으로 전승되는 경향도 강하여 섬이 없는 동해안보다는 주로 서남해안에서 전해지는 면도 없지 않다고 본다. 한편 내륙지방 자료는 큰비로 말미암아 홍수가 나는 것으로, 해안과 도서지방은 해일의 형태로 그곳이 침몰하는 것으로 각각 나타나는 경향이 있다. 물론 강화에서 전해지는 자료는 모두 큰비가 내려 침몰하는 것으로 나타나기는 하지만, 해안 및 도서지역은 대체로 해일이 일어나는 것으로 나타나는 경향이 강한 것을 보면, 마을의 침몰이 그려지는 과정에서 그들의 생활환경이 반영된 듯하다.

둘째, 구연자가 전부 남성임을 알 수 있다. 이것은 곧 이 설화가 남성 취향의 설화임을 보여주는 것인데, 그 내용이 마을의 흥망을 주제로 하고 있기 때문이 아닌가 생각된다. 이것은 가정을 중심으로 전개되는 일상적인 이야기가 여성들에게 주로 전승되는 것과 대조적이다.[9] 구연자가 모두 남성인 것은 외국의 사례처럼 이러한 설화가 비밀결사를 통해 남성들에게만 전승되었기 때문이라기보다는, 마을의 흥망, 더 나아가 세상의 흥망이라는 문제가 여성보다는 남성의 주된 관심사였기 때문으로 보인다.

셋째, 이 설화가 〈장자못전설〉과 거의 동일한 것으로 인식되며 전승된다는 점을 알 수 있다. 설화의 채록상황이 분명히 제시된 《한국구비문학대계》의 자료를 검토하여 보건대, 〈장자못전설〉을 유도할 때나 〈장자못전설〉과 관련지어서 이 이야기를 상기하는 것을 보아, 이 설화가

---

9) 이런 성격의 대표적인 설화로는 〈구렁덩덩신선비〉설화를 들 수 있다. 이에 대해서는 서대석이 검토한 바 있다(서대석, 〈구렁덩덩신선비의 신화적 성격〉, 《고전문학연구》3집, 한국고전문학연구회, 1986, 173~175면).

지닌 〈장자못전설〉과의 친연성이 화자들에게 뚜렷하게 인식되고 있음을 알 수 있다. 때문에 이 설화는 〈장자못전설〉과의 관련성 속에서 검토될 필요가 있는 자료로 판단된다.

3. 〈돌부처 눈 붉어지면 침몰하는 마을〉 설화의 서사단락 검토와 그 의미

〈돌부처 눈 붉어지면 침몰하는 마을〉 설화를 서사단락별로 정리하면 다음과 같다.

① 한 마을에 악한 사람들이 살고 있었다. ─죄악
② 도승이 마을 사람들에게 시주를 부탁했으나 박대당한다. ─도승의 출현
③ 한 노인만이 도승을 잘 위한다. ─선인의 선택
④ 돌부처의 눈에 피가 나면 마을이 침몰할 것이라고 도승이 예언한다. ─예언의 부여
⑤ 노인이 매일 돌부처에 가서 예언대로 피가 나는지 확인하자 마을 사람들은 일부러 짐승 피를 돌부처에 바른다. ─예언의 실현
⑥ 노인은 높은 곳이나 배를 만들어 피하여 유일한 생존자가 된다. ─최후의 생존
⑦ 큰비나 해일에 의해 마을이 침몰하고 노인을 제외한 마을 사람들이 모두 죽는다. ─마을의 멸망

1) 죄악

서두에 제시되는 부분으로, 마을이 왜 침몰될 수밖에 없는가 하는 원인이 나타나 있는 부분이라 할 수 있다. 침몰대상이 되는 마을의 사람들

은 대체로 부자이면서도 악한 사람들로 묘사된다. 마을 사람들이 부자라는 것은 특히 강화 지역의 자료에서 두드러진 양상이지만, 〈장자못전설〉에 비추어 보더라도 이 점은 분명하다. 부자이면서도 사람들에게 베풀기보다는 악하게 굴어 결국 재앙을 받는다는 것이 일반적인 양상인 듯하다. 물론 자료에 따라서는 부자라는 언급 없이 마을 사람들이 악하다는 것만 강조되기도 한다. 더 나아가 마을 사람이 악하다는 ①의 설정 자체가 없는 경우도 있다. 예컨대 앞선 표의 자료 3, 10, 15 등에서는 동네가 망할 것이라는 전설이 내려오고, 8에서는 꿈을 통해 마을의 멸망을 알게 되는 것으로 나타나지만, 이들 자료 역시 마을 사람들이 노인에게 일부러 개의 피를 발라 속이는 것을 보여준다거나 노인이 마을 사람들에게 피하라고 알려주어도 모두 미쳤다고 손가락질하는 모습을 보여주고 있어, 간접적으로 마을사람들이 악하다는 것을 시사하고 있다. 특히 자료 15와 같이 마을 사람들이 전부 선하다고 나타나는 자료도 있지만, 이 경우에는 대신 배가 파선되어 그 섬의 사람들에 의해 구조된 뱃사람들이 악행을 저지르는 것으로 나타난다. 여기서 뱃사람들은 마을 사람들의 재산을 빼앗기 위해 개비석에 피를 칠하다가 결국 섬의 침몰로 악행을 징벌받게 되는데, 이때 마을 사람들은 선하기에 물론 모두 구원된다. 여하튼 마을이 침몰되는 원인은 마을 사람들의 악함 때문으로, 이 점은 〈장자못전설〉에서 장자가 징치되는 것과 동일한 양상이고 아울러 성서의 〈노아의 방주〉와도 다르지 않다.

2) 도승의 출현

예언을 부여하는 도승의 구체적인 성격은 악을 징벌하는 신적 성격을 지닌 인물이다. 물론 자료 각편들이 모두 도승의 모습을 취하는 것은 아니다. 도사나 지사(地師), 풍수, 과객 등으로 다양하게 나타나고 있어 일률적이지 않다. [표 16]을 기준으로 그 양상을 정리하면 다음과 같다.

도승—4, 5, 6, 7, 9   지사, 풍수—11, 14   도사—2, 16

과객—1, 15   전설, 꿈—3, 8, 10, 15

구체적인 예언자가 제시되지 않고 예언이 마을에서 전해지는 전설이
나 꿈의 형태로 설정된 경우가 있음은 이미 언급한 바이다. 그런데 지
사나 도사는 앞일을 안다는 점에서, 그리고 그곳의 지형이 변한다는 점
에서 설정된 듯하다고 볼 때, 도승이 예언자의 본모습에 비교적 가까운
성격을 지닌 것으로 판단된다. 〈장자못전설〉에 견주어 본다면, 여기에
서는 악을 징치하는 인물이 도승이며 신적 성격을 지니고 있다. 특히
자료 5와 6에서는 하늘에서 내려온 사람이 중이 되어 동네 정탐을 한다
고 구체적으로 언급되고 있다. 이런 신적 성격의 인물이 도승으로 설정
되는 것은 〈제석본풀이〉에서도 볼 수 있는 것[10]으로, 우리 설화의 중요
한 신화소 가운데 하나로서 작용하였던 것으로 보인다. 때문에 지사, 도
사, 과객은 화자의 개인적 취향에 따라 선택된 인물로 보이며,[11] 그 자
체로 특별한 의미를 지닌 인물로서 설정된 것은 아니라고 판단된다.[12]

이 점은 돌부처의 눈에 피가 흐르는 것으로 예언을 설정하는 것과도
무관하지 않다고 본다. 즉 왜 돌미륵이나 돌부처가 예언의 상징물로 작
용하고 있는가를 생각해 볼 필요가 있다는 것이다. 돌미륵은 평범한 사
람으로 현신하여 인간에게 도움을 주고 재앙을 미리 알리기도 하는 등
인간과 가까운 곳에서 사람들에게 영향을 미치는 존재로 믿어져 왔

---

10) 서대석, 《한국무가의 연구》, 문학사상사, 1980, 77~83면.
11) 자료 5에서는 신적 성격의 인물에 대해 화자가 중이라고 하자 듣던 청중이 도사
라고 한다. 이는 일상적으로 접하는 중은 대단한 능력을 지니고 있지 않다고 여겨
중이 아니라고 판단하고 대신 신이한 능력을 지닌 도사라고 인식한 데서 비롯된
것임을 알 수 있다.
12) 프롭(V. Propp)은 설화에서 변하는 부분과 변하지 않는 부분이 있다고 하면서, 등
장인물의 행위는 일정하지만 등장인물의 모습은 다양하게 나타난다고 한다(Vladimir
IA. Propp, 유영대 옮김, 《민담형태론》, 새문사, 1987).

다.[13] 그렇다면 이런 돌미륵이 도승의 모습으로 현신하였을 가능성이 크다. 설화 각편에 따라서는 그 주체가 지사, 도사, 과객 등 다양한 모습으로 변모되어 나타나고 있지만, 앞일을 예언하여 선인을 구하고 악한 마을 사람들을 징치하는 기능은 신 또는 신의 사자의 성격과 다를 것이 없기 때문이다. 곧 이런 도승의 출현은 신 또는 신의 사자로서 마을 사람들의 죄악을 징벌하기 위한 것이라 하겠다.

3) 선인의 선택

신적 성격을 지닌 도승이 출현해서 하는 중요한 일은 마을 사람들이 악하다는 것을 확인하는 것과 징치의 대상 장소인 마을에 선인(善人)이 있으면 그 사람을 구원하는 것이다. 마을 사람들은 대체로 도승에게 악행을 하는 것으로 나타나지만, 마을의 노인 한 사람만은 도승을 잘 위하여 도승의 예언으로 구원받는 것으로 나타난다. 즉 최후의 생존자로 선택되기 위한 기준은 선(善)으로, 신을 섬길 줄 알아야 한다는 것이다. 자료 1과 16 등은 도승이 선인을 선택했다기보다는 노인이나 도사를 잘 위해준 것에 대한 보답으로 마을의 침몰을 알려주는 모습을 띤다. 하지만 마을의 다른 사람들은 악한데도 그 사람만이 착한 일을 하는 것으로 부각시키고 있음을 볼 때, 악과 대비되는 선으로서의 행위가 이러한 양상으로 달리 표현되고 있음을 알 수 있다. 또한 신적 인물이 도승의 모습으로 설정되는 자료가 많고 그가 돌부처를 통해 마을의 미래를 예견한다는 점을 염두에 둔다면, 최후의 생존자일 수 있는 조건은 신을 잘 위하고 착한 성품을 지니는 것이라 하겠다. 이 점은 〈노아의 방주〉나 〈소돔과 고모라〉에서 노아와 롯이 최후의 생존자로 남는 모습과 동일한 양상이며, 〈장자못전설〉에서 며느리가 도승에게 장자의 악행을 사죄

---

13) 주강현, 《마을로 간 미륵》, 대원정사, 1995.

하고 시주하자 도승이 예언을 일러주는 것과도 다르지 않다.

4) 예언의 부여

도승은 선인이 베푼 은덕에 감사하며 그 마을이 멸망할 것을 선인에게 알려주는 일을 하는 것으로 나타난다. 그 예언의 내용은 대체로 그 마을에 있는 돌미륵이나 돌부처의 눈이나 귀에서 피가 나면 마을이 침몰하니 피하라고 하면서 피하는 방법을 알려주는 형식이다. 예언의 대상이 되는 상징물은 자료에 따라 개비석이나 막연히 바위로 나타나기도 하지만, 돌부처로 나타나는 자료의 수가 월등하게 많고 흔히 인간의 생활터전과 가까이 위치하여 작용하고 있는 것이 돌부처나 돌미륵임을 염두에 둔다면, 돌부처야말로 본래의 상징물이 아닌가 여겨진다.[14]

이러한 예언의 부여는 선인의 선함과 믿음을 마지막으로 확인하는 단계라고도 할 수 있다. 도승의 예언을 절대적으로 믿어야만 하고 그에 따른 행동을 요구받는 것이기 때문이다. 예언은 먼저 사람에 대한 믿음이 전제되어야 가능하다. 바꾸어 말하면 예언이 부여되기 위해서는 신의 뜻을 온전히 받아들이는 인간의 모습이 요구된다는 것으로 파악할 수도 있다.

5) 예언의 실현

예언이 부여된 뒤 선인은 매일 돌미륵에게 가서 예언대로 피가 나는가를 확인한다. 이런 과정은 그가 갖는 사람 또는 신에 대한 믿음이 절실하다는 것을 보여주는 것이기도 하다. 그런데 이런 믿음의 행위와는

---

14) 지진에 따른 해일로 대홍수를 겪었던 경험이 있는 칠레 아우리카의 인디언들은 실제로 지진의 무서운 진동을 느낄 때마다 자동적으로 안전한 곳을 찾아 산으로 날듯이 피난을 간다고 한다(Frazer, 앞의 책, 291면).

대조적으로 예언의 실현은 마을 사람들의 악행에서 비롯된다. 도승의 예언을 부여받은 선인은 돌부처의 눈에서 피가 나면 마을이 침몰할 것이니 피하라고 마을 사람들에게 알려주지만 오히려 웃음거리가 되고, 이것이 빌미가 되어 마을 사람들이 노인을 골탕 먹이기 위해, 또는 그 노인이 지닌 재산을 차지하기 위해 돌부처에 개의 피를 바르면서 결국 예언이 실현된다. 다시금 마을 사람들의 악한 모습이 확인되는 것이며, 그들의 악행으로 말미암아 선인이 끊임없이 고난에 처하는 양상이라 할 수 있다. 그럼에도 그는 예언대로 돌부처의 눈에 피가 나자 혼자 살고자 하지 않고 다시금 사람들에게 피할 것을 권하다가 미친 사람으로 간주된다. 이런 가운데도 그 노인의 믿음은 신실하다. 자료 14에는 사람들이 일부러 개의 피를 발랐다는 것을 알면서도 도승의 예언을 충실히 이행하는 노인의 모습이 잘 나타나 있다. 즉 그 노인이 왜 최후의 생존자로 선택되었는가를 여실히 보여주는 부분인 것이다.

　한편 최후의 생존자가 이렇게 홍수를 피하는 방법으로 가장 보편적인 것이 높은 산으로 올라가는 것이다. 이 점은 비록 배를 매개로 하는 것이기는 하지만 〈길가메시서사시〉를 비롯한 몇몇 세계의 홍수설화에서 쉽게 찾아볼 수 있는 양상이며, 특히 우리의 홍수설화에서 이 양상이 두드러진다. 남매혼설화나 고리봉설화는 물론이고 〈나무도령과 홍수〉에서도 이런 면모가 확인된다. 곧 나무도령이 부(父)인 나무를 타고 홍수를 피해 결국 높은 산꼭대기에 도착하여 정착하는 것으로 나타난다는 점에서 이 설화들과 다르지 않다는 것이다.

　그렇지만 산으로 올라가 홍수를 피하는 형태만 있는 것은 아니다. 〈노아의 방주〉처럼 배를 만들어 그것으로 홍수를 피하는 자료도 있다. 자료 5와 8이 이런 모습을 잘 보여준다. 이런 설정은 화자가 성경에 나오는 노아의 홍수를 잘 알고 있는 것으로 보아 성경의 영향을 받은 것이 아닌가 여겨지기도 한다. 자료 5에서는 설화 끝부분에 화자가 노아의 홍수를 언급하고 있고, 자료 8에는 화자에 대해 인근의 성공회 교인이라고 설명하는 부분이 붙어있기 때문이다. 그렇다고 하더라도 우리나라 홍수설화에 〈나무도령과 홍수〉처럼 배는 아니지만 유사한 기능을 하는 나무를 타고 홍수를 피하는 설화 유형이 있기에, 배를 타고 홍수를 피하는 이런 설정이 반드시 〈노아의 방주〉의 영향에서 비롯되었다고 보기보다는, 전래적인 화소가 이렇게 성서화하여 표현되었을 가능성도 일단은 열어두어야 한다. 다른 한편 이들 화자가 〈돌부처 눈 붉어지면 침몰하는 마을〉 설화를 구술하면서 이것을 〈노아의 방주〉 이야기와 같은 양상의 우리 설화로 파악하고 있다는 점은 일단 주목할 필요가 있다. 이것은 곧 〈돌부처 눈 붉어지면 침몰하는 마을〉 설화가 홍수설화로 인식되면서 전승되는 일단을 보여주는 것이기 때문이다.

한편 이런 예언이 실현되는 과정에서 무엇보다도 주목되는 점은 돌부처에 개의 피를 바른다고 하는 점이다. 자료 1과 15에서는 마을 사람들이 붉은 물감을 칠하는 것으로 나타나지만, 나머지 대다수의 자료는 모두 짐승의 피를 바르는 모습을 보여준다. 개의 피가 가장 일반적이고 소 피, 닭 피 등이 나타나기도 하지만 그것은 중요하지 않고, 무엇보다 짐승을 죽인 뒤 그 피를 예언 대상이 되는 상징물에 바른다고 하는 점에 주목할 필요가 있는 것이다. 이것은 기우제의 한 형태로서 개나 여타의 짐승을 죽인 다음 그 피를 신성시 여기던 바위에 뿌리는 의식과 관련지어 생각할 만하다. 이렇게 피를 뿌리면 신이 노하여 그 부정함을 씻고자 하늘에서 비를 내린다고 믿는데, 이러한 인식을 통해 볼 때 비로소 개의 피를 돌부처에 바르는 것이 홍수와 직접적으로 연결되는 까닭을 알 수 있다. 돌부처는 마을 가까이에 존재하면서 마을 사람들에게 섬겨지고 신성시되는 신앙의 대상이라 할 수 있다. 이런 신앙대상에 짐승을 죽여 그 피를 발랐다는 것은 신성한 바위를 짐승의 피로 더럽혀 비를 갈구하는 의식과 크게 다르지 않다. 기우제 때의 이런 의식이 가뭄에 비를 구하고자 신이 부정하게 여기는 행위를 범하는 것이라면, 〈돌부처 눈 붉어지면 침몰하는 마을〉 설화는 마을 사람들이 악행과 신이 부정하게 여기는 행위를 범함으로써 결국 물로 징치를 당하는 양상을 보여주는 것이다.

6) 최후의 생존

자료들을 검토해 보면, 돌부처의 눈에 피가 나는 것을 보고 마을을 피하는 사람은 대체로 도승에게 선택받은 노인 한 사람인 경우가 많다. 그러나 자료 10, 12, 13, 14, 16 등은 그 노인과 손자 또는 가족으로 생존자가 확대되기도 한다. 하지만 이 경우 그의 직계가족에 국한되는 것이기에 그 의미가 크게 달라지는 것은 아니다. 물론 자료 11과 15는 선한 행위를 하여 선택된 사람의 말을 믿고 피하여 여러 사람이 생존하거나, 그 마을 사람들 전체가 마을에 전해지는 전설을 믿는 선인으로 설정되어 새로 유입된 악인들만 남긴 채 모두가 피하는 양상을 보이기도 하지만, 이것은 전승상의 변이로 보인다. 이런 양상을 보이는 자료에도 예언을 믿거나 선인의 행위를 바르게 받아들이는 믿음이 반드시 전제되고 있음은 물론이다.

한편 이런 최후의 생존에서 무엇보다 문제가 되는 것은 그 선인이 최후의 생존자로 선택되어서 결국 어떻게 결말이 맺어지는가 하는 점이다. 이것은 이 설화가 온전한 결과를 보이지 못하고 무언가 부족한 상황에서 끝나게 됨을 보여주는 것이라 생각된다. 신적 성격의 도승에게 구원을 받아 최후의 생존자가 되었다면 그에 대한 어떤 의미 부여가 있어야 할 텐데, 바로 그 점이 없다는 것이다. '홍수의 결과 중심 설화'가 뚜렷한 원인도 없이 홍수가 일어나는 시점에서 시작된다면, 〈돌부처 눈 붉어지면 침몰하는 마을〉 설화는 홍수가 일어난 다음부터 별다른 내용 없이 막연한 완결로 이어진다. 물론 마을이 침몰되고 최후의 생존자로 남는다는 설명은 있지만, 이것이 설화의 핵심이 되는 과정, 곧 선인이 신적 인물에게 선택되는 과정에 대해 의미를 부여한 것이라고 볼 수는 없다. 때문에 자료 14와 같이 생존자가 돈주로 피난해 많은 후손을 두고 있다고 결말을 맺거나, 자료 7처럼 생존자인 노파가 연백으로 피하였는데 그 노파가 죽은 뒤 사람들이 사당을 짓고 제를 올렸다는 형태로 신앙과 결부하려는 등의 양상을 볼 수 있다. 그리고 자료 15와 같은 경우는 "양심이 불량허면 못산다. 그 말이 거그서 났다 그래요"라고 하여 권선징악적 주제를 강조하는 형태로 결말을 맺기도 한다. 하지만 이런 내용은 불완전한 결말을 고려하여 화자가 첨부한 것으로 보일 뿐, 설화의 본질적인 요소는 아닌 듯하다. 여하튼 최후의 생존자에게 생존자라는 사실 이상의 어떤 의미도 부여하지 못한 채 흐지부지 결말을 맺고 있다는 점에 이 설화의 논리적 결함이 있다. 이러한 까닭에 대해 '홍수의 결과 중심 설화'와 관련지어 생각해 본다면, 이는 본래의 홍수설화가 온전히 전승되지 못하면서 그 전승 과정에서 원인 중심의 설화와 결과 중심의 설화가 각기 분리되어 나타났기 때문인 것으로 추정된다.

7) 마을의 멸망

최후의 생존자가 피한 뒤 마을은 물속에 잠기게 된다. 마을이 침몰되는 것은 크게 두 가지 양상으로 나타난다. 하나는 바다에서 해일이 덮쳐 오는 것으로 나타나는 형태이고, 다른 하나는 하늘에서 큰비가 내리는 것으로 나타나는 형태이다. 해일이라 명시한 자료는 1과 14이지만, 섬이 가라앉고 바닷물이 차 온다고 하여 해일의 가능성을 제시하는 자료들도 없지 않다. 그렇다고 하더라도 큰비가 내려 섬이 침몰한다고 되어 있는 자료가 다수를 차지한다. 양자 모두 물속에 마을이 잠기는 양상이 뚜렷하다.[15] 또한 이런 양상은 외국의 홍수설화에 견주어 보더라

---

15) 프레이저는 홍수설화의 바탕이 된 것이 지진으로 유발된 해일로 말미암은 홍수로 세상이 잠겼었던 것이라는 미국 인류학자의 주장에 동의하면서, 해일에 따른 홍수 경험이 곧 이들 홍수설화의 바탕이 된다고 보는 것이 마땅하다고 한다(Frazer,

도 큰 차이가 없다. 홍수 때는 큰비가 내리는 동시에 땅에 큰 구멍이 나서 물이 솟아오른다고 한다.[16] 곧 하늘과 땅 또는 바다에서 물이 불어와 결과적으로 이 세상이 물에 잠기는 모습으로 나타나는 〈돌부처 눈 붉어지면 침몰하는 마을〉과 크게 다르지 않은 것이다. 악한 사람들이 있던 마을은 이렇게 징치된다. 도승이 이런 사실을 알려준다는 것은 곧 신이 도승을 통해 신의 징치임을 알게 하는 것이라고 할 수 있다. 신의 징치는 '홍수의 원인 중심 설화'에서 설명되는 일반적인 양상이지만, 다음 설화는 천신이 홍수로써 인간, 특히 조선을 멸하고자 하는 양상을 구체적으로 보여주고 있어 시사하는 바가 크다.

> 조선왕이 하늘에 제사를 지내지 않아 하느님이 노해서 조선을 물로 망하게 하려고 백두산 꼭대기에서 오줌을 쌌다. 그래서 꼭대기가 패인 것이 천지가 되고 동으로 흘러간 것이 두만강, 서로 흘러간 것이 압록강이 되었다고 한다.[17]

이 설화에서는 조선왕이 천신을 제대로 섬기지 않아 천신이 노해 오줌으로 홍수를 내려 징벌하려고 한다. 비록 홍수로 이 세상이 잠긴 것이 아니라 강이 형성되었다고 나타나 있기는 하지만, 인간에 대한 신의 징치로 홍수가 이용되고 있음을 알 수 있는 것이다. 또한 인간의 악함을 징치하는 모습은 아니지만, 신에 대한 불경과 관련하여 물로 인간에게 경계(鏡戒)하는 양상이 뚜렷하다. 즉 홍수는 신의 의도에서 비롯된

이양구 옮김, 앞의 책, 292면).

16) 성경의 자료로는 흔히 'J자료'와 'P자료'가 아울러 검토되는데, J자료는 노아홍수의 원인을 비의 탓으로만 설명하지만, P자료는 하늘에서 쏟아 붓는 폭우는 물론 지하에서 터져 나오는 물이 함께 홍수를 일으키는 것으로 설명한다(Frazer, 이양구 옮김, 앞의 책, 154면 ; 박정세, 《성서와 한국민담의 비교연구》, 연세대출판부, 1996, 59면).

17) 임석재 전집 4, 〈천지 압록강 두만강〉, 《한국구전설화》, 평민사, 1989, 17면.

다. 이러한 생각은 신을 제대로 섬기지 않고 악하게 행동하면 신이 물로써 징치한다는 의식으로서, 우리의 여타 설화에서도 잘 확인됨을 알 수 있다.

4. 〈장자못전설〉과 비교와 관련 양상

〈돌부처 눈 붉어지면 침몰하는 마을〉 설화와 〈장자못전설〉은 이 글의 서두에서 '홍수의 원인 중심 설화'라 하여 함께 묶어 분류한 바 있다. 이들 설화는 무엇보다도 홍수 대상지역의 사람들이 악한 것이 원인이 되어 신적 성격의 인물이 출현해 물로 악을 징치한다는 뚜렷한 공통점을 지니고 있다. 그런데 이들 설화는 이런 외면적인 부분뿐만 아니라 여러 면에서 서로 밀접하게 대응하는 양상을 보여준다. 따라서 이들 설화의 공통점을 중심으로 관련성을 구체적으로 확인하고 아울러 차이점을 살펴서 두 설화가 어떤 관계에 있는지를 검토해보고자 한다. 이들 설화의 관련성은 다음 세 가지 점에서 구체적으로 확인된다.

첫째, 두 설화를 전승시키는 전승자의 의식에 양자가 동일한 설화 또는 흡사한 설화라는 인식이 강하다는 점이다. 《한국구비문학대계》의 채록자료는 모두 그 채록 상황이 잘 밝혀져 있는데, 자료 8, 9, 13 등의 채록 상황을 보면, 조사자가 먼저 〈장자못전설〉을 유도하기 위해 제보자에게 "중이 동냥왔는데 옳게 안 주고 집이 함몰되는 이야기를 아느냐"고 묻고 있다. 이때 제보자는 〈장자못전설〉을 조사자나 다른 화자에게서 듣고 나서야 〈돌부처 눈 붉어지면 침몰하는 마을〉 설화를 비로소 기억해내고 있음을 알 수 있다. 이 점은 두 설화가 전승자들에게는 크게 다른 설화로 인식되고 있지 않음을 보여주는 것이다. 더 나아가 두 형태의 설화가 서로 구분되지 않은 채 복합적인 형태를 보이는 자료들까지도 찾아볼 수 있다. 그 대표적인 자료를 예시하면 다음과 같다.

경기도(京畿道) 개풍군(開豊郡) 북면(北面) 할미펄은 그 옛날 커다란 한 동네였다고 한다.

고려(高麗) 때, 한 도승(道僧)이 이 할미펄 동네에 나타나 왼종일 집집마다 돌아다니면서 부처님께 시주하라고 동냥을 다녔으나, 한 사람의 시주는커녕 밥 한 끼 주는 사람이 없었다. 이리하여 그는 저녁 때, 배도 고프고 하여 어느 골목 팥죽장사 집에 이르러 동냥왔다고 하니, 죽을 팔고 있던 늙은 할미는 인정스럽게 죽을 한 그릇 떠서 이 도승에게 주며, "스님 시장하실 텐데 위선 죽이나 한 그릇 잡수시고 쉬었다가 가십시오" 하고 친절을 다 하였다. 그러자 도승은 그 죽을 다 먹고 나서 고맙다는 인사를 하고 한참 무엇인가 입으로 주문을 외우더니, 그 팥죽장사 할미를 보고 하는 말이, 내일 오정 때에는 이 동리가 물 바다로 될 터이니 당신은 간단히 짐을 꾸리고 "내일 오정 때가 되기 전에 저 산 언덕으로 넘어가시오. 그런데 이 말을 누구에게든지 해서는 안 되며, 또 언덕을 넘어가기 전에 무슨 소리가 나더라도 뒤를 돌아다 보아서는 안 되오"라고 재삼 당부를 하고 그 중은 어디로인지 가버리고 말았다.

이 말을 들은 팥죽장사 할미는 그 중이 예삿 중이 아니라고 직각하고 그날 밤으로 남 몰래 보따리를 싸 놓고 그 이튿날 오정이 되기 전에, 중이 가르쳐 준 그 언덕에 이르렀다.

그러자 뒤에서 무슨 소리가 요란하므로 무심 중에 그 중이 가르쳐 주던 말은 잊어버리고 뒤를 돌아다보니, 자기가 살던 동리는 과연 그 중이 말한 대로 어느새 물바다가 되고 말았다. 그래서 그 할미는 그 자리에 선 채 돌이 되고 말았다고 하는데, 이리하여 그곳을 할미대라고 부른다고 하며, 또 물바다가 되었던 동리는 그 뒤 펄이 되었는데, 지금 그 펄을 '할미펄'이라 부른다고 한다.[18]

---

18) 최상수,《한국민간전설집》, 통문관, 1984, 11~12면.

이 설화에서 마을 사람들의 악행이 두드러지고 단 한 사람만이 도승의 예언을 부여받아 구원받는 과정은 〈돌부처 눈 붉어지면 침몰하는 마을〉 설화와 동일하다. 그런데 흥미로운 것은 뒷부분에서는 선택된 팥죽할미가 뒤를 돌아보지 말라는 금기를 어겨 망부석이 되는 〈장자못전설〉의 화소가 그대로 나타나고 있다는 점이다. 그리고 이렇게 해서 홍수로 망한 공간은 마을로 나타난다. 이 설화는 두 형태의 설화가 적절하게 결합된 모습이라 할 수 있다. 그럼에도 부자연스럽거나 연결이 매끄럽지 못한 부분이 없다. 곧 두 설화가 서로 화소 면에서 개방적일 수 있음을 보여주는 것으로, 두 설화의 밀접성을 확인할 수 있는 근거라고 하겠다. 이 설화는 두 유형의 설화가 전승자가 인식하지 못하는 사이에 무의식적으로 결합되어 전승되는 양상을 잘 보여준다고 하겠다.

둘째, 사건의 전개와 설화의 구성이 서로 흡사하다는 점이다. 이는 〈장자못전설〉의 서사단락을 앞서 살펴보았던 〈돌부처 눈 붉어지면 침몰하는 마을〉 설화의 서사단락과 비교해 보면 확인할 수 있다.

〔표 17〕
〈돌부처 눈 붉어지면 침몰하는 마을〉 설화와 〈장자못전설〉의 서사단락 비교

	A	B
가)	죄악(마을 사람)	죄악(장자)
나)	도승의 출현	도승의 출현
다)	선인(노인)의 선택	선인(며느리)의 선택
라)	예언의 부여	예언과 금기의 부여
마)	예언의 실현	예언의 실현
바)	최후의 생존	금기의 위반과 징치
사)	마을의 침몰	장자집의 침몰

A. 〈돌부처 눈 붉어지면 침몰하는 마을〉 설화
B. 〈장자못전설〉

가)는 설화의 첫머리로서, 두 설화 모두 도입부에 마을 사람들과 장자의 악행을 제시하고 있다. 이들은 모두 부자이고 악하며 중을 박대하

는 모습을 보여준다. 이것은 곧 이들이 징치되어야 하는 까닭에 대한 설명이다.

나)는 도승이 출현하는 부분이다. 비록 A에서는 각편에 따라 예언을 부여하는 인물이 도승이 아닌 다른 인물의 형상으로 나타나기도 하지만, 그렇다 하더라도 그 인물의 성격이 도승과 다르지 않다는 것은 이미 앞에서 언급한 바다. 두 설화에서 도승의 출현은 모두 마을 사람들과 장자가 악하다는 것을 확인하고 선인이 있으면 구원하고자 하는 의도에서 비롯되고 있음을 알 수 있다. 그리고 도승이 앞일을 미리 알려주며, 물로 악인을 징치하는 신적 성격을 지닌 인물이라는 점도 동일하다.

다)는 모두 도승에게 선한 행위를 하여 선인임이 확인되는 과정이다. 다)에서 선인을 확인한 도승은 물로 그 공간이 징치될 것임을 미리 선인에게 알려주어 그 징치를 피할 수 있게 한다. 그런데 A가 라)의 예언을 부여하고 그것이 실현되는 과정을 중시한다면, B는 예언을 하면서 선인에게 피할 것을 권유하고 아울러 금기사항까지 제시함으로써 비극적 결말을 암시한다. 곧 A는 예언의 실현과정에 중심을 두는 데 반해, B는 금기의 위반에 중심을 두는 것이다. 이것이 두 설화의 큰 차이점임은 분명하다. 그럼에도 라)의 예언을 부여하는 양상은 다르지 않다.

마)는 예언이 실현되는 과정으로, B가 도승의 예언이 그대로 실현되고 있는 양상을 보여준다면, A는 마을 사람들의 악행이 한층 부각되는 상황에서 예언이 실현되는 형태로 좀더 구체화되는 양상을 보여준다. 즉 A는 이 마)부분을 크게 확장시키고 있음을 알 수 있다. 반면 바)부분이 약화되어 선인이 최후의 생존자로 남았다는 형태로 미흡하게 결말이 지어지고 있다. 이에 반해 B는 바)에서 금기를 어기는 과정을 설정하여 선택된 선인마저 징치되는 형태를 보여주고 있어, 바)에 중점을 두고 있음을 알 수 있다. 이들 설화에서 마)와 바)는 외면적으로는 유사하게 나타나지만, A는 마)를, B는 바)를 각각 더욱 강조하고 있다. 이런 차이점이 나타나는 까닭에 대해서는 일단 인물 성격을 비교한 다음 구체적으로 밝히기로 한다.

사)는 마을과 장자집이 물에 의해 징치된 결과를 공통적으로 보여주는 부분이다. A와 B는 마을과 장자집이라는 공간의 범위에서는 차이가 있지만, 악인이 사는 특정 공간이 물에 의해 징치되는 양상을 보인다는 점에서는 동일하다. 비록 모든 홍수설화의 결과가 사)와 같이 나타나는 것은 아니지만, 이러한 성격은 외국의 홍수설화에서도 일반적으로 찾아볼 수 있는 양상이다.

이처럼 이들 두 설화는 사건이나 구성이 흡사하게 전개되고 있음을 알 수 있다. 이들 설화가 이처럼 밀접한 관련 양상을 보이는 것은 근원적으로 이들 설화가 별개의 것이 아니었을 가능성을 암시하는 것으로, 원래 하나의 형태에서 두 개의 설화로 분리되었거나, 또는 별개의 설화이지만 같은 조형(祖型)의 설화에 바탕을 두고 있기 때문이 아닌가 추정된다.

셋째, 인물의 설정과 그 성격이 흡사하게 나타난다고 하는 점이다. 〈돌부처 눈 붉어지면 침몰하는 마을〉 설화에서 핵심이 되는 인물은 악행을 범하는 마을 사람들과 선인으로 선택되는 노인, 그리고 도승이다. 〈장자못전설〉에서도 핵심 인물은 악행을 하는 장자와 도승에게 시주하는 며느리, 도승 등으로 나타나고 있어, 양자의 인물 설정은 부분적인 외형에서만 다를 뿐, 그 행위나 성격 면에서는 다르지 않음을 볼 수 있다.

그러면 서로 대응되는 인물을 비교하면서 논지를 전개하도록 하겠다.

가) 마을 사람들 ⟺ 장자
나) 노인 ⟺ 며느리
다) 도승 ⟺ 도승
라) 돌부처 ⟺ 망부석

이 가운데 라)는 인물이라고 보기 어렵지만 서로 대응시켜 비교할 필요가 있어 제시했다. 이 까닭에 대해서는 뒤에서 구체적으로 언급하겠다.

가)의 인물은 악한 사람들이고, 자신들의 악함이 원인이 되어 물로 징치되는 인물이라는 공통점이 있다. 비록 가)에서 마을 사람들과 장자는 집단과 개인이라는 차이가 분명히 있지만, 장자의 집을 하나의 공간 개념으로 파악할 때는 단순한 개인적 성격의 공간으로 보기보다는 특정 공간이라고 보는 것이 바람직하다. 장자는 부자이면서도 인색하며 도승을 박대하는 것과 같은 악행을 일삼는다. 이것은 역시 넉넉하지만 베풀지 않고 도승을 박대하는 모습을 보이는 마을 사람들의 성격과 동일하다. 이들은 곧 특정 공간에 존재하는 악한 사람들로 규정할 수 있을 것이다.

나)의 노인과 며느리는 악한 사람들이 사는 공간에서 유일하게 존재하는 선한 사람으로, 바로 그 때문에 신적 성격의 도승에게 선택받는다는 점에서 서로 뚜렷이 대응되는 인물이다. 며느리는 장자의 잘못을 사죄하고 시주한다. 이것은 노인이 도승을 잘 위해주는 것과 동일한 양상이다. 뿐만 아니라 이들은 모두 도승에게 자신의 선함 때문에 선택되고 예언을 부여받아 물에 의한 징치를 피할 수 있는 인물이라 할 수 있다. 이렇게 이들은 동일한 인물 성격을 보여주지만, 결말 부분은 노인이 최후의 생존자로 남는 데 반해 며느리는 금기를 어겨 망부석이 되는 것으로 다르게 나타나고 있다. 곧 이 점이 두 설화 사이의 가장 큰 차이점이라 할 수 있으므로, 이를 해명하는 것이 두 설화의 성격을 판가름하는 중요한 기준이 될 것이다. 이런 차이에 대한 검토는 라)를 논의하면서 구체적으로 진행하도록 하겠다.

다)는 신적 능력을 지닌 인물들로, 이들은 도승의 모습으로 출현하는 공통점을 보여준다. 또한 이들 도승의 역할도 두 설화가 서로 다르지 않다. 이들은 모두 가)의 인물의 악함을 확인하고, 자신이 선택한 선인에게 예언으로 앞일을 알려주어 생존의 방법을 제시하는 인물이다. 두 설화에서 도승은 주변에서 흔히 볼 수 있는 중의 모습을 하고 있지만 신의 성격이 뚜렷한 인물이다. 설화 속에 나타난 그의 능력이나 행위가 그러하기도 하지만, 손진태의 〈성인노리푸념〉 등의 자료를 볼 때 이 점이 더욱 명백하게 확인된다. 이 자료에서 보면 장자를 징치하는 이 도승이 서장애기(당금애기)를 찾아가서 후에 신격을 부여하는 주재문장으로 나타나고 있어,[19] 도승이 〈제석본풀이〉와 동일한 천신의 후래(後來)의 성격을 갖는 인물일 가능성이 크다. 또한 〈돌부처 눈 붉어지면 침몰하는 마을〉 설화에서도 돌미륵상의 눈에 피가 흐른다는 예언이 부여되었다는 점을 본다면, 도승은 돌부처로 상징화한 신의 현신일 가능성이 다분하다. 이들 설화에서 도승은 비록 마을 또는 집이 침몰할 것이라는 예언을 부여하는 인물에 불과한 것으로 나타나기는 하지만, 실제로는 물을 다스릴 수 있는 소유자, 곧 신이라는 것이다. 두 설화에서는 모두 물을 다스릴 수 있는 신적 성격의 인물이 출현하여 악인들이 사는 공간을 징치하고 선인을 구하는 면모가 잘 드러나고 있다.

라)는 각 설화에 등장하는 상징물로, 두 설화의 가장 큰 차이점을 보여주는 부분이다. 돌부처는 예언이 실현되는 대상으로 존재하는 것이고, 망부석은 도승이 제시한 금기를 어긴 결과로 며느리가 화한 것이다. 이것을 다음과 같이 도식화할 수 있을 것이다.

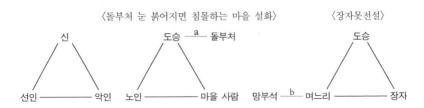

[그림 5] 인물 구성과 상징물의 관련 양상

---

19) 이 자료에서는 먼저 도승인 주재문장이 출현하는 〈장자못전설〉의 이야기가 전개된 다음, 이어서 그 도승이 서장애기를 찾아가는 〈제석본풀이〉의 내용이 진행된다(손진태, 〈巫覡의 神歌〉, 《文章》, 1940. 9).

이들 설화는 신과 선인, 악인의 관계 속에서 짜여진다. 그런데 이러한 인물 구성의 공통점과는 달리, 상징물로 제시되는 돌부처와 망부석에서는 확연히 두 설화의 차이가 드러난다. 돌부처와 망부석은 모두 신앙의 대상이 될 수 있는 신체라 할 수 있다. a는 신적 인물이 신앙대상의 상징물과 합치되는 형태로 나타난다. 신적 인물이 도승의 모습을 하고 있다는 것은 돌부처의 현신이라고 보는 데 무리가 없고, 오히려 자연스러운 연결양상이다. 이에 반해 b는 며느리가 금기를 어겨 망부석으로 굳게 되는 것으로 나타나는데, 이러한 설정이 왜 필요했는지 의문이 제기되지 않을 수 없다. 며느리는 도승에게 선한 모습을 보여 장자의 집에서 유일한 생존자로 선택된다. 이렇게 선택된 인물이 망부석이 되면서 악한 장자와 동일하게 좌절하는 모습으로 나타나는 것은 그럴 만한 까닭이 있을 것이다. 〈장자못전설〉에서 며느리는 대체로 뒤에서 집 무너지는 소리가 들려 자신도 모르게 돌아보아 망부석이 되고 마는데, 며느리가 신의 세계로 편입되는 과정에 있는 것이 아닌 바에야 이런 인간세계에 동질성을 보이는 행위를 징치하는 것은 모순이 있다. 〈소돔과 고모라〉에서 롯의 아내가 두고 온 재물에 미련을 두어 뒤를 돌아보아 소금 기둥으로 굳어지게 되는 양상과 비교해 볼 때, 며느리가 망부석이 되는 것은 논리적 설득력의 측면에서 결함이 있음을 알 수 있다. 그럼에도 이렇게 전개될 수밖에 없는 까닭은 무엇인가?

이 점은 〈돌부처 눈 붉어지면 침몰하는 마을〉 설화와 관련지어 생각해 볼 때 해명될 수 있으리라고 본다. 〈돌부처 눈 붉어지면 침몰하는 마을〉 설화는 신에게 선택된 노인이 최후의 생존자로 남게 되는 긍정적인 결말을 보여준다. 그렇다고 하더라도 살아남았다는 것 그 이상의 의미를 획득하지는 못한다. '홍수의 결과 중심 설화'처럼 생존자가 인류의 시조가 되는 양상으로 전개되지는 못한다는 것이다. 선한 사람의 구원 과정에만 초점을 맞추고 있고, 아울러 이 세상이 아닌 특정 공간의 침몰만을 보여주고 있기 때문이다. 이렇듯 〈돌부처 눈 붉어지면 침몰하

는 마을〉 설화는 긍정적 인식을 바탕으로 전승되지만, 결말의 미흡함이
선명히 드러나고 있는 설화라고 할 수 있다. 그런데 〈장자못전설〉은 선
한 사람의 구원 과정에 초점을 맞추면서도 구원된 선인마저 좌절케 함
으로써 설화를 비극적으로 형상화시키고자 함을 알 수 있다. 즉 미흡한
결말에 비극미를 부여하여 설화 전승자들에게 안타까움을 안겨주고 있
는 것이다.

아울러 〈장자못전설〉에서 며느리가 망부석으로 화하는 것은 이 설화
가 단순히 전설로 전승되는 데 그치지 않고 새로운 신앙대상의 창출을
나타낸 것이라고도 볼 수 있다. a에서는 신과 신적 상징물이 합치됨으
로써 신앙의 대상이 설화 내적으로 한정되지만, b에서는 신과 상징물이
결부되는 것이 아니라 비극적으로 좌절하는 인물이 상징물과 결부됨으
로써 신앙의 대상이 설화 안이 아닌 현실 안에서 자리 잡을 수 있게 된
다. 망부석이 곧 신체의 모습을 보이는 것은 치술령신모를 우선 떠올리
게 한다. 그러나 며느리가 돌로 굳어져 된 망부석이 신앙의 대상이 되
는 양상은 〈장자못전설〉에서도 적지 않게 찾아볼 수 있다.

"뒤를 돌아보지 말고 왔으면 남과 같이 가면 될 것인데 뒤를 돌아다 봐
서 안 된다고, 여기서, 오는 가는 사람 침이나 받아먹어라"고 가버리고, 그
여자는 거기서 죽어버리고 그 서낭이 그 며느리라는 게야[20]

그래 그 자리서 요러구 죽었어, 여자가, 그 연못이 돼뻐린 거야. 그래서
그 여자 죽은 그 서낭을 거기서 그 전에 그 동네서 모셨어요[21]

벼[碑石]가 세워 있고 그 벼가 뭣이냐믄 장자네 메느리(며느리) 벼(비,
선돌), 며느리 벼. 웃선돌 사람들은 그 벼를 우상 마냥 섬겨. 웃선돌 사람

20) 〈장자못전설〉, 《한국구비문학대계》 2-3, 한국정신문화연구원, 1981, 330면.
21) 〈장자늪A〉, 《한국구비문학대계》 1-4, 한국정신문화연구원, 1981, 268면.

들은 우리같은 사람들 조상 제사 지내듯기. 정월 보름에는 막 장구치고 밥
해다 놓고 절도 허구 장구치고— 웃선돌 사람들은 그 돌이 있어야 동네가
좋지 그 돌이 못해주고 그럼 그 동네가 아프고 소란이 난대. 그런개 정월
이면 굿허고 인자, 짚으로 해서 새로 집을 이어주고 헌개[22]

　　그러니까 돌아다보던 순간에 기냥 바위가 됐어요— 그래서 아덜을 못낳
던 사람은 요기 가서 삼칠일 기도를 듸리먼 태몽에 꼭 소복을 한 여자가
나타난다던가 중이 나온다던가 구름을 타고서 사람이 내려온다던가— 그
래 거기 갔다가 애기가 있을 사람은 그런 꿈이 있구요[23]

　인용된 부분들은 여러 〈장자못전설〉 각편의 끝부분들로, 며느리 바
위를 미륵불이나 부처로 상념하고 그 앞에서 기자정성을 들인다든가
죽은 며느리를 신격화해서 서낭신으로 모시는 양상을 뚜렷이 보여주고
있다.[24]

---

22) 〈보안면 웃선돌의 장자못전설〉, 《한국구비문학대계》 5-3, 한국정신문화연구원,
　　311면.
23) 《한국민속종합조사보고서(황해·평안남도 편)》, 문화공보부 문화재관리국, 1980,
　　326~327면. 이외에도 《한국구비문학대계》 7-9의 〈부자의 집터였던 황지못〉
　　(847~849면)과 같은 자료에서도 이처럼 죽은 며느리가 신앙시되고 있는 모습을 보
　　여준다. 아울러 《한국구비문학대계》 2-8의 〈장자못전설〉, 《한국구비문학대계》
　　3-3의 〈중 괄시해서 연못이 된 장자터〉, 〈제천 의림지 전설〉, 〈황지 구멍소의 전
　　설〉, 《한국구비문학대계》 7-10의 〈황지못과 돌미륵〉, 《한국구비문학대계》 7-17의
　　〈돌미륵이 된 조수바위〉 등의 자료에서도 며느리가 돌미륵으로 변하는 것으로 나
　　타나고 있는데, 구체적으로 신앙의 대상으로 섬겨진다는 언급은 비록 이야기에 없
　　지만 돌미륵은 마을 사람들에게 신앙시되는 것이 일반적이므로, 이들 자료도 장자
　　며느리가 신격화하는 양상을 보여준다고 할 수 있다.
　　또한 주강현은 구리시의 〈장자못전설〉을 살피면서, 그 며느리화석이 굳어서 서
　　낭신이 되었다는 설화를 우미내 서낭당의 신앙 형태와 관련지어 논하고 있다(주강
　　현, 〈장자못전설 연구의 생태민속학적 접근〉, 화경고전문학연구회 엮음, 《설화문
　　학연구》 하, 단국대출판부, 1998).

이상과 같이 볼 때 〈돌부처 눈 붉어지면 침몰하는 마을〉 설화와 〈장자못전설〉은 화자의 인식 및 결합양상을 보이는 자료가 있다는 점, 사건의 전개와 구성, 인물의 설정 및 그 성격 등 여러 면에서 합치하는 양상이 두드러진다. 두 설화의 이러한 친연성은 결코 우연한 것은 아니라고 본다. 이들 설화의 근원에 조형(祖型)의 설화가 있어서, 전승되는 도중 신에 의해 선택된 선인을 최후로 살아남게 하는 긍정적 방향의 설화 형태와 신에 의해 선택된 선인마저도 좌절하게 하는 부정적 방향의 설화 형태로 각기 변모되어 나간 것이 아닌가 생각된다.

〈돌부처 눈 붉어지면 침몰하는 마을〉 설화는 선인에 대한 긍정적 전개양상을 보임으로써 미흡한 결말을 빚어내고 있으나, 〈장자못전설〉은 선인마저도 다시금 징치하는 형태로 비극적으로 형상화함으로써 이를 극복하고 있다. 이는 〈장자못전설〉이 월등히 많은 사람에 의해 넓은 분포를 보이며 전승되는 까닭이기도 하겠다. 아울러 〈장자못전설〉은 홍수설화의 인류시조신화적 성격을 온전히 계승하지는 못했지만, 좌절하는 선인을 다시금 신앙대상으로 삼음으로써 새로운 신화적 성격을 모색하는 면모도 지니고 있음을 알 수 있다.

5. 홍수설화의 자료존재 양상과 〈돌부처 눈 붉어지면 침몰하는 마을〉 설화의 위상

이 글은 〈돌부처 눈 붉어지면 침몰하는 마을〉 설화를 중심으로 하여 홍수설화의 면모를 살피는 것이어서 홍수설화의 전반적인 판도를 논하기에는 무리가 있다. 때문에 홍수설화 전반에 대한 체계적이고 구체적인 양상이나 관련성은 다음 기회로 미루기로 하고, 이 글에서는 간략하

---

24) 천혜숙, 〈장자못전설 재고〉, 《민속어문논총》, 계명대출판부, 1983, 667면.

게나마 이에 대한 개략적인 구도만을 제시하도록 하겠다.

우리나라의 홍수설화 자료 가운데 홍수의 원인이 중심이 되는 설화로는 〈돌부처 눈 붉어지면 침몰하는 마을〉 설화와 〈장자못전설〉이 있고, 결과가 중심이 되는 설화로는 남매혼설화와 〈나무도령과 홍수〉 설화가 있음을 앞서 언급한 바 있다. 그리고 이렇게 원인과 결과 중심으로 분리되어 우리의 홍수설화 자료가 전승되는 까닭에는 두 가지 가능성이 있다고 했다. 하나는 원래 홍수의 원인과 결과가 결합된 형태의 홍수설화로 있었으나, 후대로 전승되면서 온전하게 계승되지 못하고 어떤 이유로 말미암아 원인에 중심을 둔 설화와 결과에 중심을 둔 설화로 분리되었을 가능성이다. 이것은 홍수설화의 최후 생존자가 인류의 시조가 된다는 점에서 필연적으로 제기되는 근친상간의 문제를 회피하려는 의도에 따라 자료의 성격이 바뀌게 된 양상일 가능성도 없지 않지만, 이 점에 대한 명확한 결론은 다른 자료들에 대한 구체적인 검토가 이루어져야 하기에 이 글에서는 일단 유보하기로 한다. 그리고 다른 하나는, 외국의 설화는 종교적 기반을 가지면서 또는 그렇지 않더라도 편집자의 여러 차례에 걸친 정리 작업을 통해서 홍수의 원인과 결과가 체계화하고 유기적으로 짜여졌지만,[25] 우리의 것은 이런 과정이 없었기에 온전하게 결합되지 못하고 이처럼 별개의 것인 양 분리된 채 나타났을 가능성이다. 이 두 가능성 가운데 어느 것이 더 온전한 실상에 가까운지는 밝히기 어려우나, 여기에서 다루는 설화들이 홍수설화의 성격을 지닌 자료임은 분명하다고 하겠다. 이들 설화에서는 악한 인간들이 물에 의해 징치되고 신에게 선택된 한두 사람만이 최후의 인류로 남는다는 점

---

25) 〈노아의 방주〉나 〈길가메시서사시〉가 오랜 기간 동안 정리되고 체계화된 자료라는 점은 프레이저가 자세히 언급하고 있다(Frazer, 이양구 옮김, 앞의 책). 한편 중국의 〈여와복희의 남매혼〉에 따른 인류시조설화도 몇 번의 개작을 거쳐 오늘날 전해지는 모습을 갖추게 되었을 것이라고 하는 연구결과물이 있다(신정규, 《중국신화의 연구》, 고려원, 1996, 75~91면).

에서 홍수설화의 전형적인 양식이 그대로 드러나고 있기 때문이다.

그런데 우리 홍수설화에 대한 지금까지의 연구에서는 뚜렷한 원인 없이 자연의 재난으로 홍수가 일어나는 것이 일반적인 양상이며, 홍수 전에 신의 예고도 없고 인간의 잘못을 징벌하려는 신의 의지도 없다는 것이 한국 홍수설화의 성격이라고 판단되어 왔다.[26] 그러나 이러한 판단은 홍수설화의 전체적인 구도 속에서 홍수설화의 성격을 지닌 자료들을 포괄적으로 검토하지 못한 데서 비롯된 것으로 보인다. '홍수의 원인 중심 설화'는 분명 하나의 마을이나 집 안으로 그 공간이 축소되어 있지만, 신의 성격을 지닌 도승에 의해 사람들의 악행이 확인되고 선인이 선택되며 물을 통한 징치에서 선인만이 홀로 구원받게 된다는 홍수 설화의 면모가 뚜렷이 확인된다. 따라서 홍수설화의 범위를 지나치게 한정하지 말고 '홍수의 원인 중심 설화'[27]를 그 범위에 포함시켜 우리 홍수설화 전반을 체계적으로 검토할 필요가 있겠다.

홍수설화의 신화적 성격은 크게 두 가지로 특징지어 볼 수 있을 것이다. 하나는 신이 직접 또는 신의 대리자가 이 세상에 현신하여 인간을 징치하는 것이고, 다른 하나는 이른바 '인류기원신화적 성격'으로서 최후의 인류가 새로운 인류의 시조가 된다는 것이다. 이런 신화적 성격이 우리 홍수설화의 경우는 홍수의 원인과 결과 중심으로 편중되어 달리 나타난다. 여기서 전자에서는 신의 인간세상에 대한 개입이 문제의 중심에 놓이고, 후자에서는 인류의 새로운 시조로서 남녀 사이의 온당한 결합이 문제가 된다. 이를 좀더 구체적으로 언급한다면, 전자에서는 선인에 대한 신의 선택과 그 결과에 대해서 어떻게 인식하고 있는가가 문제가 되고, 후자에서는 최후 생존자의 근친상간에 대해서 어떻게 인식

---

26) 최래옥, 앞의 글, 109면. 이러한 견해는 박정세의 논의(박정세, 앞의 책)에서도 받아들여지고 있다.

27) 나경수는 〈장자못전설〉을 홍수설화로 보지는 않았지만, 〈장자못전설〉에 '홍수의 원인 중심 설화'의 성격이 있음을 단편적으로 밝히고 있다(나경수, 앞의 글, 228면).

하고 있는가가 핵심적인 문제로 제기된다는 것이다.

이 점을 염두에 두면서 홍수설화의 자료존재 양상과 그 위상을 전체적으로 간략히 제시하도록 하겠다.

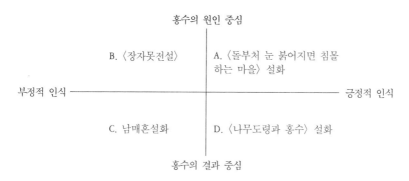

〔그림 6〕 홍수설화의 자료존재 양상과 그 위상

여기에서 가로축은 홍수설화의 신화적 성격을 설화에서 어떻게 인식하고 전개시켜 나가는가의 문제이다. '홍수의 원인 중심 설화'의 경우 신에게 선택된 인물이 어떤 결과를 맞게 되는가에 대한 인식이 문제가 되는데, 긍정적으로 인식되어 긍정적 결말이 맺어지는 것이 〈돌부처 눈 붉어지면 침몰하는 마을〉설화이고, 부정적 인식으로 말미암아 불행한 결말이 나타나게 되는 것이 〈장자못전설〉이다.

A는 악이 만연한 마을에 신적 성격의 도승이 출현하여 선인을 선택해서 구원하고는 그 마을을 물로 징치하여 구원자가 최후의 생존자로 남도록 한다는 점에서 홍수설화의 전형적인 모습에 부합된다고 할 수 있다. 그렇다고 하더라도 이 설화는 그 범위가 마을로 한정되어 있기에 인류시조신화적 성격이 사라지고 최후의 생존이 지닌 의미가 무엇인지 제시되지 않는 막연하고 어정쩡한 결말을 보이게 된다.

A는 자료에 따라 특정한 곳에 살면서 후손을 많이 두었다고 하거나[28] 권선징악을 강조하는 모습을 보이기도 하지만, 이러한 경우도 신

에게 선택되어 물의 징치에서 벗어나는 최후의 생존자임에도 그에게
아무런 의미가 부여되지 못하는 미흡한 결말을 보이고 있음을 알 수 있
다. 이는 최후의 생존자가 선인이었다는 점을 긍정적으로 인식하면서
설화를 끝맺음하고자 한 것이었지만, 멸망한 특정 지역의 최후 생존자
라는 한계 때문에 오히려 이런 흐지부지한 결말을 낳게 되었다.

B는 A와 마찬가지로 인간의 악함 때문에 특정 지역이 물로 징치된다
는 점에서 동일하다. 그러나 무엇보다 큰 차이는 선하기 때문에, 또는
신을 공경했기 때문에 최후의 생존자로 선택된 며느리마저도 다시금
징치당하는 것으로 나타난다는 점이다. 최후의 생존자를 이처럼 부정적
으로 몰고 가서 좌절하게 하여 비극성을 덧붙이고 아울러 그 좌절된 대
상을 신앙시하는 경향도 볼 수 있는데, 이는 A에서 보였던 미흡한 결말
을 나름대로 극복하고 새로운 신화적 성격을 부여하고자 하는 양상인
것이다.

그런데 신에게 선택된 며느리에 대한 부정적 인식으로 끝맺어지는
것에 대해 좀더 과감하게 추론해 본다면, 이는 모자(母子) 사이의 근친
상간에 대한 징치였을 가능성도 없지 않다. B에서 최후의 생존자로 남
는 인물이 며느리와 그가 업고 있는 아이인데, 그 아이가 아들인지는
구체적으로 언급되고는 있지 않지만 두 사람은 어머니와 아들 사이일
가능성이 크다. 그것은 '홍수의 결과 중심 설화'에서 보듯 최후의 생존
은 결국 인류의 시조라는 문제와 직결되기에, 설화에서는 생존한 남녀
가 짝이 되는 것으로 나타나는 것이 일반적이고, 세계 홍수설화에서도
많지는 않지만 최후의 생존자가 어머니와 아들로 나타나는 자료들이

---

28) 남매혼설화에서도 최후의 생존자가 인류의 시조가 아닌 특정 성씨(단양 장씨)의
   시조로 나타나기도 한다(〈남매가 결혼한 이야기〉, 《한국구비문학대계》3-1, 한국
   정신문화연구원, 1980 ; 〈단양 장씨의 시조〉, 《한국구비문학대계》3-3, 한국정신문
   화연구원, 1982). 상기한 A가 대체로 홍수 범위가 축소된 형태로 나타난다면, 이
   자료는 결과가 축소된 양상을 띤다고 할 수 있다.

있기 때문이다.[29] 이때도 어머니와 아들 사이의 근친상간에 의해 새로
운 인류가 시작되는 것은 물론이다. 또한 〈오이디푸스신화〉에서 볼 수
있듯이 어머니와 아들 사이의 결합의식은 인간의 숨겨진 내면적 본능
일 수도 있다. 실제로 우리나라에서도 모자상간(母子相姦)을 해서 낳은
딸과 다시금 남매상간을 함으로써 자신의 근친상간 사실을 알게 된 남
자가 결국 자살을 하기에 이르는 설화[30]를 비롯해 근친상간에 대한 이
야기들이 전승된다.[31] 특히 대마도의 인류시조는 이런 모자상간에 의해
비롯되었다고 한다. 다른 사람 없이 젊은 여자와 아들만 처음 대마도에
살게 되었는데, 어미가 미친 듯 이상한 모습으로 나타나자 아들이 어미
인 줄 모르고 상간하여 시조가 되었다고 하는 이야기이다.[32] 이것은 일
본의 대마도라는 지명을 끌어와 모자상간을 일본의 일처럼 돌리는 것
으로, 일본에서 전해지는 이야기가 아닌 우리의 구전자료라는 점에서
모자상간의 비도덕적이고 반윤리적인 책임을 일본 사람의 일로 전가시
키는 것이 아닌가 생각된다.

　물론 모자상간에 의해 특정 지역의 인류시조가 생겨났다고 하는 설
화가 많은 것은 아니다. 하지만 '상피 붙는다'라고 하여 근친상간을 아
주 금기시하던 우리나라의 실정에서 남매상간도 아닌 모자상간을 소재
로 이야기를 전개하는 것은 현실적으로 쉽지 않았다고 보아야 할 것이
다. 욕설 가운데도 '제미 씹할 놈'이나 '제미 붙을 놈', '제미 붙고 담양
아홉바위 갈 놈' 등이 있어, 모자상간에 대해 지극히 기피하는 인식을
뚜렷하게 찾아볼 수 있다.[33] 때문에 〈장자못전설〉에 본디 모자상간으로

---

29) Edmund Leach, 신인철 옮김, 《성서의 구조인류학》, 한길사, 1996, 74면.
30) 김광순, 〈근친결혼의 원혼〉, 《경북민담》, 형설출판사, 1982, 265~266면.
31) 모자상간에 대한 자료는 최래옥이 앞의 자료를 비롯해 세 편의 설화를 간략히
　　소개하고 있다(최래옥, 앞의 글, 119~120면).
32) 〈모자상간〉, 《한국구비문학대계》 1-4, 한국정신문화연구원, 1981, 132~133면.
33) 임석재, 〈욕과 육담〉, 《한국민속대관》 6, 고려대 민족문화연구소, 1982, 750~751면
　　참조.

새로운 인류가 시작한다거나 모자상간에 대한 하늘의 징치가 이루어졌다는 내용이 있었다 하더라도, 이러한 인식 때문에 모자상간 부분을 탈락시키고 뒤를 돌아보아 망부석이 된다는 형태로 내용을 변모시켰을 개연성이 크다.

그런데 이처럼 〈장자못전설〉에서 모자상간이라는 근친상간의 가능성을 찾으려는 이유는 〈장자못전설〉의 근친상간이 '홍수의 원인 중심 설화'와 '홍수의 결과 중심 설화'를 연결시키는 중요한 구실을 하는 것으로 보이기 때문이다. '홍수의 결과 중심 설화'에서는 그것이 인류기원을 밝히는 이야기이기에 근친상간이 표면적인 문제로 대두되는데, 이처럼 〈장자못전설〉에서 근친상간의 일단을 발견할 수 있다는 것은 이 설화가 비록 원인 중심의 성격을 띠는 양상으로 전승되어 왔지만, 본래는 인류기원의 신화소도 지니고 있었을 가능성을 열어두는 것이 된다.

B는 특정 지역이 물로 말미암아 소멸하는 모습을 보여준다. 이런 물에 따른 멸망이나 침수는 단순히 소멸만을 뜻하는 것이 아니라, 새로운 창조, 새로운 생명, 새로운 인간의 생성을 전제로 하는 것이다.[34] 〈장자못전설〉에도 단순히 홍수에 따른 멸망이 아니라 모자상간에 의한 인류기원을 설명하는 부분이 있었으나, 이것이 지나치게 반윤리적으로 여겨지며 며느리 화석과 같은 모습으로 남게 되었을 가능성이 있는 것이다. 이 점은 성경의 〈소돔과 고모라〉를 관련지어 생각할 때 좀더 분명해진다.

〈소돔과 고모라〉는 〈장자못전설〉과 아주 흡사한 이야기로 주목되어 왔다.[35] 비록 인간의 악을 물로 징치하는가, 아니면 불로 징치하는가 하는 데는 뚜렷한 차이가 있지만, 신의 사자가 특정 지역의 악함을 확인한 뒤 선인을 구하고자 피하게 하고는 그곳을 멸하는 과정이 동일하게 전개되고 있는 것이다. 아울러 선인을 구하는 과정에서 금기를 부여하

---

34) Mircea Eliade, 이은봉 옮김, 《종교형태론》, 형설출판사, 1985, 236면.

35) 박정세, 앞의 책. 이 책의 3장 〈악인에 대한 처벌〉 부분에서 두 설화의 구체적인 비교가 이루어지고 있다.

고 그 금기를 어긴 여인이 망부석이나 소금기둥으로 굳어진다는 점에서도 양자는 흡사함을 보여준다. 그런데 이런 〈소돔과 고모라〉에서는 최후 생존자인 롯과 그의 두 딸의 근친상간이 중요한 문제로 부각된다. 즉 소알로 피한 롯과 그의 두 딸이 부녀상간(父女相姦)하여 그곳 사람들이 다시금 생겨나게 되는 것이다. 이것은 비록 특정 지역에 국한된다고 하더라도, 인간의 멸망이 인류의 새로운 시작과 밀접한 관련이 있음을 보여주는 것이다. 아울러 이런 인류의 시작에는 필연적으로 근친상간의 문제가 제기되고 있음을 알 수 있다.

〈장자못전설〉은 단순히 신에 의한 징벌로 생존자가 망부석이 되면서 이야기가 종결되는 것으로 나타나지만, 〈소돔과 고모라〉를 매개로 해서 볼 때 이러한 종결 양상은 새로운 인류의 시작과 관련되었을 수 있음을 시사한다. 곧 모자상간에 따른 인류의 시작일 가능성을 보여준다는 것이다. 따라서 B의 〈장자못전설〉은 C와 D의 핵심적인 사항인 근친상간의 문제가 생략되면서 '홍수의 원인 중심설화'가 된 것으로 생각된다.

한편 이와 같은 근친상간의 문제를 어떻게 인식하면서 인류의 새로운 시작을 이야기할 것인가 하는 문제를 다루는 것이 C와 D의 '홍수의 결과 중심 설화'이다. 여기에서는 더 이상 신의 개입이 없고 최후의 생존자가 인류의 시조가 되는 과정에서 인간적인 의지만이 나타난다.

홍수로 말미암아 인간세상이 멸하고 최후의 생존자가 인류의 새로운 시조가 되는 데 필연적으로 제기되는 문제는 근친상간이라 했다. 이런 근친상간에 대해 부정적으로 인식하면서 기피하고자 하는 모습이 두드러진 것이 C의 남매혼설화이고, 근친상간의 문제 자체를 아예 회피하면서 생존자가 인류의 시조가 되는 것을 긍정적으로 인식하는 모습이 부각된 것이 D의 〈나무도령과 홍수〉 설화이다.

C에서는 남매가 홍수에서 살아남은 최후의 인류가 된다. 이들은 필연적으로 남매혼이라는 근친상간의 문제에 직면할 수밖에 없다. 그런데 이처럼 최후의 인류이기에 어찌할 수 없는 근친상간임에도, 이런 근친

상간에 대해서 부정적 인식이 강하게 작용한다. 곧 남매혼을 피하고자 하는 노력이 강하게 나타난다는 것이다. 산 위에 올라가서 맷돌을 굴려 신의 뜻을 점치고 난 뒤에야 이들은 비로소 결합하게 된다. 자료 각편에 따라서는 맷돌을 굴려 그것이 합쳐졌음을 확인한 뒤에도 다시금 각기 다른 산에 올라가 불을 피워 연기가 합쳐지는 과정을 살핀 다음, 다시금 피를 흘려 두 사람의 피가 엉기는 것을 보고서야 둘이 혼인해도 된다는 신의 뜻을 인정하여 혼인하게 되는 형태로 나타나기도 한다.[36] 이처럼 어쩔 수 없는 상황임에도 근친상간을 금기시하고 가능한 한 피하고 있음을 볼 수 있는 것이다. 물론 결말에서는 둘의 결합으로써 인류가 새로이 시작되는 모습을 보여주지만, 설화 전반에 근친상간에 대한 인식이 부정적으로 나타나고 있는 것만은 뚜렷하다고 할 수 있다.

한편 이런 근친상간에 대한 금기 및 그 징치는 달래강전설에서 더 구체화한다. 달래강전설에 대해서는 이미 최래옥이 남매혼설화가 윤리의식의 작용에 따라 변이되어 나간 자료라고 지적한 바 있다.[37] 남매혼설화와 달래강전설은 홍수가 소나기로 축소되고 장소도 산꼭대기가 아닌 산고갯길이나 물가로 바뀌는 등 적지 않은 차이가 보이지만, 실상 누이에 대한 성적 욕구라는 근친상간이 핵심이 된다는 점에서, 그리고 비록 둘의 결합은 이루어지지 않지만 홍수설화와 마찬가지로 물을 매개로 하여 근친상간이 표면화한다는 점에서 두 설화의 밀접한 관련성이 인정된다. 그러나 달래강전설은 남매가 최후의 인류가 아니기에 근친상간이 온당하게 인정받지 못한다. 근친상간의 결과는 곧 죽음으로 나타나는 것이다. 동생이 남근을 찍어 자결하는 형태에서 볼 수 있듯이 자의적인 선택으로 죄의 대가를 치르는 것이 일반적이지만, 근친상간을 범

---

36) 한상수, 《한국인의 신화》, 문음사, 1986, 200~202면. 특히 연기를 피워 그것이 합쳐지는지의 여부로 신의 뜻을 묻는 모습은 손진태(손진태, 앞의 책)가 소개한 〈대홍수설화〉에서도 보인다.

37) 최래옥, 앞의 글, 111~115면.

했을 경우에는 천벌을 받아 죽음을 맞게 되는 형태로 직접적인 징치가 뒤따른다.[38] 근친상간의 문제는 이처럼 절대적으로 죄악시되고 부정적으로 인식되었다고 할 수 있다. 때문에 D에서는 표면적이나마 이런 근친상간의 문제를 회피하고 긍정적 인식을 바탕으로 새로운 인류기원을 설명하고자 한다.

D의 〈나무도령과 홍수〉 설화에서는 선인의 시조가 되는 남녀 한 쌍과 악인의 시조가 되는 남녀 한 쌍이 인류의 시조가 되도록 함으로써, 근친상간이 낳은 새로운 인류의 시조를 부정하고 다시금 선악이 생겨난 유래까지도 설명하고 있다. 그런데 이렇게 두 쌍씩의 남녀를 설정한다고 해서 근친상간의 문제를 궁극적으로 피할 수 있는 것은 아니다. 비록 두 쌍씩의 남녀가 인류 시조가 된다고 하더라도 인류는 결국 근친상간에서 비롯된 것일 수밖에 없기 때문이다. 곧 인류의 시작과 관련하여 근친상간의 문제를 표면적으로 회피하면서 긍정적인 방향으로 인류의 새로운 시작을 인식하고자 하는 의도가 보이는 것이다. 이런 복수의 인류시조 설정은 이미 〈창세가〉에서도 보이는 것이다. 곧 미륵이 하늘에 축수하여 금쟁반에 금벌레 다섯 마리, 은쟁반에 은벌레 다섯 마리를 각각 받았고 여기서 인류가 비롯되었다고 하는 양상으로 복수의 인류시조를 설정하여 근친상간의 문제를 회피하려 했던 것이다. 요컨대 인류의 기원에는 근친상간의 문제가 필연적으로 제기되고 있는데, 이것이 어떻게 인식되면서 설화가 전개되어 나가는가가 인류의 기원이 설명되는 핵심이라고 하겠다.

이상과 같이 홍수설화 자료를 전체적으로 조망하여 그 성격과 의미를 개략적으로 제시하였다. 이러한 검토를 바탕으로 A인 〈돌부처 눈 붉어지면 침몰하는 마을〉 설화의 홍수설화적 위상을 언급하도록 하겠다.

---

38) 남매 사이에 근친상간이 이루어지는 자료에서는 천벌을 받는 것으로 나타난다(최래옥, 앞의 글, 107면 자료 6·7).

B, C, D의 검토에서 볼 수 있듯이 홍수설화에서 가장 핵심적인 사항은 결국 근친상간이다. 이 글에서 홍수설화를 홍수의 원인과 결과 중심으로 구분하고 있고 원인 중심 설화의 경우 새로운 인류의 시작에 대한 언급이 구체적으로 제시되지 못한다고 했지만, 원인이 설명되는 홍수설화에서 악한 사람들을 징치하는 홍수는 단지 인류를 멸망시키는 데 불과한 홍수가 아니라 새로운 세상의 시작을 전제하는 홍수라 할 수 있기에, 홍수설화에서는 인류의 기원이 필연적으로 수반되어야 그 신화적 성격이 온전할 수 있다고 본다. 그런데 이런 인류의 시작에서 문제의 중심에 놓이는 것이 바로 근친상간이다. 하지만 근친상간에 대한 인식은 지극히 부정적이다. 때문에 홍수설화에서는 이것을 회피하고자 하거나 의도적으로 탈락시키고자 하는 경향이 강하다.

근친상간이 부정한 것이라고 인식하면서도 인류의 시작이 남매의 근친상간에서 비롯되었음을 온전히 제시하는 것이 C의 남매혼설화이다. 반면 D의 〈나무도령과 홍수〉 설화는 근친상간에 따른 인류시조라는 본질적인 문제는 그대로 남겨둔 채 복수의 시조를 설정하고 있어, 표면적으로는 회피하는 양상을 보여준다. 그런데 A와 B에서는 이런 근친상간에 대한 부정적 인식이 한층 더 심각하게 나타나 근친상간의 문제가 아예 설화에서 탈락되어 있다. 때문에 선인으로 선택되어 홍수를 피하게 되는 최후의 인간도 어떤 의미를 지니지 못하는 평범한 사람이나 또 다른 징치의 대상이 되고 만다. 하지만 B에서는 망부석이 되는 며느리화석의 형상에서 근친상간의 흔적을 찾아볼 수 있어, 〈장자못전설〉에서의 최후의 생존자가 새로운 인류의 시조 모습을 띠고 있었을 개연성을 어느 정도 제시할 수 있다. 이에 반해 A는 근친상간의 면모를 전혀 보이지 않고 있고, 선인은 구원을 받는다는 아주 상투적인 결말에 다다른다. 이 경우 근친상간이 문제가 되지 않기에 긍정적 인식만을 내보일 뿐이고, 홍수의 원인을 설명하는 데 그치고 만다.

근친상간은 중요한 신화적 성격을 지닌 화소이다. 대부분의 세계 인류시조신화에서 근친상간이 핵심적인 신화소로 나타나며, 아울러 창세신화나 국조신화인 단군신화 등에서도 인류나 시조의 출생과 관련하여 근친상간이 중요한 의미를 지닌 신화소로 나타나고 있다.[39] 이런 중요한 신화적 성격이 상실되면서 부정적 인식도 사라진 채 자연스럽게 전설화된 양상을 보여주는 자료가 A, 곧 〈돌부처 눈 붉어지면 침몰하는 마을〉 설화인 셈이다. 비록 신이 인간세계에 개입하여 악을 징치하는 양상을 통해 신화적 성격의 일단을 보여주고 있기는 하지만, 신의 개입에 따른 결과가 인간세계에 어떤 의미를 부여하는가라는 문제에 대해서는 단순히 지형을 변형시키는 형태를 제시하는 데 그칠 뿐이고, 악하면 결국은 벌을 받는다는 권선징악적 성격을 띤 전설의 성격에서 크게 벗어나지 못하는 양상을 보인다. 결국 〈돌부처 눈 붉어지면 침몰하는 마을〉 설화는 홍수설화의 자료임이 분명하지만, 이 글에서 다루는 여타의 자료보다 그 신화적 성격이 많이 훼손되어, 홍수설화의 본래의 의미는 미약하게 남아있는 자료라 하겠다.

6. 마 무 리

이상 〈돌부처 눈 붉어지면 침몰하는 마을〉 설화를 중심으로 우리 홍수설화의 양상과 성격을 검토하였다. 하지만 이 글은 홍수설화에 대한 체계적이고 본격적인 연구의 첫걸음에 지나지 않는 것이기에, 우리 홍수설화의 전모가 제대로 밝혀진 것은 아니라 할 수 있다. 그와 같은 성과는 홍수설화의 성격을 지닌 자료들을 구체적으로 낱낱이 검토하고, 이것을 바탕으로 전체를 아우르고 종합할 때 비로소 달성할 수 있으리라 생각된다.

---

39) 김헌선, 〈단군신화의 신화학적 연구〉, 《한국민속학》 30집, 민속학회, 1998.

그러면 이 글에서 검토하였던 바들을 간략히 요약하면서 마무리하도록 하겠다.

첫째, 홍수설화의 자료를 '홍수의 원인 중심 설화'와 '홍수의 결과 중심 설화'로 구분한 뒤, 전자의 자료로는 〈돌부처 눈 붉어지면 침몰하는 마을〉 설화와 〈장자못전설〉이, 후자의 자료로는 남매혼설화와 〈나무도령과 홍수〉 설화가 각각 해당된다고 했다. 그리고 우리의 홍수설화 자료들이 이처럼 분리되어 나타나는 까닭으로 두 가지를 제시했다. 하나는 종교적 기반 위에서 편집자에 의해 정리되어 전승된 외국 자료와 달리, 그런 과정이 없이 홍수의 원인과 결과 중심의 설화로 각기 전승되어 왔을 가능성이다. 다른 하나는 원래는 외국 홍수설화에서 일반적으로 보이는 것처럼 원인과 결과의 이야기가 서로 유기적으로 결합되어 있었으나, 어떤 계기로 말미암아 전승되면서 분리되었을 가능성이다. 이 가운데 후자의 경우 근친상간에 대한 전승자들의 인식이 아주 부정적임을 들어, 근친상간에 따른 인류 시작의 부분이 탈락되면서 홍수의 원인만을 강조하는 설화 형태로 변모되었을 가능성이 있다고 했으나, 이에 대한 명확한 결론은 일단 유보했다.

둘째, 〈돌부처 눈 붉어지면 침몰하는 마을〉 설화의 자료를 정리하면서 그 자료적 특징으로 전승지역이 서해안을 끼고 남북으로 길게 이어지는 양상을 보인다는 점, 구연자가 모두 남성이라는 점, 화자가 이 설화를 〈장자못전설〉과 거의 동일한 설화로 인식하면서 전승시키고 있다는 점 등의 세 가지를 들었다.

셋째, 〈돌부처 눈 붉어지면 침몰하는 마을〉 설화의 서사단락을 죄악, 도승의 출현, 선인의 선택, 예언의 부여, 예언의 실현, 최후의 생존, 마을의 멸망 등으로 정리하고, 이를 중심으로 자료 각편들을 비교하여 자료들의 실상과 그 의미를 파악하였다.

넷째, 〈돌부처 눈 붉어지면 침몰하는 마을〉 설화를 〈장자못전설〉과 비교하여, 전승자들이 그 의식에서 양자를 동일한 설화로 알고 있을 뿐만 아니라 실제로 두 설화가 복합된 양상을 보이는 자료도 발견된다는 점, 두 설화의 사건 전개 및 구성이 흡사하다는 점, 인물의 설정과 성격이 동일하다는 점 등을 들어 두 설화의 밀접한 관련성을 입증했다. 이 글에서는 〈장자못전설〉이 최후의 생존자로 선택된 며느리마저도 좌절하게 하여 비극성을 덧붙이고 아울러 그를 새로운 신앙의 대상으로 부각시키기도 한다는 점에서, 신에게 선택된 최후의 생존자가 아무런 의미도 없는 존재로 머물고 마는 〈돌부처 눈 붉어지면 침몰하는 마을〉 설화의 미흡한 결말을 극복하고 새로운 신화적 성격을 모색한 것으로 파악했다.

마지막으로 홍수설화의 성격을 지닌 자료 전반을 대상으로 홍수의 원인과 결과 및 긍정적 인식과 부정적 인식의 반영상을 살펴, '홍수의 원인 중심 설화'에서는 신의 선인에 대한 선택과 그 결과에 대한 인식이, 그리고 '홍수의 결과 중심 설화'에서는 최후 생존자의 근친상간에 대한 인식이 각각 핵심적인 문제가 되고 있음을 지적하였다. 하지만 〈장자못전설〉에서도 최후의 생존자인 며느리와 그 아이의 근친상간 가능성이 있음을 논하면서, 근친상간이 홍수설화에서 새로운 인류의 시조와 관련된 중요한 신화적 성격을 지닌 화소임을 강조했고, 이런 핵심적인 신화소를 잃은 〈돌부처 눈 붉어지면 침몰하는 마을〉 설화는 여타의 홍수설화보다 신화적 성격이 특히 많이 훼손되어 전설화한 양상이 뚜렷한 자료로 파악했다.

찾아보기

352